スウェーデンの政治

実験国家の合意形成型政治

岡沢憲芙

東京大学出版会

Political Engineering in Sweden
Structures of Consensual Politics
Norio OKAZAWA

University of Tokyo Press, 2009
ISBN978-4-13-030148-0

はじめに：いま，なぜスウェーデンか

やさしさとキビしさの絶妙のバランス感覚

　夏にスウェーデンを訪問した旅行者は，ウットリするような美しさに感動するのではないか．特に，南回りの長旅でやっとそこに到達した者は，とりあえず，爽やかな大気の中で思いっきり深呼吸したくなるハズである．湿度の低さは深呼吸すればすぐわかる．空気が軽い．空は天まで抜けるような蒼．スカンディナヴィアン・ブルー．これは，やや薄めのロイヤル・ブルー．野原は一面の緑．美しいのは自然だけではない．ヒトもまた開放的で寛大．はにかんだように小さく口をあけるスウェーディシュ・スマイルの大バーゲン．社会全体がやさしく見える．

　ところが，初めての訪問が冬なら，まったく違った印象を受けるのではないか．北欧の冬はどこまでも暗く・長く・寒い．太陽の出現を阻止する厚い雲．野原はどこまでも白．乾燥した空気の軽さは同じままだが，寒すぎて深呼吸する気になれない．夏にスウェーデン人を魅力的にしていたあの笑顔はどこに消えたのだろうか．大きな口を開けて笑うと寒気が心臓を直撃するとでも言うのだろうか．貴重なモノを節約しなければならない時に見せる余裕のない厳しい表情が社会全体を包む．とにかくキビしい．

　「いま，なぜスウェーデンか」と問われたら，「やさしさとキビしさの絶妙のバランス感覚」．実際，バルト海のほとりに静かに佇む小さな国が人びとの関心を集めるのはナゼか．世界に約200もの国があるのに，今，なぜスウェーデンなのか．欧米先進工業国家のマスコミが定期的に特集を組むのはナゼか．日本でもそうだが，新しい政策課題が提出される度にこの国の事例が紹介されるのはナゼか．また，ベルリンの壁を突破した東欧諸国の市民がモデル国家の一つとして指名したのがスウェーデンであったのはナゼか．こうした質問は人類の文明史上スウェーデンが独特の地位を持っているのではないかと予感させる．

　スウェーデンのおもしろさは，やさしさだけではない．やさしさだけなら演

技できる．排除と閉鎖を基礎にしたある種の神秘主義で権威を高めようとするヤワな国には想像できないタフさが特に印象的である．自虐的なまでに過去の失政を分析・調査し，徹底的に情報公開する．膨大なテマ・ヒマ・カネをかけて大胆で先進的な政治的実験を積み重ねた姿勢はデモクラシーの実験室の名にふさわしい．そして，実験例は，GNP（国民総生産）神話を基礎に経済成長路線をひたすら疾走してきた日本が政治・経済システムの成熟化という次なる段階に入ろうとするときに直面する未来の政策課題の多くと符合する．

スウェーデンとの遭遇

　スウェーデンと私たちの接触は，少なくとも，学校教育の場では，ごく制限されている．多くの教科書では，遭遇機会は3回．かつて，そう10世紀頃，北の海に勇猛なバイキングがいて，世界を荒らし回ったそうな．これが最初の遭遇．次いで，「バルト海の覇者・スウェーデンは大帝国主義者であり，大陸ヨーロッパの各地にまでその覇権を伸ばした．北の嵐はナポレオン戦争まで続いた」．グスタフ・ヴァーサやグスタフ・アドルフという名を覚えておられる向きもあろう．そして，最後に，「世界でも最も進んだ高福祉国家・スウェーデン」が第二次世界大戦後の歴史教科書に突然現れる．3回の遭遇を結び付ける共通項は，想像力をどんなに駆使しても，ほとんどない．だが，多くの市民は教科書以上のものを世の中から学習し，イメージを発酵させる．

小さい国の多彩なイメージ

　外国で日本の政治や行政について講義する機会に恵まれると，参加者の情報レベルを知るために日本イメージを聞くことにしている．スウェーデン以外の国でスウェーデンの政治や経済について講義する時も同じである．「あなたはスウェーデンについて何を知っていますか．どんなイメージですか」．アジア諸国の青年や日本の学生のスウェーデン・イメージは次のように整理できる．

　「寒い国」．「森と湖の美しい国．白樺の木が多いみたい」．「ノーベル賞とバイキング料理の国」．「アルフレッド・ノーベルがダイナマイトを発明して得た財産がノーベル賞の基礎だという話だ」．「そういえば，勇猛なバイキングの国で，アメリカ大陸を発見したのも実際には彼らだったという話もある」．「胎児

から墓場まで手厚い福祉に囲まれた完成度の高い豊かな福祉国家」．このイメージが提出されるときまって登場するのが，「労働者がズル休みする国．働かなくても福祉で生活できるらしい」．「超・重税国家．税率が極端に高いため労働者が勤労意欲を失い，青年や著名人の国外脱出が続いているそうだ」．「そう言えば，福祉が完備しているため，労働者にヤル気がなく，アルコール中毒の多い国がそうだ」．「自殺の多い国」．「お年寄りが何もすることがないので所在なげに一日中街角のベンチに座っている国」．

「イングリッド・バーグマンやグレタ・ガルボなどの名女優を生んだ美人大量生産国」．このイメージは，「ポルノと奔放な性文化の国」というイメージと接触点を持っているようである．「ボルグやビランデル，それにエドベリィなどの名テニス・プレイヤーを輩出したテニスの国」．「女子ゴルフの世界でも，アニカ・セレンスタムやリセロッテ・ノイマンは有名」．「そうだ，卓球王国の一つだ．世界大会では中国と決勝戦を争っている」．「ステンマルクを生んだウィンター・スポーツの国」．「そういえば『ファニーとアレクサンデル』で好評を博した名監督ベルイマンに代表されるシャープな映像文化の国」．「リンドグレンの『長くつ下のピッピ』を読んだことがある」．「小説家・ストリンドベリィ，妖気の世界をリードするエマヌエル・スウェーデンボリィ，それにシンプルな画風のカール・ラーションなど個性的な芸術活動の盛んな国」．「冒険家スヴェン・ヘディン」．「ギタリストのヨーラン・セルシェルとかストックホルム・フィルを生んだ澄み切ったサウンド」．少し詳しい旧青年は，「ジャズの北限地．1960年代に多くのジャズメンがストックホルムまで録音に行った」と語ってくれる．「世界的なアーチストであるアバABBAを生んだポップ・ミュージックの国．最近『マンマ・ミア』を観たけど女性の生き方はいかにもスウェーデン的」．「探偵小説の国．マイ・シュヴァルとペール・ヴァールのユニークな探偵小説がある．『消えた消防車』『笑う警官』など」．

「精度の高い精密機器や通信装置で有名な科学技術先進国」．「名車・ボルボとか名戦闘機ビゲンやドラッケンを生産する科学技術先進国．スタイルはイマイチだけれどもいかにも頑丈そう」．「ミルクやジュースの紙容器テトラパックもスウェーデンだという話を聞いたことがある」．「コンピュータのマウスやコピー機，それにレザーメスやペースメーカーもスウェーデン人の発明だと聞い

ている」．「なんといってもIKEAの家具．シンプルなヒューマン・デザインの国．刺繍にクリスタルガラス」．「H&M」．

「開かれた王室の国．国王が護衛もつけずに街を散歩し，市民に話しかけると聞いたことがある」．「男女機会均等の進んだ国」．「同棲と離婚の多い国」というイメージも多い．「環境保護運動が盛ん」．原発に国民投票で「ノー」と言って以来，このイメージが広がった．「190年間戦争していない平和国家」．「元国連事務総長ハマーショルドや元首相パルメなど平和運動の盛んな国」．「イラク戦争のとき，大量破壊兵器特別調査団の団長を務めたハンス・ブリックスはスウェーデン人？」．「故国を奪われた平和運動家や民族解放戦線の闘士が最後に目指す地で，国際国家という印象がある」．「外国人に寛大な国で外国人にも選挙権があるそうだ」．「生物学のリンネやノーベル賞受賞の経済学者ミュルダールを生んだ学問水準の高い国．そういえば奥様のアルヴァ・ミュルダールもノーベル平和賞をもらったのではなかったかしら」．

好感度の高い実験国家

小さい国にしては知名度が高く，イメージも多彩であることに驚く．もちろん，こうしたイメージのなかには明らかに間違いもあり誇張もある．故意の悪宣伝的な表現もある．だが，一般に，好感度は高い．地球の北のハズレにある小国なのに．

多くの先進工業国家が直面する21世紀初頭の政策課題は少子・高齢化，国際化・グローバル化，高度情報化，それに市民生活の成熟化であると要約される．具体的には，高齢者介護と家族制度のあり方，ホームヘルパー制度の整備，サービスハウスや世代間交流を大切にした機能的な集合住宅の建設，生涯教育の整備，外国人労働者の受け入れ問題とその福祉，在住外国人への地方参政権付与，国民背番号制度とプライバシー保護，女性の社会参加の促進，積極的な家族政策，次世代育成政策，そして，ユトリのある労働環境・余暇環境・住宅環境の整備，ワーク・ライフ・バランス，社会資本の充実，および自然保護，原子力開発と経済成長の適正バランス，など．また，国民に高負担を求める前提として，民主政治の成熟を思念する政治改革のあり方も日程に上っている．スウェーデンは，こうした政策課題にいち早く取り組んだ貴重な経験を提供し

てくれる実験室であり，知識と情報の保管所である．それは，ある意味で，栄光の記録であるが，それにも増して苦悩の記録である．成功もあれば失敗もある．政策アイデアの宝庫の予感．これがスウェーデンに対する関心の第一．

　もともと，特に資源大国というわけでもなく，工業化のスタートも遅れた国である．しかも，工業化が始まっても，輸送機関が未整備なため大量消費地への距離が大きかった．その上，国内消費量にも限りがあった．そうした環境のもとで，豊かな工業・福祉国家を目指したのであるから，そこへの過程には苦悩の跡があちこちに転がっていたとしても当然であろう．だが，ナポレオン戦争以後約190年間にわたって平和の伝統を維持しているという事実は，見事．政治の究極の目的が，「政治の犠牲者を生まない政治」の実現，であるとすれば，2世紀にもわたる不戦の伝統はそれだけで，研究価値を持つ証明ではないか．「平和にまさる福祉なし．戦争にまさる環境破壊なし」．スウェーデンが検証してみせたのはこれでなかったか．初めてストックホルムに入ってから40年．もちろん，比較研究者にどうしてもつきまとう不愉快な経験や悔しい思いとも無縁であったわけではない．だが，この国は，未来社会の栄光と苦悩を常に予感させる．本書では，《第三の道》《中間の道》《スウェーデン・モデル》などと表現される独特の社会運営技法を解明してみたい．

対立する評価：《スウェーデン・モデル》

　四つの民主化，すなわち，「政治の民主化」を基礎に，「経済の民主化」「社会の民主化」「産業（職場）の民主化」を標榜して，先進的な福祉社会を建設したスウェーデン社会民主労働者党（社民党と略す）は，少なくとも1970年代の初期までは，「すべてのヨーロッパの社会主義政党の中で最も成功した例」として高く評価されていた[1]．

　だが，そのサクセス・ストーリーは，世界的な経済不調の中で発生した「福祉見直し」論に直撃されて，1970年代に，一時的に中断された．「重症の福祉病患者」論がそれに代わって台頭した．GNP神話に魅了され続ける高度成長論者は「活力ある経済システム」論を盾に，福祉切り捨て論を展開した．スウェーデンは，格好の反面教師となった．「危機に立つスウェーデン・モデル」論が提出された．そうした論者は次の宣言をどう読むか．

「福祉国家は人類の歴史でも壮大でユニークなプロジェクトであり，デモクラシーから直接的に流出した国家である．平等な普通選挙権が，いたるところで，社会的安心感に対する社会責任を増大させたように，福祉国家はすべての市民に安心感を与えようとする企図である．平等はまたデモクラシーを強化する過程で獲得される価値でもある……スウェーデンは，人びとの福祉を増大するために，社会資源を大規模に調整・配分することを最重要業務として優先させる歴史段階の最終局面に到達し始めた世界最初の国である」[2]．

これは 1986 年の労働組合全国組織 LO 年次大会に提出された研究報告書『労働組合運動と福祉国家』の結論の一節である．経済危機を脱した自信が背後にある．スウェーデンは，奇妙な国である．順調に作動している時には，ほとんど話題にされないくせに，少し経済が不調になると，非難が噴出する．「それ見たことか．福祉重視経済はいずれ破綻すると言っていたハズだ」．青春時代に学習した経済学の常識で理解できない現象に出会った時，「理解不能」「分からない」を非難と批判の用語で表現しているかのようである．否定的コメントが経済不調の著しい国で提出されることが多いのは，ある意味で，滑稽である．自分の理論枠に当てはまらない事象を理解できないという理由で非難する前に，自国の経済を心配したほうがよさそうである．こうした人たちには，「福祉政策には経済をどうしても破綻に追い込んでもらわねばならない」という信条があるようだ．だが，この種の誤解や無理解は，ある意味で，この国の勲章であるかもしれない．人口僅か 900 万人の小国に過ぎないのに，大国ですらその動向を無視できず，時には公然と，そして多くの場合にはコッソリと，その経験から多くを学習しようとする．無視しようとすれば無視できるハズなのに，妙に気になる国である．

この世のユートピア

アメリカのジャーナリストである M. チャイルズが出版した 2 冊の本が，アウトサイダーの戸惑いを見事に表現している．彼がまず最初に『スウェーデン：中間の道 *Sweden: The Middle Way*』を出版したのは 1936 年．狙いは，ニュー・ディール政策の遂行によってアメリカが直面した新しい経験である「国家による経済介入政策」と「地域協同組合」が，必ずしも自由の脅威とな

るものではないことを，スウェーデンの経験を紹介しながらアメリカ市民に証明することであった．［中間の道］「資本主義と社会主義の長所が巧妙に混じり合った国」という表現で描写した．ニュー・ディールの入り口で躊躇する新大陸の市民にとっては，スウェーデンは社会進化の先駆者であった．この書は，スウェーデン人の自尊心をかなりの程度までくすぐった．［この世のユートピア vardagsutopi］［機能的ユートピア］であった．彼がまき散らしたスウェーデン・イメージは深く定着した．

絶望の海に浮かぶ希望の島

　スウェーデン神話はイギリスでも強かったようである．1930 年代の世界の政治潮流は権威主義体制への傾斜を示していた．面倒な手順など省略して経済成長を効率的に達成し，社会的安定を回復するには手っとり早い方法かもしれない．そうした時代潮流の中でスウェーデンは例外的存在であった．奇妙なことであるが，虚偽と嫌悪，敵意と残忍性，無知と無関心が支配していた当時の世界の風潮とは逆にスウェーデンでは楽観的なムードが散見できた．煽動的でもヒステリックでもなく，革命的でも華麗でもなかった．トーンを慎重に押さえた控え目な改良主義に過ぎなかった．それでも，時代のムードからすれば，貴重な存在であった．1938 年の『ロンドン・エコノミスト』の特集記事で，スウェーデンは「絶望の海に浮かぶ希望の島」と表現された[3]．

　スウェーデン人を有頂天にしたのはチャイルズや『ロンドン・エコノミスト』の言葉だけではない．戦後になってスウェーデン・ブームが爆発し，1960 年代に頂点に達した．世界中から研究者やジャーナリストがスウェーデンを訪問し，社会メカニズムを分析した．

　［中間の道］はアングロ・サクソンの世界ではもはや政治的民間伝承の領域にも達する語となっていた．スウェーデンを扱った書物が相次いで出版された．D. ジェンキンスの『スウェーデン：進歩のマシーン *Sweden: The Progress Machine*』(Robert Hale, 1969)，R. トマソンの『スウェーデン：近代社会の原型 *Sweden: Prototype of Modern Society*』(Random House, 1970) などのタイトルが国家イメージの内容と評価の高さを物語っている．「階級間妥協」もしくは「階級線を越えた合意の調達」を基礎に改革を遂行する近代社会の先頭走

者との評価が一般的であった．

　ユートピア論は必ずディストピア論を呼び込む．カゲを作らないヒカリなどないからである．それに，人があまりにホメ過ぎると，人がホメルという理由だけで，アラ探しに奔走する人が必ずいるものである．「新たなる全体主義の故郷」「自殺の多い国」などというお馴染みのイメージがまき散らされた．だが，こうした批判は，少なくとも60年代末までは，北欧諸国の内部では支持者を増やさなかった．圧倒的な経済的好調が外からの批判をも許容できる余裕を生んだのであろうか．

賞賛論から苦悩論へ

　60年代から70年代に移り，多くの誤解と無理解が世界中にバラまかれ始めた．評価が混乱する時代にありがちな徴候である．スウェーデン人は世界を旅行して，おおむね好意で受け入れられるけれども誤解もまた多いことに気が付いた．だが，誤解を解消する間もなく，スウェーデン自身が困難に直面した．「黄金の60年代」から「苦悩の70年代」へ．先進工業国家が戦後復興作業を終了した頃から，外部観察者にとっては，《神話の国》から《普通の国》になっていったのである．1980年に出版されたチャイルズの『スウェーデン：苦悩する中間の道 *Sweden: The Middle Way on Trial*』というタイトルがこの間の関心内容の移動を雄弁に物語っている[4]．30年代に「資本主義と社会主義の長所が巧妙に混じり合った国」と描写してスウェーデン・ブームの旗手役を演じた著者が80年代初頭に「苦悩する」という副題を付け加えて，単純な賞賛論からの離陸を宣言した．

　評価が混乱する要因の一つは，社会改革の速度と規模かもしれない．ほんの2世代の間に，「ブルーカラー労働者と農民の社会」から「ハイテクと先進的なホワイトカラーの社会」に変身してしまった．大都市が急成長し，昔ながらの製材所は次第に姿を消した．エレクトロニクスとコンピュータ技術が労働生活，交通，通信を変えた．古い職業が消え去り，新しい職業が登場した．労働内容は変化し，作業速度はスピード・アップした．世界は次第に小さくなった．流入民が新しい文化的刺激を持ち込んでくれたが，同時に，新しい緊張も生まれた．コミュニケーション技術とメディア技術の進展が情報洪水を生み出すこ

とになった[5].

　市民が政治に向けて表出する欲望・期待は限りなく膨脹するが，国家が提供・活用できる資源には限界がある．「豊かさ」に慣れた市民（特に若い市民）は，ほんの数世代前はヨーロッパでも最も貧しい農業国家に過ぎなかったなどという事実は教科書上の知識としては知っていても，だからといって欲望を抑制しようとはしない．期待高揚革命に身を委ねた若い世代の膨脹主義に直撃されたら，生産と分配との，市場主義と計画主義との，社会改革シナリオと現実との，微妙なバランスの上に辛うじて成り立っている福祉経済システムは立ちすくんでしまう．70年代以後，国内外で噴出した《右の風》が新世代の不満を吸収して燃え上がった．

破産に向かう《株式会社・スウェーデン》

　代表的な批判を紹介しておこう．ストックホルム王立工科大学教授であるB. ビョルクマンは，1973年に発表した『スウェーデンと社民党員』で社民政治を激しく批判した．教育政策，研究政策，家庭政策，経済政策，税金政策，社会政策，産業政策，交通政策の視点から広範な攻撃を展開した．スウェーデン批判の典型である．高福祉社会の一つの病理であるかもしれない無関心の拡大を憂え，こうした敗北主義を生み出した一因は社民党にあるとの結論を導き出している．

　「株式会社・スウェーデンも今のような政策を続けていると，破産への道を歩むことになる．革命的な方法で良き教育，良き技術，良き開発，良き社会計画を通じて未来社会に投資することを忘れているようである．こうした状況の中で政府や役所を怠慢の罪と洞察力不足のカドで批判するのは簡単である．いま私たちが陥っている邪悪なスパイラルから抜け出る道を発見しようとすると，いくつかの困難に出くわす．現在のトレンドを打ち破るためには，強力で苦い薬が必要である．資本の破壊や過剰消費を改め，浪費を止め，貯蓄と投資に励む能力を学習する必要がある．今日の社会の特徴は無関心症候群の蔓延である．［私たちのあとにはノアの大洪水がくる］という感情が次第に成長している．こうした敗北主義のかわりに参加を基盤にした広範な努力が必要であろう．良き社会，良き生活環境を作り出すための基礎資本を次の世代に提供するよう努

めなければならない」[6].

《スウェーデン・モデル》への批判リスト

　［黄金の60年代，苦悩と模索の70年代］［低空飛行と発想転換の90年代］というフレーズがある．60年代は，文字どおり，国中が輝いていた．自信に溢れていた．経済の絶好調を背景に福祉環境が整備された．それ以後，過剰サービス論の文脈で，また，石油危機による経済後退に伴う福祉見直し論の文脈で，また，時には，新保守主義論の文脈で，スウェーデン型福祉国家は，さまざまな批判に直撃された．福祉水準がスウェーデンの足元にすら届かぬ国でも，また，国際競争力世界ランキングがスウェーデンより下の国ですら，単純明快な成長路線の変更を恐れるあまりであろう，滑稽にも反・福祉論のムードに乗っかった．EU（欧州連合）加盟を決めたI. カールソン時代以後も変わらない．EUに加盟し，国際競争市場に参入するという決断は，一国福祉主義からの離陸を決断したはず．だが，ユーロ国民投票では「ノー」．前へ進むのか，横にかわすのか，立ち止まるのか，各政策領域での相互調整が容易ではない．

　昔も今も批判の定番は，次のようなものである．過剰福祉は競争原理を否定する傾向があるので，国際市場での競争力が低下する．官僚機構が肥大化し，息詰まるような官僚主義が社会のすみずみまで行きわたっている．過剰福祉が勤労意欲を低下させ，貯蓄意欲をそいでいる．高負担政策のゆえに企業から経営意欲を奪い，企業の国外脱出を加速する．産業空洞化の恐れもある．平等主義の徹底はサービスの画一化に繋がりやすい．また，選択肢を制限することになるので，選択の自由は実質的に剥奪されてしまう．平等なサービスを提供するために国民総背番号制度などが導入され，それが管理社会化を促進している．公的部門の超肥大がサービス精神を低下させている．また，民間活力が低下する．人生のあらゆる段階で，過剰福祉が提供されるため，特に青年層で倦怠感が拡散し，生活意欲を失った青年は麻薬の常習者，アルコール依存症になるかもしれない．重税政策は地下経済を繁殖させる．高負担のため青年の国外流出が止まらない．そして最近では，フォーディズム論．とにかく無視してもこと足りる小さな国の割に注目度だけは高い．こうした批判がさまざまに表現を変えて何度も繰り返されることになる．ここで「何度も」とは，「ウンザリする

ほど」の意である.

苦悩と行き詰まりの原因

　苦悩と行き詰まりの原因の第一はテクノロジー特権の崩壊.《科学技術の国際化》に直撃された. 最先端技術が新工業国家へ到達した. 特に, 造船・鉄鋼・通信・電機製品の分野で国際競争力を低下させ, いくつかの分野では壊滅的な打撃を受けた. 労働コストの高いスウェーデン産業にとって深刻な事態であった. P.-M. メイエルソンはオイル・ショックと新興工業国家の追い上げを外的要因として指摘している[7]. 第二は運送技術の飛躍的発達. 超大型船舶や大型貨物専用機の開発, 航空網・道路網の整備のため, 巨大市場との近接性は工業国家の武器ではなくなった. そして, 第三にオイル・ショック. エネルギー依存度が高く, エネルギー集約産業が多いので, 石油価格の高騰は致命的である. もともと労働コストが高いので, 当然, 製品価格に跳ね返り, 国際競争力低下につながった. 1973年の石油危機は, 経済政策の基本的見直しを要求した. 第四の理由は, 平和の継続. 逆説的であるが, 平和国家は他国（特に工業国家）の不幸で最も潤う. 第五の理由は, 膨脹主義経済政策. 60年代の好調が雇用を増大し, 労働コストを高騰させた. 税収は好調で, それを基礎に高福祉を維持できた. 不況に直面しても, 豊かさに慣れた市民に自粛を要求できず, 欲望肥大を修正できなかった. インフレと慢性的な賃金コスト上昇によって, 国際競争力を低下させても, 市民の「限りなき欲望」は政治過程に表出された. そして, 国際競争力低下と設備投資の立ち遅れの悪循環も理由の一つである. 外部観察者が「高福祉＝高負担」という図式から予測するほどには, 法人税そのものは高くない. 各種の優遇策も施されている. それでも, スウェーデン産業は輸出依存体質が強いため, 国際競争力を一度喪失すると, 容易に立ち直れない. 労働コストが高い上に, 設備投資資金が不如意になるからである. 特に, 近年のハイテク産業は膨大な, しかも継続的な設備投資を必要とする. 生産ラインを頻繁に変更するほどの設備投資ができぬため, 競争力がいっそう低下する. この悪循環が70年代の経済シーンで目撃された. 最後に, 福祉病.［苦悩と模索の70年代］には既に福祉国家の心理的問題点が公然と姿を現した.「もう駄目, 福祉国家」論が登場したのもこの時代である.

そして，1976年の歴史的な政権交代．その衝撃は社民批判を激励したが，ブルジョワ政党の政権運用がぎこちなかったため，依然として揺り返しを懸念していた．そんな1980年代には，単純で素朴な「バラ色の福祉国家」論と「福祉国家に未来なし」論の間で，経験的事実と綿密な調査を基礎にしてバランスの取れた判断を下した論者がいた．R. エリクソンとR. オーベリィである．二人は，①健康と医療施設，②雇用と労働環境，③経済資源と消費者保護，④学問と教育機会，⑤家庭と社会接触，⑥住宅と近隣サービス，⑦生活と財産の安全，⑧余暇と文化，⑨政治資源，の諸点から福祉の変貌を詳細に調査・分析して，最近像を描くためには明るい絵の具だけでなく暗い絵の具も必要であることを証明した[8]．もうひとつ突破口が必要であった．ベルリンの壁が崩れた．

ベルリンの壁崩壊：揺らぎと模索の転換点

スウェーデン・モデルは44年ぶりの政権交代（1976年）を助走路に，ベルリンの壁崩壊（1989年）を踏み切り台にして，《選択の自由》革命を標榜する国際競争市場論の波に直撃されることになった．44年もの長期政権を倒した野党の達成感と高揚感は高まった．どんなに努力をしても倒れなかった壁が44年ぶりに瓦解した．恐怖心は小さくなった．そして，東西冷戦構造の終焉は，レフト・ウィングへの大きなブレの可能性がなくなったことを実感させた．左・右選択幅が縮小する中で，選択肢が増殖した．もう恐れるものはない．政権交代が常態化するにつれ，批判と代案が噴出した．過渡期は常にそうであるように，スウェーデン・モデルは揺らぎと模索を経験することになる．そして社会は常に過渡期にある．その変動にソフト・ランディングできるからこそ，持続可能性を保持できる．

ベルリンの壁が崩壊した翌年の1990年の秋，穏健統一党と国民党・自由が91年選挙で政権を取れた場合の合同経済政策の基線という形で社民政府の経済政策に対する批判を発表した．揺らぎと模索を特徴とするこの期のシンボルともいえる．『スウェーデンの新しい出発点』と呼ばれるこの政策代案は，6点から構成されていた[9]．政府の経済政策は政治的文書として内容がないばかりか，不明確であると批判した上で次の政策が提示された．①EC（欧州共同体）・通貨共同体への加盟．②税負担の緩和．③公共部門の縮小．④福祉政策

に［選択の自由］原則を導入．部門によっては，民営化の促進．⑤私的所有と私的貯蓄の強化・促進．公共住宅の賃借人への売却．国営企業・国有財産の売却．⑥原子力発電の廃棄延期．

ちょうど同じ頃にボルボの会長が討論に参加したため《右の風》はいっそう煽られた．P. G. ユーレンハンマーは，単にこの国を代表する民間企業の会長というだけの存在ではなかった．国民から尊敬されているオピニオン・リーダーの一人でもある．彼が発表した「スウェーデン・モデルは人生の虚構」と題された論評は，知識人の間で大きな反響を生んだ 10)．「スウェーデンは問題を抱えている．すべてが高くなっているのに，マネーはだんだん少なくなっている．仕事は次第に減っているし，公共サービスときたらますます質が悪くなっている．国民は失望し，不安になっている．おそらく，期待外れの思いもあろう．他のヨーロッパ諸国が良い方向に向っているとき，懸命に努力してきた私たちの生活がむしろ悪い方向に向かっているなんてヤリ切れない思いがする」．

本書の構成

スウェーデンは，「福祉国家の通常パターン」なのか「福祉国家の例外事象」なのか．「福祉国家の反逆児」と呼ぶか，それとも「福祉国家の優等生」と分類するか．個人の判断に委ねるしかない．だが，スウェーデンが成長至上論者の期待に反して，普遍主義型福祉経済の構造矛盾に，理論的にはともかく現実にはかなり柔軟に対処していることは事実である．本書の狙いはスウェーデン・モデルを概観し，その問題点を整理することにある．論述の過程で，論調が「どっこい，まだまだ」論のニュアンスを醸し出しているかもしれない．スウェーデンは人権・環境・平和の問題でさまざまな感動を経験させてくれた．また，《経済の論理》《効率の論理》だけで他の国を画一的に評価し，経済成長至上主義で国民を集団的ヒステリーに追い立てている国の人びとに，もっと違う生き方もあることを知ってほしいと思うからかもしれない．

本書は，まず，19 世紀後半から現在までのスウェーデン政治のダイナミズムを分析するために，次第に構造化されていった合意形成型政治の構造を明らかにする（序章）．対決型政治ではなく合意形成を基礎にしたスウェーデン流政治運営（政党政治・連合政治）の特質について論じていく．

次いで，序章での理論枠組みを基礎にして，貧しい農業国家から世界的な工業・福祉国家への変身過程を論述する（第Ⅰ部）．多くの工業国家は，国際化・グローバル化の進展という地球規模の変化を受けて，農業社会から工業社会へ，そして，情報社会への変身過程でいくつかの社会的分裂力に直面し，それを克服してきた．政治過程の作動を機能低下・不全に追い込む可能性を持つ分裂力としては，例えば，労使間対立，男女間対立，文化的対立（宗教・民族間対立），世代間対立，地域間対立（地方―中央，地方―地方），などの政治的対決軸が考えられる．19世紀から20世紀初頭にかけて全人口の約4人に1人という高い比率で移民を送り出さねばならぬほど貧しい農業国家としてスタートしたスウェーデンは，文字どおり，限りある資源を最適配分しながら，労使間連帯で工業化に取り組み，やがて，20世紀中葉には，豊かな工業・福祉国家に変身した．約190年間にわたり平和を維持してきた政治や行政の知恵と工夫と同時に，妥協の政治，合意形成型政治を基礎に，男女間連帯・国際的連帯・世代間連帯・地域間連帯を構築してきた．そしてそうした連帯が，合意形成型政治の基盤をいっそう拡大した（第Ⅱ部）．

　男女間連帯については，第6章で論述した．スウェーデンは社会過程と政治的意思決定過程への女性の参加率の高さでは定評がある．その実像を分析する．国際的連帯については，第7章で扱った．長期にわたる平和の継続，積極的な難民受け入れ，膨大なODA（政府開発援助）政策で定評があるが，同時に，国内の在住外国人に対する政策対応も独創的である．民族差別禁止オンブズマンDOの制度化が象徴的である．世代間連帯については，第8章で扱った．高負担・高福祉型福祉国家は負担とサービスの世代間分かち合いが要諦になる．特にそれは，年金制度に集中的に表現されることになる．地域間連帯については，第9章で論じた．高負担国家である，どこに住んでも同じレベルの福祉サービスが提供されない限り，地域間対立は克服できない．

　1989年のベルリンの壁崩壊は中立国家・スウェーデンに外交政策再解釈の可能性を与え，EU加盟に踏み切らせた．それは伝統的な一国福祉国家主義からの離陸であると同時に，国際競争市場への参入表明であり，当然ながら，そのための国内構造改革を迫られることになる．「何が変わるのか・何が変わったのか・何が変わらないのか」もまた，研究の射程に入ってくる（特に終章）．

目　次

はじめに：いま，なぜスウェーデンか ………………………………… i
　　やさしさとキビしさの絶妙のバランス感覚／スウェーデンとの遭遇／小さい国の多彩なイメージ／好感度の高い実験国家／対立する評価：《スウェーデン・モデル》／この世のユートピア／絶望の海に浮かぶ希望の島／賞賛論から苦悩論へ／破産に向かう《株式会社・スウェーデン》／《スウェーデン・モデル》への批判リスト／苦悩と行き詰まりの原因／ベルリンの壁崩壊：揺らぎと模索の転換点／本書の構成

序章　スウェーデン政治の構造：合意形成型政治の枠組み …………… 1
　1．スウェーデンの政党政治：連合政治のメカニズム　　1
　　神話への反逆児／競合と統合：政党政治の二つの顔／政党政治分析の変数／代議政治と政党：二つのR／政権のパターン／連合とは何か：競合しながら協同する精神／なぜ，いつ連合を組むか：連合政治の4層構造／連合ゲームの規定要素／めざすは《最小勝利連合》／スウェーデン連合政治の駆動力：インフォーマルな連合策
　2．合意形成型政治の枠組み　　22
　　合意形成能力と妥協の技法／合意形成型政治の定義／合意形成型政治の成立条件
　3．スウェーデン合意形成型政治を支える条件　　26
　　《状況問題》《微調整問題》をめぐる政党間競合／紛争解決ルールへの幅広い支持：参加による納得調達／プラグマティズムと連合形成／調査・研究に基づく慎重な熟議：《包摂の論理》／政治や行政に対する究極の信頼感／社民党の基礎力・組織力

第Ⅰ部　福祉国家の模索：合意形成型政治の展開

第1章　創設期：農業国家からの離陸と社民政治の船出 …………50

1. **貧しい農業社会の遅れてきた工業化　50**

   移民を送り出す国／貧しい農業社会／遅れてきた工業国家／スウェーデン企業の誕生

2. **労働運動の興隆と社民党の誕生　54**

   最初の労働組合：ストックホルム植字工組合／最初の団体協約／最初の大型労働紛争：スンズバル・ストライキ／最初の社民主義者：A. パルム／社民党の誕生／H. ブランティング：合意形成型政治のシンボル

3. **社民党の組織基盤確立と政権政党への道　60**

   スウェーデン労働組合全国組織 LO の結成／消費者生活協同組合 KF の結成／スウェーデン経営者連盟 SAF の結成／社民党第一号議員：他党の候補者リストで議会進出／男子普通選挙権の成立／労働教育同盟 ABF の結成／たちまち議会内最大会派に、そして連合政権への参加／男女普通選挙権の実現：参加枠の完成／8 時間労働制／選挙で成立した世界初の社会主義政権／借家人協会 HSB の結成／政権政党としての成熟

第2章　発展期：工業国家への飛躍と危機下の選択 …………68

1. **P. A. ハンソンと社民党長期政権の開始　68**

   戦間期のスウェーデン：工業国家へのメタモルフォーゼ／H. ブランティングの死去／福祉国家路線へ：G. メーレルの理論化／社民党長期政権の開始／P. A. ハンソン：イデオロギーの終焉／《国民の家》：スウェーデン・モデルの枠組みを策定／1932 年政権の二つの意味／同時代の眼差し：日本人とフランス人の観察／1930 年代の経済危機とストックホルム学派／《赤―緑》連合：インフォーマルな連合からフォーマルな連合へ／《サルチオバーデンの協約》：労使協調の制度化／労使協調の定着と社民党の福祉戦略

2. **第二次大戦下の平和の模索：中立国の苦悩　83**

   第二次大戦の発生：挙国一致連合／引き裂かれた北欧協力／冬戦争：《中立》の苦い代価／フィンランド支援軍の領土内通過を拒否、ドイツ軍の領土内通過を許可／積極的な援助／オーランド問題：国際連盟の仲介への期待／F. ベルナドッテと R. ヴァレンベリィ

3. **社民党による戦後綱領・プログラムの策定　90**

   1944 年社民党綱領：E. ヴィグフォシュ主導の党綱領改正／脱国有化：所有形態ではなく民主的統制／27 項目綱領：戦後プログラム

第 3 章　成熟期：花開く福祉国家 …………………………………94
1. T. エランデルと福祉国家の開花　94

    P. A. ハンソン突然の死：T. エランデルが後継／戦後改革プランへの攻撃と社民党の対応／1946 年地方議会選挙・1948 年国政選挙：社民党やや後退, 国民党躍進／再び《赤―緑》連合へ／レーン・メイドネル・モデル：1951 年 LO 全国大会と連帯賃金制

2. ブロック政治の展開と黄金の 60 年代　103

    付加年金問題：戦後最大の政治的対立へ／《赤―緑》連合の解消／福祉社会建設の第二バイオリン：農民同盟（＝中央党）／1 票差のドラマ／ブロック政治の定着：ブロック間競合とブロック内競合／ブルジョワ・ブロックの結集と選挙連合の形成／［黄金の 60 年代］：脚光を浴びる《スウェーデン・モデル》／スウェーデン・モデルへの道：ビスマルクから北欧へ／福祉国家とスウェーデン・モデル／スウェーデン・モデルの特徴／スウェーデン・モデルの主導価値と目標

3. O. パルメによる左旋回と社民党の政権喪失　119

    T. エランデルから O. パルメへ／共同決定法・雇用保護法／1976 年選挙：社民党の 44 年ぶりの政権喪失とブルジョワ連合政権の成立／ウルステン極小・単独政権

第 4 章　転換期①：政権交代の常態化とグローバル化・EU 加盟 …127
1. 政治的乱気流の時代：原子力開発問題と労働者基金問題　127

    苦悩と模索の時代の始まり／1979 年選挙：フェルディン政権再登場／原発問題国民投票／穏健統一党の閣外放逐：3・4 位連合へ／ブロック政治にニュー・ウェーブ／1982 年選挙：労働者基金が対決軸／O. パルメの政権復帰：政権交代の常態化の始まり

2. 《第三の道》論と《選択の自由》革命　143

    伝統の継承と途絶：カリスマ・リーダーの選択／《第三の道》論：危機克服プログラム／紳士と淑女のデモ：コンセンサス・ポリティクス停止宣言／新自由主義からの批判を横目に：発達した福祉が成長の基盤／パルメ首相の暗殺：《開かれた社会》の代価／I. カールソン：実務家型首相／C. ビルト首班ブルジョワ 4 党連合政権：《選択の自由》革命

3. グローバル化，コーポラティズムの終焉，EU 加盟　153
    グローバル化と国際競争力：産業界の不安と焦燥／レーン・メイドネル・モデルの解消：コーポラティズムの終焉／SAF のコーポラティズム解消理由／1992 年金融危機：グローバル化の衝撃／1994 年選挙：EU 加盟へ

第 5 章　転換期②：ヨーロッパのスウェーデンへ……………………162
  1. G. ペーションと市場競合への積極的対応　162
    G. ペーション：財政再建と安定成長／EU 加盟に伴う変化：市場競合への対応／国家の市場化・近代化・合理化：公的部門の改革と NPM／福祉分野での改革と NPM：サービス生産・提供の多元化／NPM ＝公設民営化：共通政策言語の提供／SAF の解体：スウェーデン企業連盟の誕生
  2. 21 世紀の社民主義戦略　174
    社民党の党綱領（2001 年）と行動方針（2001 年・2005 年）／普遍主義／完全雇用：強い経済と労働参加／混合経済論／効率性の追求：NPM を援軍に／市場主義の限界／民営化の原則
  3. 福祉国家を超えて　189
    2002 年選挙：社民党の勝利／持続可能な社会へ：福祉国家を超えて／ユーロ加盟国民投票／2006 年選挙：ラインフェルト 4 党連合政権の成立

第 II 部　実験国家の到達点：合意形成型政治の現在
第 6 章　男女間連帯：女性環境……………………………………………196
  1. 女性の社会参加：その到達点　196
    労働市場の約 49% が女性／20 歳から 64 歳の女性の約 80% が働いている：専業主婦が珍しい国／年齢層別就業率：「逆 U 字型曲線」／女性職場：規模は大きいが収入は低い／パブリック・セクターは圧倒的な女性職場／労働組合と男女機会均等／女性と政界：高い投票率，国会議員の 2 人に 1 人が女性／女性議長と女性議員過半数地方議会の誕生／クォータ制度導入の是非／女性議員大量生産戦略
  2. 女性環境の整備　213
    女性環境の整備：社会参加の成果，さらなる参加の跳躍台／女性環境整備の理由：なぜスウェーデンで突出したか

3. 女性運動の歴史　　226

　　女性哀話／F. ブレメル／工業労働と女性／S. アドレシュパッレ／エレン・ケイ／A. リンドハーゲンと A. ステルキィ／運動の結実：ゆるやかに，しかし着実に／「機会均等の国」へ：1960 年代から本格的離陸／A. ミュルダールから E. モベリィへ／女性党運動／さらなる改善を求めて

第 7 章　国際的連帯：在住外国人環境 ……………………………… 239

 1. 移民・難民の寛大な受け入れ：小さな国際国家　　239

　　「外国のバックグランドを持つ住民」が総人口の 17.3%／労働市場の 7.15% が「外国生まれの人」／移民・難民の受け入れ状況／移民はどこから来るか：小さな国際国家／帰化が容易な国

 2. 在住外国人環境と《包摂の論理》　　247

　　在住外国人とは／在住外国人政策の基本原則：《包摂の論理》を基礎に／在住外国人環境の特徴／《地球市民》の発想：《開かれた政治》の論理的帰結／制度の利用状況と実際の機能／国政選挙への参加問題

 3. 《包摂の論理》の限界：地方の反乱，平和国家のジレンマ　　255

　　《排除の論理》の顕在化可能性／シェーボの反乱／ランスクローナ・ショック／イラク戦争とスウェーデン：難民の大きな列

第 8 章　世代間連帯：高齢者環境 ………………………………………… 261

 1. 高齢者福祉環境の整備：高負担と高い満足度　　261

　　巨大なジャンボジェット：高い満足度／高齢者福祉環境の特徴／多様性の中の選択：選べる施設介護サービス／高負担社会の税金：セーフティネットの代価

 2. 国民年金制度：年金改革と合意形成型政治　　268

　　持続可能性の高い制度／旧制度：2 階建ての確定給付制／なぜ制度変更か／年金改革の決定過程：合意形成型政治の伝統

 3. 国民年金制度の特徴と連帯感　　273

　　新制度の構造：所得比例年金＋積立年金／年金生活：自己選択・自己責任／財政的に安定した制度：連帯感を縮小？／連帯感の条件：正当性・公正／新制度の特徴／世代間抗争の解消へ向けて

第9章　地域間連帯：政府間関係 …………………………281

1. 地方自治体の機能と構造　281

    コミューン自治の伝統：スウェーデン・デモクラシーと地方自治／公的部門の規模と地方自治体の位置／コミューンとランスティング：自治単位／コミューン議会：最高議決機関・選出機関／行政委員会：地方自治体政府／各種専門委員会／コミュナールロッド：市長会／コミューン企業／コミューンの財政運用：三つの原則／自治体の歳出と歳入／国庫補助金：地域間連帯による地域間格差の是正

2. 国と地方の業務分担　300

    行政の3層構造：国から地方自治体への業務の委任／コミューンの守備範囲／ランスティングの守備範囲／国家の守備範囲／国家―地方の業務分担の原則／業務分担の絶えざる変更／レーン：地方レベルの国家行政機関／国家による地方自治のコントロール

3. 自治体改革の諸実験　312

    コミューン再編：合併による自治体規模の拡大／コミューン再編の帰結／首都機能の地方移転：集中の排除と地方の活性化／フリー・コミューン実験：分権強化と業務再編／フリー・コミューン実験の意義と教訓／レギオンの創設：グローバル時代の自治体改革／分権化社会のゆくえ

終章　スウェーデン型福祉の新段階？ …………………………330

1. 福祉と成長のバランス：グローバル化の中で　330

    たくましい復元力／グローバル化は福祉国家を弱体化させるか：渇望の聖杯？

2. 挑戦される普遍主義型福祉：多様化と格差拡大　336

    多様性の時代／福祉の多様化／格差拡大の傾向／格差と階層分化：「3分の2社会」論／雇用流動化・雇用不安の時代に福祉国家は維持できるか

3. 未来への選択　344

    「未来への橋」：能力による競争，福祉の多様化へ／公的セクター至上主義からの脱皮：軸足を変えず，重心を移動／《スウェーデン・モデル》は死なない？

注　351

あとがき　374

索　引　377

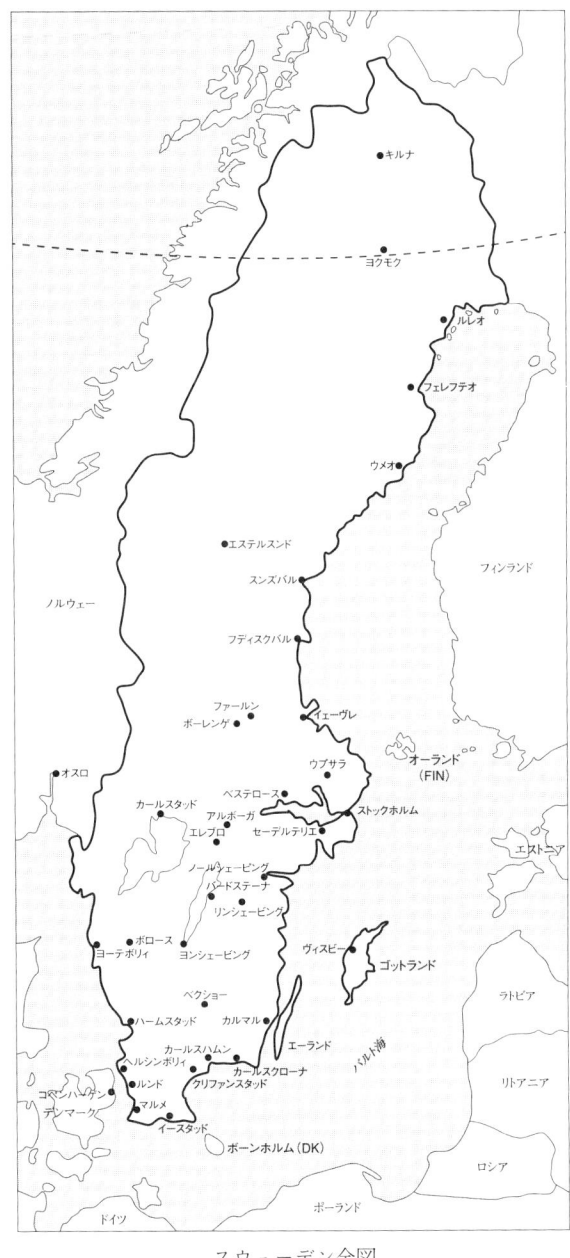

スウェーデン全図

序章　スウェーデン政治の構造：合意形成型政治の枠組み

1. スウェーデンの政党政治：連合政治のメカニズム

神話への反逆児

　政党政治の運命について古くて根強い神話がある．①「多党制の神話」（多党制議会下の政府は少数派政権か連合政権，もしくはその双方であるに違いない．その性格からして，少数派政権，連合政権はきわめて短命である．それゆえ，多党制は短命政権を生むので望ましくない）[1]．②「政党連合の神話」（連合政権は必然的に短命である）．③「絶対多数政党をもつ政党制の神話」（安定した強力な内閣を樹立するためには，絶対多数政党をもつ政党制を確立しなければならない）．こうした神話は，A. L. ローウェルが創出し，J. ブライス，H. ラスキ，M. デュヴェルジェ[2]，J. ブロンデルらが受け継ぎ，補強してきた神話である[3]．

　ローウェル以後，彼の命題を支持し，神話の拡散に貢献してきた研究者の多くは，フランスやワイマール・ドイツの混沌とした経験を，イギリスにおける永続性の強い政府と比較して，大きな説得能力を獲得してきた[4]．

　スウェーデンは，長期にわたる社民党主導の連合政治の有効運用を通じて，神話を克服した．政権の平均寿命という点でも，政策の継続性という点でも，また，問題解決技法としての物理的暴力の非有効性という点から判別しても，神話への反逆児と評価できよう．その背景にあるのは合意形成力を武器に大胆な政治的実験を敢行しコンセンサス範域を積極的に拡大しようとする積極的な冒険精神であった．

　社民党は 1889 年に結成されて以来約 120 年間の歴史を持っているが，その多くの間，政権担当機会に恵まれている．第一号議員が誕生したのが，1896 年．そして，第二院（1970 年まで二院制であった）の第一党になったのが

1914年．この時以来，90年以上もの間，一度も相対多数地位を失ったことがない．そして，1917年には他党首班の連合政権に入り，政権担当を初体験．3年後の1920年に，単独政権を経験．政権担当学習期間を見事に活かした．1932年には，その後44年間，切れ目なく続く社民党政権をスタートさせている．

　比較政治学的に興味深いのは，争われざる第一党でありながら，総選挙で絶対多数議席を獲得したことは一度しかないことである．その上，長期にわたる政権担当は，政党政治の世界での常識的な作動ルールから大きく逸脱した相対多数単独政権であることが基本になっている．つまり，政権の運命を常に他党に委ねながら長期政権を経験してきた．そして，最後に，長い間，結党時と同じ党名のまま存在している．「ヨーロッパでも最も貧しい農業国家」の一つからスタートして，産業社会を隆盛に導き，サービス産業・情報産業を中心とするポスト産業社会へと変身した．そのすべての過程で，主導的な役割を演じてきた．環境の激しい変化・変動に柔軟に対応する能力だけではなく，変化・変動を事前に読み込み，変化・変動そのものを自己変革の契機として活用できるだけの知恵に恵まれていた．時には党旗のカラーをレッドからブルー・アンド・イエローに変えながら，時には，党のシンボルである赤いバラを，さまざまに意匠を凝らしたデザインに変えながら，党名は約120年の間，維持し続けている．

　本章では，極端な分極化を慎重に回避し，安定したコンセンサス・ポリティクスを実践してきたスウェーデン連合政治の構造を，社民党を中心に論述したい．

競合と統合：政党政治の二つの顔

　問題解決に活用できる資源には限りがあるのに，解決しなければならない欲望・問題がいよいよ多岐・複雑化し，容赦なく利益表出過程に噴出されてくる．複数政党制を基礎にした代議政治では，利益を集約しながら，他党の対立候補を倒すことから，政治活動が始まる．敗北政党は次の選挙まで政権機会を待たねばならない．次回選挙で勝利できるという保証はない．政党政治の活力源はこの激しい《抗争》もしくは《競合》である．同時に，政党にとって，よほど

の単一争点主義でない限り，解決しようとする問題は多様な時間的距離を持っている．一度の選挙だけで消滅するわけにはいかない．そのために，競合で得た活力源を，政策実現に活かし，未来の選挙に備えなければならない．選挙は有権者にとっては，「未来の選択」と「過去に対する制裁」の場である．政権に到達した段階で，利益の《統合》に膨大な政治資源を投入しなければならない．政策射程を延ばして，より広大な利益を《統合》しようとする．《競合》に活力を求めない政党はないし，《統合》を夢見ない《競合》もない．両者は代議政治の世界では，ワンセットである．

政党政治分析の変数

　政党政治システムの発生・発展・継続・変容・崩壊を語るとき，どの構成要素が変化に直面するのかという視点が重要になる．現代政党論を代表する研究者デュヴェルジェやG. サルトーリが意欲的に比較政党研究を展開した領域である．

　①議会内政党の数：《有意政党》という概念を導入することが多い．政党政治への《威嚇力》《脅迫力》の有無が《有意政党》の条件になる．与野党伯仲度が《有意度》を決める．②政党の相対的規模：第一党が第二党を相対的規模で圧倒的に凌駕していても，一党優位政党制と穏健な多党制（後述）はまったく異なる政党政治空間である．③政党間の政策距離もしくは《政党間距離》．④政党の表明している《イデオロギーへの感情移入度》：イデオロギー政党もしくはプログラム政党の場合には，議会内影響力の極大化，得票率の極大化をある程度犠牲にしても，思想純度の維持を追求して党内団結を確保しようとする．プラグマティズム政党の場合には，議会内影響力極大化・得票率極大化が優先される．権力渇望が強いので，政権連合への招聘には常に積極的に対応しようとする．⑤政党運動の方向：政権形成をめざして《求心的競合》を展開する政党と，政権からの距離を強調して《遠心的競合》を展開している政党に分類される．⑥政党メンバーや下位集団の自立度：党議拘束力の強弱と下位集団の反乱の可能性に関する変数である．特に大衆組織政党にとっては，党議拘束は選挙公約を守るための数少ない防波堤であり，責任政治の生命線でもある．だが，実際には，譲ることのできない独尊的価値観を賭して全面的に対決する

《体制選択問題》から，中期的な政策内容とその実施をめぐる《状況問題》，政策の施行細目をめぐる《微調整問題》へと，政策課題が移行するにつれ，党議拘束の緩和が要求されるようになっている．⑦連合形成軸の数：連合形成軸が3極以上もあるとき，政党政治システムはある種の混乱を経験することになる．

代議政治と政党：二つのR

　政党は二つの顔をもっている．一つは市民意思の自由な形成と表明に挺身する任意結社としての顔であり，「代議制デモクラシーの機関」たることにその存立根拠をおいている．《民意対応能力 Responsiveness》が何よりも要求される．今一つは，正統性・権威の根拠を選挙に求める政権担当者，政局運営者としての顔であり，いわば，「権力への手段」としての顔である[5]．《統治責任能力 Responsibility》が何よりも強調される．どんな政治システムであれ，統治行為の対象が国民である限り，相対的な比重の差こそあれ，《民意対応能力》と《統治責任能力》（二つのR）が要求される．ただし，代議政治の発展過程で，つまり，特権的な身分制議会から制限的な代議政治へ，そして，制限が緩和・撤廃される過程，具体的には，男性普選の実現，女性参政権の実現，選挙権・被選挙権年齢の引き下げ，在外有権者への投票権付与，在住外国人への選挙権付与，という過程で，前者の相対的比重が大きくなった．マスデモクラシー化は議会政治の性格を根底から変えることになる．意思決定者が忠誠の対象とし，責任を感じる対象は，膨大な国民である．そこからの支持がすべての権力，すべての統治行為の正統性の基盤になる．

　《民意対応能力》に比重をかける政党は，他党との政策距離を短縮して到達した合意範域を広げようとする傾向がある．法案成立後の政策の運用効果を考えたら，決定に至るプロセスを大切にする必要があると考えるからである．《手順・過程の論理》を限りなく優先しようとする．逆に，《統治責任能力》を相対的に優先する政党は，前回選挙の結果を基礎に，議会内意思決定過程で，問答無用の強行採決や単独採決も辞さない．「結果が過程を正当化する」と考える．《管理と結果の論理》が政党としての自負心の根拠になっているため，《効率の論理》に走りやすい．最後は票決で決める以上，時間をかけた熟議や調査も，時間の無駄か単なる儀式と考える傾向がある．資源と権限を集中させ

て，効率的に結果を出そうとする《プロフェッショナリズムの論理》である．そのため，玄人政治・玄人行政に陥りやすい．玄人は限りある資源の最適配分が最重要課題であると考えるため，《見えざる政治》を要求する．正当な資料を基礎に合理的に論理が成立することが納得の条件であり，有権者に発言の機会を与えたら，二律背反的要求を平然と提出するが，それは民主政治のノイズに過ぎず，可能な限り合理的に行動・判断することが必要と考える．アマチュアリズムを，信用しない．ある種の愚民観が見え隠れする．《見えざる政治》を要求する理由はもう一つある．近寄りがたい神秘性指向である．プロは，不必要な，つまりプロにとっては迅速な決定を妨害する要素としか考えられない情報は，混乱を避けるために時には「隠す・廃棄する・改竄する」も必要と判断し，そう指令する．

　《民意対応能力》を相対的に重視する政党は，《参加の論理》，手順・手続きの妥当性・有効性・正統性を求める《有効性の論理》もしくは《正統性の論理》を強調する．未来は誰にも分からないからこそ，皆で知恵と工夫を出し合う必要と甲斐があると考える．参加枠拡大をひたすら優先する．市民の同意以外に権力の正統性や有効性の淵源はないと考えているからである．参加と同程度に強調するのは公開である．その信仰箇条では，見せる努力をしないで参加を誘導することはできない．《見える政治》は，この種の政党にとって政策生命線の一つである．徹底的な透明性指向である．政治過程の可視度を何よりも重視する．素人政治に情報にまさる武器はない．公開がどうしても必要．《アマチュアリズムの論理》である．アマチュアは二律背反的要求を提出することが多いけれど，それは民主政治の必要経費であり，未来政策のヒントかもしれない．そもそも人間に常に完全な合理性を求めることは困難であり，だからこそ，「人びとによる政治」を選択したはず．有権者にとって，限りのない欲望の表出が最重要であり，発言機会の拡大が，結果として，納得調達の近道であり，最も安上がりの方法である．時に，絶対反対・絶対賛成という単純な論理が繰り返されるが，それこそ，アマチュアの特徴であり，それは雑音でなく，政策提案．政治や行政を分かりやすくするためには，市民生活の可能な限り近くに意思決定の重心を設置する必要がある．《分権》はいっそう，《素人政治・行政》を加速する．

確かに,《見える政治》はポリティカル・アマチュアリズムの論理に一致するかもしれない. だが, それが思想純度を身上とする〈拒否権集団〉の行動枠組みを逸脱できぬかぎり, 代議政治の舵を委ねないであろう. なぜなら, 市民が政治に期待するのは, 相対立する要求間の調整（紛争処理）能力であり, それには, 論理の整合性をある程度犠牲にしても, 力と理念の正面衝突（排除の論理）を排し, 妥協と合意の拡大をはかる（包摂の論理）果敢な実行力が要求されるからである. 対抗権力として政権に肉迫する覇気を喪失したまま, まるで思想・啓発集団であるかのように行動する政党に, 政権機会はおとずれない.
　《民意対応能力》を重視する政党は, 市場原理を基本的には歓迎しながらも, それに一定の限度を設定しようとする. 市場は多選択化, 選択幅拡張を促し, 市民の選択の自由を拡大する. ただし, 利潤動機が馴染まない商品については, つまり, 生命・健康・医療については, 平等のアクセスが望ましいため, 原則として, 公的影響力のもとに決定権と管理権を置こうとする. 民間企業が生命・医療・健康サービス産業を支配するようになれば, サービス低下・削減の危険は否定できない. 生命・健康に関しては可能な限り利潤動機を回避できるシステムを模索する. 少なくとも, 監督権と運営責任は公的機関が掌握するシステムが望ましいと考える. そのために, 政府の仕事が増え, 大きい・強い・高価な政府ができたとしても, 長期的視点に立てば, 民意に平等に対応できると考える. 逆に《統治責任能力》を強調する政治は, 市場原理に警戒感を持つ. 野放図な利潤主義が横行する可能性があるので, 許認可制の徹底, 監査・指導の徹底が必要と考える. 市民生活の細部までも許認可制度でしぼりあげ, 管理を強化しようとする. 民意に対する警戒感・不信感・蔑視・優越感に繋がりやすい.
　さらに,《民意対応能力》を強調する政党は, 生活スタイルの多様化に対して寛大で, それに積極的に対応しようとする. 新しい市民運動や新規のNPOの登場を, 時代の風と考え, 受け入れようとする. 例えば, 同棲や婚外子, 同性間結婚や妊娠中絶の自己決定権, 同性間婚姻ペアの養子縁組制度などに積極的に政策対応しようとする. 一方,《統治責任能力》を優先する政党は, 既存のルールブックの記載内容が最優先準拠枠であり, 新奇性は歓迎しない. 異見は, 政治過程の攪拌要因と考える.

政党政治学の伝統的な考え方では，大衆組織政党・近代政党・外部政党として発生・発展した政党は，《民意対応能力》を政党存在の生命線と考える．また，責任政治・代議政治の発展する前に大きな影響力を持った政党，つまり幹部政党・名望家政党・内部政党という類型に入る政党は，《統治責任能力》を存在根拠とした．ただし，勝利基準を《50％プラス1》とする大衆民主主義が責任政治の基盤になって以来，どの政党も二つのRを追求することになった．それでも，解決しなければならない問題の性格，規模，時期，影響力，利害関係の範囲，などによって，どちらかの精神に，相対的により大きな比重をかけていることが分かるし，いくつかの決定的な意思決定を時系列に分析すると，それぞれの政党の基本的性格が浮かび上がってくる．幹部政党では《統治責任能力》を強調して，選挙マニフェストの作成や公認候補者の選定過程ですら鶴の一声が流れを決めてしまうことがある[6]．

　議会制民主政の生命線と称されている政党に，議会レベル，政権レベルで期待されている役割は，価値創造機能もしくは政権担当機能（政権組織機能）と，対抗価値の表明・登録機能もしくは権力批判機能である．前者は，選挙，マスコミ，利益団体の活動，助言者の勧告を通じて表明された《大衆の選好》に対応して，建設的政策を選択・実現する機能であり，主に，政権党に期待されている役割である．後者は，建設的代案（政策代案，リーダー代案）を積極的に国民に提示して政権に肉迫する機能であり，主に，野党に期待されている役割である．少なくとも複数政党制の理論では，すべての政党がこの二つの役割を交代で演じるよう期待されている．そして，スウェーデン流の合意形成型政治ではほとんどの政党が前者を相対的に優先する．

政権のパターン

　現代では，政党が権力の司祭者として政権を形成し政治システムを駆動させている．ここでは，政権レベルでの政党，もしくは「政府内の政党」の性格を規定する最も重要な要素である政党制との関連で，政府権力の形成パターンを類型化し，スウェーデン合意形成型政治が展開される連合政権の構造に迫りたい．

　スウェーデンの政党政治は，サルトーリの言う穏健な多党制（限定的多党

制）の典型事例である[7]．穏健な多党制の構造的特徴は，①政党数が 3-5，②政党間イデオロギー距離が比較的小さい，③威嚇力を持った大きな反体制政党がない，④連合政権軸が 2 極しかない，⑤政党間競合が求心的，⑥ほぼすべての政党が政権指向型政党．このカテゴリーに入る事例は，第五共和政のフランス，ドイツなど，それに北欧諸国（デンマーク，スウェーデン，ノルウェー，アイスランド，フィンランド）である．

　政党制，つまり政党政治が展開される基本的な枠組みは，それぞれの国の政治権力の性格を条件づける最も重要な要素ではあるけれども，ある特定の政党制からは必然的に一定のパターンの政府権力が生まれるとは限らない．この点は特に銘記されたい．例えば，二党制は，定義上，単独・過半数政権の培養器であると考えられているが，それ以外のパターンが生まれる可能性も常に存在するのである．連合政権，少数党政権が誕生する可能性があり，また，現にその経験があったとしても，20 世紀のイギリスに「典型的な二党制国家」というラベルを貼ることは可能である．このような場合，「典型的な二党制国家」に「典型的な多党制のフォーマット」が一時的に出現したと理解できよう．大きな流動性と移ろいやすさをシステムの際立った特徴としている多党制が，二党制に比べてはるかに多彩な権力パターンの母胎になることは容易に推測されよう．だが，そうだからといって，政党制と政権パターンの関係は確率論が支配するだけではない．特定のパターンの権力しか生まない政党制もある．例えば，可塑性の小さい一党制は，定義上，政権の多様性を認めない．

　単独政権のパターン　政権のパターンは大きく《単独政権》と《連合政権》に分類できる．前者は，単一の政党を基礎にした政権であり，後者は，二ないしはそれ以上の政党の協同を基礎にした政権である．単独政権は政府の議会内与党の規模，政党制の基本的性格，憲法枠組みの指令によって，単独・独占型政権，単独・過半数政権，単独・少数党政権，の 3 カテゴリーに分類できる．

　単独・独占型政権：この政権形態は，単一の政権党が議会内議席の 100％ ないしはほぼ 100％ を制している場合の政権である．この政権パターンには二つのカテゴリーがある．

　①一党制下の単独・独占型政権[8]．
　②ヘゲモニー政党制下の単独・独占型政権[9]．

表1　政権のパターン

単独政権	単独・独占型政権	①	一党制下の単独・独占型政権
			(a) 全体主義一党制下の単独・独占型政権
			(b) 権威主義一党制下の単独・独占型政権
			(c) プラグマティック一党制下の単独・独占型政権
		②	ヘゲモニー政党制下の単独・独占型政権
			(a) イデオロギー指向ヘゲモニー政党制下の単独・独占型政権
			(b) プラグマティズム指向ヘゲモニー政党制下の単独・独占型政権
	単独・過半数政権	③	政権交代型・単独過半数政権（二党制下）
		④	一党優位型・単独過半数政権（一党優位政党制下）
	単独・少数党政権	⑤	相対多数政党（第一党）による単独・少数党政権
		⑥	第二党以下の政党による単独・少数党政権（純・少数党政権）
連合政権	最小勝利連合政権	⑦	最小勝利連合政権
	過大規模連合政権	⑧	平時・大連合政権
		⑨	救国・挙国一致連合政権
	過小規模連合政権〔連合少数派政権〕	⑩	過小規模連合政権

　単独・過半数政権——このパターンは，議会内議席の過半数を制している単一政党を基礎に構成される政権である．

　③政権交代型・単独過半数政権：これは，二党制の下で発生する確率が高い政権パターンである．二党制とは，「常に，せいぜい二つの政党だけが権力を獲得する真の機会を有しており，そのうち一方が必要な過半数議席を勝ち取り，第三党からの支持なしに政権を担当でき，かつ，長期にわたって二つの政党が交代で政権を担当する」政党制である[10]．

　④一党優位型・単独過半数政権：政党間競合の基本原理が認められ，実際に，複数の政党が政権をめざして票狩り競争を展開しているが，一つの政党が長期にわたって圧倒的な力をもっているとき，そうした政党システムを一党優位体制と呼ぶ．

　単独・少数党政権——議会内議席の過半数を制していない単一の政党を与党とする政権である．近年の議会政治の一般ルールからすれば，「選挙管理内閣」の場合を除いて，あくまでも，変則的かつ例外的な政権といえよう．政権党は，

その運命を，文字どおり，他党に委ねているので，政党間政治の論理で《見える政治》を遂行しなければならない．政策中心の競合的協同（後述）が展開されなくなると，その時点で，政権は行き詰まり，崩壊過程に入る．

　スウェーデン社民党の政権は，ほとんどがこのカテゴリーに入る．単独過半数議席を獲得した選挙はたった一度しかない．通常は，相対多数議席を基礎にした単独政権ということになる．世界の政党政治の歴史の中でも，このカテゴリーの政権を長期に継続している例は，ほとんどない．政権の運命を野党に委ねたままの長期政権など，政党政治の基本的常識からは明らかに逸脱している．特異であるのは存在だけではない，構造的脆弱性を克服しようとして，「妥協点の模索→合意の調達→コンセンサス範囲の拡大」を積み重ねてきた技術開発力もさらにいっそう特異である．

　⑤相対多数政党（第一党）による単独・少数党政権：過半数を獲得する政党がないとき，「憲政の常道」論は第一党，つまり相対多数議席をもつ政党に政権担当の機会を与える．

　⑥第二党以下の政党による単独・少数党政権：これは文字どおりの純・少数党政権であり，今日の議会政治の一般的ルール，常識から大幅に逸脱している．1978年10月18日に誕生し，1979年10月12日まで続いた，スウェーデンのO. ウルステン内閣の例が注目される．T. フェルディン中央党党首を首班にするブルジョワ3党連合政権が閣内不一致で崩壊した後に登場した国民党単独政権である．議席数39議席，議席占有率僅か11.2％の第四党を与党にする単独政権である．スウェーデン型連合政治でも特異例である．

　連合政権のパターン　二つもしくはそれ以上の政党が，一定の政策合意を基礎に権力を司祭する政権を連合政権という．政権運営にあたって依拠する議会内与党の規模を中心にして，《最小勝利連合政権》，《過大規模連合政権》，《過小規模連合政権》，に分類できる．この分類の基礎になるのは《連合形成地位》であり，主に，閣内に含まれる政党の数とそれぞれの政党の相対的規模から構成される．そして，この《連合形成地位》が議会内政党の戦略，議会運営のスタイル，そして政権の継続性（寿命）に大きな影響を与える．

　⑦最小勝利連合政権：議会内で信頼に足る過半数支持勢力を確保するために必要なだけの政党は閣内に含んでいるが，過半数確保に必要でない党は一切含

表2 戦後スウェーデンの政権

首相名	政権担当期間	党派	与党議席数 (占有率)	選挙	政権 パターン
ハンソン	1945.7〜46.10	社民党	115 (50.0%)	44年	⑤
エランデル	1946.10〜51.10	社民党	115 (50.0)	44年	⑤
		社民党	112 (48.7)	48年	⑤
エランデル	1951.10〜57.10	社民党＋農民同盟	142 (61.7)	48年	⑦
		社民党＋農民同盟	136 (59.1)	52年	⑦
		社民党＋農民同盟	125 (54.1)	56年	⑦
エランデル	1957.10〜69.10	社民党	106 (45.9)	56年	⑤
		社民党	111 (48.1)	58年	⑤
		社民党	114 (49.1)	60年	⑤
		社民党	113 (48.7)	64年	⑤
		社民党	125 (53.6)	68年	④
パルメ	1969.10〜76.10	社民党	125 (53.6)	68年	④
		社民党	163 (46.6)	70年	⑤
		社民党	156 (44.6)	73年	⑤
フェルディン	1976.10〜78.10	中央党＋国民党＋ 穏健党	180 (51.6)	76年	⑦
ウルステン	1978.10〜79.10	国民党	39 (11.2)	76年	⑥
フェルディン	1979.10〜81.5	中央党＋国民党＋ 穏健党	175 (50.1)	79年	⑦
フェルディン	1981.5〜82.10	中央党＋国民党	102 (29.2)	79年	⑩
パルメ	1982.10〜86.3	社民党	166 (47.6)	82年	⑤
		社民党	159 (45.6)	85年	⑤
カールソン	1986.3〜91.10	社民党	159 (45.6)	85年	⑤
		社民党	156 (44.7)	88年	⑤
ビルト	1991.10〜94.10	穏健党＋国民党＋ 中央党＋キ教民	170 (48.7)	91年	⑩
カールソン	1994.10〜96.3	社民党	161 (46.1)	94年	⑤
ペーション	1996.3〜06.10	社民党	161 (46.1)	94年	⑤
		社民党	131 (37.5)	98年	⑤
		社民党	144 (41.2)	02年	⑤
ラインフェルト	2006.10〜	穏健党＋国民党＋ 中央党＋キ教民	178 (51.0)	06年	⑦

穏健党＝穏健統一党，キ教民＝キリスト教民主党（1996年まではキリスト教民主社会党）．農民同盟は1957年に中央党に，国民党は1990年から国民党・自由に名称を改めている．

まない内閣である[11]．今日の議会政治の基本ルール，つまり「議会内議席の過半数を制した者が勝利者である」に一致するだけでなく，《余分な党》を一切含んでいないので，最も望まれている連合政権である．それゆえ，他の条件が同じであれば，多党制議会の政党は，政権参加と戦略的・長期的な内閣支配権の極大化を望んでいるかぎり，この最小勝利連合に入り込もうと努力する．スウェーデンのブルジョワ政党（非社会主義政党）の追求した政権モデルがこれである．まず，1976年10月8日から1978年10月18日まで続いたフェルディン首班の3党連合政権．中央党・穏健統一党・国民党のブルジョワ3党で構成された．2年間で閣内不一致で瓦解．ついで，1979年10月12日から1981年5月19日まで続いたフェルディン首班の3党連合政権．中央党・穏健統一党・国民党のブルジョワ3党で構成された．1年半余りで閣内不一致で瓦解．戦争直後期にT.エランデルが農民同盟を誘って連合政権を組織したことが3度あるが，この《赤一緑》連合は，3度とも最小勝利連合政権であった．この《赤一緑》連合政権は，1951年10月1日から1957年10月31日まで続いたが，合計議席数はそれぞれ選挙ごとに，142，136，125と推移した．議席占有率は，61.7％，59.1％，54.1％であった．

　過大規模連合政権——連合から排除しても議会内過半数を確保する上で別段支障のない政党，つまり，《余分な党》を，少なくとも一つ閣内に含んでいる政権である[12]．このタイプの政権は，「政党政治の寡占化」を現出させるので，今日の議会政治の規範からすれば望ましいとはいえない．

　⑧平時・大連合政権：純粋に政党戦略上の必要から，議会政治の行き詰まりを克服するために，あるいは緊急の政治課題を解決するために，平時に組織される《過大規模連合政権》である．

　⑨救国・挙国一致連合政権：国家が戦争や大不況などの非常事態に直面したとき，政党が一時的に政治休戦し，諸党派が一致・連合して政権を担当するパターンである．この種の政権は二党制の下でも，多党制の下でも発生する．多党制下の例としては，スウェーデンのP. A. ハンソン内閣などがある．この内閣は，1939年12月13日に樹立され，1945年7月31日まで政権を担当した救国・挙国一致連合政権であった．課題は第二次世界大戦の乗り切りであった．国家の非常事態を前提にして初めて正当化される政権であるため，政権樹立要

因となった国難が解決され次第,解散されるべき性格の政権であるといえる.

⑩過小規模連合政権:二つ以上の政党が連合しても,なおかつ信頼できる議会内過半数議席を確保できない連合政権であり,連合少数派政権とも表現できる.つまり,議会内で過半数支持勢力を確保する上で《必要な党》を閣内に含んでいない政権である.最小勝利資格(MWC)をもつ連合を形成するために,閣内に取り込む必要のある政党の数が多ければ多いほど,また,その《必要な党》の規模が大きければ大きいほど,最小勝利地位からの逸脱はそれだけ大きくなる[13].このパターンは単独・少数党政権に劣らず,今日の議会政治の一般的ルールから逸脱している.この政権の決定的特質は,政権の運命をほぼ完全に他に委ねていることである.内閣が負うべき責任を進んで引き継ぐ意思をもった,より大きな連合が登場すれば,政権はその時点で自動的に崩壊する[14].また,内閣不信任案が提出されたら,よほどのことがないかぎり,成立する可能性が非常に大きいので,内閣は常に辞表を胸のポケットに入れて政局運営に臨まなければならない.

政権を目指す政党が連合ゲームを繰り広げる過程で,このタイプの政権を可能なかぎり回避しようとするのは,その構造的脆弱性を熟知しているからである.(1)閣僚ポストの配分に関する連合パートナー間の不満は少ない.どの連合与党も得票率を上回るポストに恵まれるからである.だが,権力指向の強いプラグマティズム政党が野党になっているときには,その党が「政権からの排除」を妬んで,ことあるごとに倒閣を口にするかもしれない.(2)連合パートナー間のイデオロギー距離は一般に小さくなるので,政権の思想的凝集力は大きいであろう.だが,それは必然的に野党との《政策距離》を大きくする.イデオロギー純度を保持しようとすれば,重要法案の提出を差し控えなければならないし,瑣末な政策領域であっても,成立を期すのであれば政策案件ごとに野党を一本釣りする努力を怠らない.野党は大きな威嚇力を背景に,政府からの一方的譲歩を要求するであろう.(3)野党に大きな威嚇力を与えるために,議会運営,政権運営は常に行き詰まりの危機に直面する.政権レベルでは,連合パートナー間のイデオロギー距離が小さいため,合意の形成は簡単であろう.だが,議会レベルでは,〈政党間政治〉が過熱するため,合意形成が困難になる.法案成立のために,政府が譲歩しなければならない.相次ぐ譲歩は,「原

理・思想の腐食」を引き起こし，連合パートナーの欲求不満を拡大する．卓抜の政党戦略家でもいないかぎり，この欲求不満は確実に爆発する．

　構造的脆弱性をもつこの種の政権は，現実の政治の世界にはほとんどない．少数党政権の伝統があるスウェーデンも，このタイプの連合政権は戦後2度しか経験していない．まず，1981年5月8日に成立した第3次フェルディン政権がそれである．中央党・国民党による《過小規模連合政権》であった．それに先立って，フェルディン首相は，インフォーマルな政策後見人（社民党）の支持を党首間の電話会談で取り付けた．この政権は，第一党・第二党を野党に回した3・4位連合政権で，合計議席数102（中央党64，国民党38），議席占有率29.2%の典型的な《過小規模連合政権》である（閣僚配分は，中央党10，国民党7，無党派1）．そして，1991年10月4日から1994年10月7日まで続いたC.ビルト穏健統一党党首首班の4党連合政権．穏健統一党，国民党・自由，中央党，キリスト教民主社会党のブルジョワ4党で構成された．4党合計の議席数は170で議席占有率は48.7%であった．

　このタイプの政権が出現するためには，(a) 政策後見人として政権を背後から支えるインフォーマルな閣外協力者が存在することが前提となる．また，(b) 政権形成過程が一種の〈拒否権ゲーム〉の場となってしまって政治的空白がつづき，最終的に「憲政の常道」に従って，第一党（相対多数政党）プラス小党に当面の政局運営を委ねようという気運が強くなったとき，(c) 各党が前政権党の既得権を認めて，次期選挙までの打倒しやすい暫定政権として《過小規模連合政権》も拒否しないとき，出現する．いずれにせよ，つなぎ役の選挙管理内閣という性格が強く，大きな政策実現能力は期待できない．《数の論理》が支配する国や，少数党政権の伝統が定着していない国では，あまり想像できない政権形態である．

連合とは何か：競合しながら協同する精神

　連合とは，「競合関係にある独立した二つ以上の個人・集団・政党・会派が，共通の目的を達成するために，それぞれの政治資源を持ち寄って樹立する一時的な協同関係」である．《競合的協同》の行為といえよう．

　複数の政党を基礎単位として展開される大規模民主主義の世界では，連合こ

そが通常パターンである．それぞれの政治単位は政治観や歴史観，それに，政治手法や問題解決技法に違いがあるため，独立した政治単位を構成しているのである．しかも，多様な世界観・歴史観・人生観・政治観を許容するシステムであれば，また，多様性の表出を可能にする制度（特に選挙制度）が整備されていたら，政治単位の数は，多くなる傾向が強い．このような代表制議会において，自らが掲げる思想・理念・哲学を実現するための条件である「50％プラス1」の支持を調達するには，連合パートナーを模索し，連合を形成するしかない．多様性を前提にした社会では，ごく当たり前の図式である．多様性は潜在的な分裂力である．連合とはつまり，多様性を許容する社会で，国家意思の決定的分裂を慎重に回避するための知恵であり，政治生活の技法でもある．自党と連合パートナーおよびその背後にいる支持者・有権者の意思を，可能なかぎり信頼・尊敬することこそ連合政治の生命線である．

　政党間相互作用の駆動力は，逆方向に引っ張り合う二つの力である．一つは抗争・競合の力，もう一つは協同・統合の力である．抗争・競合は分裂力の母胎であるが，いかなる分裂力も究極的には国家意思の形成，つまり統合を思念する．そして，統合力の母胎は協同・連携である．連合というコンセプトで表現できるのは，「協同・連携を前提とした競合」ということであり，それは，《競合的協同》《協同的競合》とも表現できる．連合とは，すでに述べたように，抗争主体としての自己組織は維持して，他の抗争主体と激しく競合しながら，その一方で，共通の目的を実現するために，他の行動単位との一時的協同を模索する戦略行為である．フォーマルな政策協定や政策合意を基礎にするという意味で，無原則な〈野合〉とは違う．新しい政治単位をつくるために，それぞれが自己解体して，他の政治単位と合体する〈合同〉や〈合併〉とも違う行為である．

なぜ，いつ連合を組むか：連合政治の4層構造

　人や政党は，なぜ，そして，いつ連合を形成するのであろうか．「価値の配分過程で優位に立ち，共通の目的を実現するため」．または，「価値の配分過程で優位に立ち，実現させたくない他の集団の目的を阻止するため」である．前者は積極的な価値創造・実現型連合，後者はネガティブな防衛型連合と呼ぶこ

ともできる．つまりは，自分がゲームに勝ちたいために連合を組む場合と，他の誰かを勝たせたくないために，もしくは自分がゲームに負けないために，連合を組む場合がある．ここで分析対象にしている政党の場合，議会過程の多様な決定ポイントが連合形成のタイミングになる．多くの決定ポイントで，連合を〈形成→運用→変更→解消→消滅〉する過程が連合過程である．議会政治のあらゆるステージで連合の形成・解消の技術が必要とされているのである．「絶えざる連合過程」，それこそが議会政治であり，政党政治であるといえよう．スウェーデンは，こうした連合政治を長期にわたって経験する過程で合意形成型政治を成熟させてきた．

〈連合形成ポイント〉としては，(1) 政権レベルの連合（政権連合）＝①首相指名・大統領指名時，②閣僚任命時，③院内・政府内・党内ポスト配分時，④内閣不信任案票決時，(2) 議会レベルでの連合＝⑤議長指名時，⑥予算案票決時，⑦法案票決時，⑧院内会派結成時，(3) 選挙レベルの連合＝⑨党首指名時，⑩候補者決定時，⑪選挙戦遂行時，(4) 市民生活レベルでの連合＝⑫政党結成時，⑬利益団体・市民団体の運動方針決定時，⑭国民投票実施時などがあげられる．

連合ゲームの規定要素

多党化・連合政治の下では，議会内過半数勢力を何らかの形で形成する必要があるため，また，選挙カルテルが結ばれる可能性があるため，苛酷で「厳密な競合」は実際上不可能である．いわば，《競合的協同》が支配する世界である．すべてを獲得できる「完全な勝利」を生まないかわりに，すべてを失う「完全な敗者」もつくらない政治である．換言すれば，すべての市民に欲求不満を残すが，すべての市民に満足感を与えるシステムである．「禁欲の精神」がここにはある．多くの市民が部分的勝利感と部分的敗北感を味わうシステムだからである．

連合ゲームでは，資源と目的をもった複数のプレイヤーが，共通に認め合ったワンセットのルールに従って，ペイオフ（利得）を極大化しようと，戦略を練る（最大のペイオフは勝利連合の形成）．連合政権の性格と機能，政治能力と政治的継続可能性を決定するのは，次のような変数である．①連合パートナ

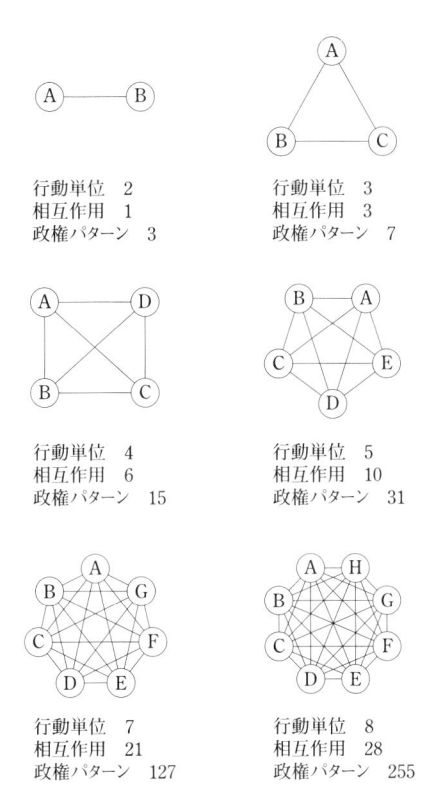

```
  A — B                    A
                          / \
                         B — C

行動単位  2              行動単位  3
相互作用  1              相互作用  3
政権パターン  3          政権パターン  7

  A   D                    B   A
  ┌───┐                   ┌─┬─┐
  │ ╳ │                   C─┼─┤E
  └───┘                   └─┴─┘
  B   C                      D

行動単位  4              行動単位  5
相互作用  6              相互作用 10
政権パターン 15          政権パターン 31

     A                        A H
   B   G                    B   G
   C   F                    C   F
     E                      D E

行動単位  7              行動単位  8
相互作用 21              相互作用 28
政権パターン 127         政権パターン 255
```

図1 連合政治の行動単位の数,相互作用の数,政権パターンの数

行動単位：n

相互作用：$\dfrac{n(n-1)}{2}$

政権パターン：2^n-1

G. Sjöblom, *Party Strategies in a Multi-Party System*, Studentlitteratur, 1967, p. 174 を基礎に作成.

ーの数——2党連合か3党連合か,それ以上なのか.②相互作用の数——個人としての政治家,派閥,政策グループ,想定される反乱グループ,政党,政党ブロックなど,連合の形成・維持に関わってくるプレイヤーはどれか.③行動単位の相対的規模.④想定される連合パートナーの相対的規模とそれに関する情報の精度(情報確度).⑤想定される連合の規模——最小勝利連合か過大規模連合か過小規模連合か.⑥連合パートナー間の政策距離——隣接同盟型連合

かブリッジ型連合か（後述）．⑦連合パートナーのイデオロギー強度——プログラム政党かプラグマティズム政党か．⑧行動単位の運動の方向——求心的競合か遠心的競合か．⑨連合パートナーの役割認識——ジュニア・パートナーか，基軸政党か，イコール・パートナーか．⑩パーソナリティ衝突——想定される連合パートナー内部に，理屈や論理を超えた「回避したいリーダー」がいるかどうか（後述）．

　プレイヤーの数は少ないほどわかりやすい．情報確度は高まり，各プレイヤーはペイオフ組み合わせ表に従って合理的選択が行なえる．これなら市民にとってもわかりやすい．行動単位の数から，その相互作用の数は〈$n(n-1)/2$〉で表現されるが，理論的に，そこから想定できる政権パターンの数は〈2^n-1〉で表現できる．行動単位の数が4のときは，想定される政権パターンは15になり，行動単位の数が5のときは，31になる．行動単位の数が8のときは，実に255の，そして，行動単位の数が10のときは，1023もの政権パターンが想定される．これでは整然とした連合交渉など不可能に近い．政党政治システム全体でも，政党数が5前後に収まっていることが望ましい．

　行動単位・相互作用の数と政権パターンとの関係を考えるとき，行動単位の増加は，少なくとも数字的には，政党戦略の状況を複雑にする[15]．しかし，「数字的ないしは理論的に可能な相互作用組み合わせパターン（理論的可能性）」は必ずしも「実際可能な組み合わせパターン（政治的可能性）」ではないので，見かけほど複雑ではない．イデオロギー距離の接近性，過去の実績を基礎に政党ブロックが形成されるからである．

めざすは《最小勝利連合》

　理論的には可能な選択肢を，連合の実現可能性を高めるために削減していく作業で浮上するのが，連合規模という変数である．基礎となる基準はあくまでも「50％プラス1」議席である．前述のように，連合規模は，その大きさによって《最小勝利連合》《過大規模連合》《過小規模連合》の三つに分類できる．《最小勝利連合》は，「50％プラス1」議席確保するのに《必要な党》を取り込んでいるので，議会運営にも安定を期待できる．内閣不信任案を否決できるので余裕をもって政局運営を行なうことができる．また，《余分な党》を一切含

んでいないので，権力獲得に伴う資源（例えば，閣僚ポストなど）の配分に当たっても，効率的にかつ公平に配分できるので，連合パートナー間の納得度が高くなる．連合政権ではこの納得度が重要な変数になる．連合状況に直面したとき，政党がまずめざすのはこのパターンの連合である．

　《最小勝利連合》ならどんな組み合わせでもよいということにはならない．連合を形成することから生じる報酬と価値剥奪を共有しようとするわけであるから，連合パートナーが誰でもよいということはあるまい．納得できるパートナーと「共生の政治」を遂行しようとするはずである．連合パートナーとのイデオロギー距離が重要な変数となる．

　連合パートナー間のイデオロギー距離という視点から，《隣接同盟型連合》《ブリッジ型連合》という類型が浮上する．《隣接同盟型連合》とは政党間思想距離が小さく，有権者の印象では「体制選択問題では隣り合った位置を占める政党」と考えられている政党間の連合である．違うのはせいぜい状況問題への態度と微調整問題への態度だけである．《ブリッジ型連合》とは，政党位置が隣接しておらず，間に媒介政党でも入らなければ，とても政党線を越えた協力・連携など考えられない政党間の連合である．《隣接同盟型連合》のほうが支持者には遥かに理解されやすいし，政権運用も簡単であろう．コミュニケーション用語を共有しているからである．《ブリッジ型連合》ではこうはいかない．コミュニケーション用語集がちがいすぎるし，目線の高さもちがうかもしれない．連合政治は「分かち合いの政治」であるから，いずれどこかの決定ポイントで妥協が要求される．《隣接同盟型連合》での妥協幅は小さいが，《ブリッジ型連合》での妥協幅はどうしても大きくなる．一方がそれを嫌って，絶対阻止主義に舞い戻ってしまったら，連合は破綻する．

　また，政党政治の世界では，第一党を基軸にして連合交渉を開始するのが自然である．第一党を排除した連合は有権者の意思を反映する度合いが少ない．懸案事項を解決するためにだけ許される論理であり，懸案となっている政治課題が解決したら，即時に解消されるべきかもしれない．少なくとも，選挙で最も多くの支持を集めた政党は，まさにその事実によって，連合形成過程の主導権を握るべきであろう．相対多数政党を抜きにした連合は，有権者の意思からより大きく逸脱するという意味で，変則的である．憲政の常道は，第一党を基

軸にした連合政権交渉を要求している．多党化・連合政治に対する批判の一つは，「政権形成の実質が政党に委ねられる」ことである．ここのところが説得的でなければ，有権者との距離を短縮できない．先に触れたフェルディン政権の問題点はここにあった．社民党の後退，社民党戦略本部の控えめな態度，野党の勢いなど，「時代は非社民政権を要請した」という解釈はそれなりに説得的であった．だが，政権樹立と政権運用は別問題である．「原発廃棄を単一・至上の政治課題とした暫定政権であり，その決着後，直ちに政権形成・運用の主導権を第一党に戻す」との意思表明が必要であった．連合運用の手順に省略がありすぎた．これではイデオロギー強度に差がある3党派の連合の運用はとても困難であった．それに比べて，第一党にジュニア・パートナーを一つ加える形の連合政権は，安定度が高い．閣内序列が明確であり，政治資源の配分をめぐる不公平も小さい．閣内意思の統一も行動単位の数が少ない分だけ簡単である．連合時代の初期学習過程であったことを考えると，複雑な連合技術を要請する「第一党抜きの3党派連合」ではなく，「第一党プラス・ジュニア・パートナー」連合がふさわしかったかもしれない．

　ついでに，パーソナリティ衝突という変数について言及しておきたい．想定される連合パートナーのリーダーのパーソナリティが，連合形成の阻止要因になることがありうるか．組織目標の実現のために，限りなく合理的選択を追求する政党リーダーの世界に，個人的な嫌悪感などの感性の要素が入り込む余地はあるのだろうか．

　この《パーソナリティ衝突》という変数は，アイルランドの政党政治では大きな影響力をもっている[16]．一般的には，政党リーダーが個人的な好みで連合や連携の決断をするとは思えない．あくまでも補助変数であり，一般化するのは難しい．ただ，日本やアイルランドのように，《パーソナリティ衝突》という変数を，時には優先的に考えなければならない状況もないわけではない．スウェーデンでもそれは同じことである．

スウェーデン連合政治の駆動力：インフォーマルな連合策

　スウェーデン連合政治は，社民党の合意形成能力を基軸にした連合政治である．ブルジョワ・ブロック（第3章を参照）が過半数議席を制している時です

ら，その政権の運命を決定したのは社民党であった．だが，社民党は絶対多数議席を獲得したことは僅か1度しかない．それにもかかわらず，エランデルの6年間を除けば，絶対多数議席を確保しようとして他党とフォーマルな連合を形成したことはない．数の論理で政党政治を見ることに慣れている者には奇異に映るかもしれない[17]．

　社民党主導の連合政治に作動能力を与えている要因としては，何よりも《ブロック間競合》と《ブロック内競合》を巧妙に活用した，「インフォーマルな連合」策を指摘できよう．ブロック間競合を活用したインフォーマルな連合策としては，左共産党（現在の左党）への対応方法がある．左共産党は，議会内では，原則として社民党案を支持してきたし，決定的な選挙では，社民党苦戦選挙区であえて候補者擁立を見送って側面援助もした．それでいて社民党は，フォーマルな連合パートナーとして左共産党を招聘したことはない．一方的に貢献を提供するだけで報われることの少ない自動的同盟軍として左共産党は社民党に奉仕してきた．社民党は左共産党が自党の自動的同盟軍としての地位から脱却できないことを熟知している．①左共産党の政党位置（政党スペクトラムの左端）からして，社民党の政策代案を飛び越えてブルジョワ政党の代案を選択することは，支持者への背信に通じるので，原則として，ありえない．②スウェーデンの共産主義陣営は極端に分裂しているので，左共産党は求心的競合を展開する（社民党との政党間距離を縮小する）時に限って存在価値を証明し，議席を確保できる．実際のところ，左共産党は社民党の政策代案を拒否しても，ブルジョワ・ブロックに突入できないし，かといって，左旋回もできないのである．極左陣営には議席を持たない教条主義的な共産主義政党が三つあり，理論的正統性を強調しているからである[18]．一方，左共産党にも大義名分はある．（イ）社民党の更なるブルジョワ化を阻止するためにも「遠心的競合」を慎重に回避しなければならないし，（ロ）政界の孤児になることを避け，支持核集団に公約実行力を証明するためにも，「求心的競合」に身を投じなければならない[19]．

　上記のような性格を持つ連合政治システムを培養器にして生成・発展した政党が社民党である．そして，同時に，社民党主導の連合政治が時間をかけて構築したのが合意形成型政治である．

2. 合意形成型政治の枠組み

合意形成能力と妥協の技法

　妥協は，高潔にして無謬(むびゅう)なる哲人王の観点からすれば奸智たけた凡夫(ぼんぷ)の汚いビジネスであり，「真実の水割り」であり，両立しがたい真実の耐えられない混合であろう．だが，デモクラシーの運営主体は，哲人王でもなければアリストテレスでもない．自己抑制力に欠け，奪い合いに執着する人間である[20]．そこで自由と秩序との，人間性の解放と社会的必要との，奔放なるエゴと公共の利益との妥協を基礎にしない限り，デモクラシーは統合力を喪失し，その円滑な運営は困難になろう．そして，行き詰まりと後退の絶えざる反復に身を委ねることになろう．

　妥協という言葉に否定的反応を示す者にとっては，スウェーデンがその多年にわたる多党化・連合政治システムを成功裡に作動させ，活発な論争とそれに続く相互和解を通じて，政治的安定を享受してきた真の理由を理解することが困難であろう．ちょうど，絶えざる経済成長を追求し，指数関数的成長そのものを偶像視する社会に住む人間に，エコシステムとの調和と秩序ある退却という意味が容易に理解し得ないように．

　スウェーデンは「妥協の実現」に「政治の本質的機能」[21]を求め，「妥協の実現」という目的のために諸制度を組織・整備しながら，多党化・連合政治システムを作動させてきた．それは手続きの正当性を強調し，「見える政治」を要求する有効性の論理と，業績達成能力を強調し「見えざる政治」を要求する効率の論理との妥協であり，インプットと過程を重視するポリティカル・アマチュアリズムと，アウトプットや結果を重視するポリティカル・プロフェッショナリズムとの妥協である．下からの参加の論理と，上からの管理の論理との妥協と言い換えてもよかろう．自由・平等を極限まで追求しようとする求道者的思念と，息詰まるような官僚主義を横行させる超管理社会への傾斜．いずれもが社会の部分的描写としては妥当である．

　スウェーデンにおいてはおそらく他のどこよりも，妥協の技術が必要であった[22]．第一党と第二党が伯仲状態にあればあるほど，ミニ政党でもミクロ政

党でも，しかもそれが単なるおふざけ政党であったとしても，議会内票決過程で決定権を楽しむことができる．これこそ相対多数政党が，どんなに不愉快に思っても，支払わなければならない代価である．社民党は，いくつかの政策局面で，後世に禍根を残すような妥協を余儀なくされた．無念であろうが，それが複数政党政治システムの論理である．そして，スウェーデンでは，妥協こそが人びとが共存し得る条件を提案する技術の中でも本質的要素であったし，妥協こそが政治的成功の秘訣であった[23]．

さらに加えれば妥協の幅を広げていったことが，先進的な社会福祉，労働市場の平和的協調，産業構造の柔軟な再編を達成する一方で，自由主義的民主政治を守り，1960年代には福祉・工業国家として高く評価されるようになり得た大きな理由でもあった[24]．実際，《黄金の60年代》は世界から称賛の声を浴びた．称賛を浴びた分だけ，その後，悪意のものを含め，多くの批判や逆宣伝の対象になった．国民は淡々とそれを受け入れている．不思議な光景である．

要するに，妥協技術の習熟・発達がコンセンサス範囲を拡大し，政党間距離を縮小した．政党間距離の縮小は，「政権からの距離」を強調して遠心的な過激主義に傾斜しがちな両極の政党を穏健化し，さらにいっそう妥協の政治を促進する．そして再び，コンセンサス範囲が拡大する．

合意形成型政治の定義

自由民主主義国家はおしなべて程度の差こそあれ合意形成型政治である．少なくとも，デモクラシーの基本的価値に関してある程度の合意がある．しかし，いくつかの国は他に比べ合意形成指向が強い．そうした国のグループに入るのが北欧諸国である．N. エルダーやD. アーターらは，合意指向システムの判定基準を三つあげている．政治的抗争を解決するためのルールと規則の枠組み，その枠組みの中で発生する抗争の性質，そして，こうした抗争が解決される技法，である．この判定基準に従えば，次のようなシステムが合意形成指向型政治となる．「政治的抗争を解決するためのルールや規則の枠組みに対して低いレベルの反対しか存在しないリベラルな民主主義国家」．「実際的な権力の行使に関する抗争が低いレベルにあるリベラルな民主主義国家」．「公的政策の形成過程で高度の協調性が特徴になっているリベラルな民主主義国家」．憲法改正

の有無や頻度は問題ではない．議会政治の基本的なゲームのルールが維持されていることが重要．具体的には極端な反体制政党の欠如，疎外された下位集団の欠如，政治的意思表明の手段として暴力に訴える集団の欠如，選挙や国民投票での高い投票率が，決定的に重要な指標になる．さらに，政治的対決軸が状況問題であり，各党間のイデオロギー距離が小さいこと，求心的競合が展開されていること，などが重要な要素になる[25]．

スウェーデン型多党化・連合政治を合意形成型政治と呼ぶことは依然として妥当である．1990年代からスウェーデンのヨーロッパ化が，つまりスウェーデンのノーマリセーリング（標準化・通常化）の過程が始まったが，今もなおその残像が色濃く残っているのは，約190年間にわたる平和の時代に構築した社会資本の重層が使いきれていないからであろう．他の国が平和を享受する過程で，いずれそれは使い切ることになろう．

ここで合意形成型政治，コンセンサス・ポリティクスとは，「政治過程，つまり，社会のための価値の権威的配分の過程で，対決基調を希薄化し，物理的力や暴力の有効性を減じながら，時間をかけた調査と審議を通じて妥協点を模索し，政策同意を調達して，着実に合意範域を拡大し積み上げることを優先する政治スタイル」である．連合の形成と運営にその実像が明確に投影される．独立した政治単位が，合同するでも野合するでもなく，特定の目標を達成するために一時的な協同関係を構築し，その組織を運用することが連合である．相違点と共通点を相互認識し，相違点を可能な限り縮小し，共通部分を可能な限り拡大しながら協同関係を運用し，共通の目標を追求する行為，それが連合である．

合意形成型政治の成立条件

この政治スタイルが成立するための条件は次の五つである．

条件1：政治的対決軸の性格：《状況問題》《微調整問題》　合意形成を困難にする硬度の高い問題が未解決のまま残っているかどうか．既に解決した問題への同意度が高く，再燃する可能性が低い時，政治的対決軸は次第に，《体制選択問題》から《状況問題》へ，そして《微調整問題》へと移行する．広大な合意範域の存在，つまり結果に対する高い満足度が，個別政策領域を超えて，また時

間経過を経て蓄積された政治の磁場が存在すると，その基層が政治的対決の性格に大きく関わってくる．右に振れても左に揺れても，基層から大きく逸脱するはずがない．どんなアクターにとっても，逸脱は政治的死を意味する．逆に，上記の条件と関連するが，政治的対決軸の解きほぐしを，「先送り」「棚上げ」「政治問題化せず」で怠った政治は，対決軸の呪縛をいつまでも引きずることになる．政治や行政なるものも，所詮は神ではなく人間の行為．それぞれの時点でどんなに全力を尽くしたところで，失敗もあれば判断ミスもある．合意形成型政治は，果敢に対決軸を政治課題化する．そのためにより合意形成型政治が進行する．原因であり結果でもある．政治的決定の集積倉庫が怨念と不満，それに未消化感で溢れているシステムは合意形成型政治の条件を満たしにくい．

条件2：問題解決のルールの整備とそれに対する広範な合意　解決しなければならない問題だけが重要ではない．その問題を解決する技法が，デモクラシーでは，時としてより重要な意味を持つ．暗殺などを含む物理的暴力が政治問題を解決するための手段として活用される頻度が高いシステムは，合意形成指向型政治というよりは対決指向型政治となる．整然とした議論で合理的に問題を解決しようとする議会制民主主義のルールが広く受け入れられていること，また，ルールそのものを環境変化に合わせて柔軟に改善する意思が重要な意味を持つ．《参加》と《公開》《影響力行使の実感》の徹底は，必須条件である．議会政治のルールを軽視しようとする反体制政党が，大きな支持を獲得していないことが条件になる．

条件3：政党リーダーのプラグマティズムと連合形成力　代議制民主主義における権力の正統性が，平等で公正な選挙で表明された民意に依拠しているとの認識が市民の間で定着していることが重要である．特定の制限的な利益・意思・教義に拘束された唯我独尊主義は合意形成型政治には馴染まない．リーダー間の個人的達成感や名誉のために政党政治があるわけではない．問題解決のために，他党との協力・協同・連帯を厭わない心性が求められる．メンツを捨ててではない，そうした政治的素質を持たない人物は，リーダーのポジションを狙う基本的資格がないという意味である．数を背景にした強行採決や単独採決の論理は馴染まない．とにかく時間をかけた調査と研究を基礎に，熟議を重ねて連合形成に至る政治慣行がリーダーには要求される．

条件4：問題解決の技法：熟議と妥協への衝動　問題解決姿勢は，《対決》指向ではなく，徹底的な《合意》形成指向と表現しても良い．条件2で整備された制度を活用して粛々と合意を形成していく技法が高く評価され一般化していることとも表現できる．誰も知らない未来を選択する行為が政治である．誰も知らないからこそ，できるだけ多くが参加して知恵を出し合って結論を出すのが良い．それが議会政治のルール．その方が納得できる．慎重すぎるほどの調査・研究と丁寧で執拗な熟議――合意形成型政治の特徴であり条件である．それとともに，ほどほどのところで満足する政治文化が要請される．

条件5：システムに対する究極的な信頼　政治過程に噴出される欲望・利益には限りがないが，問題解決に活用できる資源には限りがある．短期的に，また個別的な問題で考えると，資源配分に不満が残っても，長期的に，また全体的に判断すれば，意思決定過程による欲望調整に納得できるかもしれない．国民がこうした長期的視点・全体的視点で政治過程を認識できる政治文化が合意形成型政治には必要である．変化を常態とする時代の意思決定過程は，社会のある部分の既得権の剝奪と新しい価値の創造・付与を伴うことになる．意思決定に当たる権威者・リーダーに対する信頼は撤回されても，現存する体制に対する信頼度が時によって低下しても，共同体そのものへの信頼と愛着があれば，長期的・全体的な視点でシステムを支持する気持ちが持続しよう．

3. スウェーデン合意形成型政治を支える条件

《状況問題》《微調整問題》をめぐる政党間競合

次に，それぞれの条件について，スウェーデンの政党政治が作り上げてきた構造を概観する．まず条件1について．スウェーデンでは，既に，国防問題，外交政策，国家―宗教関係に関する問題，憲法体制，政治体制，経済活動に対する国家の介入度問題，教育制度，地方・中央関係，環境問題，難民受け入れ問題，海外援助政策，など，多くの国でなら，深刻な政治課題となる可能性がある政策領域で重厚な合意範囲が形成されている．政党間競合は，それを忖度した上での《状況問題》《微調整問題》をめぐる争いとなっている．

戦後期に生まれた大きな政治対立は，6回あるが，その多くは，合意形成型

政治の技法で最終処理されている．最初は，1944年に発表された急進的な社民党綱領をめぐるものであった．既に1930年代には国有化政策は実質上放棄されていたが，綱領と同じ頃に発表された27項目の戦後プログラムの表現のいくつかが，国有化路線への危惧と不安を刺激した．社民党は政治化すると判明するや静かに棚上げした（本書第2章・第3章を参照）．2回目は，1957年から59年にかけて展開された付加年金問題である．膨大な年金資金が蓄積され，しかもそれが社民党のコントロール下に置かれ，金融市場で大きな影響力を持つのではないかという不安を煽った（第3章を参照）．第3回目は，1970年代から80年代にかけて激しい対立を生んだ労働者基金問題である．労働運動がコントロールできる巨大資金が誕生し，それが株式市場に参入するという懸念が，社会主義化への不安という形で表現された．第4回目は原発開発問題で，国民投票にまで発展した．環境保護派と経済成長派の対立を生んだ（第4章を参照）．第5回目は，EU（欧州連合）加盟問題であった．伝統的な外交政策を主張するグループとベルリンの壁の崩壊後を見据えた国際戦略を優先するグループの対立となった．これは左右対立ではなく，巨大政党対無党派有権者連合というスタイルで展開された．最後は，ユーロ加盟問題である．この問題も左右対立ではなく，巨大政党対無党派有権者連合というスタイルで展開された（第5章を参照）．このうち体制選択に関わる問題は第一・第三であるが，第一については社民党が国有化の放棄を実際の政権担当を通じて証明して解消した．第三については，最終的に社民党が妥協点を模索し，産業界が納得する方向で収束した．その他は，おおむね，状況問題であり，一院制への移行や議員任期の延長など憲法秩序に関わる問題は状況問題や微調整問題の性格が強かった．

　全面対決型の政治問題が発生する可能性はいよいよ縮小している．つまり，政治的抗争の性格は非妥協的ではないし，政治的対決の強度はすべての相互和解工作を拒否するほどではない．「妥協の政治」の実践，合意形成力の習熟を通じて，政党間イデオロギー距離は縮小しており，政党は排他的な唯我独尊主義を振りかざす危険を冒そうとはしない[26]．

　まず，政治体制の選択については立憲君主制で合意が整っている．政治体制の問題では特に社民党の対応がいかにもスウェーデン流である．社民党は1897年，1905年，1911年，1920年，1944年，1960年，1975年，1990年，2005

年に党綱領を策定している．1920年綱領以後はすべての綱領に共和制を，冒頭近くに掲げているが，選挙戦でそれを争ったことはない．どの政党よりも，王室の支持率が圧倒的に高いことを熟知している．

経済体制については，つまり経済活動に対する国家の介入度の問題については，国有化の廃棄，福祉経済および混合経済体制で合意が成立している．社民党が国有化を放棄したのは既に1920年代であり，1930年代には明確になり，戦後期は，ほとんど疑う余地のない事実になっている．それでもなお，時として，経済活動に対する国家の介入度を高くするのではないかとの懸念を刺激する政策が登場することがある．1944年度の戦後プログラムや1970年代以後の労働者基金提案などが，ブルジョワ政党に，そうした懸念を抱かせた．いずれのケースでも，棚上げするか，合意点を模索して柔和化した．

ゼロ・サム的解決を要求する問題については，中道政党が積極的に対抗案を提出して，問題処理過程に求心性を与える．ブルジョワ政党に比べれば，イデオロギー指向が強い社民党も，ブルジョワ政党との連合（《赤―緑》連合）を経験しており，ゼロ・サム的争点の提出を差し控えようとする傾向がある．社民党が資本主義の成熟を促進したと評価される一因ともなっている[27]．

また，外交・国防問題については，非同盟・武装中立・国連主義で合意ができている．約190年間にわたる平和の伝統に挑戦しようとする政党はない．また，積極的な途上国援助，難民の受け入れについても，広範な合意範域が成立している．ブルジョワ政党は，一般に，移民・難民の受け入れに消極的な姿勢を表明する傾向が強いが，国際世論市場におけるスウェーデンのポジションを理解しているため，トーンは高くない．難民受け入れ制限を強く主張するナショナリスト政党が，時に登場するが，地方議会で議席を獲得することはあっても，国会には到達していない（第7章を参照）．

また，国防問題の領域で時に先鋭化する傾向があるものとして，武器の自力生産と輸出問題がある．しかし，左党と環境党・緑の部分的支持者を除けば，政党間に大きな温度差はない．武装・中立を前提にして，武器の自力生産問題については政党間合意が成立している．「武器を他国に依存した中立」は議論の対象にすらなっていない．政策としての中立を主張する以上，武器を他国に依存することは，運命を他国に委ねることになり，論理矛盾すると考えるから

であろう．ただし，武器輸出については時として，政治問題化することがある．武器輸出に反対する市民運動グループからの批判が定期的に提出されるが，政党間論争では，輸出先の問題で収拾されるのが常である．

　なお，近年では，武器産業は業績好調産業である．2006年度の武器輸出は好調で，前年比20％増であった．輸出額は103億クローナで2005年は86億クローナであった．2002年は約34億クローナであったが，以後成長を続けている．戦闘用の武器，例えば弾薬，戦車，銃器などは35億クローナから29億クローナへ減っている．しかしその他の戦争機材は，50億クローナから75億クローナへと増えている．2006年度は，57ヶ国に輸出した．最大の輸出先は南アフリカ，パキスタン，オランダ，アメリカであった．南アフリカが最上位に来たのは戦闘機の契約が成立したからである．アメリカへの輸出は装甲車，対空防衛システム，レーダーシステムなどであった．規模は小さいが，世界の全武器輸出の1.84％を占め，第9位であった．アメリカ，ロシア，ドイツ，フランス，イギリスが上位を占めている[28]．国内ルールでは，スウェーデンの外交政策に抵触しない限り，安全保障上の理由，国防上の理由があれば，武器輸出は可能である．ただし，金融のグローバル化で，優秀な技術水準を持つ武器産業が外国資本に買収されており，別の風景になっている．実際のところ，競争力を持つ企業は既にドイツ，イギリス，アメリカなどの巨大資本の傘下にあり，純・スウェーデン企業とは言えなくなっている．グローバル化，特に金融のグローバル化は国内政治の基本線についてすら新しい問題を投げかける可能性がある．国際政治と国内政治はいよいよリンケージすることになる．

　近年になって選挙争点になることの多い環境問題についても，地球環境に対する積極的貢献で政党間合意の厚い政策領域になっている．

　ベルリンの壁の崩壊，東西冷戦構造の終焉は，スウェーデンの政党政治に大きな衝撃を与えた．武装・非同盟・国連中心主義の中立政策に再解釈が可能になった．かたくなに拒んできたEUへの加盟も射程距離に入った．そうなれば国際競争市場での動向をにらみながら国内構造を再編する必要がある．《北欧のユニークな国》イメージを支えてきた一国福祉国家システムの問い直しも必要になる．システムの正統性も揺らぎ，動揺し，時には危機までも語られるようになった．評価や印象については歴史の流れに委ねるとして，政党政治の世

界ではいつもそうだが，過渡期である．生き残るために国家自身がノーマリセーリングの過程を経てやがて「ヨーロッパのごく普通の国」に変身していくというのが結論であるが，中期的には，「大きく変われない」・「変わらない」であろう．この国の政治の大胆さと冒険精神は見事だが，同時にそれは，臆病さと過剰な慎重さをコインの裏側にはめ込んでいる．EUには僅差で「イエス」といいながら，ユーロには大差で「ノー」と叫び，バランスをとる．同時に，20世紀末の年金大改革では，7党がコンセンサスを積み上げ合意に到達する．少子・高齢化時代の合意形成型政治で最も深刻な対立の一つは世代間抗争の激化である．年金改革の要諦の一つは新システム創設過程で，世代間連帯の基礎を崩さなかったことである（第8章を参照）．「変わらない・変われない」のである．

紛争解決ルールへの幅広い支持：参加による納得調達

　条件2については，高い投票率と熱心な調査・審議・発言が政治スタイルの伝統として定着している．現存する体制のゲームのルールの正統性が広く認められている．つまり，政治的紛争の解決方法を規定した基本的ルールが広く支持されており，貪るように参加・活用している．それへの反対は低レベルにとどまっている[29]．

　体制の正統性を力の論理で突き崩そうとする（左・右両極の）過激な反体制政党は存在しないし，存在したとしても閃光のようにはかない運命しか期待できない．イギリスに次いで古い伝統を持つスウェーデン議会政治はその起源を，伝説的には，採鉱夫 E. エンゲルブレクトソンを中心にして結集した1435年のアルボーガ議会に求めることができる．今日の議院内閣制のスタイルは1917-21年に形を整えたが，それ以来，中道政党が右の過激主義を，社民党が左の過激主義を，「妥協の政治」の枠組みに誘導した．また，政治システムから疎外された下位集団・少数派集団（例えば，人種的少数派，宗教的少数派，言語的少数派，地域的少数派）が物理的暴力を使ってその政治的目標を達成しようとする伝統もない．さらに，ゲームのルールに対する国民の支持度を測定する一つの指標として選挙やレファレンダム（国民投票）での投票率が有効であるが，投票率は極めて高い．1970年：88.3％，1973年：90.8％，1976年：91.

7％，1979 年：90.8％，1982 年：91.5％，1985 年：89.9％，1988 年：86.0％，1991 年：86.7％，1994 年：86.8％，1998 年：81.4％，2002 年：80.1％，2006 年：82.0％．強制投票制や罰金制度でないことを考えれば，この高投票率は，それだけで研究の価値がありそうである．民主政治の古い伝統（国民代表理念，法の支配，言論・新聞の自由などが古くから確立されている）を積極的に擁護しようとする国民の意思を部分的に表現している数字であるように思われる．

　参加と公開を強く思念するので，紛争処理技法が，参加的・諮問的である．徹底度が高い[30]．つまり，公共政策の発案・形成にあたって未来情報流入過程つまりフィードウィズイン過程を大胆に開き，妥協点を模索させながら，紛争拡大を事前に阻止しようとする．平等と公正の原理，冷徹な合理主義の精神を極限まで追求した代議制構造と慣行，それを基礎にした議会レベル，権力レベルでの連合形成・運営技術，および，利益集団を政治過程に組み込み，政治的紛争の発生を事前に予知・緩和するコーポラティズムの構造化．加えて，《数の論理》を背景にした強行突破策や強権力の行使ではなく理性と言論が最良の問題解決技法であると考え，多数派と同時に少数者を擁護することが責務と考える政治指導者の行動様式がコンセンサス範域の拡大を加速している．

　旺盛な実験精神という表現がある．社民党は大胆な，そして巧妙な冒険精神をバネに，「見える政治」を拡大した．「かかえこみの政治」でポスト産業社会の政治課題を解決しようとする社民党は，当然の必要経費として，「参加」「分権」「自治」「公開」を惜しみなく払い込んでいる[31]．インフォーマルな連合策を円滑に遂行するために，政策を先取りして中道政党からの支持を吸収する狙いも，もともとは，あったであろう．だが，結果として，こうした施策は政党間距離を縮小し，「コンセンサス・ポリティクスの制度化」に貢献した．参加民主主義の制度リスト一覧表を作ると次のようになる．

　①新聞への国庫補助，青年組織への国庫補助[32]

　②オンブズマン制度の拡充：世界で最初にオンブズマン制度を設置した伝統を持つ．現在では，議会オンブズマン JO・男女機会均等オンブズマン JämO・児童オンブズマン BO・プレスオンブズマン PO・消費者オンブズマン KO・民族差別禁止オンブズマン DO・障害者オンブズマン HO・同性愛オンブズマン HomO．

③プライバシー保護：データ法＝情報社会における個人情報の保護法．
④政党への国庫・公庫補助[33]
⑤公文書へのアクセス権：情報公開の徹底度については定評がある．情報公開関係法では世界初の成文法として 1766 年の出版の自由法以来の伝統を持つ．
⑥一院制への移行：1970 年に二院制を一院制に切り替えた．
⑦議員定数の大幅削減：一院制への移行に伴い議員定数を削減した．現在は 349 議席．
⑧郵便投票制：全国すべての郵便局が投票場となる．出張先・外出先で投票できる．病院，高齢者センター，刑務所など，投票場へ行くことが困難もしくは不可能な市民が住んでいる施設には臨時郵便局＝投票場が開設される[34]．
⑨投票期間の長期設定：投票日の 24 日前から郵便局で投票可能．投票参加のために事前決定行事を中止することも，日常業務を中止する必要もない．⑧と併せ，国内にいる有権者は意思さえあれば，ほぼ確実に投票参加できることになる．
⑩選挙権・被選挙権年齢の引き下げ：ともに 18 歳．
⑪在住外国人への選挙権・被選挙権・住民投票参加権付与[35]
⑫ 1 票格差の是正，公平度の高い選挙制度：修正サン・ラグ式比例代表制もしくは修正奇数式当選者決定法の導入[36]．
⑬二重の政治保険：4% 条項・12% 条項の併用．全国集計で得票率 4% が議席配分を受ける条件（破片政党の排除）．ただし，それを満たさなくても，特定選挙区で 12% の得票率に達した政党に暫定議席 1 が配分される（少数意見の積極的包摂）．4% 条項はシステムが《統治責任能力》を確保するための政治保険であり，12% 条項は《民意対応能力》を確保するための政治保険である．
⑭レファレンダム制度[37]
⑮選挙区別固定型議席配列法：党派別議席配列ではなく選挙区別議席配列で対決基調の議場で相互交流を促進．
⑯ヒューマン・リソースの活用：生涯学習社会の整備[38]．ヒューマン・リソース以外に貴重な資源のないスウェーデンでは，大学など高等教育機関を活用した生涯学習環境の整備を通じて，数度の人生を経験させようとするスキー

ムができている．一生一社主義や一生一業種主義は珍しく，社会的流動性は大きい．生涯学習環境の整備が産業構造の柔軟な変容を可能にしている．

⑰土地建物に関する当事者間交渉優先主義＝自然・土地の公共使用権 allemansrätten：私権の制限と連帯感を基礎に公共空間の充実を目指す．コミューン（日本の市町村に相当）の提案を受けて住民が選択．

⑱労働者の経営参加（職場における共同決定法 MBL)[39]

⑲政策決定過程への利益団体の招聘（ネオコーポラティズムの構造化）

⑳政党の若手登用主義（「政界＝老人支配社会」への挑戦)[40]：重要ポストを若手に配分するのはスウェーデン政治の伝統．30 歳台・40 歳台の大臣は珍しくない．近年の閣僚平均年齢は 50 歳くらいである．

㉑政党の女性登用主義（「政界＝男性支配社会」への挑戦)[41]

㉒簡素な議会傍聴手続き：議会傍聴に特別な紹介者照合などはない．

㉓地方議会の開会時間調整：市民が集まりやすい夕方などに開会可能．

㉔地方議会の会場調整：市民の集まりやすい場所，例えば学校の体育館，で会議を公開．

㉕レミス制度：法案に関連するすべての利益団体，法案に興味を持つ市民は自由にレミス文書（意見上申書）を提出できる．レミス文書査読のあと本格審議に入る．このパブリック・コメント制度は広範に活用されている．

㉖議会情報サービスセンター：コミューン内に議会関連資料センターを開設．

㉗参加デモクラシーの学校＝フォレーニング förening（結社・団体・協会・NGO/NPO)：北欧は任意組織生活の長い伝統を持っている．組織加入率という点でも任意組織活動への参加度という点でも，群を抜いて高水準にあるかもしれない．《任意組織を通じての参加デモクラシー》という表現が頻繁に使用される．これは 19 世紀に起源を持つ伝統である．任意結社に対する信頼は大きい．社会問題や政治問題の《普遍的解決者》と表現されるほど，伝統的に，任意結社と国民生活は密接な関係にあった．広大な国土に僅かな国民，しかも自然は過酷．通信技術と日常的接触機会が人びとを結びつける重要な手段であった．生活の必要性から生まれた任意結社が日常生活の一部となり連帯感構築の前提となった．組織信仰の濃密さと表現するか，《組織の国・スウェーデン》と表現するか[42]．最初の社会運動組織は 1830 年に結成された禁酒協会

であった．1836 年に P. ヴィセルグレンがスコーネ地方のヴェステルスタッドで禁酒協会を結成し，禁酒運動が本格的にスタートした．この運動組織がスウェーデンの NGO/NPO 運動の出発点のようである[43]．

　スウェーデン社民党型統治システムの特徴の一つは理念追求型国民運動の積極的活用である．国民図書館運動や国民学習運動，国民公園建設運動などに勤労者のエネルギーを吸収し，連帯感で全国的なネットワークを結んでいった．こうした国民運動は，言葉の厳格な意味でのボランティア活動に合致する．一方，経済的フォレーニングは，経済活動を通じてメンバーの経済的利益の実現を目指す団体であり，スウェーデンでは長い伝統を持つ，消費者生活協同組合 KF，住宅協同組合，借家人協会 HSB，生産者協同組合，などがこのカテゴリーに入る．近年，次第に注目されるようになった，高齢者コーポラティズム型協同住宅組合，勤労者コーポラティズム型幼稚園組合，などもこのカテゴリーに入る[44]．

　選挙デモクラシーの中でも参加装置の整備水準は高い．政治参加の盛んな国として定評があるのもうなずける．さまざまな利益団体への加入率も高く，デモなど意思表明行動も頻繁である．高負担型福祉国家では意思決定過程への参加こそがメンバーの納得を調達し，メンバーからの貢献（納税・非営利活動の創設と運営，など）を引き出す起点である．参加枠の絶えざる拡大と参加意欲の高水準維持こそがシステム運営の鍵であり，遅滞や後退は許されない．

　具体例として，選挙制度について紹介しておきたい．二重の比例代表制である．選挙によって補充される定数は，国会議員では 349 名である．地方議会の場合には，人口規模でかなりのバラつきがある．ランスティング（日本の県に相当）議会では，最低が 45 議席，最高が 149 議席である．コミューン議会の場合には，最低で 31 議席，最高が 101 議席となっている．

　国会とランスティング議会では調整議席制度が採用されている．選挙区別に比例代表選挙で当選者を決めるが，選挙区間の当選格差が出る可能性があるので，政党間の不平等を縮小するために，一定の議席を調整議席として確保しておき，全選挙区を一つの選挙区と考えて比例配分計算した後，選挙区別議席に不足分をそこから加え・調整する．つまり，二重の比例代表制で政党間および選挙区間の不平等・不公平を可能な限り縮小しようとするのである．

国会議員選挙の場合には，総定数 349 のうち 39 議席が調整議席として確保してある．それを除いた 310 議席を 28 の選挙区単位で，比例代表制度で争う．そしてまず，全国が一つの選挙区であったとすれば，それぞれの政党は合計でいくつの議席を獲得するかを計算する．そして，各党が選挙区選挙で獲得した議席の合計と，今算出した議席の数（全国が一つの選挙区であったと想定した場合の合計議席数）との差を計算する．差に相当する議席数を調整議席として各政党に配分する．この制度は政党代表の公平を促進している．ランスティング議会では総定数の 10 分の 1 が調整議席となる．コミューン議会は最小の単位で展開される比例代表選挙であるため，調整議席制度はない．

　比例代表制度では，極端な小党分裂・政党増殖を回避するために，政党が議席を配分されるのに必要な最低得票率が設定されることが多い．これを阻止条項と呼ぶ．国会議員選挙の場合には 4% の阻止条項，ランスティング議会議員選挙の場合には 3% の阻止条項が設定されている．コミューン議会議員選挙の場合には，阻止条項はない．

　比例代表選挙では，選挙区の規模が政党間の公平を確保するために重要な意味を持つ．比例代表度を高めるのであれば，全国を一つの選挙区とする比例代表制度が最も望ましい．だが，実際には，極端な小党分裂・政党増殖を回避するために，また，地域特性を政治的代表に加味するために，全体をいくつかの選挙区に分けることが多い．国会議員選挙の場合には，全国が 28 の選挙区に分割されている．ランスティング議会選挙の場合には，それぞれのランスティングが 3 ないし 14 に分割されている．また，コミューン議会選挙の場合には，それぞれのコミューンが最高 6 の選挙区に分割されている．もちろん多くのコミューンでは規模が小さいため全コミューンが 1 選挙区である．

　最後に，当選者確定方式としては，国会，ランスティング議会，コミューン議会とも，修正奇数式当選者決定法が採用されている．1994 年選挙でのエルブスボリィ・レーン北選挙区 Älvsborgs län norra valkrets を例に紹介する．

　社民党が 7 万 5632 票，穏健統一党が 3 万 1391 票，中央党が 1 万 6627 票，国民党・自由が 1 万 1835 票，左党が 1 万 178 票，環境党・緑が 9562 票，キリスト教民主社会党（現在のキリスト教民主党）が 8715 票，であった．

　《手順 1》各政党の当該選挙区での総得票数を 1.4 で割って最初の比較数を出

す（小数点以下切り捨て）．社民党の比較数 5 万 4022，穏健統一党の比較数 2 万 2422，中央党の比較数 1 万 1876，国民党・自由の比較数 8453，左党の比較数 7270，環境党・緑の比較数 6830，キリスト教民主社会党の比較数 6225．

《手順 2》その後の比較数は，政党が議席を獲得する度に順次，3，5，7，9，11，……の奇数で割って算出する．政党が議席を獲得するまでは以前の比較数が生きており，その比較数が他の政党の比較数と比較される．

《手順 3》第 1 議席は，常に最大の得票数を持つ政党に与えられる．例の場合には，総得票数が 7 万 5632 票，1.4 で割った比較数が 5 万 4022 の社民党に第 1 議席が与えられる．

《手順 4》社民党は，議席を獲得したので，次の比較数が算出される．最初の奇数 3 で総得票数 7 万 5632 を割って比較数を出し，その比較数（2 万 5210）と他党の比較数を比較する．

《手順 5》第 2 議席はこの時点で最大の比較数を持つ政党である社民党に与えられる．社民党は議席を獲得したので，次の比較数を算出する．社民党にとっての次の奇数 5 で総得票数（7 万 5632）を割る．第 3 議席ではこの比較数（1 万 5126）が他党の比較数と比較される．

《手順 6》第 3 議席については最大の比較数（2 万 2422）を持つ穏健統一党に分配される．穏健統一党は議席を獲得したので，次の奇数 3 で総得票数（3 万 1391）を割って，次段階の比較数（1 万 463）が算出される．

《手順 7》第 4 議席についても最大の比較数（1 万 5126）を持つ社民党に分配される．社民党は議席を獲得したので，次の奇数 7 で総得票数（7 万 5632）を割り，次段階の比較数（1 万 804）が算出される．社民党はこの比較数で第 5 議席を他の政党と争うことになる．以下，この手順を繰り返して当該選挙区に割当てられた議員定数が埋められる．

第 5 議席は中央党に，第 6 議席は社民党に，第 7 議席は穏健統一党に，第 8 議席は国民党・自由に，第 9 議席は社民党に，配分される．

最終的には，社民党 5 議席，穏健統一党 2 議席，中央党 1 議席，国民党・自由 1 議席，となる．第 9 議席の社民党の比較数は 8403 であり，左党の比較数 7270，環境党・緑の比較数 6830，キリスト教民主社会党の比較数 6225，と大きな違いがない．最終的には，調整議席から左党に 1 議席，環境党・緑に 1 議

席，キリスト教民主社会党に1議席，与えられる．この選挙区で配分される議席は選挙区議席で9議席，調整議席で3議席，合計12議席となる．社民党の1議席あたり得票数は1万5126票，穏健統一党の1議席あたり得票数は1万5695票，中央党の1議席あたり得票数は1万6627票，国民党・自由の1議席あたり得票数は1万1835票，となる．

この修正奇数式当選者決定法は，ドント式に比べて，大政党に若干不利に働く．総得票数を1, 2, 3, 4, 5, 6, 7, ……で割って比較数を算出するドント式とは違って，3, 5, 7, 9, 11, 13, ……という奇数で割っていくために大政党にとっては比較数の規模が縮小するスピードが早く，それだけ，中規模政党にも充分に議席獲得のチャンスが生まれるからである．ただし，その一方で，最初の比較数を1.4で割るために破片政党にも不利に働く傾向がある．総得票数を最初に1で割る制度なら，破片政党も議員定数の多い選挙区であれば最終議席あたりで当選に滑り込めるかもしれないが，最初に1.4で割るために出発点となる比較数がかなり小さくなってしまうからである．この修正奇数式当選者決定法は，大政党の過剰代表を阻止し，中規模政党に大きな当選機会を与える方式である[45]．

情報過程論の視点で言えば，上記のさまざまな参加装置は，参加枠を拡大して政治の可視度を高め，三つのフィード・プロセス，つまりフィードバック feedback（過去を起点とした情報の流れ），フィードフォワード feedforward（未来を起点とした情報の流れ），フィードウィズイン feedwithin（現在進行中の事態に関する情報の流れ）を活性化させながらポスト産業社会の政策課題に対応しようとするコンセンサス・ポリティクスの加速装置である[46]．

プラグマティズムと連合形成

条件3については，市民―選挙―議会―権力と続く権力の伝動ベルトのすべての段階で連合形成の努力が展開されている．どのレベルでも，代議制民主政治のゲームのルールは，基本的には，《50％プラス1》を勝利基準にしている．

政党政治の世界では，《権力からの距離》を強調して遠心的に競合する政党や思想純度を強調して妥協を嫌う《プログラム政党》が大きな支持を確保している政党政治システムでは，合意形成が難しい．逆に，ほとんどの政党が《権

力への距離》を強調して求心的に競合する政党である場合には，合意形成が容易である．イデオロギー純度を強調しては《権力への距離》を縮めることができないからである．現実と理論に食い違いがあれば現実に合わせて理論を解釈・運用しようとする《プラグマティズム政党》が有権者の支持のほとんどを吸収している政党政治システムは合意形成指向であるといえる．連合形成を通じて，漸進的改良を指向する政治リーダーの政治文化と，アウトプットに注目し，安定を指向する国民の政治文化の存在を指摘しておく必要がある[47]．

まず，理解しやすいことであるが，現役生活時代に膨大な老後投資を要求する高負担社会は，全国民を既得権保守派に変換するので，結果として，プラグマティックな心性を助長する[48]．プラグマティズムは実利・実益を何よりも重視するので，ドグマ過剰のカリスマ・リーダーよりも確実な手形決済を保証する実務家タイプのリーダーを要求する．一種のスターレス・システムに向かう．業務達成能力への忠誠は，システムのインプットよりアウトプットを重視するように命ずる．プログラムやイデオロギーの純潔性に対してはルーズで時として多孔性を誇りにすることすらあるので，異見に対してはおおむね寛容であり，かなりの規模の逸脱行為をも許容することがある（「排除の論理」の排除）．さらに，プラグマティズムはアウトプット指向が強いので，例えば政府，政党，政治家などが「自分たちのために具体的に何をしてくれるか」ということを「それをどのようにして」ということに劣らず重視するわけであるから，空虚な神話の入り込む余地はほとんどない．狂信的なナショナリストたちは旗の振り場に困るであろう．政府にしてもその活動に対して国民が熱狂的な感情移入をしてくれるなどと期待しないほうが無難であろう．華麗なキャッチフレーズやリップ・サービスよりは実質的なサービスの向上のほうがはるかにアピールする．また，プラグマティズムは健全なプロフェッショナリズムの母胎となる．プログラム指向はその原理偏重のゆえに，奔放なアマチュアリズムに陥る傾向があるが，プラグマティズムはプロの役割・責任とアマチュアの役割・責任を峻別するほうがデモクラシーの実質的価値を実現できると考える[49]．

プラグマティックな国民性を証明する材料はいくつもある．例えば，クールに自己省察して情報公開をした方が，納得調達力が期待できると判断する姿勢はユニークであるし，争いを嫌がる気質が徹底的な情報公開と話し合いによる

問題解決を選好しているだけかもしれない．いかにもスウェーデン流技法と思わせる対応の事例が二つある．第一は，1997年に介護付き住宅で高齢者への対応が不適切であると介護職員のサーラ・ウェグナートが新聞で内部告発したことから発生したケースである．

　EU加盟を終え，国際競争市場での生き残りをかけて規制緩和・民営化・構造改革が連日のように議論されていた時代である．80年代以後，政権交代も発生し，新自由主義の主張も政治論争の場で聞こえるようになっていた．NPM（ニュー・パブリック・マネジメント）運動の動きもあり，市場競争，競争原理などというコンセプトについての違和感も一時ほどなくなっていた．「初等教育にも成績表を導入して競争原理を学習させよ」というスローガンを掲げる政党も出てきた．高齢者センターも，民営化に道を開くことになった．エーデル改革（1992年）によって，高齢者福祉がコミューンに一元化されていた．コミューンは長期経済停滞の中で，財政不如意が続いた．民営化，《サービスの民間委託》は避けて通れない．市民サイドから見ると大きな変化はないが，少なくとも利用の際の選択幅だけは増えたことになる．《利用者選択モデル kundsvalmodell》といえる[50]．しかし，政府レベルから見ると，EU加盟にともなって受諾せねばならないEU指令を遵守しているという証明になる．この場合には社会サービスの供給を一事業体（ここではコミューン）に独占させてはならないとの指令に準じることになる．独占を禁止し，複数の事業体による公正な入札を基礎にしたサービス提供というスタイルがこれで確保できる．これはEU加盟を決めた段階で，当然予想できた代価である．

　この種の話が出ると，《国民の家》（第2章を参照）批判が出る．「社民主導のシステムは問題が多い」「社民型福祉国家にかげり」というところに落ち着く．だが，一つの階級，一つの集団が，社会のあらゆるレベルですべての権力を持つことなどめったにないことである．だからこそ，相互の譲歩と妥協が必要なのである．《国民の家》はあらゆる妥協の結果であるといえよう．ブルジョワ陣営は，《国民の家》モデルのいくつかの側面には否定的であろう．例えば，高すぎる税金や過度に肥大した公的部門は妥協の余地のないほど嫌いであろう．《社民ヘゲモニー socialdemokratisk hegemoni》への嫌悪がこれに続く[51]．

　比較政治学の視点に立てば，競合的な複数政党制を採用している国での相対

多数政党が社会のすべてのレベルで権力を掌握することなど理論的には不可能である．有権者の過半数が支持表明したわけではない．どんな理念を表明しても，工夫がなければ，具体的な立法行動につながらない．理念を実現しようとして，法案を提案した段階で，知恵としての妥協が求められる．どんな法案も，他の一つもしくはそれ以上の政党が支持しない限り，成立しない．長期経済停滞と高失業率，しかもコミューン財政は長期不健全，そんな状況の中で，規制緩和・民営化・構造改革の潮流に乗る以外の選択肢は相対多数政党にはない．

　民間業者であれ，コミューンであれ，組織経営にいくつかの不祥事は避けて通れない．優秀な人材に溢れ，適材適所主義人事を貫徹できる組織など理論的にはともかく，実際の世界には期待しても簡単には実現しない．ただし，不祥事が発生すれば，スウェーデンでは，《国民の家》批判に繋がる．44年間にも亘る長期政権を競合型の複数政党制の下で，しかも相対多数しかもたない政党が，実現した国はない．何かをするたびに，パートナーを外に求める必要がある．システムに不祥事や故障が発生するとどうしても長期政権政党に批判が集中し，モデルを根底から否定するような雰囲気がしばらく漂う．

　こうした時代の流れの中で「サーラ事件」が起こったのである．2000年に「社会サービス法 Socialtjänstlagen」を改正し，その第14章2条で，高齢者虐待通報の義務を規定した．報復を恐れずに内部告発した女性の勇気を称えて，「サーラ条項」と呼ばれている．外部通報を奨励することが結果として，（競合的市場化・民営化時代の）福祉サービスの質を保証することに通じるとの判断であるとともに，スウェーデンにとっては情報公開を内実化するための不可欠の構成要素でもある．事件発生から処理までの過程が合意形成型政治の流儀である．オンブズマン制度がある領域ならオンブズマンがこの過程で一役買っているはずである．制度がなくても，それに代わる制度が役割を演じる．徹底的な情報公開制度を基礎に事実を究明し，謝罪し，対応策につなげていく．この場合には，外部通報義務の制度化という結果を導いた．こうした問題解決技法が，システムへの基本的信頼を確保し，コンセンサス範域を広げていく大きな力になっている．

　第二の事例は，新聞記事がきっかけで，障害女性らへの強制不妊手術問題が明らかになったときの問題解決技法である．時代が提供する最新の科学知識を

駆使して意思決定しても，その後の発展で，その決定が間違いであったことが判明することがある．意思決定に関わる者はどう対応するか．迅速な対応と謝罪・補償，そして徹底的な調査と情報公開．高負担型社会にはそれが要求される．1997 年に日刊紙『ダーゲンス・ニヘーテル』に，1970 年代まで，障害者らに強制不妊手術を受けさせていたという記事が掲載された．調査の結果，この問題については，社民党が他の政党以上に大きな責任があるわけではないこと，国際的コンテキストで考えると当時のスウェーデンがとりわけ極端な事例であったわけではなかったこと，不妊の多くは強制ではなかったこと，などが報告された．過去 40 年間に実施された不妊手術は約 6 万 3000 件．そのうち半数は，少なくとも本人の希望を優先させた手術であったと報告された[52]．強制手術は最初の 20 年間に多く行なわれていたということが公表された．確かにおおもとの法案成立過程で複数政党がパートナーになったとしても，批判は社民党に向かう．それが長期政権政党の宿命であり，問題解決の技法と思想が問われることになる．多くの国がそうしたように，先送りもせず，不問に付すこともしなかった．先輩の犯した判断ミスへの潔い謝罪と補償で対応した．「なかったことにする」解決技法は公に対する信頼を喪失させてしまう．「資料を積極的・意図的に改竄・紛失・未整理・廃棄しない．情報公開を徹底する．調査結果を公表し，時間を超えて補償をする」技法で問題解決が行なわれた．特に資料を可能な限り保管し，未来からの批判にも備えようとする姿勢は高負担社会の政治のあり方を示唆している．関係者が高齢化しているため迅速に対応した．こうした問題解決技法が高負担への基本的信頼を拡充していることだけは間違いない．公務に携わる者が経済的・精神的腐敗を繰り返したら福祉国家は建設・維持できない．

　鋭利な自己省察の例としては権力実態調査がある．1985 年 6 月 27 日の議会決議に基づいて，「スウェーデンにおける権力の配分とデモクラシー」に関する研究・調査が行なわれることになった．委員長に任命された O. ペタションの指導のもと，数多くの研究者を動員して，社会のあらゆる権力が詳細に分析された．委員長自身が告白しているように，権力調査に当たっては大きな自由が保証され，あらためて社民党の自己省察力の凄さを証明した[53]．特に詳細に分析されたのは，①産業生活と企業の中の権力，②公的部門と権力，③各種

利益団体と権力，④世論市場と権力，の領域であった[54]．

1987 年には，ペタションの『権力の概念 Maktbegreppet』，1989 年にはペタションと G. ブロンベリィらの『市民の権力 Medborgarnas makt』，Y. ヒルドマンの『権力の形態 Maktens former』，ペタションの『権力のネットワーク Maktens nätverk』，ペタションの『開かれた社会の権力 Makt i det öppna samhället』，1990 年には S. ベクマンの『環境，メディア，権力 Miljö, media, makt』，など重要な報告書が次々と発表された．最終的には，『スウェーデンのデモクラシーと権力 Demokrati och makt i Sverige』（SOU 1990: 44）が発表されたが，権力が自らの権力の分析を第三者の研究集団に依頼する自虐的な性格は，いかにもスウェーデン流である．それは，合意形成型政治が最低限の支持を確保している理由の一つであろう．慎みを忘れると有権者は離反する．

さらに，合意形成型政治の定着理由の一つとしてスウェーデン人の紛争回避症的性格を挙げることができるかもしれない．ストックホルム大学の民族学教授 A. ダウンはスウェーデン人の国民性として，次のような性格を指摘している[55]．①恥ずかしがりで内気，人見知りする．②紛争回避の衝動が強く，争いごとを特に嫌がる．③独立心が旺盛．④正直で誠実．また，多くの研究者はもう一つの性格を指摘する．⑤自然を愛する．「スウェーデン人＝森に住む人」「余暇生活の国・スウェーデン Fritidssverige」という表現が定着している[56]．①④⑤からは，純朴であまり洗練されていないというイメージが生まれている．ユーモアのセンスがない，特に大人のジョークが少ない[57]とか，抽象的な思考に弱くファンタジーがないとも言われる．確かに，「事実」を重視し，空想や情緒論よりそれを優先する．外国のマスメディアや在住外国人のスウェーデン人論はなかなか止まらない．「あまり働かない」「シット心が強い」「なんでもかでもバターで炒めて食べる」「現実的で，あまりエキゾチックでない」「交際がへた」「テレビとビデオが好きな人たち」「酒飲みが多い」[58]．これだけ気ままな記事を書かれても，耐える．この忍耐力と争いごとをあえて避けてしまう性格こそ，議会政治の長い伝統とともに，話し合い・調査・研究を重ねて合意形成の糸口を発見しようとするコンセンサス・ポリティクスの政治スタイルを定着させたのかもしれない．例えば，労使交渉のスタートラインは妥協の精神で始まる．「労使双方とも，正確なケーキのサイズについては通常は意見不

一致であるけれども、ある程度の大きさのケーキは配分可能である」という仮説から交渉をスタートする傾向がある[59]．スウェーデン経済は輸出に過剰依存している．その結果，国際競争に敏感である．こうした背景理由がこの傾向を強めている．ここで重要なポイントは，比較的小規模でしかも世界に開かれた経済であるという自己認識である．有権者も意思決定者もこれを熟知している．「ほどほどが最高の決着」という精神である．

　こうした政治風土は，論理の整合性だけを強調するひ弱な使節政党への埋没ではなく，政権に肉迫して欲望調整機能を分担する力強い実権政党への成長を選択した社民党が長期にわたって徐々に定着させた風土である．そして今日では，すべての政党が《政権への距離》を主張してプラグマティックな求心的競合を展開するようになっている．つまり，社民党連合政治が敷設したレールを走るようになっている．

調査・研究に基づく慎重な熟議：《包摂の論理》

　条件4について．スウェーデンの政治過程の特徴の一つは，《排除の論理》ではなく《包摂の論理》が熟議過程に反映されていることである．多くの工業国家では，伝統的に，政治過程・経済活動・社会参加から排除されていたのは女性・在住外国人・高齢者であった．コーポラティズムと呼ぶか参加デモクラシーと呼ぶかは別として，彼らを政治過程に誘い，男女間連帯・国際的連帯・世代間連帯・地域間連帯・労使間連帯（協働）・労働者間連帯，を促進しようとした．そして，時間と資源を投入した調査・研究が問題解決の技法になっている．女性・在住外国人・高齢者が政治・経済・社会過程に参加できる範囲の広さは北欧諸国に共通する特徴である．参加のルートを広く開き，情報提供を通じて積極的参加を促し，影響力行使の実感を付与していく過程は，北欧諸国が先導してきた社会実験である．

　スウェーデンの意思決定過程の特徴の一つは包括主義に基づいた徹底的な事前調査・研究活動である．改革案の提出に先立って可能な限り広範な意見を集約する．その徹底度は編集・公開されている膨大な資料を見れば容易に納得できる．中央政府の省庁の規模は比較的小さい．また，行政システムは分権化されている．守備範囲は明確である．業務領域が明確なため，各省間調整という

時間浪費型作業を事前に考える必要がない．ほとんどの法案について，調査委員会が機動力を発揮して広範な意見を集約し，法案の枠組みを形づくりながら，事前合意を生み出していく．意思決定過程では与野党合作が定着パターンである．1920年代の少数党内閣時代以来の伝統である．その後，社民党が不動の政権政党に成長・定着していくが，その間も，この伝統は，中央レベルでも地方政治レベルでも変わらない[60]．地方自治体の行政は，地方レベルでも議院内閣制を採用しているため，議会多数派を構成する政党が行政委員会を構成する．地方自治体の内閣になる．この内閣に，野党代表が入ることになっている．野党代表を入れるという発想は，二つの方法で合意形成型政治を促進する．政権から外れている政党に公的政策の作成過程に参加する機会を与え，少数意見を代表できる有力感を持たせる機能．さらに，その後政権交代が発生したときには，野党時代の延長線上で立法活動を展開できるので，政策の一貫性を確保できる．法案決定責任の半ばを負担させることで，政権担当能力学習機会を提供できるし，《政党間距離》は確実に短縮する（第9章を参照）．

　調査委員会の比重を非常に高くした意思決定過程は，合意形成型政治のシンボルでもある．ことのほか慎重な熟議の場となっており，具体的な統計数字を基礎にした合理的な議論が多い．感情論を破裂させるような表現は少ない．絶対反対という姿勢より，共通点を発見しようとする姿勢が濃厚で，対決色は薄い．今日の競合相手が，次の連合パートナーになる可能性がある．そして，委員会は，審議過程では原則秘密会議であるが，その後は徹底的な情報公開を原則にしている．

　調査過程の開放度はそれだけではない．当該政策に関連・興味を持つすべての利益団体・市民は，決定の前に，意見表明の機会を与えられている．テマ・ヒマは想像されるほど大変ではない．制度が習慣化されたらそれほど大仰なことをしているという感じはなくなる．利益団体はレミス文書を提出するだけでない．コーポラティズムの伝統が強い国である，利益団体の代表が調査委員会のメンバーとなっていることが多い．野党の議員も，当然のことながら，委員会に入っている．穏健な多党制のもとで，相対多数政党の単独政権が常態化しているだけでなく，少数党単独政権や少数党連合政権も発生している．こうした変則的な政権が誕生したときには，野党代表の方が委員会構成では多くなる．

合意形成指向は自然な流れである．さらにこうした状況では，委員会はもう一つ別の意見調整の場となる．調査委員会の委員として行動する議員は，議会内委員会の専門家としての活動を通じて獲得した専門知識・技能を駆使して，利益団体の代表や関連省の代表を前にして，さまざまな意見を調整し，見解を強化していく[61]．委員会報告書はすべての関連利益団体に送付され，レミス文書の提出を受ける．レミス文書回収後，法案が議会に提出されるが，この法案には，そこに至るまでの調査・研究委員会での討議内容の要約が盛り込まれる．そのため法案提出文書は膨大なページ数になることが一般的である[62]．

政治や行政に対する究極の信頼感

　条件5について．190年にわたる平和の継続——長期にわたる平和は政治財であり経済財である．平和の継続が途絶する危機的状況はあった．例えば，ノルウェーの独立運動時がそうであった．また，第二次大戦発生時もそうであった．イザに備えた．緊張した．だが，そのいずれにおいても，最後は武器以外の方法で問題解決した．平和の継続は独特の政治文化を醸成した．激しく戦ってケーキを全部奪い去り，物欲しげにそれを見守る敗者の前で，戦勝品をこれ見よがしに食するよりも，制限的な勝利感で満足すれば，どちらもが傷つかないことを学習したように思える．約190年もの長い間，戦争を回避し，平和を維持した工業国家はスウェーデンを置いてない．時には臆病に思えるほど，戦いを避けようとする態度．多くの場合，寛大すぎると映るほど，新規参入者に対して鷹揚な態度．頻繁に感じることであるが，杜撰(ずさん)なまでに寛容な福祉サービス提供態度．

　他国民に対して加害者になった記憶がないし，他国によって被害者になった記憶もない．平和の継続は貴重な政治資源を残した．政治や行政に対する究極の信頼感である．どんなに負担が大きくとも戦争発生でそれがご破算になることはない．いずれ人生のどこかで戻ってくる．この信頼感がなければ高負担政策は実行が難しい．絶対反対も死守も徹底抗戦もない．あったとしても時間の経過とともに簡単に融解する．命をかけて絶対反対を主張したため10年以上経っても，振り上げたこぶしを下げることができないといった類の対決型政治はほとんど見られない．「長期的な視点で既得権者を損なわないこと」．意思決

定者はオール・オア・ナッシングの論争に没入する必要はない．歩み寄って，冷静に決定を下すことができる．長期的視点に立った政策判断が可能であることは，意思決定の参加者には幸運な環境である．感情にとらわれない合理的な議論と決断が相対的に容易になるからである．

社民党の基礎力・組織力

　最後に，政党近代化に成功して近代的な巨大組織政党に成長した社民党の基礎力・組織力について，簡単に紹介しておく必要がある．それは合意形成型政治の結果であり，原因でもある．価値観の多様化に直撃され今はその基礎力が低下したが，最盛時には，絶大であった．政党政治のアクター，もしくは，ステークホルダーは，多彩である．個人・国民・在住外国人，有権者，公認候補者，立候補希望者，政治家，政党，政党下位集団（派閥・議員グループ），利益団体（労働組合・経営者団体・各種 NGO/NPO），マスメディア（国内メディア・国際メディア），政策専門家・研究者，官僚機構・官僚，である．連合政治の運用が巧妙である政党は，こうした人的資源の育成・配置・リクルートのネットワークが整備されていると予測させる．実際，最盛時の社民党は，社会生活の隅々までそのネットワークを張り巡らせていた．

　また，同時に，配分過程を支配するために活用できる資源，つまり，政党資源を組織内の在庫倉庫に積み上げていた．政党資源とは，具体的には，合法性・正統性（《政権担当地位》の獲得・維持），権力，権威・影響力，数（マスデモクラシーでは「数は力なり」），組織（組織されたマスデモクラシーでは「組織は力なり」），団結力・党内結束力・集票力の結集，富・経済力，情報・知識（ポスト産業社会では「情報は力なり」），専門技術（議会運用技術・選挙戦遂行技術・政権運用技術），物理的力・体力・威嚇力，知名度，思想・哲学・スローガン・価値観，などである．政権が資源を増やし，膨大な資源が集票力拡大の資材になり，結果として，連合政治を主導できたと言えよう．

　社民党はこうした潤沢なヒューマン・リソースと権力資源を背景に，意思決定過程を常に誘導した．政党政治が配分する価値と政治的アクターが獲得・維持したい価値は，経済的利益・カネ・仕事，権力・権威・ポスト，安心感，安全・安定，平和，知名度・権威，健康・医療・介護，連帯感・所属意識・共同

体への帰属感，愛情（恋・兄弟愛・親子愛・同性間の愛・家族愛・郷土愛・性的関係など），学問・情報・知識，専門技術・技能，優越感・尊敬・有力感，である．連合政治の運用が巧妙であるとは，こうした市民が追求する価値のどれが妥協の余地があり，どれが妥協の余地が狭いか，どれが妥協の余地がまったくないかを判定するための情報収集能力と分析能力が高いことを意味する．ゲームの理論で表現すれば，プラス共変関係で配分できる価値，マイナス共変関係でしか配分できない価値，プラス・マイナス共変関係に変換できる価値，の識別力が高く，結果としてその配分行為が次の選挙で有権者の納得を調達できることを意味する．

　政党近代化は，党財政の近代化，政策の近代化，組織の近代化の3要素で構成される．資金の近代化については，国庫・公庫補助制度の導入以来，すべての政党が，補助金，党費収入，カンパ収入による党財政を実現しており，大口献金者への依存関係を絶っている．政策の近代化については，既に見たような実験政策を順次提出し，漸進的改良主義を実現している．最後に，最も重要な組織の近代化については，全国に張りめぐらされた2018の労働コミューンを基礎に整備された巨大組織を持っていた．党勢盛んな時代の1978年時の党員数は112万9000人であり[63]，これは，79年総選挙での得票数の47.9%にも達していた．まだまだパフォーマンスが高かったはずである．この組織投票率の高さからいっても，社民党の圧倒的地位を根底から揺るがすほどの挑戦は予見できなかった．しかも社民党は，あらゆるレベルで下部組織を整備し，広大な人材・政策補給源を確保していた．青年レベルでは，スウェーデン社会民主青年同盟SSU—1917年結成，メンバー数7万2000人．婦人レベルでは，スウェーデン社会民主女性連盟—1920年結成，メンバー数4万5000人．子供レベルでは，若鷲—1931年結成，メンバー数8万3000人．キリスト教徒の市民については，スウェーデン・クリスチャン社会民主同盟—1929年結成，メンバー数9000人．理想主義（非営利的）支援組織としては，労働教育同盟ABF—1912年結成，人民の家連盟全国組織—1932年結成，国民公園中央組織—1905年結成，年金受給者全国組織—1942年結成，メンバー数35万人，禁酒主義者組織ヴェルダンディVerdandi—メンバー数1万5000人，など．重要な活動領域の一つである消費者運動のレベルでは，全国にスーパーマーケットを

経営する消費者生活協同組合 KF—1899 年結成，メンバー数 170 万人，全国でガソリンスタンドを経営する石油消費者全国同盟 OK—1945 年結成．保険会社としてはフォルクサム Folksam—1908 年結成．住宅建設協同組合としては，借家人協会 HSB—1923 年結成，メンバー数 34 万人，スウェーデン全国建設—1923 年結成，メンバー数 62 万 4000 人[64]．メンバー数はいずれも 1980 年時．勢いがあった時代である．

　食料品やガソリンから，住居，保険に至るまで，文字どおり，衣食住のあらゆる分野にまで社民党とそのネットワークの活動は及んでおり，他党がその堅塁を突破することは容易ではなかった．しかも，外から社民党を支える組織として，この国最大の労働者組織であり，結成以来，「同じ運動の中で密接に関連した両翼」とも言える労働組合全国組織 LO がある[65]．25 の産業別労働組合，最盛時には 205 万 7290 名もの労働者を統合したこの巨大組織は文字どおり，社民党連合政治の基礎力としてスウェーデン社会で圧倒的な影響力を持っていた．スウェーデンは世界でも最も強力で発展度の高い利益団体を持つ国であると，非難をこめて，言われていた時代があった[66]．

　重要な社会経済的利益はほぼ例外なく独自の組織を持っており，組織率の高さは極端なまでに高かった．最盛時には組合に背を向ける労働者など探し出すのが難しかった．5 月 1 日のメーデーの会場は労働者で溢れかえっていた．工業労働者のほとんどが組織メンバーであった．LO は「組織の国・スウェーデン Sverige-genomorganiserad」[67] でも他を圧する力を誇っており，民主化運動の旗手として，社民党にとってはこの上なく力強いパートナーであったし，今もそれは変わらない．社民党と LO の絆が切断されない限り，つまり，この国の二大政治組織が従来どおり連動する限り，「スウェーデン政治は，社民主義政治の最も成功した例」という表現や「社民党を連帯保証人としない限り，どの党も政局運営にあたれない」という表現はその説得力を，当分は，失わないであろう．懸命に模索していても，これに代わる次の海図が見当たらないのである．

　以上の理論枠組みを基礎に，第 I 部では，19 世紀後半から 2008 年現在までのスウェーデン政治の展開およびその構造的特質を論述したい．

第Ⅰ部　福祉国家の模索：合意形成型政治の展開

　ヨーテボリィ大学の経済学者B. サンデリンはごく僅かのジャガイモをかけがえのない貴重品のごとく扱う貧乏物語で『スウェーデン経済史』を語り始めている（Bo Sandelin, *Den Svenska Ekonomin : En översikt av utvecklingen*, Raben och Sjögren, 1981, ss. 9-10）．20世紀初頭までのスウェーデンは貧しい・ミジメな話に事欠かなかった．これが社民政治の出発点である．

　スウェーデン社民党は約120年の歴史を持っている．その半分以上の時代を政権担当の機会に恵まれた．党の発展を時代区分するのは難しくない．党首の数が少なく，それぞれが長期政権であるため，党首就任期間と党の時代的使命がほぼ重なり合っている．第一期は創設期で，1870年代から1920年代前半頃までである．大会で選出された初代党首H. ブランティングの時代である．政党結成と普選運動が使命であった．参加枠の拡大と影響力行使の基盤を構築した時代である．第二期は発展期で，1920年代後半から40年代中期まで．第二代党首P. A. ハンソンの時代であり，この時代に，社民党は揺るがない第一党の地位に到達し，国有化路線を放棄，計画経済と福祉国家の選択を行なった．第三期は成熟期で，第二次大戦から1970年代まで．第三代党首T. エランデルとその後継者O. パルメの時代である．福祉国家・スウェーデンが開花した．その到達点の高さは，世界的な注目を浴びた．第四期は転換期で，福祉国家が環境からの挑戦に直面して，揺らぎながら，新しいあり方を模索する時代である．I. カールソン，G. ペーション，現在のM. サリーンの時代である．グローバル化への対応の積極性を分水嶺にして二つの時期に分けることができる．

第 1 章　創設期：農業国家からの離陸と社民政治の船出

1. 貧しい農業社会の遅れてきた工業化

移民を送り出す国

　19世紀中期のスウェーデンは，ヨーロッパでも最も貧しい農業国の一つであった．貧しさの程度は，例えば，母国を後にしなければならなかった移出民の数と規模で判明する．急速な人口膨張に直撃されて，慢性的食糧不足という深刻な事態に苦悩したこの国が海外へ移民として送り出した数は1860年から1930年までの間に約100万であった．当時の人口が約350-500万程度であったことを考えると中途半端な数字ではない．1880年代には32万4285名，1890年代には20万534名，1900年代には21万9249名がアメリカに向かった．移民の多くは大きな夢に煽られて北米を目指した．B. S. ケイン『スウェーデンから来たアメリカ人』はスウェーデン移民の興味深い生活史である[1]．新大陸には母国にないものがあった．食と職である．農業も，やっと離陸し始めた工業も，死亡率の低下と出生率の上昇のために生じた人口膨張を吸収できる余力などなかったのである．食生活の改善と医療技術の飛躍的普及，それに環境衛生の改善は出生率と平均寿命を押し上げ，死亡率（とくに幼児死亡率）を低下させた．人口膨張が少なくとも食料供給率や労働力吸収力を上回るスピードで進んだ．母国と気候・風土が似ているのであろう，多くはミネソタ州に移住した．新大陸と祖国の間には生活水準で決定的な違いがあった．アメリカは，独立の自営農民にとってはともかく，どんなに待っても遺産を期待できそうもない貧しい家庭の青年や，農業労働者，それに小作農にとっては魅惑の宝庫であった．国民作家の一人にV. モベリィがいるが，彼の小説のテーマは野望に燃えて海を渡る冒険者たちの開拓者精神と祖国への思慕であり，現代版バイキングを思わせる．スウェーデン人のアメリカ好きには定評がある．

貧しい農業社会

 1870年の総人口のうち301万7000人，72.4％が農業従事者とその関係者であった．1890年には297万3000人にまで下降したが，全体に占める割合は62.1％であり，依然として，圧倒的な農業国家であった．一方，工業人口は1870年時点で61万人であり，14.6％に過ぎなかった．20年後の1890年には103万8000人にまで増加した．全体に占める割合も21.7％になった[2]．

 都市への人口移動は19世紀後半から始まったが，1890年でも都市圏居住者は91万6119人で全人口の18.8％に過ぎなかった．国民の80.9％，386万8862人は依然として非都市圏居住者であった[3]．現状を知る者にはとうてい信じられないことであるが，古い農業社会時代のストックホルムはヨーロッパでも最も貧しく，悪臭の充満する都市の一つであった．スウェーデンそのものが「ヨーロッパのはずれ」に位置する貧しい国と評価されていた時代である[4]．

遅れてきた工業国家

 デンマークやノルウェーと比べると，工業化は遅れて出発した．〔経済的離陸の時代〕は19世紀後半から20世紀前半にかけてようやくスウェーデンに到達した．だが，一度スタートを切ると，その発展速度は劇的であった．「スロー・イン，ファースト・アウト」の典型であった．典型的な農業国家が，近代的工業国家に変身した．都市や町が成長し，新しい産業が誕生した．豊富ではあったが未開発のまま保存されていた鉄鉱石や森林などの天然資源が活用され始めた．世紀の移り目頃になると，1人当たりGNP（国民総生産）は工業化の先駆者であるドイツやイギリスよりも早いスピードで成長し始めていた．

 ヨーロッパでも最も貧しい農業国を比較的短期間に豊かな工業国家に変身させた理由は何であろうか．初期工業化段階では，①新しいテクノロジーの普及，②豊富な天然資源，③国内の通信・運輸手段の改善，④人口の増大，⑤公的教育の発達（質の高い労働力の自己調達），⑥発明の才と旺盛な企業家精神の成長，⑦企業の国際化，などの理由を指摘できよう．

 1890年から1914年まで，三つの技術革新が工業発展を加速した．まず鉄鉱石から燐を除去するトーマス処理法が開発されたため，北部地方の含燐鉱石の

鉱床が非常に貴重な資源として活用できるようになった．また，新しいパルプおよび紙の科学処理製造技術が開発されたため，国内の膨大な森林が黄金の鉱脈になった．さらに，新しい発電技術が開発されたため，河川から離れた地域にも工場を設置することが可能になった．先進工業国家の要求する天然資源を供給できたことと豊富なエネルギー資源を活用できたことが順調な工業化を促進した理由の一つであった．鉄鉱石，木材資源，水が特に重要な資源であったが，上に述べた技術革新がその価値をいっそう高めた．実際，1870年代のヨーロッパの先進工業国家が必要とした鉄鉱石と木材をこの国は持っていた．この先進工業国家の需要は，バルト海を挟んでいるためにかかる膨大な輸送費という不利を超えた需要であった．原料補給庫としての輸出の好調が都市化と工業化を促進した．

現代のスウェーデン工業は，当然のことながら，過去の遺産を基礎にしている．その中でも質の高さで有名なスウェーデン鋼が重要である．この国の鉄の製造は13世紀まで遡ることができる．豊富な鉄と銅が国家の財政基盤を整備し，そのおかげで17世紀には「バルト海の帝王」にまで成長できたのである．18世紀にスウェーデンの鉄製造業者がヨーロッパ市場で独占的地位を獲得できたのは鉄鉱石の質の高さゆえであった．例えば，イングランドが輸入した鉄の80％はスウェーデンからであったと言われている．こうした市場競争力は18世紀末の数十年まで続いた．国家は生産制限で鉄価格の維持に努め，膨大な収益を上げることができた[5]．そして，鉄素材の良さと技術が結び付いてボールベアリングや精密機器などが世界的名声を博すことになったのである．

スウェーデン国内の通信・運輸手段の改善，特に鉄道網の整備が工業化を促進した．原料輸出で発生した利潤は鉄道網の整備と建設を促進した．鉄道建設には独特の哲学が導入された．最初の主要幹線は1864年にヨーテボリィ・ストックホルム間で建設された．鉄道建設の原則は「都市と既成水路を避けて建設すべし」であった．鉄道建設によって，未開発地帯を重点的に開発して産業育成にハズミをつけようというのが狙いであった．地域開発政策と鉄道建設政策を合体させたこの戦略は，結果として，期待されていたほどの成果を上げることはできなかった．だが，鉄道網の拡張と整備は，工業化に多大の貢献をした．物資を低料金で，しかも迅速に輸送することが可能になったからである．

広大な面積を持ちながら人口が少ない国では生産地と消費地の距離を短縮することが産業振興策として決定的に重要となる．

既に述べたことであるが，出生率と平均寿命の上昇と死亡率の低下で人口が増加し，急速な工業化に必要な労働力を簡単に調達できた．むしろ，急速な工業化でも吸収できぬほどの速度で人口が膨脹したため大量の移民を送り出さざるをえなかったのである．労働力を簡単に調達できただけではない，質の高い労働力を継続的・安定的に確保できたのである．スウェーデンはヒューマン・パワーこそが最高の資源であることを熟知していた．以前から公的教育の重要性を深く認識していた．既に，1842年には学校法が導入され，公的に運営される初等教育学校制度（普通国民学校）が創設された．スウェーデンはルター派国教会の国であるが，教区ごとに最低一つの常設学校が建設されることになった．すべての児童に無料で教育を提供することが教区の義務となった[6]．

スウェーデン企業の誕生

遅ればせながら工業化に乗り出す基礎は次第に整備された．次いで，自らの工業製品を輸出する番であった．A.ノーベルを始めとする発明家たちの旺盛な企業家精神に支えられてスウェーデンが発明・開発した機械・技術産業が飛躍的に成長した（木材と鉄鉱石の輸出が支配的であったが，パルプと紙，工業技術も急成長した）．この時期に今日も存在する多くの巨大工業技術企業の基盤が構築された．ボールベアリングのエス・コー・エフ SKF，アセア ASEA，アトラス・コプコ Atlas Copco，エリクソン Ericsson，アルファ・ラヴァル Alfa Laval などの企業は世界市場で商業的に開発された発明品と高い技術水準を背景に急速に国際企業に成長した[7]．他の北欧諸国に比べ企業のスケールが大きく，知名度が高いのは，国際化にいち早く取り組んだからかもしれない．

工業化の波は産業構造の変質を要請するようになった．労働市場における工業労働者の比率が着実に増大した（1870年：15％，1913年：34％）．それでもなお，当時のスウェーデンは貧しい農業国家の域を出ていなかった．農業従事者の比率は確実・着実に下降したが，第一次世界大戦開始頃までは，依然として労働人口の約50％を占めていた．上に述べた移出民のスケールから判断しても，《世界でも最も豊かな福祉社会》への変身を誰が予測できたであろうか．

2. 労働運動の興隆と社民党の誕生

最初の労働組合：ストックホルム植字工組合

　19世紀中期から政党や労働組合を結成する動きが労働者の間であった．1880年代になり，それが次第に本格化した．産業労働者は着実に成長していた．しかし，彼らの生活は，新しく導入された作業方法の非人間性，経済競争の冷酷さ，過酷な児童労働，物質主義の台頭などによって，必ずしも明るい未来は約束されていなかった．労働時間は長かった．1890年代初頭で，1日当たり平均労働時間は9時間から11時間（一般的には10時間半）であった．児童労働環境は他のヨーロッパ諸国ほど劣悪ではなかったし，漸次改善されていたが，それでもやはり深刻な問題であることには変わりがなかった（1846年には12歳以下の児童の雇用を禁止する法律が制定されていた．1881年，1900年に強化・拡大され，18歳以下の子供の夜間労働が禁止された）．女性の正当な要求も無視されていた．また，工場施設は貧弱で，職場の衛生状態などはほとんど顧慮されなかった．危険な機械から労働者を保護する手立ては講じられていなかった．産業革命の甘い成果に酔いしれる経営者にとっては改善策を打つ時間も余地も存在しなかった．労働者が自らの利益を守り，自らを組織しようとする試みは，依然として，歓迎されなかった．青年男子労働者の労働時間を規制しようとする手段は講じられなかったし，その他の労働条件の改善についても同じであった．当時の政府は，労働者の機先を制して，不穏な動きの芽を事前に摘み取ろうとした．

　だが，労働者は一切手をこまねいていたわけではなかった．労働者の運動は労働組合結成運動を中心に展開された．労働者が持つ唯一の有効な政治資源である《数》を組織化することから始める以外に方法はなかった．1846年には既に，ストックホルムの植字工たちがある程度は今日の労働組合に似た結社を作っていた．この結社は古い熟練工組合の面影を残した過渡的な組織であり，労組というよりは社交団体・人道主義集団という色彩が強かったが，今日ではスウェーデン最古の労働組合と考えられている[8]．

最初の団体協約

　1869 年にストックホルムで発生したレンガ積み職人のストライキは，労働運動史上小さからぬ成果を残した．このストライキは一般的な賃金協定を結ぶことに成功した．最初の団体協約であった．この協約は，複数の雇用者と組織職人との間で結ばれた協約で，職人組合のメンバーに変更があっても協定の内容は変わらない旨を取り決めたものであった．1869 年のストライキ成功は，真の労働組合の形成を促進する上で大きな誘因となった．労働運動の具体的なカタチを示すことになったのである．これを契機に，多くの職人は，デンマークやドイツから流入する社会主義や急進思想の影響を受けながら，レンガ積み職人と同じ方法で自らを組織化する運動にエネルギーを投入することになった．

最初の大型労働紛争：スンズバル・ストライキ

　10 年後の 1879 年はスウェーデン労働運動史上忘れられない年となった．最初の大労働争議が木材産業の中心地であるスンズバルで発生したのである．1870 年代の中頃，スウェーデン経済は不景気に見舞われた．1875 年には，イェーヴレ Gävle 地方の製材業界では 10% の賃金カットが通告された．労働者がストライキに突入した．そして，このストライキはその後いくつかのストの発生を誘った．最も有名なストが，1879 年に発生したスンズバル・ストライキである．このストライキは資本主義の冷酷さとブルジョワ社会の権力装置の実態を明らかにしたと評価されている[9]．

　自然発生的・自発的で，組織されたストでは決してなかった．労働者をそこまで追い込んだのは飢えであった．スンズバル地方のストはある製材所で始まった．労働者が前年度の賃金水準を保証せよと要求したのがことの起こりであった．経営者は（政府から貸付金を獲得しておきながら）賃金カット案を取り下げなかった．要求が拒否されると労働者はストを開始した．そして，この動きはすぐに他の製材所にも広がっていった．デモの後，約 5000 人もの労働者が広場に集まった．経営サイドは驚いた．青空集会に集まった労働者の数は十分に刺激的であった．仲裁者の介入が必要であった．県知事が仲介に入ることになった．当時の知事は C. トレフェンベリィで，その時代には珍しくもないことであるが，財界にコントロールされていた人物であった．彼は労働者の代

表と会談した．労働者の代表は，賃金カットをやめ前年度の賃金を保証すること，ストライキについて一切の処罰をしないこと，を要求した．さらに，貴重な賃金がアルコールで大量消費されないために居酒屋の閉鎖も要求した．だが，知事は労働者代表の要求をまったく無視するだけであった．軍隊が派遣された．軍隊は銃剣を抜き，力で労働者を押さえ込んだ．放浪罪を適用すると威嚇した．多くの労働者はその家を追い立てられ，他の地方から集められた労働者に置き換えられてしまった．約1000名もの労働者が退去命令を受け，首謀者と判断されたものは逮捕された．ストライキは労組の基盤を持たなかったため，労働者の惨敗であった．労働者はストライキが「ごく緊急の時にだけ活用すべき両刃の剣」であると学習した[10]．

　だが，学習したのはそれだけではない．スンズバル・ストライキは，当時の政治権力の実態を明らかにしただけでなく，労働者が団結する必要を強調し，団結心を刺激することになった．次の10年間に労働組合運動が大躍進し，政党運動が加速された[11]．こうした動きの中で，危険な機械から労働者を保護しようとする動きが1884年頃から現れた．1889年には，労働者の安全確保と工場査察制が法制化された．社会立法の端緒であった．

最初の社民主義者：A. パルム

　社会民主主義は1881年にマルメとストックホルムの政治集会を通じて初めてスウェーデンに紹介された．パイオニアは洋服仕立て職人のA.パルムであった．1881年11月6日，マルメのホテル・ストックホルムを会場にして，社会主義に関するスウェーデンで最初の講演を行なった．講演のタイトルは「社会主義者は何を求めるか」であった．彼は，ドイツ，デンマークへの長期旅行中に社会民主主義思想に遭遇し，精通するようになった．スウェーデンに戻ると，全国を巡回し，各地の労働組合の主催する集会で講演をしたり，労組指導者との討論を通じて社会主義理論を熱心に説いた．彼は，1881年，各方面からさまざまに反対されながらも，マルメで小規模な社民協会を創設した．翌82年，最初のスウェーデン社会民主主義プログラムを刊行した．これはデンマーク語からの翻訳であったが，元を辿れば，ドイツのゴータ綱領（1875年）であった．マルメで数々の不運に遭った後，パルムは1885年にストックホル

ムに出た．そして，同年，新しい新聞『社会民主主義 *Social-demokraten*』を創刊した．この新聞は 1958 年まで続き，社民運動の重要な武器となった．新聞そのものは長い寿命を獲得できたが，パルムの地位はその頃から急降下し始めた．デマゴギックなレトリック，ウケ狙いのジャーナリスティックな企画，それに原理や教義問題への関心の低さ，などのため，彼の試みはほとんど成功を収めることがなかった．財政的なスポンサーだけでなく，彼が創設に当たって力を貸した社民協会の事務担当者との不仲・反目は珍しいことではなかった．そして，リーダーとして不適格な人物との評価が運動の内外で，次第に固まっていった．まさに生まれようとしていた新しい運動のリーダーとしては不適であったかもしれないが，彼のようなアジテーターがいなかったら，新しい思想の普及速度は遥かに遅かったであろう．名アジテーターであるパルムを露はらいにして浮上したのが H. ブランティングであった．

社民党の誕生

1889 年 4 月 19 日から 22 日まで，全国の 14 地方から約 60 の労働組合，社民協会（クラブ）の代表者がストックホルムに集結して，スウェーデン社会民主労働者党（社民党 SAP）が誕生した．結党時の党員数は 3149 名であった．

労働運動が高まる中で労働者階級の政党が誕生するのは時間の問題であった．1884 年にはストックホルムで最初の社民党組織として［社民党クラブ Social-demokratiska klubben］が結成され，党結成の機運が加速された．既に始まっていた大規模な工業化（産業構造の変換）を母に，そして，ようやく姿を見せ始めた都市化の波を父にして，普通選挙権運動が高揚した．民主的に行動するため，普選実現が運動のシンボルとして選択された．改革を通じて，社会を着実に変革していくという基本姿勢が主張された．この年，社会主義インターナショナルは，5 月 1 日を労働者の国際的祭典としてデモを行なう旨決定した．社民党は激しい政治化の時代に誕生した．巧妙に風を受け止め，風に乗り，ごく短期間に政党としての栄光と勝利感を経験することができた．

結党時の社民党を指導したのは 7 名の若きパイオニアたちであった．ブランティング（28 歳），A. ダニエルソン（26 歳），パルム（40 歳），F. ステルキィ（29 歳），J. エングストレム（40 歳），P. エリクソン（28 歳），C. ルンドベリィ

(28歳).若いリーダーを積極的に登用し,平均年齢の低い指導部を構築する社民党の伝統が早くもうかがえた.「失政の責任を長く負い続けなければならない若い世代に,より重要なポストを」.社民政治が高負担を批判されながらも,長期的には国民の支持を集めてきた理由の一つである.

H. ブランティング:合意形成型政治のシンボル

　奇跡にも似た早さで社民党を上昇気流に乗せ,党に輝かしい歴史を刻ませたのは,結党時のリーダーであるブランティングであった.実際のところ,ブランティングの思想と行動が,その後の社民党の基本的性格を形成し,《コンセンサス・ポリティクス》と称される合意形成優先型の政権運用技法を確定したと言っても決して過言ではなかろう.

　結党時の社民党では,党の基本原則,戦術(暴力主義・議会主義の是非,ブルジョワ政党との議会内外での共闘問題),当面の行動目標(普選問題,経済闘争優先主義),をめぐっていくつかの党内グループが対立していた.一つは,党の全エネルギーを労働条件改善闘争に捧げるべきであると主張する組合主義グループであった.また,普通選挙権実現を最緊急政策課題であると主張する現実主義的な穏健派グループもあり,このグループのリーダーはブランティングであった.彼らにとって,普通選挙権は社会主義政策断行の本質的条件であった.ブランティングは1887年7月10日,普選実現の重要性を次のように述べている.

　「もし国民が平和的手段を通して,自分の家の主人公になりたければ,また,現在のように,上流階級の利益に奉仕するだけの存在ではなく,自分たち自身の必要に応じて,社会を改革したければ,普通選挙権こそがそれを実現するための不可欠の条件である.……普通選挙権の速やかな実現は大きな社会問題を平和的に解決するための唯一の方法である」[12].

　最後のグループは,H. ベルイグレンが率いる急進的な半・無政府主義グループで,いずれ脱党行動に走るであろうと予想されていた.このグループにとって,議会主義は無駄であるばかりか恥ずべきものであり,完全に拒否すべきものであった.そして,普通選挙権は議会主義のペテンでしかなかった[13].

　生まれたばかりの弱い政党を引き裂こうとする強烈な分裂力(実際,多くの

国ではこの分裂力の餌食になってしまった労働者政党の例が少なくない）から党を守り，統合力を発揮したのは，若きブランティングであった．恵まれた環境で育ち，ウプサラ時代から天文学の研究者として輝かしい未来を約束されていた彼は，大陸ヨーロッパへの旅行（22歳）で社会主義に遭遇するや，労働ジャーナリズムに身を投じた．1886年（26歳），パルムの後を継いで『社会民主主義』の編集を担当することになった（そのため，パルムはアジテーション活動に没頭することになった）．青年ブランティングには政治的現実に対する鋭敏な洞察力が備わっていた．社会的不正を憎悪する沸き立つような正義感，掛け値なしの誠実さ，あらゆる個人的憎悪を政治的論争から切り離すことのできる驚嘆すべき能力，を次第に認められ，争うことのできないリーダーとして自然に浮上していったのであった[14]．

誠実さについては，近年では特に女性の間で疑義を挟む者が多い．1980年代半ばには，N.-O. フランツェンが『ヤルマール・ブランティングとその時代』を，また N. ベイエルが『若きヤルマール・ブランティング』を発表し，時ならぬブランティング論ブームとなった[15]．時の経過は勇者のベールを容赦なく剥ぎ取ってしまう．歴史はどこまでも冷酷である．情熱を注いだのは政治だけでなく，恋にもまた当時としては破格のエネルギーを投入していたことが紹介されたりして，女性読者のブランティング観がこれ以後（ネガティブな方向に）かなり変化している．

結党大会での基本路線，つまり「民主主義―平和主義―改良主義」という路線の選択は，何よりも，ブランティングの現実認識と協調的性格を反映したものである．僅か 3000 かそこらを数えるだけの党員で根底的な社会転覆を目指し暴力革命を強行するなどという急進派グループの冒険主義は，彼の現実感覚からすれば，実のならない空虚な唯我独尊主義に過ぎず，かえって労働運動の着実な成果までをも危機に晒してしまう無謀なプランであった．萌芽期の弱小政党が問題解決能力を獲得し，支持基盤の期待に実質的に応えるためには，勇敢な玉砕主義や全面対決主義を排除し，アウトサイダーとの案件別共闘の可能性を拡大することが優先される．ブランティングにとっては，議会主義は他党との連携基盤を強化し，コンセンサス範囲を拡大するための論理的帰結であり，その意味で，普通選挙権は社会主義政策断行の本質的条件であった．「スウェ

ーデンの社会主義は，原則としては革命主義であったが，ブランティングが指導する過程で，労働者の政党は実際には，現存する社会の枠組みの中での改良主義政党になった」．教科書が今日描くブランティング像である[16]．

　ブランティングは，早熟の合意調達技術者であった．普選問題でも，議会主義路線・暴力路線問題でも，共闘問題についても，結党大会とその前後に妥協の精神で党内世論を指導し，決着を付けた．その背後にあったのは，ドグマのために党を奉仕させるのではなく党のためにプログラムを奉仕させるべきであるという信念であった．政党間政治を政党内政治に優先させるべきだという信念でもあった．党内事情や一握りのリーダーのメンツなど大衆組織政党には第二次的意味しか持ち得ない．もし，ブランティングという非凡な，柔軟性に富んだ，相対主義の若き政治家を欠いていたら，社民党は，相矛盾する諸要素の全面的対決に支配され，一つにまとまらなかったかもしれない．

3. 社民党の組織基盤確立と政権政党への道

スウェーデン労働組合全国組織 LO の結成

　社民党結成に遅れること9年，その後労働生活の場で社民政治を支えることになるスウェーデン労働組合全国組織 LO が誕生した（1898年8月8日結成）．

　スンズバル・ストライキが点火したためであろう，1880年代は労働組合運動の躍進の時代となった．1883年に，ストックホルムの各種労働組合がその活動を調整し，労働条件の改善を実現するために労働中央委員会に集結した．この委員会はその他の地方のモデル組織になったが，主たる要求は，労働時間短縮（10時間労働），賃上げ，労働環境の整備（職場の衛生向上），労働者年金，禁酒，国民教育制度の改善，普通選挙権，であった．次のステップは全国規模の労働組合連合体を結成することであった．植字工が先頭を切った（1886年）．次いで，塗装工，木材切り出し工，裁縫工，タバコ労働者，などが全国をカバーする中央組織を創設した．同時に，最初の工業労働者グループとして金属労働者が全国組織を作った．ちなみに，1890年にはスウェーデンで初めてメーデーが実行された．組織化は進んだ．未熟練工（1891年），運輸労働者（1897年）もそれに続いた．公務員の中では，まず郵便配達人が（1886年），少

し遅れて，鉄道員，税関吏が自らの全国組織を結成した (1899年).

最後の仕上げは1898年のLOの結成であった．中央労働団体であるLOの最高執行機関は全国事務局で，5年ごとに開催される全国大会で選出された．下部組織に対するLOの力と権限は最初のうちはかなり小さいものであったが，1909年頃までには着実に拡大されていった．権限強化の理由は経営側からの攻勢であった．いくつかの職種では，しばらくの間，LOに加入しない組合もあったが，LOそのものは急速に発達していった．

労働運動は，かくして自らの恒常的な頂上組織を確立した．当然のことながら，その組織力を背景に，労働環境の整備を実現していくことになった．その後，LOは私的組織でありながら，社会生活内で重要な役割を演じるようになり，社民党長期政権を公然と支える半・公的な機関へと成長していくのである．

逆説的であるが，工業化が遅れたことを成功の理由に挙げることができるかもしれない．リーダーたちは，歴史家も政治思想家も，イギリスや大陸諸国の経験や発展過程を長い間じっくりと観察できた．理論家の議論をじっくり分析できた．F. エンゲルスやK. マルクスだけでなく，J. S. ミルやO. ビスマルク，それに，B. ディズレーリの著作や行動を十分に検討・分析できた．そこで提示されている方策はどれも北欧諸国の社会改革にはむいていそうもなかったけれども，分析を通して，思索の栄養素にはなった．

もちろん，責任政治のリーダーは，工業化の遅れを深刻に考えていた．国際競争市場が既に先進工業国に占拠されていた．後発工業国家は技術開発力で市場開発しなければならない．遅れはそのまま経済遅滞を生み，労働者階級の生活向上どころか，貧窮への恐怖から救い出すこともできない．社民党は時代によって濃度に違いがあるが，三つの顔を持っている．イデオロギー政党としての顔，階級政党としての顔，そして，政権の中心に位置を占める国民政党としての顔である．この段階では，第三の機会がそれほど早く訪れるとは考えていなかったのではないか．

LOの初代議長にはF. ステルキィが選出された．1906年には，労働組合の結成が許可・合法化された．その後の発展ぶりは顕著であった．ブルーカラー労働力の圧倒的支持を集める組織として社民政治を支えることになる．隊列を整えた労働組合は，1909年には，約30万の労働者が参加した大ストライキを

計画し，実行した．マスデモクラシーでは，「数は力なり」「組織は力なり」「団結は力なり」を実践した．その実行力が，労働力の吸収を早めた．

消費者生活協同組合 KF の結成

1899 年には，市民生活の重要な組織である消費者生活協同組合 KF が結成された．社民党・LO に次いで，社民政治を支え，その後の社会改革運動の中心になるもう一つの組織がここで結成され，隊列が完成したことになる．長い間，この生協組織は全国いたるところに支店を開設して，市民生活の基盤を支える役割を演じた．市場原理に馴染まない人口まばらな地域にも必ず，その支店があった．労働者の消費生活を支える組織であるとともに，最盛期には，国内最大の売り上げを誇る流通産業として君臨した．

スウェーデン経営者連盟 SAF の結成

産業界も，労働運動の高揚に対応して，自らの中央組織を結成した．1902 年に創設されたスウェーデン経営者連盟 SAF である．SAF 結成の動機は，労働運動の中央組織に対抗して産業界の利益を擁護する均衡分胴を作ることであった．中央の全国組織を得ていよいよ期待高揚革命に身を投じた労働運動は，労働条件の改善について積極的に発言するだけでなかった．労働環境の整備も，結局は政治の場で法律改正を実現しなければ促進されないことを学習して，普通選挙権運動を積極的にリードした．労働運動の盛り上がりに脅威を感じた産業界がすぐさま中央組織を結成したとしても当然であった．その後，LO と SAF が《スウェーデン・モデル》を支える中心組織として，政治・経済・労働生活のすみずみにまで影響力を行使していくのである．

社民党第一号議員：他党の候補者リストで議会進出

労働運動の世界では，ブランティングの路線選択が間違っていないことがすぐに事実によって証明された．1896 年選挙で，ストックホルムの自由党の支持を得てブランティングが第二院に選出された．社民党第一号議員の誕生である．結党間もなくの政治団体にありがちな《排除の論理》を排除した，いかにもブランティングらしい議会進出であった．潔く玉砕してしまうよりも，可能

性を極限まで追求していこうとする柔軟なプラグマティズムがブランティングの身上であった．共闘基盤拡大路線を選択していなければ，社民党の議会進出はもっと遅れていたであろう．連帯・協同・共闘は社会主義に対する当時の国民の恐怖と危惧の念を払拭するために何が必要かを考え尽くした技法である．

なお，同じ 1896 年に，社民党執行委員会は，洋服仕立て職人の C. E. トーリンを社民党初代党首に選出した．このとき党議長（党首）は，党大会で選出されず，執行委員会によって選出されたため，初代党首としてトーリンの名を挙げることはほとんどない．1908 年になって，ブランティングが党大会で選出された最初の社民党議長として党首に就任した．その後，初代党首という表現は，もっぱら彼を指して使われることになった．

男子普通選挙権の成立

ブランティングが政治的目標として最優先で目指したのは，普通選挙権であった．代議政治では，国民からの支持以外に権力の正統性を証明する方法はない．参加枠の拡大は，労働者の社会的地位を向上させることにもまして，デモクラシーを充実させる上で決定的な意味を持つ．労働福祉と民主政治成熟はワンセットであるとの認識は，党内左派からどんなに激しく批判されようと，譲らなかった基線であった．この原則をかたくなに守ったことが，結果として，社民党を上昇気流に乗せる原因になったのであるが，その時点では，未だそれは証明されていなかった．

世紀があけて，1902 年には，ストックホルムのノーラ・バントーリエット Norra Bantorget で普通選挙権を求めるデモが行なわれた．LO の本部は今もこの地に聳えているし，その前には，運動を支えたリーダーたちの集合的なブロンズのレリーフが設置されている．大規模デモに直面して，保守陣営は妥協案を提示した．第二院については 24 歳以上の男子普通選挙権が導入されることになった．ただし，第一院については普選は実現せず，未だ少し時間を必要とした．そして，その後の，1907 年および 1909 年議会で正式に 24 歳以上男性の普通選挙権導入が決議されたのである．第一院の基盤になる地方選挙権は等級選挙のままであった．保守陣営は既得権維持のため，早急な普選に抵抗した．社民党はほどほどの線で妥協し，未来に繋げた．確実に実績を積み上げ，

政策実現力を証明していくことを選択した．

労働教育同盟 ABF の結成

　労働者の生涯学習機関である労働教育同盟 ABF がブルンスヴィーク Brunnsvik で結成された．1912 年である．鉄道員組合，KF，LO，SAP，スウェーデン社会民主青年同盟 SSU，ストックホルム労働者図書館組合，植字工労働組合の代表者が集結して結成された．社民党・LO 複合体と呼ばれる巨大な社会改革組織の重要な部分を構成するのがこの生涯学習機関である．労働力の質的向上は社民党戦術の伝統である．このメカニズムを持つことで，自律的に労働力の質的向上を図り，柔軟な労働力周流を実現できる基本的な仕組みが完成した．積極的労働市場政策の不可欠の装置となる．

たちまち議会内最大会派に，そして連合政権への参加

　第一号議員を議会に送り込んでからの社民党の急成長ブリは見事である．1914 年選挙では，87 議席を獲得して，早くも第二院の第一党に成長した．この時以来今日にいたるまで，90 年以上にもわたって，第一党の地位を失ったことは一度もない．ブランティングが平和主義・改良主義路線を選択していなければ，社会主義政党に対する国民の不安と懸念を克服できず，僅か 25 年で第一党に成長するという急上昇は実現できなかったであろう．

　快進撃が続いた．社民党に政権担当の機会がこんなに早く到来すると誰が予想したであろう．中道政党との共闘，政党間距離の縮小策が着実に実を結び，第一号議員誕生後僅か 21 年で政権の香りを嗅ぐことができたのである．1917 年，N. エデーン首班の自由・社民連合政権に参加することができた．ブランティングが，［政権からの距離］を強調するイデオロギー指向政党の路線を選択していたら，政党政治システムは遠心的競合に直撃され，社民党の連合参加，政権到達はもっと遅れていたであろう．民主化闘争のパートナーである自由党（現在の国民党・自由）からの連合招聘と連合参加はさらにいっそう，社民党の運動方針を求心的競合へと押しやった[17]．

　今や，［政権への距離］を主張する現実的な政権指向政党となった．この連合経験は二つの意味で重要であった．まず第一に，党内に向けては，イデオロ

ギー政党にありがちな政権担当恐怖症を克服する好機となった．また，党外に向けては，社会主義政党によるヘゲモニー掌握，過激政治に対する他党や市民の不安・懸念を払拭するチャンスとなったし，社会主義政党にも政権担当能力が備わっていることを事実で証明する機会となった[18]．

　社民党が初めて政権参加した1917年，現実路線を選択したことへの反発から，SSUが離党して，共産主義運動を組織する．そして1921年の党大会で，国防問題が加熱した時，政権担当を優先するグループと，思想純度を強調して《政権からの距離》にこだわるグループが対立した．ここで左派が分裂し，先行集団とも合流してスウェーデン社会民主左党（現在の左党）を結成することになった[19]．政権参加は組織の一部が崩落するという代価を伴ったのである．

男女普通選挙権の実現：参加枠の完成
　穏やかな妥協戦略で男子普選を実現することができたので，つまり，選挙権拡大への抵抗勢力を段階的解決論で説得できたので，参加枠拡大は時間の問題となった．男子普選実現から1918年にかけて，普選運動が着実に前進した．そして，遂に，1919年議会で，男女普選が決議された．労働者が活用できる政治資源は限られている．数と組織と団結（LO・KF・ABFの結成）に形を与えた後，それを活用する枠組みがここで完成することになった（参加枠の拡大・確保）．経済の民主化，社会の民主化，政治の民主化を思念する運動体がスタートラインについたことになる．ここから試されるのは政党リーダーの力量である．

　1921年選挙が，男女の普通・平等選挙が導入された最初の選挙となった．女性が選挙権と同時に被選挙権を獲得したが，早速女性議員が誕生した．第二院に4名，第一院に1名，合計5名の女性議員が誕生した．そのうち2名は社民党議員であった．婦人服仕立屋のA.オストルンドと写真家のN.ツーリングである．20世紀後半になって，先駆ける男女共同参画社会と世界的に高く評価されることになるスウェーデンは，多くの政策領域でそうであるように，スロー・インで出発した．しかしこの年には既に，女性の地位向上政策が導入された．既婚の21歳以上の女性は成人権を認められた[20]．1923年になると，社会参加の枠が拡大した．女性はほぼすべての国家公務員ポストに就職できる

資格を得た．ただし，牧師と軍人は未だ例外であった．労働市場参加率の高さがスウェーデン・モデルの重要な要素になっているが，社会参加に向け大きく踏み出したのが，参政権と公務員就職権であった．大きなパブリック・セクターはそのまま女性職場になっていった．大きな公的部門がなければ，女性の労働参加率は今日ほど高くならなかったかもしれない．その意味で，重要な契機となった．

8時間労働制

　ブランティングが社民党運動で優先した政策課題は，普通選挙権の実現と8時間労働制の実現であった．政治の民主化と経済の民主化のそれぞれのシンボルであった．1919年に早くも8時間労働制が実現した．それが社会のすみずみまで内実化するまでには時間がかかったが，労働時間の短縮と年休の延長・完全消化というスウェーデン福祉政策の重要な基幹部分は，これ以後，確実に実現されていく．すべては1919年に始まった．スロー・インだが，ファースト・アウトである．しかも確実度は高い．

選挙で成立した世界初の社会主義政権

　そして，1920年，社民党は遂に単独政権を樹立する機会に恵まれたのである．この第1次ブランティング内閣は僅か7ヶ月続いただけであった．議会の多数派は依然としてブルジョワ陣営が握っていた．だが，政党政治の世界では特筆すべき政権であった．選挙で樹立された世界初の社会主義単独政権であった．ブランティングが選択した柔軟な政党戦略の勝利の証しでもあった．包摂の論理で政党内政治を統合し，妥協の政治で政党間コンセンサス範域を拡大して，政権担当能力を着実に蓄え込んだブランティングの戦略は政権奪取戦略として間違っていなかったのである．また，それは政権運用技法としても妥当であった．なぜなら，社民党は議席数僅か97（議席占有率42.2％）の相対多数政党に過ぎず，議会政治運用は第一党の合意形成能力にその運命が委ねられたからである．その意味で，この時の政権担当経験がスウェーデン連合政治の原型を形成したと言えよう．《数の論理》を背景にした対決政治は有効な戦略選択肢ではなかった．《見える政治》の中で民意対応能力を誇示し，コンセンサ

ス範域を拡大することこそ有効な戦略であった．そして，この戦略こそ，ブランティングの望む戦略であったし，結党以来一貫して追求してきた戦略であった．スウェーデン政治がこの時代に求心的な合意形成技法を学習できたことが，その後の《スウェーデン・モデル》の成熟を可能にした．

借家人協会 HSB の結成

　この国の住宅政策の充実度は定評がある．歴代の社民党政権は，労働者への住宅供給と生活環境の改善にことのほか資源を投入した．1923 年になって，市民の重要な住宅確保手段となる借家人協会 HSB が結成された．発想は，建築家の S. ヴァランデルによるものであった．彼が実際に先頭に立って結成した．貧しくても家が持てる．この生活実感は労働者の政治への信頼を確保し，社民党支持を拡大する大きな要因の一つとなった．政治の民主化，経済の民主化，社会の民主化というスローガンは，上述した KF や ABF それに，この HSB の設立という具体策で，理想論から触って確認できる現実イメージになった．社民党・LO 複合体の戦略的知恵であった．

政権政党としての成熟

　ブランティングは政権政党に浮上して性急な結論を出したがる党内世論を制して，コンセンサス・ポリティクスを忍耐強く継続した．苦労のあとようやく政権を目前にしたり，念願かなってやっと待望の政権を手にした政党が陥りがちな，ある種の舞い上がりを慎重に回避しなければ，政権は指の間から瞬く間に消え去ってしまうことを，ブランティングは熟知していた．組織内から爆発的に噴出する期待を慎重に制御する冷静さがなければ党の外に依然として存在する［社会主義への恐怖・不安・懸念］を拭い去ることができないであろう．ブランティングは冷静さを武器にして組織運営に当たった．そして，1921 年には 99 議席（議席占有率 43.0％），24 年には 104 議席（議席占有率 45.2％）の社民党を率いて単独政権を組織できたのである．政権の寿命はそれぞれ，18ヶ月間，20ヶ月間であった．政権の寿命が問題ではなかった．《イン》と《アウト》を何度も繰り返すことによって社会主義政党を違和感のない政権代案として市民の心の中に定着させることのほうが遥かに重要であった．

第2章 発展期：工業国家への飛躍と危機下の選択

1. P. A. ハンソンと社民党長期政権の開始

戦間期のスウェーデン：工業国家へのメタモルフォーゼ

　1920年代のスウェーデン政治は，少数党政権の時代であった．1920年から1932年秋までの12年間に10の政権が誕生した．その多くは2年間持たなかった．そして，10のうち3は社民党政権であった．経済不況で失業者が増大した．社会民主主義政党にとって政権担当能力が期待され，試される時代の到来である．社民党に対する抵抗，恐怖心は依然として保守陣営の間で強かった．そうした状況の中で社民党は多くの課題に挑戦し，結果として第二次大戦後の未曾有の発展へ繋がる路線を敷設した．

　ある意味で，工業化と普通選挙の時代における政治的パラドックスの一つは，労働者が大量発生し，その政治参加が可能になったにもかかわらず，労働者階級の利益を代表する政党が，必ずしも政権担当能力を発揮する機会に恵まれぬことである[1]．

　スウェーデンは，この点で，大きな例外である．成長速度という点でも，得票率でも，第二党との差という点でも，また，政権担当期間という点でも，スウェーデン社民党は最も大きな成功を経験した政党の一つと言えよう．その成功のゆえに《スウェーデン・モデル》を成熟させることができたし，《スウェーデン・モデル》を成熟させることができたがゆえに栄光の座を維持できた．経済の領域で現実的な政策対応力を証明できたことが社民党をヒヨワな評論家政党から政治権力のたくましい司祭者へと成長させたと言っても過言ではなかろう．

　工業国家への大飛躍を可能にしたのは，第一次・第二次大戦で中立政策を維持できたことであったかもしれない．他国の悲劇を横目に，壊滅を回避できた

し，ヨーロッパ先進工業諸国の戦後復興・工業再建のための資材を輸出できたからである（平和国家は他国の悲劇で潤う）．戦間期のスウェーデンは1人当たりGDP（国内総生産）で毎年急成長した．ただし，この期に二つの後退を経験したことも事実である．①第一次大戦後のデフレ危機→工業生産が1913年レベルの25%減．②1930年代初頭の世界大恐慌で失業率が大幅上昇→1933年までに労働組合員の約4分の1が失業．だが，中立・平和国家のウマ味を十分に味わったスウェーデンは，比較的軽症で，国内政策に専念できた．

H. ブランティングの死去

結党時の社民党を指導し，社民政治の基礎を構築したH. ブランティングは，1925年に死去した．総理・総裁分離論で事態の収拾を図った．R. サンドラーが首相職を暫定後継し，P. A. ハンソンが党議長を暫定後継した．首相の突然の死を受けた取りあえずの対応であった．このサンドラー内閣は僅か1年間の寿命で，1926年に辞職した．ブルジョワ政権が後継した．1928年に，遺産を受け継ぎ，ハンソンが正式に社民党党首に就任した．

福祉国家路線へ：G. メーレルの理論化

社民党が党勢を伸ばし，揺るがぬ第一党の地位を確保し始めた頃から，公的セクターに関する議論の雰囲気が変わった．そして，政権政党としての地位を確保し，長期政権の自信を確認するにいたる過渡期で，「公的セクター vs. 民間セクター」論が俎上にのせられた．1928年の議会選挙に当たってG. メーレルは，結果としてその後数十年間，党の社会政策の基礎となる思想のいくつかを公式化した．それ以前は，社会政策の問題は，党文書では，とりたてて高い位置を与えられていなかった．多くの党員たちは，貧困問題など，急進的な政治技法で取り除けると簡単に考えていたからであろう．革命路線から改良主義的社会改革路線へと決定的な方針転換が行なわれたときから，社会政策が決定的に重要な役割を与えられることになった．メーレルらは，社会政策による改革こそ，とりもなおさず，所得の平等，経済的公正の実現という社会主義の理想を実現する新しくて現実的な方法であると考えた．メーレルの基本的な考え方は，さまざまな補助金を制度化することによって，伝統的な救貧法への依存

をやめることができるという発想であった．

　戦間期になると議論の方向性はほぼ決まった．社民党が急上昇し，その支持基盤である労働組合が着実に地歩を拡大したからである．社民政権が始めた公的セクターによる福祉サービス提供はその専門的従事者の数を増やし，それが自動的に社民・LO（労働組合全国組織）連合の地盤拡大になったからである．福祉関連民間セクターはもはや沈黙して，時代の流れを傍観するしかない．メーレルらを中心とした社民政治・社民思想の動員力が流れを作ったと言える．民間セクターは公開討論でその議論を展開することすら差し控えることが多くなった．

社民党長期政権の開始

　新しい党首が長期に亘る社民党時代の幕を開いた．しかし党首就任時の党と新党首を囲む外部環境は厳しかった．前任者と対照的に，典型的な労働者の家庭に育った新党首は，その意味で，労働者政党にふさわしいリーダーであったが，当時のエスタブリッシュメントには不安感が付きまとった．1928年総選挙では，社民党批判の激しいポスターを普通選挙権同盟（現在の穏健統一党）[2]が使った．女性を家庭から追い出し奴隷商人に売り渡す絵柄の大型ポスターであった．女性に成人権を認め，女性就労を可能にする法案を成立させた社民党に向けて，「男は仕事・女は家庭」の伝統的な性役割二元論で反撃したポスターであった．同年に労使間で本格的な団体協約が締結され，労働者の交渉能力がもはや否定できないものになったと痛感した保守陣営の焦り・不安を感じさせるポスターであった．そして，1931年にオーダレンで銃殺事件が発生した．軍隊がスト破りに反対するデモに向けて銃を撃ち，5人の労働者を銃殺した．同じくらいの労働者が負傷した．銃声とともに，保守陣営の野望も天空に散った．

　選挙で表明された国民の意思にもまして権力を正当化する方法はない．非暴力主義・議会主義で党をまとめたブランティングがひたすら追いかけた目標の正しさを，党の内外が認めざるを得なくなった．1932年総選挙で社民党が大勝利した．この年に単独政権を樹立して以来，1976年までの44年間は社民政治を開花させ，《スウェーデン・モデル》を定着させた栄光の時代であった．

戦間期のハンソン政権の政権技法が長期政権の基盤を作る大きな要因の一つになった．政権就任後，不況克服策として，資産税を導入した．膨大な基金が生まれた．それによって雇用創出の財源ができた．経済危機の時代であったが，最悪の生活状況にある家庭の経済生活だけはとにかく改善できた．「夢ではなく具体的な政策で参加に報いよ」．社民党政治の典型的発想であった．

P. A. ハンソン：イデオロギーの終焉

　レンガ積み職人C. ハンソンの子として1885年10月にマルメ郊外で生まれたP. A. ハンソンは，社会民主青年同盟SSU時代に頭角をあらわし，47歳で首相の座を射止めた（1932年第1次ハンソン政権）[3]．このとき以来，1946年に死ぬまでの14年間（正確には，1936年6月19日から9月28日までの3ヶ月間は農民同盟のペールソン・ブラムストプ政権——社民党はこの内閣を取るに足らない「有給休暇内閣」と呼んだ），文字どおり，「スウェーデン政治の挑戦されざる中心人物」になったのである[4]．

　ハンソン政権を取り囲む状況は苦渋に満ちていた．経済危機と国際的緊張という二つの危機に直面して，二つの可能性が論じられた．まず第一は，この危機を資本主義の終局的危機と受け止め，即座に社会主義化の方策を打つべしとする考え方．もう一つは，直面する現状の改善を優先させ，党外からの支持を獲得することが期待されるような現存体制の枠組み内での方策を推し進めるべきであるという考え方．二つの考えが対立していた．党は後者を選択した．社民党のリーダーの多くがそうであるように，彼も現実感覚に溢れたプラグマティストであった．「社会主義はもはや，時が来れば資本主義体制を打倒し，それに取って代わる体制とは考えられない．そして，社会民主労働者党は，言葉の真の意味における保守政党（体制政党）の性格を帯びるに至った」[5]．

　ここに，スウェーデンはイデオロギーの終焉を完結させつつあったのである．社会主義政党が長期政権を担当したら，当然のことながら，濃密な国有化が予想されるが，そうした常識的教義にとらわれることの少ない政策選択をしてきた．社民党はデモクラシーと議会主義を無条件に受け入れ，福祉国家と混合経済の基礎を作った政策を強調するようになった．生産手段の国有化はもはや資本主義の孕む欠陥に対する確実な救済手段とは考えられなくなった．労働者の

希望どおりに生活水準を引き上げるためには，社会がピッチを上げて生産をより効率的にすることが不可欠であり，国有化だけが解決策ではない．ブランティングの現実感覚は確実に受け継がれている．社会主義の理想は漸進的で間接的な方法で達成されると考えられた．「所得と個人の富の配分を規制する法案には力を注ぐが，配分の不公平を生み出す根本的原因には手をつけない」と評される社民政治の性格は 1930 年代に身についたものである[6]．

　ハンソンは先鋭な現実感覚の持ち主であったが軸足は確かであった．彼の 3 段階の民主化戦略である．ハンソンが 1930 年代に公式化したように，社民党の主張する改良主義的社会主義は三つの段階で構成される．第一段階は政治的民主主義の達成である．その後に基本となる社会改革が続く．それが形式的な民主主義に実体を与え，社会的民主主義の基盤を構築することになろう．第三のステージは，経済的民主主義であり，経済生活における決定権である．これは，国民がその存在に安心感を実感できるためには，欠くことのできない条件である[7]．

《国民の家》：スウェーデン・モデルの枠組みを策定

　スウェーデン型福祉社会を形容する概念として最も有名なのは《国民の家》である．これは，大恐慌時代と第二次大戦時，それに終戦直後期という極めて困難な時代に 13 年 9 ヶ月にわたって政権を担当したハンソンが社会建設のビジョンとして提示した概念である．

　そもそも《国民の家 folkhemmet》という概念は，当然のことながら，保守陣営の常用語である．ナショナリストは全体主義への憧憬をこめてこの種の言葉を使おうとする．スウェーデンで最初にこの語を使ったのは，実務経験を持つ政治学教授として，長きにわたって普通選挙権同盟の運動をリードした R. シェーレーンである．ゲオポリティク geopolitik（地政学）という概念を作りだしたのも彼であった[8]．

　《国民の家》という概念の提案は，その意味では，社会主義に対する恐怖・嫌悪・不安が広く漂っていた当時の時代状況と，その中で新しい社会を建設しようとする情念・情熱との妥協であった．生後間もない《小さな部分 party/part》が，保守の概念を借用して，《全体 wholeness》を詐称するのである．

構造や論理の矛盾は払拭できないし，それもまた当然である．夢を実現するために妥協を厭わない．そんな姿勢が窺える名称である．ハンソンが《国民の家》概念を使った理由をW.コルピは，次のように理解している．ハンソンは「労働者階級」よりどちらかといえば「国民」という概念を使いたかった．党は，社会のなかで抑圧されていたすべての集団を代表したいという彼の努力目標を意識した選択であった．農業や林業の労働者，失業者，劣悪な住宅に住む極貧層などすべてを包摂する概念を選択した．資本主義的独裁から国民を解放するという意思を明確に分かりやすく表現する概念が《国民 folket》であった[9]．

G.フレドリクソンとD.ストランドらが書いた，『ペール・アルビンの政策基線』[10]から表現を借りると，国民の家とは，胎児から墓場までの人生のあらゆる段階で，国家が「良き父」として人びとの要求・必要を包括的に規制・統制・調整する「家」の機能を演じる社会である．「国民の家では，誰一人として，抑圧されることがない．そこでは，人びとが助け合って生きるのであり，闘い合うということはない．また，階級闘争ではなく協調の精神がすべての人びとに安心と安全を与えるのである」．貧しい農業国家を良き《国民の家》に改造する過程で，次第に構造化された社会運営技法がスウェーデン・モデルと表現されることになったと考えるのが適切である．

1932年政権の二つの意味

32年の政権担当機会は社民党にとって重要な意味を持っていた．一方で，社会主義への不安・恐怖をハネのけて，政権担当能力を証明する必要があった．他方で，世界恐慌に直撃されて苦境に喘ぐ労働者階級の熱い期待に応える必要があった．実際，当時の労働者は悲惨な状況にあった．貧困と不安の下で生活していた．LOのメンバーの6人に1人が失業と登録されていた．3-4人の子供を持つ家庭の40％が狭いアパート（1K）に住んでいた．高等教育を受けた国民は僅か2％だけであった．85％は6年制の国民学校で満足しなければならなかった．30年代初頭のスウェーデンは，階級社会のあらゆる不公正を備えた国であった．高等教育を受けた者，経済的富裕者，安定した職業を確保している者が，特権集団を構成していた[11]．

労働者の期待に応えるためには，何よりも，大量失業に対する闘いを優先させる必要があった．そして，反社民勢力の疑惑を克服するためには，経済不況から効率的に脱出する必要があった．この二つの必要は相互に関連していた．そして，結果としてどちらにも応えることができた．長期政権を可能にした理由の一つとして，この時代の経済政策を挙げることは自然である．長期政権への助走は積極的な統制インフレ政策であった．公共事業の拡大と大規模な赤字財政を基幹とするその政策は，経済危機の解決を約束しただけでなく，社民党を完全雇用政党に育て上げることになった．国債発行による公共事業拡大策は，生産のみならず労働市場容力を飛躍的に拡大した．

同時代の眼差し：日本人とフランス人の観察

首相在任時代にハンソン首相と直接面談した数少ない日本人である藤原銀次郎が人物論を書き残している．戦前期の日本財界の代表的人物がスウェーデン，スウェーデン社民党の政治，をどう観察していたか．特に，ハンソン首相に実際に会い，印象を語っている部分は貴重である．

合意形成型政治運営については次のような会話が残されている．「閣下が内閣を組織し，諸般の政策を実行された中で，最も成功を収め愉快であったことは，はたしてどういう政策であるか……．またこれに反して，最も困難であると感ぜられた政策はどういう政策であるか」という藤原の問いにハンソンは次のように答えている．

「この国は，昔から資本家も労働者も，ともに自分の立場を固執して争うようなことはなく，コンミュニティのためにつくすことが古来の伝統になっているから，今日のごとく階級の争いもなく，円満に国政を処理して国家の繁栄をみることができるので，決して自分の力の結果ではない」[12]．「この国は古い国で，昔は相当にストライキやロックアウトなどもあったが，しかし今日では，これが双方のために結局不利であることが一般によく徹底したから，まったく平穏に治まっているのである」[13]．

そして，藤原はハンソン首相論を詳しく残している．「社会党の首領であっても，実際家として，ただちに今日の社会組織を根底から顚覆して，一夜にして新社会を実現するというごとき妄想をもっているような種類の主義者とはま

ったく異なって，今日の生きた現実の社会を土台として，一方にあっては多数労働者のために努力し，着々と社会主義政策を実行に移し，他の一面においては国家産業の隆昌を図り，産業家もしくは資本家の利益を助長することは国家経済のうえから必要であり，また労働者に対しても利益であるということに着眼して，決して一方に偏することなく，よく中庸を得て国家を隆盛に導く政策を実行していることと思われた」[14]．「スウェーデンは昔は貧富の差がじつにはなはだしく，したがってその軋轢も激烈であった．しかるにハンソン氏が内閣を組織して以来，この貧富の争いはほとんど見られなくなったという」[15]．

　次のような印象描写もある．「社会政策が極めてよく行はれているので，極貧のものは無く，さればとて大金持ちもなく，富は平均されてまことに理想的な穏やかな国情を示していた」[16]．そして，学校制度，年金制度，福祉政策，慈善事業を基礎にした連帯，産業振興策，に言及しながら「他の東西の大国とか強国とか，あるいはいろいろな歴史の複雑した国では，スウェーデンのごとくそう簡単に社会政策の試験を行なうことはむずかしかろう．しかし，この国において，永年のあいだ実行し改良した実地試験済みの社会主義政策を，他の国に移植することは，比較的危険がなくまた効果があることと思う．……世界の社会主義政策の実験台といってさしつかえないかと思う」[17] という評価を下している．

　藤原は二度スウェーデンを訪問している．彼がハンソン首相と会談したのは二度目のときであり，会談日は1940年9月14日である．まさに第二次大戦勃発時という時局であった．「労働者から非常な支持を得て」いることは理解の範囲にあるとはいえ，「資本家側からの反対を受けず，政策がしごく円満に遂行されていることには産業家のフェデレーションのプレジデントとして40年にわたり産業界において努力してきた」（原文ママ）藤原には理解の範囲を超えていたのかもしれない[18]．「いかにも強固な資本主義万能論論者のように一般的に目されてをった」藤原のスウェーデンとの遭遇は，「どうしてかういふ政治が行へるものか」という興味につながり，ハンソン首相との会談になったようである[19]．「資本家と労働者の争いはほとんどこの国にはないように思われた」．「当地に来た私の交際している友人は，みな資本家側の人々であるが，誰に聞いても，ハンソン氏に反対したり，社会党を罵ったりする者はない．これ

はいかにも不思議のように思われた」.「資本家階級にも割合に敵を作らず,労働者階級から絶大な支持を得ていることは,じつに珍しいことで,おそらく世界にその例がなかろうと思われる」[20]. 質素でつましい生活, 勤勉, 正義感, 正直. ハンソン首相の印象は, その夫人への賞賛にも向けられている.

興味深いのは財界人らしい観察の部分である. 藤原はさすがに, 経済界のリーダーであっただけに, スウェーデンの財界行動の巧みさを見事に見抜いていた. ボール・ベアリングは, 機械工業に不可欠の部分であるが, その開発はスウェーデンが行なった. そして,「各国の事情に照らして, それぞれの国の規則にあてはめたボール・ベアリングの製作会社の支店をその国に設け, 半分はスウェーデンの出資, 半分はそれぞれの国の出資として工作を進めて行った. スウェーデンのボール・ベアリングが大きな世界的なトラストの実体を具えて来たのは, こうした政策の賜物であったのである」[21]. グローバル化は「スウェーデンに追い風」といわるが, その背景には, 国内市場の規模を反映して国際市場での活動を余儀なくされたという事実がある. 近代的な株式会社の発祥もスウェーデンである.

豊かな国の社会主義という視点で当時のスウェーデンに関心を持った観察者は他にもいた. 1935年に出版された『スウェーデンへの鍵 Les Clefs de la Suede』で, フランスの初期観察者は, 藤原と同じような感想を残している.「スウェーデン国民は, ヨーロッパでもっとも民主的な国民の一つである. 彼らはまた同時に, 最も貴族的な国民でもある. 相矛盾しているように見えるかもしれないが, ほとんど否定できない. しかし, フォーマルな分類は必ずしも現実には当てはまらないものである」[22].「想像できる国の中でスウェーデンは最もブルジョワの国である. その国が, 既に何度も社会主義政権を採用している」.「5月1日に労働者のマニフェストを見ようとしても, おそらくこんな自問をしなければならないであろう. しかし, プロレタリアートはどこにいるのだ. 私に見えるのはブルジョワだけだ」. そして,「社民党初期リーダーの多くは, ソビエトの当時の惨状を, 真の社会主義のエデンとは受け入れることはなかったようである」.「スウェーデンの労働者階級の圧倒的多数は, 直接行動という考えに嫌悪を感じていた」[23].

1930年代の経済危機とストックホルム学派

　1930年代は経済危機との闘いの時代となった．社民党の政権担当能力が，結果として揺るぎなき確信として，有権者に植え付けられることになった．ケインズ主義的発想を背景にして，福祉政策の充実化に資源を投入した．家庭政策，有給休暇制度の導入，障害者福祉の導入などが相次いだ．

　この国の産業は国際市場状況に左右される傾向が強い．主要輸出品目は主に資本財で，鉄鋼石，木材，機械，船舶，などで構成されていた．貿易相手国の景気変動に敏感に反応する性格を持っていた．1929年の大恐慌は経済を直撃した．ただし，経済が順調に成長し，為替相場が相対的に安定していたスウェーデン経済への信頼が20年代から巨額の短期資本の流入を生み出していたので，30年末までは緩慢にしか感じられなかった．流入していた短期資本が，貿易赤字を埋め，国際収支のバランサー役を演じていたからである[24]．

　危機の波は遅れて押しよせたが，経済は波をまともに受けてしまった．失業者が溢れた．1933年3月には18万7000人が職を失っていたという説もある．この数字は史上最高の数字であった．文字どおり，失業危機を克服することが内閣に課せられた最大の政策課題であった[25]．

　問題解決に失敗すれば社民党を第一党に押し上げてくれた国民，とりわけ労働者の期待を裏切ることになろうし，その政権担当能力すら疑問視されるであろう．そうなれば社民党の政権復帰などもうないかもしれない．ハンソンは，ストックホルム学派の経済学者の理論を基礎に，積極的に統制インフレ政策を採用した．公共事業の拡大と大規模な赤字財政（国債の大量発行）を根幹とするその政策は，経済危機の解決を約束しただけでなく，社民党を完全雇用政党に育て上げることになった[26]．

　経済危機に際して，社民党が導入した積極的な消費・投資・雇用刺激策について大蔵大臣・E. ヴィグフォシュは，この経済政策がなぜ，雇用増大に繋がるのかと議会で質問されて，次のように答弁した．時はJ. M. ケインズの『一般理論』が刊行される4年前のことであった．

　「100人分の仕事を用意したいと思う時，100人全員を仕事場に向かわせる必要はない．この世界では幸運にも，1人の職のないテーラーに仕事を与えることができれば，そのテーラーが新しい靴の需要を生んでくれる．かくして，職

のないシュー・メーカーが仕事にありつけるようになる……経済危機は一種の悪循環現象である．最初にある人びとの所得が減少すれば，その人たちに日常生活品を供給していた人が商品を販売できなくなる……．かくして，職を失っていく．危機は自動メカニズムで自己繁殖する．だが，景気回復が始まる時も，これと同じことである」[27]．

　国債発行による公共事業の拡大というこの経済政策は，生産を拡大しただけでなく，労働市場の容力を拡大した（1933 年の失業者：16 万 4000 人，37 年：1 万 8000 人）．ただし，景気回復に果たした役割という点では，金融政策も無視できない．例えば，クローナ過小評価策（1933 年 7 月にクローナを 19.40 英ポンドにリンクし，これに「釘付け」した．過小評価策により輸出が促進され，輸入が抑制されたので，国際収支の黒字を維持でき，外貨準備が増加した）．この策は流動性の増加（外貨準備の増大と金保有の増加），利子率の低下を引き起こした（1931 年 9 月の公定歩合は 8.0％ であった．1932 年 5 月：4.5％，6 月：4.0％，9 月：3.5％，33 年 6 月：3.0％，12 月：2.5％ と，順次引き下げられた）[28]．いずれにせよ，この時代の経済政策の成功が社民党の堅実な政権担当能力への信頼を拡大し，その後の長期政権の基盤作りに貢献したことは疑う余地はない．

《赤─緑》連合：インフォーマルな連合からフォーマルな連合へ

　こうした経済政策を支え・断行するための装置としてハンソンが採用したのはインフォーマルな連合策であった．1933 年に農民同盟（現在の中央党）と連合を形成した．既にブランティングの時代からコンセンサス・ポリティクスの展開で中道政党との政党間距離は縮小していた．問題は，連合パートナーの選択と連合形態の選択であった．ハンソンは，農民同盟からの側面支持を期待してインフォーマルな連合を選択した．農作物価格の悲惨な下降に悩んでいた農民は，ハンソン政府の意欲的な市場経済政策に不況打開の希望を託した．一方，社民党は農民同盟からの支持を基礎にして，広大な社会改革に着手できたのである．

　1936 年春にハンソン政権が辞職したが，1936 年夏までに，失業者の数を 2 万 1000 人にまで減らすことに成功した．ハンソンは政策課題の解決能力を証

明し，見事に国民の期待に応えた．この成功は，社会主義に対する国民の不安と，社民党に政権担当能力が備わっているかという（特に非社会主義ブロックに存在する）懸念を解消する上で大きな役割を演じた．この成功のゆえに，1936年の第二院選挙では112議席獲得し，社民党は政権党として不動の地位を確立することになった．1936年9月にハンソン首相が再登場となったが，農民同盟をフォーマルな連合パートナーに迎えた．いわゆる《赤―緑》連合であり，これは社民党政治の一つの通常パターンとして戦後に受け継がれていった．

《サルチオバーデンの協約》：労使協調の制度化

　経済危機克服シナリオを提出し，それを実現してみせることによって，社民党の政権政党としての地位は確立された．「実体経済がわかり有効に対処できる能力」を社会主義政党が証明してみせた．ハンソンにすれば，社会主義政権への恐怖心を払拭するための戦略としても，後発工業国家における再配分政策政党の政権戦略としても，妥当な選択であった．

　スウェーデンの労働運動は成長戦略に協力し貢献した．パイ拡大に協力しながら，再配分政策への同意を調達する．程度の差はあるとはいえ，経営者の指導部との協調を模索したし，必要に応じて，経営者の希望する生産性向上の手段を受け入れようとした．1930年代に合理化が産業界の改革を加速した．当時の産業界で注視されはじめていた労働能力研究が大幅に採用され，機械化が積極的に促進された．労働組合運動はこうした動きに呼応した．合理化策が提案されても拒否反応を示さず，労働組合運動は経営者案を受け入れ，その実現に貢献しようとした．結果として，労働者の利益に貢献する限りにおいて，労働組合運動は生産性向上手段を受け入れた．産業界もこの事実を素直に認めざるを得なかった．それに，1920年代から30年代初頭にかけて市民生活を彩った各種の激しい労働紛争に対する嫌悪と倦怠が労働市場の平和を希求させた．対決より協調主義が選好されたとしても当然であった．そうだとしても，立法によってスト権やロックアウト権を制限するなどという当事者能力を阻害するような擬似協調策は避けたい．労働運動にも発想の転換が必要であった．政権党として認知された社民党を議会の外で支えるためにも，勇敢ではあるが無責

任なモノ取り主義に傾斜しがちな対決路線よりも堅実な協調路線が望ましい．

　かくしてスウェーデン経営者連盟SAFとLOの間で1936年にストックホルム郊外の保養地・サルチオバーデンで交渉が始まった．ハンソンの膨脹政策で経済が上向き失業者が大幅に縮小していた1938年，LOとSAFの代表が統合的な団体交渉主義と労使関係を規定するルールについて合意した．労使紛争は，特に，公共事業体の紛争は，「公然たる紛争手段に訴えることなく」解決する努力が要請されることになった．

　LOとSAFがサルチオバーデン協約に踏み切った動機は，労使関係への国家介入を極力回避したいという共通の希望であった．LOにはもう一つの動機があったハズである．労働者が希望する完全雇用と生活水準の絶えざる向上，それに福祉の充実は，経済成長という翼を持った社民政権の継続に期待するしかない．だとすれば，社民党に生命力を与えるために，労働運動からの側面協力を必要経費として分担する覚悟が要請された．サルチオバーデンの基本協約では，LOとSAFの代表を含む労働市場協議会を設置して，それを中央交渉・協議団体として機能させることが決められた．2年後に中央協約が締結され，労使協調路線のシンボルとなった．階級間の，そして労働市場パートナー間の《歴史的妥協》である．この協約はコンセンサス・ポリティクスの象徴であると同時に，経営者が警戒する国有化路線からの離脱宣言の意味もあった．社民党にすれば，経営者側からの協働を引き出すためにも社会主義への恐怖心の除去を代価にする必要があった．労働組合の中央組織が民間企業経営者団体の中央組織と中央交渉制度を樹立するということは，国有化路線を事実上追求しないという意思表明でもあったのである．

　この歴史的妥協を契機に労働市場には激しい労働紛争を慎重に回避しようとする伝統が生まれた．《サルチオバーデンの精神 saltsjöbadsandan》と呼ばれる独特の労使連携ムードである．「この国の改良主義的発展のためには，国家のなかに存在する二つの最強の力，つまり資本主義的企業と社会主義的労働運動の間の建設的協力を不断に遂行する努力が前提条件になる．生産性向上に対する共通の関心がこの大きな協力体制のための基盤の建設を可能にするであろう」．G.ミュルダールは次のように断言する．「産業をフルスピードで発進させ，構造合理化の努力をする方策がこの成長戦略に欠かせない条件である」[29]．

労使協調の定着と社民党の福祉戦略

　社民党の戦略は，社会主義の実現というよりは，《資本主義の成熟化 kapitalismens mognad》を加速しようとする戦略であった．コルピの指摘は，適切である．「E. ヴィグフォシュや G. メーレル，それに P.-A. ハンソンなどの指導的な社民党指導者はマルクス主義の発想を熟知していた．スウェーデン社会は未だ，社会主義に向かうほどには成熟していなかった．産業の効率化を促進し，経済力の集中を生み出すような方策を実行して，大企業の存在意義を大きくし，それによって資本主義の成熟化をスピードアップしようと考えた」[30]．

　労使協調主義の定着の背景には国有化政策の放棄という現実がある．1930年代以後，社民党は圧倒的な民間部門を持つ混合経済システムを全面的に変更しようという希望を現実の意思決定過程で明確に表明したことはない．国有化政策を推進しようという願望はほとんど消滅した．この頃には既に安定した相対多数政党の地位を確保していたし，政権も何度も経験していた．実際のところ，当時存在していた産業国有化は，ほとんど例外なく，非社会主義政権によって導入されていたものであった．国家歳入の安定的確保が保守陣営の狙いの一つ．タバコやアルコール販売の国家独占，質屋の国家独占などはその典型例である．第二の狙いは，外国企業による侵略からの国家資産の防衛であった[31]．20世紀後半に，保守陣営がこれを解除せよと要求することになる．

　社会主義政党の政権到達という事態に直面して動揺した産業界も，その政策姿勢が次第に判明するにつれ，包括的な国有化政策の懸念が消滅し，混合経済が経済政策の基軸であると理解した．そうなると中央レベルでの団体交渉は，友好的になる．労働市場のパートナーは，交渉に当たる労使双方の少数エリート集団だけでなく，組合員の多くが，プラスの変動和ゲーム，つまりポジティブ・サム・ゲーム，ないしはプラス共変関係にある手順であるというムードで中央レベルの団体交渉主義を受け入れるようになる．活用・獲得できそうな資源を極限まで確保しようとして，協約が満了する時には激しい交渉が展開される．ただし，多くの組合員の利益のためには，立法化を通じた解決を避け，賃金抑制が求められることもある[32]．合意形成型政治は多くの場合，両刃の剣のごとき決着点に逢着する．だからこそ簡単には継続できない．経営感覚を持

った労働運動が必要になる．労使協調路線の維持を希望する限り，生産最前線の効率化が重要になる．広範な福祉サービスを提供するために，大胆な再分配政策を常に帯同しなければならない社民党としては，配分可能なケーキを大きくし，産業界の貢献を基礎に普遍主義型福祉を構築・運用することになる．産業こそ福祉の糧であり，福祉の主たる財源はそこにある．ケーキを大きくする工夫は福祉サービスの質と量に関わってくる．その意味で，効率的な産業政策は社民党の生命線でもある[33]．

　こうした発想を背景にして，柔軟な発想力を持った政党戦略家であるハンソンが考えた新しい政治戦略が《福祉戦略》であった．労働者やその他の恵まれない社会集団の生活条件を改善することを目標とする政治戦略であった．自然に，社会福祉政策と雇用政策が中心的な政策となる．外部の政治的対抗勢力の恐怖心も薄らいだ．この福祉戦略は社民党政策への支持を拡大した．広大な国民層が社民党を支持し始めた．1932年以後長期政権をスタートさせた社民党は，その政権地位を遺憾なく活用した．1938年末にかけて，民間企業に向けて相互協力の誘いを公然と仕掛けた．与党なら拒否される確率は低い．財務大臣であり，党内随一のマルクス主義理論家と評されていたヴィグフォシュが，産業界と社民党との連携を求める理由と必要を明確にした．政治権力と経済権力の主体的運用者が同じ基盤を持っていないという事実が何よりの根拠であった．「労働運動も民間の資本所有者も，相手を屈服させて，紛争を解決できるという希望は，現実的に望みようがない．ここは双方ともが，予想される未来における継続的存在の可能性について考慮しなければならない」[34]．

　1920年代頃から既にかなり明確であったが，1930年代の社民党は，生産手段の私的所有は廃止しなければならないという基本的考えを放棄し，計画経済と福祉政策の組み合わせが社会主義と発想するようになった．国有化路線は，このとき以後，政治スローガンとしての意味を失った．ハンソン首相は，このタイプの《社会改良主義》の代表者と評価されるようになった．その代名詞が前述の《国民の家》イデオロギーである[35]．メーデーが祭日として公式に認められたのはまさにこの1938年であった．まるでサルチオバーデンの精神を確認するかのようであった．

　「社民党政権時代は深刻な労働紛争は発生しがたい」．労働争議の少ない国と

いう定評を検証する証拠として提出される事実の一つである．確かに，1980年代初期に深刻な労働争議が久しぶりに発生した．非社民党政権の時代であった．労働争議を円滑に収める規則や規制の存在が想定された結果を生みそうなのは，社民党が政権を担当している時だけであるという見解を支持しそうな事例であるように思える．1977年，1978年，1981年の経済危機の時期に，確立された制度・枠組みが，非社会主義政権のもとでもうまく機能したという事実はあったとしても，社民時代は深刻な労働争議が発生しがたいという見解は，説得力を持っている．労使協調は社民党が経営責任を分かち合うことを意味する．ケーキを大きくしないことには配分期待値を高められない．協約が締結されていた時には既に社民党は不動の第一党の地位を確保している．それが揺らぐ可能性がほとんどないことも予想されていた．とすれば，社民主導の政治システムこそがサルチオバーデンの精神のもう一つの機能であるかもしれない．

2. 第二次大戦下の平和の模索：中立国の苦悩

第二次大戦の発生：挙国一致連合

　1939年9月，第二次大戦が発生．スウェーデンは第一次大戦に至る過程でそうであったように，第二次大戦に至る国際政治のパワーゲームでも慎重に参加を回避した．可能な限りの妥協をも厭わない決断であった．この国際危機に際して，ハンソンは《赤一緑》連合を解消し，救国・挙国一致連合政権を選択した（政権構成政党：社民党，農民同盟，国民党，右全国組織）．共産党を排除したこの4党連合政権は政党間競合の求心性をいっそう加速した．母国を国際紛争の局外に置くこと．ハンソンにとってこれが最優先課題となった．緊張の高まりとともに，苦悩の決断が続いた．実際，大戦中のスウェーデンの選択・行動は，表現できないほどの精神的苦痛を伴うものであった．友情を誓い合った隣国がことごとく大国に占領されていて，占領軍に対する激しい抵抗運動が展開されていた時代に，スウェーデンはとにかく戦争回避を優先させた．社民党はこの間，独自の平和プログラムを準備した．完全雇用，公正な分配，生活水準の向上が主たる内容であった．女性政策でも一歩前進した．結婚・妊娠を理由に女性を解雇することが禁止された（また，1944年には，ホモセク

シャルの差別禁止が決定された).

　そして，1940年選挙で社民党は党史上初めて過半数議席を獲得したのである．これは，ヨーロッパの社会主義政党初の快挙であった．この大勝利は国内政治向きといわれたハンソンの大戦中の政治姿勢が評価されたからである．

　もともとハンソンには国際政治家として名をあげようなどという意欲や野望などなかった．だが，実際に戦火があがってしまうと，内政と外交の境界壁など存在する余地はない．「どうすればスウェーデンを国際紛争の局外に置くことができるか」．これが最優先政策目標となった．国際的緊張の深まりとともに，アウトサイダーから見れば，セツなくヤルセないほどの決断が続いた[36]．

引き裂かれた北欧協力

　戦時における中立国に求められるのはひたすらの忍耐，感情のほとばしりをも制御する強靭な自己抑制である．平時における北欧協力は戦争勃発とともにあっけなく引き裂かれてしまった．まず，デンマーク．1937年，デンマークの首相である社民党のT.スタウニングは，ナチス・ドイツの台頭を前にして，防衛問題について北欧協力を構築することには反対であると意思表明していた．動機は明白である．デンマークは既に南の隣人，つまりナチス・ドイツを挑発するようなことは何もしたくなかったのである．デンマークが平和な中立国家であることをやめ，南の暴威から北欧諸国を守る緩衝地帯になってしまうことを何よりも恐れていたのである[37]．

　フィンランドは，国際緊張の高まりの中で，逆に，北欧同盟，防衛協力を必要としていた．だが，1939年11月30日にソ連の爆弾がヘルシンキを襲い，冬戦争が始まると，その期待は，少なくとも，政府レベルでは吹き飛んでしまったのである．

冬戦争：《中立》の苦い代価

　多くのスウェーデン市民は，国家に恐怖を与えるような脅威は南や西からではなく，東から来ると感じていたようである．国内には根強い反ソ感情があった（ソ連崩壊の直前まで国籍不明の潜水艦が近海に頻繁に出没したため，今もこの感情は強い）．こうした反ソ感情に加え，独特のフィンランド観があった

(今もある).占領時代の名残で西フィンランドにはスウェーデン語を話せる人が多いし,スウェーデン語の新聞もある.公用語の一つがスウェーデン語であったし,町中の古い道路標識板などはフィンランド語だけでなくスウェーデン語でも書かれている.フィンランドにはスウェーデン党という政党が存在するくらいである.数世紀にもわたって,政治的にも文化的にもフィンランドとスウェーデンは密接な関係を持ってきた.両国の緊密な連携が相互の国益を擁護・促進すると考える市民がたくさんいたとしても当然であった.

1939年8月から秋にかけての一連の事件はスウェーデンの反ソ感情をいっそう掻き立てた.まず,8月の独ソ不可侵条約の締結.これによってドイツは,スウェーデンと古い絆を持つバルト海諸国(エストニア,ラトビア,リトアニア)とフィンランドがソ連の勢力圏に入ることを容認することになった.ドイツの狙いは,ポーランドを併合し,西に向けて行動の自由を作り出すことであった.スターリン体制のソ連は領土内に軍事基地を設置させよとの要求をバルト海諸国に突き付けた.バルト海諸国は要求を受け入れ,屈服した.ソ連はまたフィンランドに対しても同様の要求を突き付けた.同年10月,フィンランドは血の滲むような代価を払って,辛うじてこの要求を回避した.代価は大きかった.カレリア地方の一部をソ連に割譲すること,もう一つはハンゲェ地方の租借を認めること.カレリア地方は,ソ連との東南部の国境沿いに広がる領土であり,スウェーデンに住むフィンランド人は,カレリアという言葉を聞くだけでセツないほどの哀愁が掻き立てられるようである.ハンゲェは,フィンランド湾の入り口に位置する南西部沿岸地方であり,その位置を見るだけで大国の覇権主義の凄まじさが感じられる.ソ連の狙いは,条約締結によって,膨脹過程にあるドイツからの攻撃を阻止することであった[38].

ソ連の強引な要求に直面して,フィンランドはスウェーデンに援助を求めた.だが,結局,政府レベルではフィンランドの要請を拒絶した.拒否の理由は微妙である.不戦の伝統を維持することがいかに精神的な苦痛を伴う行為であるかを物語っている.フィンランド・スウェーデン間協力を実現しても,それだけではフィンランドを助けることにはならず,その一方で,スウェーデンをより大きな危機に引き込んでしまう.スウェーデンは,その後もそうなのであるが,何よりも自国の安全を最優先させたのであった.よしんば,「フィンラン

ドを救うべし」との強烈な世論が存在していたとしても，ハンソンは，いかなる冒険をも拒絶したであろう．感情的な正義論に陥ってしまえば平和の伝統は維持できない．

　1939年11月30日にソ連の砲弾がヘルシンキの空を染めても，ハンソン政府は沈着冷静に事態の推移を見守った．市民感情では，自国の領土を守ろうとしているだけの小国に，大国が攻撃を仕掛けたのであるから，ソ連の行動にはいかなる弁解の余地もなかった．スウェーデン各地で抗議集会が開かれ，食料，衣料品などの生活物資をフィンランドに送るべくさまざまな支援活動が展開された．民間レベルでは義勇兵も募集された．だが，感情的高まりの中で政府は自制を続けた．中立政策の維持がすべてに優先した．「兄弟国とも言うべきフィンランドが死に瀕している時，ただじっとそれを見守るだけの国で良いのか」．市民感情はそう表明した．だが，感情に動かされたら中立の伝統は途絶してしまう．政府はフィンランド市民の無念を考慮して［中立宣言］を表明せず，また，抵抗の意味をも込めて「非交戦国」宣言に代えた．人道主義的援助だけにとどまらず，フィンランドの無念を考えて，武器購入援助や義勇兵募集などの支援活動を積極的に行なった．だが，直接的な軍事援助についてはハンソンははっきりと拒否した．友国の悲劇を前にして，あまりにもセツない決断であった．

フィンランド支援軍の領土内通過を拒否，ドイツ軍の領土内通過を許可
　スウェーデンの苦悩は続いた．冬戦争の末期にかけて，イギリスとフランスがフィンランドを支援するために，北スウェーデン・ルートでフィンランドに軍隊を送りたいと申し出てきた．スウェーデンは，許可を与えなかった．理由は，同じ．一つは，イギリスとフランスの軍隊をこの時点でフィンランドに派遣しても戦争そのものの流れに決定的な影響を与えそうもないというツレない判断．情緒的な正義感も冷徹な結果予測の前では無力であった．もう一つは，軍隊の通過を許可すれば，スウェーデンそのものが中立政策から逸脱してしまうかもしれないという判断であった．いずれもが，情緒論に支配されがちな国際世論市場では容易に理解されそうもない[39]．

　これとは逆にドイツ軍が領土内通過を許可するよう要求してきたことがある．

冬戦争が終結して1ヶ月後の1940年4月，ドイツはデンマークとノルウェーに侵攻した．デンマークはすぐに占領されてしまったが，ノルウェーはドイツとの戦闘に突入した．間もなくノルウェーも占領され，国王と亡命政府はロンドンに難を逃れた．ドイツの傀儡政権が樹立された．市民のレジスタンス運動がドイツと傀儡政権に向けて展開された．スウェーデンは中立を宣言し，戦局を見守った．援軍は一切派遣しなかった．戦闘は長く続かなかった．同年6月，戦火が鎮まった．この時，スウェーデンはドイツから辛い決断を迫られた．武装解除したドイツ兵をノルウェーから汽車で本国に送りたいのでスウェーデン領土の通過を許可するようにとの要請であった．友国の領土を蹂躙した軍隊に領土通行を認めるのは不本意この上ない屈辱でもある．スウェーデン外交の特徴は，何よりも中立・平和を優先させるプラグマティズムであると表現すれば，この惨めな行為の説明になろうか．いずれにせよ，あまり英雄的な行為ではない[40]．無敵の軍隊とは言え，武装解除した帰還兵なので，誰にも深刻な打撃を与えるわけではない．とすれば，「ノー」ではなく「イエス」が唯一可能な現実的選択肢ではないか．この選択は，苦痛を伴ったハズである．戦闘がピークに達していた頃ノルウェーから流入した約5万の避難民を進んで受け入れたが，それだけでは，癒されそうもない．平和の精神的代価は大きい．

　ドイツの過酷な要求が続いた．中立国はまたしても試練に晒された．1941年6月22日，ドイツはソ連攻撃を開始した．ドイツは，ソ連戦線強化のため，オスロにいるE. エンゲルブレヒト将軍指揮下の歩兵師団をスウェーデン領を通過してフィンランドまで送りたいので許可を与えられたいと申請してきた．ドイツの要求は中立を宣言している国にとってはとうてい受け入れることができないものであった．フル装備の軍隊の領土内通過を許可する中立国家など想像しにくい．政府の苦悩は続いた．国家としてのメンツを失っても国際紛争に巻き込まれるのだけは避けるべきなのか．中立政策の例外的措置と割り切って暴力的要求を受け入れ，原則としての中立を維持すべきなのか．ハンソン首相は，メンツよりも国家の統合を優先させた．苦悩の中で「イエス」を選択した．社民党の内部でも，マスメディアの世界でも，この選択には激しい批判が浴びせられた．だが，情緒的な正義論で武装した批判をいくつ重ねても建設的代案にはならない．中立・平和の精神的代価の大きさをここでも学習することにな

った.平和の精神的代価は大きい.スウェーデンは,中立・平和の伝統を維持するためには国際世論市場からの孤立・軽蔑にも参らぬタフさが必要であることを証明した.

積極的な援助

このように,第二次大戦中のスウェーデンの行動は精神的苦痛を伴うものであった.隣国がことごとく大国に占領されていた時代に,そうした国の多くでは占領軍に対する激しい抵抗運動が展開されていた時に,スウェーデンはこうした苦痛から解放されていたヨーロッパでも数少ない国の一つであった.それだけ精神的苦痛は大きかった.その苦痛から解放されようとするかのように,スウェーデンは戦時にもさまざまな対外援助を行なった.中立・平和政策を維持するためにスウェーデンは危機の海に張りわたされたか細いロープの上を慎重に歩かねばならなかった.忍耐力の限界を何度も試された.良心の痛みを忘れようとするかのようにさまざまな援助計画を実施した.食料や衣料の提供といった人道主義的援助から積極的な難民受け入れまで広範な援助活動が展開された.ノルウェーの兵士をスウェーデンで訓練したこともある.デンマークに住むユダヤ人を,漁船の援助を受けてスウェーデンに避難させたこともある.そのお陰で,ユダヤ人は強制収容所送りを免れた.また,バルト海諸国から粗末な船(スウェーデン人は,「とても大海を渡れそうもない小舟」と表現する)で逃げてきた約3万5000人の避難民を受け入れた.彼らの多くはそのままスウェーデンに残ったが,スウェーデン経由で,アメリカなどへ向かった者もいた[41].

オーランド問題:国際連盟の仲介への期待

戦争勃発に先立ってオーランド問題があった.スウェーデンとフィンランドの間にあるオーランドは,1920年代に国際協定で非軍事ゾーンと宣言されていた.だが,この地域はバルト海での対ソ戦略で軍事的に重要な意味を持っており,ソ連の膨脹を牽制するためには,この島でスウェーデンとフィンランドの協力体制を確立しておく必要があった.両国が,スウェーデンの軍事援助を使ってオーランド諸島に兵隊を駐留させる許可を国際連盟に対して申請すると

いう計画が提案された．結果として，このストックホルム・プランと呼ばれる計画はソ連の反対に遭って実現されなかった[42]．だが，平和維持活動を展開する場合には，連盟を媒介とするという原則は守られた．

F. ベルナドッテと R. ヴァレンベリィ

　スウェーデンが国際世論市場で積極的な平和活動をする国として定評を確立しているのは，意表をつくような方法で人道主義的な救援活動に従事する人物を定期的に輩出するからかもしれない．第二次大戦もそうした人物を二人生んだ．いずれもが悲劇的な最期を迎えた．まず，F. ベルナドッテ．ベルナドッテという名前からも類推されるように，彼はスウェーデン国王グスタフ5世の甥であった．彼は，強制収容所で悲劇的最期を迎えるべき宿命を負った数多くのユダヤ人を救出した．スウェーデン赤十字の会長であるベルナドッテは，A. ヒトラーの参謀 H. ヒムラーと交渉して，数千のユダヤ人を強制収容所から解放することに成功した．そして彼は，こうした人にとって，中立国家・スウェーデンは地球でも最も安全な避難国の一つであることを熟知していたし，不戦の伝統を持つ国としてどこの国に対しても大きな交渉能力を持っていることも熟知していた．不幸にして彼は，1948年9月，国連事務総長に代わって，パレスチナ紛争の調停作業に入っているところで，ユダヤ人の過激集団スターン Sternligan のメンバーに殺害されてしまった[43]．戦争中の行動を知るものにとってあまりにも悲惨であった．

　R. ヴァレンベリィも勇敢で，悲劇の人であった．彼は，ハンガリー在住のユダヤ人をナチスの手から救済するためにブダペスト勤務のスウェーデン外交官という地位を活用した．彼がブダペストで目撃した残虐行為は普通のスウェーデン人を情熱的・伝説的な英雄に変えた．彼が直接的・間接的に救助した人の数は数千とも10万にも及ぶとも言われている．彼の最大の業績は戦争末期に，ゲットーの6万5000人のユダヤ人の大量虐殺計画を未然に防止したことであるとも言われている[44]．だが，ある日突然，その消息が途絶えてしまった．行方不明のままの彼を捜査するために，スウェーデン政府は今も情報を集めているし，関係国に対して情報の公開と事実の解明を繰り返し要求している．この英雄的な外交官を扱った記事は今も定期的に新聞を飾るし，ナゾを扱った

書物も数多く出版されている．推理小説好きのスウェーデン人には好奇心を刺激する格好のテーマでもある．スウェーデンにある反ソ感情の一部はこの事件が原因であるように思える．

3. 社民党による戦後綱領・プログラムの策定

1944 年社民党綱領：E. ヴィグフォシュ主導の党綱領改正

　ハンソンは，国防強化への理解を基礎に戦時・挙国一致連合政権を指導した．ヨーロッパ諸国の苦難を横目に，中立と平和を維持することに成功した．戦後綱領作成準備は 1944 年にヴィグフォシュをリーダーにして始まった．彼は長期にわたる政治経歴で国際的な社会主義運動の議論を熟知しており，党内きっての理論家，左派の代表的理論家であった．綱領改正作業を開始するに当たって，委員長の周辺には党内のさまざまな思想と専門家が集められた．民主政治の原則を基盤にして社会を改革するという基本線がまず確認され作業が進められた．1944 年党大会で採択された．ヴィグフォシュの改正動機は，伝統的な社民党の思想・精神の純度を低下させることなく用語は大胆に変更することであった．

　1920 年に採択した綱領は伝統的なマルクス用語で充満していた．今では誤解されやすいので，もっと現代的な表現で装いを新たにする必要があると考えた．1930 年代に社民党が実践していた政治の現実とは距離があり過ぎた．時代の動向に合わせたプログラムが必要であった．時代遅れの綱領と社民党の現実政策とのギャップは明白であった．経営者＝搾取者というコンセプトが未だ存在していた．労働者階級の外にいる国民グループへの支持拡大を期して，1920 年綱領から伝統的なマルクス主義用語，例えば，《搾取》《貧困化》《階級闘争》などの表現は削除された．民主政治・政治的民主主義が綱領の中心価値として設定された．しかも社民党は 1932 年以後，途絶なく政権を担当している政党である．異議申し立て政党でも無力な批判政党でもない．現に政権を担当して 10 年以上の実績を重ね，近い将来相対多数政党の地位を失うとは予想できないほどの党勢を確保した圧倒的な第一党である．選挙のレベルでは個別利益を背に他党と激しく戦いながら，議会のレベルでは共通点を発見して多数

派形成を模索しなければならないし，政権レベルでは全国民を視野に入れて限りある資源の配分に知恵を絞らなければならない．政権政党には《民意対応能力》だけではなく《統治責任能力》も期待される．政治の現実も社会の現実も非常に早く・大きく変化する．1897年の党綱領作成，1905年の党綱領改正，1911年の党綱領改正，1920年の党綱領改正と1944年の党綱領改正との決定的違いは，《権力への距離》である．党綱領に記載した政策を実現できる実際的可能性を持つ政党としての改正作業である．初めての経験である[45]．政権政党としての自負と期待，それにソトからの注目度を背にした改正作業であった．

　社会主義用語のいくつかは残された．だが，搾取理論は排除され，国有化などという古臭いテーマは削除された．かわって，「完全雇用」というコンセプトが導入された．国内市場規模に限りのある小規模国家で福祉政策を確保するためには，効率的な経済運営が不可欠であった．計画経済の必要性や経済活動への政府影響力の拡大の必要性が強調された．社会主義運動業界の専門用語をできるだけ排除し，市民生活との接点を持つ用語で理想を語ろうとした．

脱国有化：所有形態ではなく民主的統制

　完全雇用を実現するために，さまざまな形態の経済活動が社会の指導の下で調整されるべきであり，必要な場合には，天然資源の確保・利用，産業活動，金融活動，輸送・運輸事業，通信事業などは，社会が所有するべきであろう．あくまでも社民党にとっては完全雇用が最優先政策課題であり，そのための政策手段として社会が影響力を行使して相互調整役を演じることが必要であった．国有化についは既に，過去のこだわりであった．

　社民党は既に1930年代から国有化路線からの離脱を事実上行なっていた．新自由主義に対抗する理論的位置のシンボルが「ニュー・レーバー」への移行なら，スウェーデン社民党はここでも早生まれの政党である．半世紀は早かったといえる．実際のところ，戦後復興のシナリオになる1944年綱領で明確に宣言された．伝統的な社会的所有という表現が穏やかな表現に置き換えられた．生産と分配の過程で国民が決定権を持つような社会を建設することが，社民党の政策目標であり，少数の資本所有者への依存から国民へと意思決定の重心を移動させ，古い階級を基盤にした社会秩序を排し，自由と平等を基礎に協働す

る市民の連帯，市民間の機会均等に社会秩序の重心を置くと宣言された．企業の社会化もしくは社会所有化（国有化を，スウェーデンでは「社会化」と表現する）の要求は，戦争直前期に既にそうであったが，完全に放棄された[46]．市民が生産者として消費者として企業の意思決定過程に参加・影響力行使の可能性を保持できることが重要であり，資本の形態にこだわることは必要ではないという判断が公式化された[47]．

27項目綱領：戦後プログラム

　党綱領改正作業と併せて，短期的な戦後プログラム策定作業が進められた．同じくヴィグフォシュが中心になった．『労働運動の戦後プログラム：27の政策宣言』である．その内容から「27項目綱領」とも呼ばれる．社民党，LO，社会民主女性連盟，SSUの代表が構成する「労働運動戦後計画検討委員会」が策定した．そのため，急進的な雇用政策・改革政策が盛り込まれることになった．ルンド大学のA.グスタフソンは世紀の企画と言われる『国民百科』で社民党，労働運動などの重要項目を担当しているが，筆者への私信の中で，この綱領で明確にされた主要運動方針は次の三つであると要約している．①完全雇用，公正な分配，②生活水準の向上，生産効率の向上，③産業生活におけるデモクラシーの拡大．

　完全雇用を最優先政策目標と設定したこの戦後プログラムは，改正された党綱領よりも注目度が高かった．政権政党の戦後経営宣言書である．この戦後プログラムの冒頭で，「平和が回復した今，国民が生活することになるであろう世界は，多くの点で新しい世界になるであろう．戦前の経済システムでは，未来の問題を解決することはできない」と宣言された[48]．「戦時下の必要で，戦時計画を採用し，それぞれの国は，生産資源のほとんどを利用せざるを得なかった．社会の指導の下で，また社会が決定する目的のために，労働力や生産資源を集約的生産に活用した．戦時経済は，平和のための教訓を提供してくれる」．戦後期においては，社会の指導の下で，また社会が決定する目的のために，労働力や生産資源を集約的生産に活用し，それを通じて，戦争と失業を回避しなければならない[49]．社会の指導の下で，完全雇用と計画に従った経済を実現する，そのためには，共同で追求する目標が各個人の利益より優先され

ることになる．《生活水準》の向上に繋がる《効果的生産》に向けて労働力や生産資源を活用することの重要性が強調された．

　27の政策の主たる内容は，物価高騰の抑制，雇用を維持・増大する産業界の努力を国家の指導で調整，長期計画に基づいた住宅建設，連帯賃金政策，失業保険・疾病保険の拡充，職場環境の改善，労働時間の短縮，社会計画に基づいた投資，国家指導による海外貿易，空き地・借家をコミューン所有へ移転，農業の合理化，家事労働の合理化，技術・経済研究への支援，消費財の公的品質管理，民間企業が経営ミスや独占に陥った産業領域では，社会全体の利益に繋がる生産もしくは社会化，消費財に対する公的コントロール，生産過程での労働者の影響力の増大[50]．内容のいくつかは，党綱領そのものよりも挑発的な表現と映った．目標を達成するための手段として計画経済の必要性が強調された．特に，生産過程での労働者の影響力増大は，貿易の国家指導，社会計画に基づいた投資，などの政策項目は強制的な計画経済論の文脈で，統制経済論の文脈でブルジョワ陣営からの激しい批判を受けることになった．

第3章　成熟期：花開く福祉国家

1. T. エランデルと福祉国家の開花

P. A. ハンソン突然の死：T. エランデルが後継

　1945年7月31日，P. A. ハンソン首相は戦時・挙国一致連合政権を解消し，社民党単独政権を組織した．この内閣は，珍しくも両院で過半数議席を持つ政権であった．戦争で中断された社会改革を断行することが内閣に課せられた課題であった．仕事半ばにして，1946年10月6日，ハンソンが死亡した．社民党だけでなくスウェーデンの政党にはよくあることだが，若い世代からリーダーが補充された．「責任を明確にするために，より長く生きる者がより大きな責任を負うべきである」という原則が優先された．後継者候補としてはT. エランデルのほかに，経済の専門家E. ヴィグフォシュ，社会福祉に明るい社会大臣のG. メーレル，それに，国会議員になったばかりのT. ニールソンらが，議論された．無名に近い新人は対象外としても，他の二人は，知名度も政治的経験も遥かに豊かな政治家であった．エランデルは社民党の第三世代の代表と考えられた．改革指向であり，協調的な性格で調整能力があり，思想的にも信頼できる若き有能な政治家の代表というイメージであった．新党首として党が選んだのは，新しい時代の風であった．つまりエランデルであった．彼は1969年10月までの23年間，スウェーデン政治を指導し豊かな福祉国家を開花させた．

　エランデルは，1901年6月13日ヴェルムランドのランセッテルで生まれた．1985年6月21日に84歳で死亡したが，その間，1946年から69年までの23年間首相を継続して務めた．父は国民学校の教師であり，高等教育に自然に進んだ．北欧の名門大学であるルンド大学で，最初は自然科学を，ついで社会科学を学んだ（植物学者リンネもこの大学で学んだ）．大学生がエリートであっ

た時代には珍しくなかったが，学生政治に積極的に参加し，急進派グループと共に行動した．彼の父は保守政治家であるK.スターフの崇拝者であったが，エランデル自身は次第に社民党に傾斜していった．政治家としてのキャリは着実であった．1930年にルンドの市会議員に選出された．そして，2年後の1932年には大都市選挙区から国会議員に当選した．1937年には社会省の専門家と評価されるようになっていた．そして，1944年には戦時・挙国一致連合政権の国務大臣に任命された．そして，1946年には，ハンソン首相の社民党単独政権で国務大臣に任命された．教会文化担当であった．そして，1946年にハンソンが突然死去したあと，45歳で，自身も周辺も驚いたことに，新党首に選出され，そのまま首相に就任した．市会議員に当選してから16年間で首相に就任したことになる．西ヨーロッパ型の民主政治システムでは稀有な記録である．しかも，その間，たいていは，単独・少数党政権であった．西ヨーロッパの政治的常識からは大きくかけ離れた例外的現象であった．

党首としてエランデルは，雄弁家であった．外に向けては激しいアジテーションを展開した．党内部での会合では聞きやすい説得力のある演説をした．1948年選挙は，エランデルにとっては最初の適格判定試験の場となった．政治経験の浅い政治家を，国政運営能力について激しい討論が襲った．党首B.オリーンの指導の下で，国民党が大躍進した．しかし，選挙そのものは社民党の勝利であった．エランデル政権が継続した．後継者に比較すると，選挙に強い政治家であった．11回選挙を戦ったが，敗北・下野という事態に至ったことは一度もなかった[1]．

「国民の父」というフレーズは自然に生まれ，定着した．そこへ至る道は簡単ではなかった．党首就任直後は，対立政党からの激しい批判の対象になった．党内からも批判を受けることが少なくなかった．本命候補でなかった代価かもしれない．「首相は，LO（労働組合全国組織）との間にもある種の緊張があり，上首尾の旅立ちとはいえなかった．結果として長いあいだ党首を務めたが，暫定的なポストだと認識していた」[2]．高等教育が大幅に大衆化される前にルンド大学で学んだアカデミケール（学位保有者）である，典型的な労働者家庭の背景をもつ政治家ではない．ブルーカラー労働組合の全国組織のメンバーには違和感があったのかもしれない．

党首としての地位は経験が強化した．社民党政権を支える各種支持組織との関係も円滑度を増していった．陣営内で激しく意見が対立していた核開発の是非をめぐる議論を棚上げ・決着延期で沈静化することに成功してからは，党首としての地位は強固なものになった．彼は，閣僚に対しては大幅な行動の自由を認めた．首相府の規模は，かなり小さかった．福祉国家である，歴代の財務大臣が重要な政策調整者としての役割を演じた．首相は，1953年に，O. パルメを秘書官として採用し，側近の協力者として抜擢した．やがて後継者になるこの青年政治家は「エランデル・チルドレン」と呼ばれ，優秀であり，国際問題を中心に論客としての地位を短期間に確立した．政府の改革は継続して断行された．首相は，政府が十分な権威を持って行動するために，議会内過半数議席を基礎にするべきであると強調した．彼の政府は，第一院では常に過半数を持っていたが，直接選挙で選出される第二院では，たいていの場合，過半数勢力を基礎にしていなかった．1951-57年の社民・農民同盟（中央党）の連合政権は，議会内過半数確保の選択であった．連合形成のためにエランデルは積極的に行動した．彼と，農民同盟（中央党）党首 G. ヘドルンドの協働作業は極めて良好であった．

　取り組んだ政策課題は，福祉政策（1946年には，アポテーク（薬局）には避妊用具を置くことが義務になった．1947年に児童手当を導入．国民年金制度を導入．1950年には母親もその子供の保護者になった．そして，1951年には，3週間の有給休暇が制度化された），デンマーク，ノルウェーとの国防協力問題（1948-49年），付加年金問題（1957-59年），憲法論争（1960年代），研究・教育問題（1950年に9年間の義務教育制度を導入）などであった．これ以後，教育問題への関心はスウェーデン社民党の伝統ともなった．それ以後の党首や重要ポストの就任者は原則として文部大臣経験者となった．エランデルの福祉政策の特徴の一つは公的部門拡大論を基礎にしていることである．《強い社会》という表現を鋳造した．それには継続して公的部門を拡大することが条件となる．幸福な生活を追求する過程で，自然に，社会サービスに対する市民の要求は増えるはずである．ほとんどの市民にとって，強い公的部門がなくて良き生活に到達することはできないという社民精神の確認・継承を《強い社会》という言葉で表現した[3]．《強い社会》について語っても，産業の直接的な国有化については提案したことはな

かった.

　ところで,彼の時代から有名になった表現に「ハープサンドの精神 Harpsundsanda」というフレーズがある.1953年に首相の保養地として大きな屋敷が寄贈されたが,その地名にちなんで使われるようになった表現である.エランデル首相は,そしてその後,パルメ首相もそうであったが,閣僚や友人,関係者をそこに招待して,インフォーマルな会議を頻繁に開き,意見を求めたり,考えをまとめたりした.《ハープサンド・デモクラシー》というフレーズも同じ意味で使われる.

　「政治家として,良き聞き手であったし,議論好きであった.同時に,非常に有能な意思決定者でもあった.巧妙な論客であったし,同時にユーモアの精神を持ち合わせていた.国民の父と称される政治家にふさわしい笑顔であった.論敵と協働する能力も優れて持ち合わせていた」.長期政権を実現するには合意形成型技法は重要な素質であったし,相対多数政党の党首としては必要な条件でもあった.「型にはまらない自由闊達な政治家であったし,行動は慎み深いタイプであった.それと同時に,自分の政党と自分の政府の状況・基盤については非常に気を配っていた」.こうした人物評は,エランデル首相の最も近くに,最も長く,立ち会いながら観察した政治学者の印象記である[4].

　エランデルの長期にわたる政権担当期に,スウェーデンの福祉国家は著しく発展し,《スウェーデン・モデル》というフレーズが定着し,世界的に注目されることになった.しかも,評価の大方は好意的な意味を含んでいた.

戦後改革プランへの攻撃と社民党の対応

　社民党の戦後プログラムは野党,産業界から激しく攻撃された.この改革プログラムでは,社会化要求は控えめで,直接的な国有化(社会化)要求はあまり多くなかった(第2章を参照).それにもかかわらず,社民党は,戦中の経済規制を平時にまで延長し,社会主義化を目論んでいる,産業の自由と市民の自由に対する脅威であると批判された.エランデルの好敵手は国民党の党首オリーンであった.二人の名党首の間で展開された白熱の議会論争を通じて福祉国家が次第に建設された.「社民党は,戦時の統制社会を恒久化しようと希望しているだけでなく,経済的兵舎生活を実現しようとしていると批判された」[5].

ブルジョワ政党と企業所有者は,《強制計画経済》と戦うために,広告・情報提供組織をいくつか設立した．こうした組織が,《計画経済反対運動 plan-hushållningsmotståndet：PHM》と呼ばれる政治的論争に積極的に参入した．スウェーデンにおける公的部門の肥大,経営者福祉負担金の実情,重税政策,実質的可処分所得の小ささ,経営環境の悪さ,過剰福祉,などに関する詳細な情報を収集・分類・整理して,内外に発信する．社会主義に対する恐怖・警戒感を拡散することが主たる目的であるが,時には,海外企業の参入意欲を刺激する逆効果があったかもしれない．

　都市への人口集中が引き起こした住宅問題については,不衛生な生活環境の改善,持ち家を促進する住宅ローン制度や住宅建設補助金制度の導入,賃貸住宅生活者が大きな住宅に移れるようにするための住宅手当の導入や家賃統制,大規模な公的住宅の建設・供給,などの政策が採用された．また,権威主義的体質を残存させていた教育の世界では,能力別クラス編成の廃止,学習課程の多様化,総合的義務中等学校の導入,高等教育・研究機関への補助・育成,などの方策が採択された．もちろん,家庭政策,保健・医療政策の領域には大きなエネルギーが投入された．子持ち家庭や年金生活者,それに病気療養者への経済的援助の充実,高齢者ケア・サービス,児童ケア・サービスの提供などが中心であった．ここで注目すべきは,福祉サービス提供原則の変更・策定である．従来は「必要度調査を基礎にした経済的支援提供」の原則であったが,社会大臣メーレルはこれを廃止して,「全市民を対象にした一般的なサービスの提供」に代えた．これによって,所得に関係なく,すべての市民が,年金,疾病保険,児童手当などを給付されることになった．従来のような,必要度調査を基礎にした給付は必要度調査過程で人の心を傷つけかねないというのが論拠であった[6]．普遍主義については後でまた論じることになろう．福祉と成長のバランス問題で常に批判の対象になる問題である．

　必要度証明を要求しない［一般的・包括的福祉］という原則は,当然のことながら,財源論を活性化させることになる．すべての市民が同じ基礎的安全を確保するためには,結局は,急勾配型累進課税制しかない．累進性の強い所得税,不動産税,富裕税,それに法人税,が論議の対象になった．これ以後,税制問題は政党政治の永遠の争点となる．

公正な分配政策も，つまり，税金制度を通じて，経済的水平化を強引に進めようとする政策についても，激しい批判の対象になった．高負担と徹底した所得移転政策が政党間論争の中心テーマになった[7]．だが，この問題は政策基線に関わる問題であり，妥協の余地は小さかった．一方，社会化を匂わせる政策項目については棚上げに吝かではなかった．社民党は時代の風を読んでいた．政権政党の強みである．戦争のあと，好景気が続いたので，政治状況が対決基調から穏健化した．ハンソンが1946年に突然死去したあと，政党間抗争が激しくなったため，産業の民主化・社会化という主張は，一次棚上げ・持ち越しになった．基線となる政策領域では妥協を回避し，長期的な状況問題，体制選択問題に近い政策領域では一次棚上げ・持ち越しで対応した．

1946年地方議会選挙・1948年国政選挙：社民党やや後退，国民党躍進

戦争中の政治休戦が闘争心の爆発を制限・抑圧していたためであろうか，社民党の戦後プログラムとそれを基礎にした社会改革は政党線を越えた論争を誘発した．税負担が加速するにつれ反対の声が高くなった．国有化については社民党が委員会を任命して，保険業界や石油産業，などの社会化について検討させた結果，否定的結論を出していたので，構想そのものが取り下げられていた．そのため，計画経済に反対論の論拠が集中することになった．反計画経済論で共同戦線を構築した非社会主義勢力と実業界は必ずしもスマートとは言えぬ表現も使いながら，社民党を例にない激しさで攻撃した．「社会主義者によるスウェーデン乗っ取りの陰謀」であり，「改良主義路線を放棄した社民党は国家社会主義を主張する政党に変身したのではないか」[8]．

こうした非難が交錯する中で1946年には地方議会選挙が，1948年には国政選挙が行なわれた．1946年地方議会選挙では社民党がやや後退し，国民党が躍進した．反社民党運動が成功した．だが，政権交代を引き起こすほどの投票移動ではなかった．その意味では，社民党に自制を求める警告の選挙でしかなかった．［反計画経済論者の選挙］とか［自由経済論者，つまり国民党の選挙］と呼ばれる2年後の国政選挙では，国民党が大躍進した．社民党は115議席から112議席へと僅かに後退した．国民党は46年選挙での得票率15.6%を22.8%にまで引き上げることに成功した（31議席から57議席へ）．これによ

って，ブルジョワ・ブロックで最大の政党になった．プラハの春で有権者を失望させてしまった共産党は苦戦し，大幅に議席を減らしてしまった（44年選挙の15議席から8議席へ）．社民党は，当初は，政治経歴の薄い若い指導者が急遽後継したため，党内結束と得票率極大化という目標を達成できるか疑問視された．苦戦と予想された．政権を失えば，新しい党綱領も野党の虚しい希望羅列リストになってしまう．1948年選挙では，社民党は微減で食い止めることができた（得票率46.1％）．この選挙での投票移動はかなり大規模であったが，国民党は右党（現在の穏健統一党），農民同盟から票を奪っただけということになる．エランデルは辛うじて単独・少数党政権を維持できた．経済好調の波に乗り，完全雇用政策は上首尾に進んだ．戦後プログラムに盛り込まれていた社会的・文化的領域での一般的な福祉改革はおおむね実現できた[9]．

再び《赤─緑》連合へ

　エランデルの政権運用技法は，H. ブランティング，ハンソンの技法を踏襲・発展させたものであった．つまり，ブランティング以来の「妥協の政治」路線とハンソンが構築した《赤─緑》連合路線であった．だが，前任者二人が経験したことのない内閣危機を経験しなければならなかったため，社民党の連合政治は新しい連合パターンを案出する必要に迫られた．エランデルはブランティング以来の伝統を継承しながら内閣危機に対処し，新しい局面を開いた．

　45歳で首相に就任した（1946年）エランデルがフォーマルな《赤─緑》連合（1951年10月1日から57年10月31日までの6年間）の形成に踏み切った理由は明らかであった．安定した議会内勢力に恵まれているとはいえ，48年選挙で社民党が後退したこと，「社会自由主義」「経済民主主義」を掲げて再生へのキッカケをつかみ反政府の姿勢を強めている国民党の動向は，戦後経営，福祉国家の建設という大きな課題を背負わされて突然首相に任命されたエランデルにとっては無視できぬ不安材料であった．福祉国家としての基盤を強化するには，議会内多数派の安定的形成が不可欠であり，連合パートナーは，衝突利益が最小の支持基盤を持つ中間政党からの選択が望ましい．しかし，前任者ハンソンが実行してみせた「インフォーマルな連合から（やがて時を見計らって）フォーマルな連合への切り替え」という2段階方式は，農民同盟の思惑もあって不

可能であった．実際，戦争による政治休戦が終わった時，農民同盟を待ち受けていたのは深刻な問題であった．工業化の進展→農村人口の流出という党の運命を左右する事態である．戦争直後期（1946年）に発表された党基本綱領はこれを反映して困惑の色を隠せなかった．依然として，「公正・平等の要求」であったけれども，すべての非都市地域居住者にも党のアピールが到達するよう，露骨な「農民利益の誘導」はトーン・ダウンされていた．地域間バランスと適正な産業再配置を主張して脱農村政党を画策していた．この時点で，路線変更の口実を求めていた農民同盟にとっては，連合加入は緊急の要請であった．そうなれば，マルクスからの本格的離陸を印象づけたい社民党にとっても異論はない．このフォーマルな《赤―緑》連合は1951年から57年までの長期間続いた．

　この連合経験で，社民党の選挙支持基盤は後退したし，思想純度も低下した．だが，好景気が継続していたため，社民党は社会改革に資源を投入できた．特に，公的部門の拡大策を続け，福祉政策の実行機関を整備した．特に，コミューン・レベルでの公的部門は超肥大化した．使う必要のなかった膨大な戦費と空前の経済好調が，エランデルの福祉拡大路線を支えた．市民は日常生活に隣接するコミューンで福祉サービスを受給し，公的部門の肥大化に納得した．意思決定の重心を市民の近くに移動させ，参加を求め，情報を開き，影響力行使を実感させるメカニズムがエランデル政権で着実に構築された．1954年には北欧市民の北欧内自由移動権・自由居住権・自由労働権を制限するすべての制限がデンマーク，フィンランド，ノルウェー，スウェーデンで撤廃された．また，1955年には全市民を対象にした一般疾病保険が導入された．数多くの社会立法を成立させ，豊かな福祉社会への道を着実に歩むことができた．だが後述するように，1955年に付加年金問題が顕在化した時，戦後政治史上空前の本格的内閣危機が発生することになる．

レーン・メイドネル・モデル：1951年LO全国大会と連帯賃金制

　スウェーデン型福祉は，原則として，労働市場への参加を給付の条件とし，完全雇用を最優先政策目標としている．スウェーデン・モデルの代名詞の一つに連帯賃金制がある．1951年に労働組合全国組織LOの大会で，レーン・メ

イドネル・モデルと称される雇用政策が提案された．発想はサルチオバーデンの精神の発展線上にある．LO系の経済学者であるG. レーンとR. メイドネルの発想である．労使の中央組織間で賃金交渉を行ない，同一労働・同一賃金の原則で，賃金が決定されるシステムである．このシステムでは，生産性の高低に関わらず同一賃金を保障しようとするため，労使双方に微妙な影響が出てくる．高生産性部門では，一定の賃金抑制効果が働くため，経営側は次期投資資金を蓄積できる．労働側は，労働対価の低評価に対する不満が出る可能性がある．低生産性部門では，一定の賃金保障効果が働くため，労働サイドは潤沢なセーフティネットを享受できる．経営サイドにとっては労働コストの圧力が強くなり，合理化できなければ，経営困難に追い込まれる．継続すれば，倒産は時間の問題．ある意味で容赦のない仕組みであるが，ある意味で，労働力を未来に向けるシステムでもある．競争力を喪失した低生産性部門・衰退産業部門に延命措置を施さず，むしろそこから発生する労働力を，高生産性部門もしくは新規起業部門へ積極的に誘導する政策を充実させた．生涯学習社会を構築し，再雇用に繋がる職業訓練制度に資源を投入しようとした．その後，積極的労働市場政策として整理されるシステムの明確な形での登場である．技能不足で失職した労働の質向上策でもある．宮本太郎は，「新たな賃金水準や労働条件について保障を施した上で労働市場の流動化を図るという意味で，(2000年前後から使われだした)『積極的フレクシビリティ』を推進する戦略の先駆けであった」と表現力豊かに析出・論述している[10]．

これ以後，労使紛争の少ない国，労使紛争で喪失される時間の少ない国という評価が国の内外で定着した．AMSセンター（労働市場庁訓練センター）が能力開発・再雇用促進の中心拠点になった．多くの工業国家でなら，大量の失業者を生み，労働紛争が頻発し，社会不安にも繋がりかねない産業構造の大転換も，比較的円滑に実行できた背景要因の一つである．公的部門であれ，冷徹なコスト計算をし，不採算部門が許容範囲を超えると閉鎖・組み換え・合理化を厳然と実行しなければ，高負担国家の納税者は納得しない．公的部門でも，市場意識と経営感覚は鋭敏である．NPM（ニュー・パブリック・マネジメント）論登場の遥かに以前の構造である．完全雇用水域（3％前後）を超えない限り，この経営は無難に推移する．だが，産業構造の改革を労働市場問題と絡

めて進めるこの方策は，経営不安を抱える企業を倒産に追い込み労働力を適宜移動・有効活用できる方法であり，資本の集中を市場原理で加速し，投資意欲を刺激して競争力を増強する方策でもある．国を取り囲む環境の変化が想定の範囲内である限り．

2. ブロック政治の展開と黄金の60年代

付加年金問題：戦後最大の政治的対立へ

　スウェーデンにおける国民年金制度の起源は1913年の国民年金法である．この法は保険料準備制度に基礎を置く国民年金制度を確立した．この法によると，16歳から66歳までの全市民は67歳に達した時に年金を受給できるために年間保険料を支払う義務があった．男性の年金は年額で総払込額の30%，女性の場合は24%であった．この制度は年収1200クローナ以上の市民の最高保険料が僅か13クローナであるという事実からも容易に推測できるように，とても67歳以上の市民の年金生活を充足できるものではなかった．法案導入時の物価水準がかなり低かったことを考慮に入れたとしても実質的意義の少ない制度であったといえた．貨幣価値の変動に対応する制度が模索された結果，46年議会で基本国民年金制度が導入された．この制度は，67歳以上の全国民に年間1000クローナ（夫婦には1600クローナ）の年金を保証するものであった（運用に際しては，消費物価指数の変動に応じて支給額を調整できた）．これと並行して，40年代中期から，老後も現役時代の生活水準を維持できるように現役生活時代の所得額をも考慮に入れた何らかの上乗せ年金を追加して，低すぎる基本年金を補完すべきであるとの提案が頻出していた．50年代に年金委員会が創設された．5年間にわたる調査・審議活動の後，55年には全市民を対象にしたインフレ防衛型年金計画案が提案された．この計画は，現役時代の平均年収の約50%を老齢年金として保証しようとするものであった．財源は個人所得に応じて定められた保険料に求められることになった．

　政権担当をほぼ10年間経験した頃，エランデルは福祉政策の基幹の一つである年金問題の改革に着手した．1957年から59年まで続いた付加年金問題である．この問題を解決する過程で，熟達した政党政治家として意欲的に改革政

治を推進するようになる．いずれエランデルの後継者になるのではないかと高く評価されていた財務大臣 G. ストレングが付加年金問題をリードした．間接税導入を含む高負担政策がその射程に入ってくる．この付加年金問題は国民投票，議会解散・総選挙という，スウェーデン議会政治では通常ではない方法で解決されるが，そして，《赤―緑》連合の解消という事態を経験するが，結果として，ブロック政治という政党政治のフォーマットを定着させる契機になる[11]．

　党戦略上の必要が付加年金問題を浮上させたという側面も明記する必要がある．サービス産業社会への移行の中で，ホワイトカラー層への進出の必要性があった．ブルーカラー労働者にもホワイトカラー労働者にも，現役時代の最も所得水準の高かった 15 年間の平均年収を基礎にして付加年金を増設するという発想である．しかも，受給年金額は現役時代所得の半分を想定した．社民党のウィングは確実に広がる．逆に，ブルジョワ・ブロックが激しい論争を繰り広げる理由になったのは，経営者負担金が増えるということもそうであるが，制度導入によって膨大な年金基金が誕生し，しかも確実に膨脹し続けると予想されることである．政府がコントロールできる膨大な基金が金融市場に登場すれば，基金増額につれて自動的に膨脹し，金融市場での占有率はそれだけ高くなる．しかも社民党が選挙で負ける事態は近い将来に予想できない．

　エランデルは地方レベルでの大きな公的部門を備えた広範な福祉社会の基盤を整備し，福祉国家・スウェーデンの評価を世界に定着させた．同時に，後述するようにブロック政治を構築・定着させ，単独・少数党政権が通常パターンになる独特の合意形成型政治を定着させた．比較政治学の視点からはこの二つが特に印象的な業績である．

　付加年金をめぐる論争は，戦後政治が経験した最大の政治的対立にまで発展した．国民投票が実施され（1957 年 10 月），議会解散・総選挙，にまで発展した．一内閣がそのために崩壊した．そして，新しい政党政治の枠組みが定着する発端となった．

　社民党は，最大の支持基盤である LO と共に付加年金計画を受け入れた．連合パートナーである農民同盟は，農民指向の政党であるので，当然のことながら，主に労働者を対象にした年金計画には，あまり関心がなかった．任意の付

加年金制を導入するという方法をとるにせよ，まったくそれを考えないという形で行なうにせよ，基本年金そのものの増額を考えた．新たに年金委員会が設置され，審議を重ねたが，連合与党の意見対立があっては統一案など望むべくもなかった．委員会は三つの案を並列的に報告した．エランデルは年金問題と閣内対立問題を解決すべく3案を対象に国民投票に踏み切った（カッコ内の数字はレファレンダムでの支持率）．

●提案・選択肢1：すべての被雇用者を対象とした付加年金制度．財源は雇用主，運営は政府機関．社民党，LO，ホワイトカラー中央組織TCOが支持（45.8％）．

●提案・選択肢2：政府が運営する最大限3000クローナの任意付加年金制度．農民同盟が支持（15.0％）．

●提案・選択肢3：労使双方によって選ばれた委員会を持つ民間機関が運営する任意付加年金制度．施行細則についてはLOとスウェーデン経営者連盟SAFとの団体交渉で決定．右党，国民党，SAFが支持（35.3％）．

どの代替案も明白な絶対多数を獲得できなかった（白票3.9％）．エランデルは伝統的な社民連合政治の技法に従った．つまり妥協点を模索して，可能なところで合意形成し，コンセンサス範囲を拡大するという技法に従った．基本年金の継続的増額で全政党が意見一致した．これによって国民党は社民党との《政党間距離》を縮小し，エランデルに接近する手がかりを得た．

《赤―緑》連合の解消

レファレンダム終了後，農民同盟は《赤―緑》連合を離脱した．離脱原因は連合加入以後の党勢不振であった．ジュニア・パートナーの地位に踏み止まる限り，低落傾向を阻止できないように思えた．付加年金問題はブルジョワ・ブロックに回帰する絶好の口実となった．労働者に有利な年金問題に過剰肩入れすれば支持基盤（農民層）はいっそう離反すると考えられたからである．農民同盟は連合離脱に際して，共産党を除く4党の大連合を提案した．ジュニア・パートナーとしては精一杯の抵抗であった．社民党は，大連合政権構想を拒絶し，エランデル首班の単独・相対多数政権を選択した（1957年10月31日）．

福祉社会建設の第二バイオリン：農民同盟（＝中央党）

　北欧諸国の政党政治の特徴の一つは，穏健な多党制であり，政党支持は伝統的な階級利益を比較的忠実に反映していることである．そして，政党間競合の対決軸の一つは中央―地方であり，農民層が独特の政治的集団を構成していることである．左右スペクトラムで表現すると，左から，共産主義政党―社会民主主義政党―農民政党―自由主義政党―保守政党，と比較的整然と並ぶ．農民政党の安定的・継続的存在が特徴的である．遠く身分制議会時代からの伝統である．中央―地方の対決軸は，スウェーデン型多党制に組み込まれた装置である．そのため，保守陣営は議員と票の補充基盤が制限されることになる．農村選挙区が農民同盟・中央党の地盤になっているため，保守陣営は，都市部に地盤が制限されることになる．穏健統一党は圧倒的に都市政党である．

　農業の合理化・機械化と農村人口の過疎化で，支持基盤縮小を恐れた農民同盟は，1957年に党名を中央党に変更し，中間層の取り込みを策したが，支持基盤には顕著な飛躍はない．だが，政策幅は飛躍的に拡大した．農村部を支持基盤にしながらも広大な政策領域で支持調達に努めるようになったため，両隣の政党との連合形成幅が拡充した．つまり支持基盤は縮小したが，連合可能性は増大した．どちら側の隣接政党とも連合を形成できることになった．解党・消滅の危機は去り，組織を維持する限り，政治的有力感を感受できることになった．その分だけ穏健統一党は，限定的集票力しか期待できないことになる．社民党長期政権への倦怠感が拡散しても，第二党の穏健統一党と社民党の得票差・議席数差は圧倒的であり，近い将来，それが逆転するとは予想できない．

　農民同盟は，1930年代の経済不況の時代に，社民党との政党間交渉に応じ，さまざまなタイプの政策合意・取引を経験する．不況圧力の時代，思想のカバンにはほとんど何も入っていなかった[12]．農村利益と都市労働者の利益は，十分に両立可能であり，交換可能であった．第一次産業への適切な補助策が期待される限り．社民党が掲げる社会自由主義的な改革政策は，受容可能な範囲の政策リストであった．その後実に44年間に亘って続くことになる長期政権の初期のステージで展開された風景である．農民同盟は福祉社会建設過程で重要な第二バイオリンを演じた．連合形成経験を通じて，合意形成型政治の原型を作り上げる大きな機動力になったという事実と共に，その意味は大きい．

1 票差のドラマ

　社民党政府は1958年議会で強制加入の付加年金法案を提出したが，第二院で否決された．右党と中央党は同じ見解を持ち，強制的な付加年金制度には種類のいかんを問わず反対との立場を表明した．国民党は年金給付について自由な選択の余地のある立法案を主張して，妥協の可能性を示唆した．

　突破口を熱心に模索していた社民党政府は解散・総選挙というこの国では極めて稀有な行動に出た．この選挙の著しい特徴は国民党の敗北・大後退であり，議席数では20議席減（58議席から38議席へ，実に3分の1を失った），得票率で5.6％減（23.8％から18.2％へ）であった．国民党支持者は右（右党）かもう一つの中道政党（中央党）に大きく移動した．社民党は5議席伸ばしたが得票率の増加分は友党である共産党の後退分にちょうど符合していた（共産党は社民党を背後から支援するために11選挙区で候補者擁立を見合わせた）．

　新しい議会は右党・中央党の否定的な見解と社民党が積極的に主張する強制加入付加年金制度との間で一つの選択を迫られた．議席配分状況から見て，票決は115対115としか予測できなかった．だが，国民党が「行き詰まりの政治」を事前に阻止し，合意形成型政治の伝統を維持した．まず，一人の国民党議員が国民党案以外に支持できる代案がない限り，最終票決では棄権するつもりであると宣言した．かくして，国民党案が予備票決の段階で否決された後，115対114の票決で社民党案が可決された（1959年）．これを契機に国民党は新年金制度の受け入れを党議決定し，1960年選挙では，廃棄要求勢力に抗して社民党と連合戦線を張ることになった（共産党は付加年金制度をめぐるこれまでの政治的抗争を通じて一貫して社民党を支持してきたが，ここでも，その路線を再確認した）．1960年選挙で社民党は議席を伸ばした（111議席から114議席へ）．同年，新しい国民年金法が発効し，63年1月を期して年金支払いが開始されることになった．そして，この選挙以後，すべての政党がこの制度の受け入れを決定した．スウェーデン型コンセンサス・ポリティクスの理論的シナリオそのままの推移である．

ブロック政治の定着：ブロック間競合とブロック内競合

　付加年金問題は，一方で，妥協の政治で政党間距離を縮小してきた社民党の合意形成能力をあらためて証明したが，その一方で，政党間距離の新しいパターンを定着させる契機となった．この頃から，スウェーデンの政党間競合は2層構造となり，「ブロック・システム」「ブロック政治」というコンセプトが学術用語として定着し始めた．まず，「社会主義ブロック（社民党＋共産党）」対「ブルジョワ・ブロック（中央党＋国民党＋右党）」の2極対立が形を整えた．非社会主義3党が相互接近し，ブロックを形成・強化した背景には，社会環境の急激な変化に対する不安とコンセンサス範域拡大に対する自己省察があった．工業化の進展は人口の都市集中を加速し（やがて人口の80％が三大都市とその周辺に集中），ホワイトカラーを急増させ，産業構造を根底から変容させた（農業人口が10％台に，そして大台割れへ）．大規模な政党支持再編の可能性が予測された．ブルジョワ政党（とりわけ農民同盟）には中産階級指向の都市型政党への脱皮が急務と思われた（農民同盟の中央党への党名変更が象徴的である）．生き残るためには，社民党に対決しながら都市に進攻する以外に戦略はなかった．また，ブルジョワ政党間のイデオロギー距離縮小も3党相互接近を加速した．特に，右党が社会福祉政策の基本理念を是認した時，右党と国民党の歴史的対立が緩和され，ブルジョワ3党間のコンセンサス基盤が強化されることになった．さらにまた，ブルジョワ・ブロックの接着剤となったヤング・リベラルズの存在も無視できない．国民党の青年同盟が現状を打破するために中央党の青年同盟に接近し，共同プログラム作成に突き進んだ時，右党の青年同盟は刺激を受けた．〈政界の孤児〉化を恐れる右党は，青年レベルで始まった中道結集を目撃して，運動方向を遠心的競合から求心的競合へと本格的に切り替えた．

　1957年に付加年金問題で《赤―緑》連合を離脱した中央党が，年金問題で共同歩調をとって右党に接近した時，［ブロック間競合］が展開されたが，同時に，もう一つの競合がすぐに顕在化した．［ブロック内競合］である．中央党と右党との共闘には問題があった．直前まで社会主義政党の連合相手として政権を担当していた政党が政治的競技場の右端に位置する政党を選択するという戦略は，政党イメージの点でも好ましくない．この反省を基礎に，中央党は

政党間距離の小さい国民党との連携へと徐々に傾斜していく（中道ブロックvs. 保守）．

ブルジョワ・ブロックの結集と選挙連合の形成

付加年金問題が一段落した1962年，ブロック政治は新しい展開を見せた．ブルジョワ・ブロックが議会内共闘をスタートさせた．国民党党首オリーンが，反・社民をスローガンに，中央党党首ヘドルンド，右党党首G. ヘクシャーを召集した．これを契機に，議会レベルでのインフォーマルな党首間事前協議の慣行が定着した．議会レベルでの共闘を下方発展させ選挙レベルでの共闘をも実現しようという気運が党首会談で盛り上がるのに時間はかからなかった．これは野党連合が政権のハードルをクリアするためには必要な作業である．ブロック分裂のイメージを与えぬために，つまり，「議会で共闘，選挙で分裂」のイメージを補修し，政権担当能力を認知してもらうために，野党結集力を証明する必要がある．

社会主義ブロックの厚い壁を突破するために，ブルジョワ・ブロック選挙共闘が1964年選挙で実現した．だが，この過程で［ブロック内競合］の微妙な陰が漂った．孤立化を恐れる右党は，自らの発意で3党選挙協力を提案した．「政権交代を射程に入れた反・社民」という大義名分に沿ったこの提案は，マルメ等四つの選挙区（ヘルシンボリィ，ランスクロナ，ルンド，マルメ）で実現した．3党は［全国市民連合MbS］の名で統一候補を擁立した．一方，中道2党は非社会主義ブロックの共闘を原則的には支持しながらも，右党主導の選挙共闘に反発した．国民党，中央党には，国民が信用するのは中道勢力だけという確信があったし，保守政党への過剰接近が支持者の反感をかうのではないかという不安もあった．そこで，中道2党はゴットランド県で［中道党MP］を結成し，全野党共闘以外の選択肢を提出した．選挙結果は［ブロック内競合］を定着させることになった．どちらの試みもいちおう成功した．MbSは6万4782票獲得し（得票率27.8％），3人当選した（定数12）．だが，MPの勝利ははるかに印象的であった．得票数は1万3557票（得票率46.1％）で，2議席獲得した（定数3）．得票率でも議席数でも社民党を上回り，反・社民という大義名分を実現することができた（社民党の得票率39.5％，

議席数 1）．中道 2 党が二つの戦略代案のうち後者を優先させたとしても当然であった．かくして，国民党と中央党は《中道協力 mittensamverkan》を確認し，次第に右党を孤立化させていくことになる．

1966 年コミューン選挙で社民党を戦後最大の後退に追い込んだブルジョワ・ブロックは 68 年総選挙でも選挙連合を継続した．だが，ブロック内競合がより明確になり，国民・中央 2 党は中道協力に傾斜していくことになった．ブルジョワ 3 党の選挙協力は前回同様 4 都市選挙区で行なわれた．［連合 68］の名で 8 万 2080 票集め（得票率 31.1％），4 議席獲得した（定数 12）．一方，中道 2 党は新たな戦略を採用した．前回同様，ゴットランド県で MP の名の下に統一候補を擁立し，1 万 4892 票集め（得票率 45.6％），2 議席獲得した（定数 3）．得票率でも議席数でも社民党に勝つことができた．それとともに，中道 2 党は，3 党連合が結実した 4 都市選挙区でも MP の名で統一候補を擁立するという挙にでた．同一選挙区で連合 68，MP という二つの選挙協力体が競合することになったのである．MP は 2 万 6410 票集め（得票率 10.0％），1 議席獲得した．この選挙がきっかけとなって，ブロック内での中道協力路線が本格的に定着したのである．かくして，今日にいたるまで，スウェーデンの政党政治は 2 層の競合システムで展開されることになったのである．

①社民党＋共産党（→左共産党→左党）から成る「社会主義ブロック」と右党（→穏健統一党）＋国民党（→国民党・自由）＋中央党から成る「ブルジョワ・ブロック」もしくは「非社会主義ブロック」の間で展開される［ブロック間競合］．

②国民党（→国民党・自由）＋中央党の中道協力路線と右党（→穏健統一党）の間で展開される［ブロック内競合］．

この基本図式が安定基調の 60 年代政治，乱気流含みの 70 年代・80 年代政治を理解する鍵である．

［黄金の 60 年代］：脚光を浴びる《スウェーデン・モデル》

社民党はこの 2 層の競合空間を巧妙に駆使して福祉政策の充実に成功した．60 年代には工業生産が年平均 6.5％ 伸び，「黄金の 60 年代」と称される高度成長時代となった．EFTA（欧州自由貿易連合），EEC（欧州経済共同体）の

枠組み内部での貿易が急成長したことが好調の最大の理由であった．失業率は低く，所得は着実に増え，社会保険制度も確実に充実した．そして，公的部門が急膨脹した．《スウェーデン・モデル》は世界中の注目を浴びた．

現代スウェーデンを代表する経済学者 A. リンドベックは，戦後期の経済を次のように冷静に整理している[13]．①生産部門では私企業によって強力に支配されている経済システムである．②インフラストラクチャー内部での公的消費・公的投資については，公的活動が比較的大規模に，また速やかに拡大した．③産業界では技術革新指向が驚くほど大きく，企業の国際市場指向も強い．④税金，所得移転，社会保険制度を通じて所得フローの公的影響力が次第に重要になった．また，そのために家庭の所得・消費に対する税金が比較的高くなった．⑤60年代初頭から公的貯蓄と公的基金の貸し出しが急速に増大した（公的年金基金）．⑥他の OECD（経済協力開発機構）諸国と比較すれば，ほぼ平均的な成長率を達成した．⑦平均すれば，失業率が低く，資源活用率も高い．⑧他の OECD 諸国と比較すれば，インフレ率はほぼ平均的であったが，上昇傾向が強かった．⑨60年代中期までは輸出と輸入が比較的バランス良く伸びていたが，その後は貿易収支のバランスが崩れ始めた．⑩経済政策の領域では実験意欲が比較的強く，ここですら技術革新指向が大きかった．

エランデル路線は定着した．1960年代には，広大な福祉政策を支配する公的サービスの建設を行なった．社会の変化つまり，ホワイトカラー社会への移行で，新しい福祉需要が生まれたのに対応した．1960年には，女性賃金撤廃を決定し，1963年には，団体協約保険を導入した．疾病保険・歯科保険などが充実した．そして，1964年には，《100万戸計画》が決定された．10年間に100万戸の新しい住宅を建設する内容の計画であった．人口規模の小さい国での100万戸建設計画である．好調経済だけでは踏み込めない．政権担当の自信と「勤労者に充実した住居を」という不動の信念が必要であった．今もなお「100万戸計画」は，《黄金の60年代》を想起させる言葉になっている．家族政策は継続的に進められた．1964年には避妊薬ピルが販売されるようになった．こうした新機軸の受容速度は驚くほど速い（時には，科学技術を信頼しすぎて後に判断ミスであると判明し，謝罪と補償をする事例もある）．そして，1964年には，夫婦間の暴力が有罪になった．家庭内暴力への取り組みである．

こうした政策領域での先導役はスウェーデンの得意領域の一つである．こうした家庭政策の推進役の一人は，A. ミュルダールであった．彼女は 1968 年に，党大会に有名な報告書『平等の拡大 Ökad jämlikhet』を提出することになる．

スウェーデン・モデルへの道：ビスマルクから北欧へ

　スウェーデンの福祉政策は「救貧政策から社会福祉へ，そして社会福祉から社会サービスへ」と表現される．1763 年にルーツを持つ救貧令が 1847 年の救貧令，1871 年の新救貧令とつながり，1918 年の救貧法へと発展した．第二次大戦後になると，社会的な安全ネットワークが拡大された．1940 年代後半から 50 年代初期までに，基礎年金，児童手当，疾病保険，出産保険，などが整備された．こうしたスウェーデン・モデルと呼ばれるユニークな政治・経済システムが，バルト海のほとりに静かに佇む小さくて貧しい農業国家を，豊かな福祉・工業国家に変身させた．「なぜ，文明の中心地から遠く離れた北の果てで」「なぜ，短期間に」という疑問は残る．

　福祉政策や社会政策は，少なくともその基本的な思想は，産業・商業革命と社会・政治革命の交差点で誕生した．イギリスに端を発する産業革命は膨大な労働者を生み出した．《数》を政治資源とする労働者は団結して労働組合を結成し，政治過程への参加を求め，それが政治過程を次第に押し開いたのである．

　工場法はヨーロッパの他のどこでよりも，産業革命の生誕地であるイギリスでまず大きな発展をみたが，社会政策という考え方はイギリスではなくドイツで生まれ，そこから発展し広がった．福祉政策は 1881 年の O. ビスマルクの先導で始まった．世界最初の社会保険である．19 世紀の中頃から，ヨーロッパの多くの国で，職業生活における安全の保持や教育は重要な国家活動となっていたが，1940 年代にイギリスでベヴァリッジ案が提出されるまでは，ビスマルクの先行事例ほど社会政策に関する議論で大きな影響を与えたものはなかった．その考えは，急速な工業化，帝国の建設，革新的な社会保険の導入を組み合せた政策展開で，国の内外に大きな衝撃を与えた．産業革命の進展に伴う資本主義の発展により労働運動は高揚し，1875 年にはドイツ社会民主党が結党された．ビスマルクは 1878 年に「社会主義鎮圧法」を制定する一方で，1883 年に「疾病保険」，1884 年に「災害保険」，1889 年に「老齢保険」を続いて制

定した．そして，1911年には「帝国保険法」として各種保険を統一した．実際，ビスマルクの社会保険こそ出発点といえる[14]．それはまさに「アメとムチ」政策という表現にふさわしい．ドイツは第二次大戦後も，疾病保険，労災保険，老齢年金保険，障害保険，遺族保険，失業保険など，各種社会保険の拡充を社会保障の中心とするシステムを作り上げている[15]．

イギリスでは1941年，世界大戦以後の国民生活安定策を模索する過程で，各種社会保障および社会サービスを調査・再検討するための各省委員会が設置され，委員長にW.ベヴァリッジが就任した．翌42年，報告書が提出されたが，社会保障の根本的改革を念頭に置いた政策提言であった．「ゆりかごから墓場まで」というレトリックに代表される広範な福祉政策を思念した大構想であった．戦後になって，有権者が祖国を勝利に導いたW.チャーチル首相を政権の座から追い，労働党政権を樹立させたとき，ベヴァリッジ報告は若干の修正を加えられて，実現することになる．ベヴァリッジ報告への支持を表明していた労働党は，「家族手当法」(1945年)，「国民保険法」(1946年)，「国民産業災害保険法」(1946年)，「国民保険サービス法」(1946年) を矢継ぎ早に成立させた．

ベヴァリッジ計画の実施が検討されている頃，フランスでも，第二次大戦後直ちに，P.ラロックを中心に社会保障制度の整備作業が進められていた．包括的な社会保障計画を策定しようとする試みである．労働省総務長官であったラロックは45年6月9日に労働大臣に対して社会保障計画を審議するための特別委員会の創設を提案した．この特別委員会では社会保障制度の統一的・民主的管理が活発に議論された．45年7月5日，政府は，臨時諮問議会（第二次大戦直後の臨時政府で創設されていた立法諮問機関）に対して，「社会保障計画案」を提出し，議会での可決を経て，大統領令として，45年10月4日に公布，46年7月1日施行となった．施行細目は46年6月の政令などで整備され，戦後のフランス社会保障システムがスタートした[16]．

フランスの社会保障は，主に社会保険，労災補償，家族手当で構成される．中でも家族手当は，歴史的に見てもフランスが最も早く導入した国であり，1862年には既に登場し，1932年には強制加入制度が導入されていた．ラロック・プランでスタートした戦後フランスの社会保障制度は，その後，1956年

に，社会保障関連諸法が「社会保障法典」に統合されることになった．

経済活動への国家の介入や福祉政策については，イギリスのベヴァリッジやJ. M. ケインズ，アメリカのF. ルーズヴェルトがその理念を発展させた．彼らの思想はほぼ同じ頃に北欧に到着し，時差はほとんどなかったといえる．それでいて，1970年代の中頃まで，そしてその後も，北欧は世界で最も典型的な福祉国家として国際的な関心を引きつけてきた．福祉現象について，北欧のみならず世界で多くのことが書かれてきた[17]．現在でも，福祉国家については，イギリスやアメリカではなく，批判も賞賛も北欧（とりわけスウェーデン）を対象にすることが多い．どちらの立場に立とうとも，論点は北欧を例にして，そこから引用するのが有効と考えているようである．それほど福祉国家としての継続性が強く，多彩なプログラムを実験し，高い水準で福祉政策の枠組みを導いたからであろう．

福祉国家批判は戦後期から激しさを増した．アメリカやヨーロッパの保守陣営からの批判を当初から受けていた．北欧の内部では，反対論は勝利しなかった．膨張する社会福祉予算を支える税はあがり続けたが，歳入は経済の好調に助けられてさほどの困難もなく調達できた．また，労働生産性は低下せず，企業が収益の多くを投資に回したこともあって産業投資は高い水準を維持できた．貯蓄率も大きくは落ち込まなかった．福祉立国については国内合意が形成された．有権者は投票で福祉政策を支持した．どの政党も福祉国家の枠組みそのものに反対することはなくなった．第一次世界大戦後から北欧は社会福祉のアイデアを実地に移してみるある種の実験室でもあった．そして，第二次大戦の前後期には福祉国家建設について広範なコンセンサスが形成された．そして，50年代から70年代にかけて北欧福祉国家は際立った繁栄を経験することになる．

福祉国家とスウェーデン・モデル

社会福祉と社会政策についてはスウェーデンが重要な実験例の一つであることは，あまり否定できないであろう．スウェーデンは社会政策の具体的施策が社会のほぼすみずみに広く行き渡っている国である．好き嫌いは別として，スウェーデンは最も発達した福祉国家として，発展度の高い福祉国家として，また，極端な福祉国家として，例に挙げられることが多い国である[18]．

ところで，福祉国家とは何であるか．比較政治学のパイオニアとして有名なヘクシャーの言葉をここで紹介しておきたい．彼は，右党の党首として実際の政党政治の場で活躍しただけでなく，インド大使や日本大使をも経験したストックホルム大学教授である．福祉国家と称されるタイプの国とは，「その市民に対して，そして理念的にはその領土内に住むすべての居住者に対して，集合的責任を負おうとする国家である．貧困を根絶しようと努力するし，市民が不本意に貧窮状態に陥るのを防ぐためにあらゆる合理的な保障を与えようと努力する．……さらに，福祉国家は市民に対して，生活向上のための，機会の均等を創り出そうとする」[19]．

　彼はスウェーデンでは保守派のリーダーとして有名で，膨脹する福祉政策には懐疑的であったが，次のように続けている．「デンマーク，フィンランド，ノルウェー，スウェーデンがこうした理想の実現に接近したことを否定することは不可能であろう．いくつかの点では，その他の比較できるほとんどの国よりも，成功を収めている．そして，もう少し前の時代はもっとうまくいっていた」．もう少し前の時代とは，スウェーデンの場合には，1950年代から70年代である．スウェーデンの福祉政策を理論的・科学的に解明したS. E. オルソンが意欲作の冒頭で「近年に行なわれている比較福祉国家研究では北欧の経験が議論の対象になることが多い．北欧の中でもスウェーデンは世界で最も進んだ福祉国家と考えられることが多い．そのためもあって，スウェーデンは，社会科学の格好の研究テーマを提供している」[20]と書いたときもそのピークが50年代から70年代であったという認識を共有しているはずである．

スウェーデン・モデルの特徴

　スウェーデン型福祉社会建設技法を表現する概念は《第三の道》《中間の道》などいくつかある．生産過程は資本主義的競争原理で高い生産性を維持しつつ，分配過程は社会主義的な平等原理で徹底的な所得再配分をする点に注目したコンセプトである．労働市場政策を産業政策と連動させ，巧妙に産業構造の転換を実現し，高い生産性を維持しながら福祉政策を促進したことから「社会工学の実験室」と称されることもある．そして，「福祉も成長も雇用も」論から「福祉か成長か」の二者択一論に果敢に挑戦した国という印象が強い．修辞語

を列挙し始めるとかなりの紙幅が必要だが，国内の論争でもっとも頻繁に使われるコンセプトは《国民の家》（第2章を参照）と《スウェーデン・モデル》である．

《スウェーデン・モデル》という概念は，ただ単に福祉政策だけでなく，スウェーデン型社会運営方式の全体を指してさまざまな意味を込めて使われる．資本主義と社会主義を統合する試みとも定義できる．市場の競争メカニズムに規制され，世界市場を指向する生産システムを構築し，そこからの果実を享受しながら，同時に，その利益を「連帯」と「公正」というスウェーデン本来の価値目標を基礎に，「平等」に分配することである．資本主義的な資源配分と社会主義指向の富の配分が調和・調整されたら，この目標は所得政策を通じて達成されよう．P.-M. メイエルソンの『危機に立つ福祉国家：スウェーデンの場合』で述べられているように，所得政策が期待どおりに機能すれば，社会のさまざまな集団の生活水準が向上するだけでなく，経営部門でも効率と柔軟性を追求しようとする企業意欲を刺激するであろう[21]．

スウェーデン流福祉体制の批判者も擁護者も，スウェーデン・モデルという概念を使って論理を展開しているので，この国の社会建設スタイルが国名を冠するにふさわしい程度にはユニークなものであるとは認識しているようである．ただし，概念の使い方は多彩である．労使双方の代表が中央で賃金交渉を行ない，加盟組織が整然と中央交渉の結論に従う賃金交渉スタイルもスウェーデン・モデルなら，紛争の少ない労働市場の形容詞もスウェーデン・モデル．包括的な福祉政策も，安定した妥協の政治もスウェーデン・モデル．膨大な公的部門を抱えた自由市場経済システムをその構造的特徴と指摘するものもいる．

社民党政治の研究，特にエランデル政治の研究者として知られる O. ルインは『福祉国家の建設とエランデル』で，スウェーデン・モデルの特徴を次のように整理している[22]．

第一の特徴は，非常に包括的な福祉システムが構築されていること．社会改革は 40 年代から 60 年代にかけて順次実行された．「60 年代には，世界でも最も進んだ福祉国家として聳え立った」．国民年金は何度も増額され，一般的な児童手当も導入され，増額されてきた．有給休暇は着実に延長され，労働時間は短縮された．強制加入の健康保険も制度化された．付加年金が導入され，授

業料無料の学校・大学制度が拡充された．学生奨学制度も導入された．住宅建設が促進され，日常生活へのさまざまな補助金が導入された．この包括的福祉システムはいくつかの基本原理を基礎にしている．まず，原則として，全国民を対象にした制度であり，必要度証明を基礎にしていないこと．第二に，すべての市民が基本的な安心感・安全を保障されていること．つまり，全市民対象の安全ネットワークの構築．第三は，市民が保障される安心感・安全は主に税金によって財政運用されること．この三つの原則を実施するには，国家が資源再配分の主体にならざるをえない．公的権力の私的経済活動への介入幅がそれだけ大きくなる．それを代価にして，何らかの理由で，例えば，高齢・病気・失業などの理由で，自己資金だけではやりくりが困難な市民と，暮らし向きが比較的楽な資源所有者の間で資源再配分を行なおうとすれば，税負担の増大は避けてとおれない．実際，スウェーデンは91年の税制改革までは，「税金の見本市」とでも表現できるほど，あらゆる種類の税金があった．「高負担・高福祉」はスウェーデン・モデルの重要な構成要素であり，スウェーデンの代名詞とまでなっている．

　第二の特徴は，労働市場が平和的・協調的であること．労働側も経営側も巨大な組織を持っており，賃金交渉は，伝統的に中央レベルで行なわれてきた．労働市場での大きな紛争はあまり発生しない．賃金政策の基本は「連帯賃金政策」であり，同一労働・同一賃金の原則が定着し，大きな比重を占めている．また，各種社会保険を基礎にして，積極的な労働市場政策，つまり公共事業などによる職場異動・失業調整と職業訓練施設の充実などの政策が展開されたため，産業の構造転換は迅速に行なわれた．基本的安心感を保障されているため，労働市場のパートナーは合理化に熱心で，消費市場の動向に対応しながら，生産に励もうとする．労働と資本の調和的共存から労働は安定した賃金・生活資源を獲得し，資本は教育水準の高い労働力を安定的に確保できる．

　第三の特徴は，合意形成を優先させる政治課題解決技法である．全面的対決主義や不退転の決意で政党・利益団体が交渉に臨むことはまれである．徹底的な調査・研究活動を通じて事実と論理を積み上げながら妥協点を模索し，合意形成を目指す．未来指向・変革指向が強く，長期的展望を重視する合意形成技法は「コンセンサス・ポリティクス」もしくは「妥協の政治」と形容されてい

る．可能な限り広範な合意を形成することは高福祉の必要な資源・貢献を調達するための条件である．納得なきところ貢献（高福祉）なしである．スウェーデン政治は，ルインが言うように，「冷徹な合理性と人工的な社会工学を基礎にした変革政治」という印象が強い．冒険精神に溢れた政治的実験の一覧表を見れば「デモクラシーの実験室」の名にふさわしいことがわかろう．

スウェーデン・モデルの主導価値と目標

人生のそれぞれの段階・状況の中で，人びとが必要とするとき，必要な援助・サポートを社会の集合的努力で提供することが，スウェーデン型福祉社会の目的であるとすれば，具体的な社会建設過程での主導価値は何であろうか．

スウェーデン・モデルで強調される価値は，《自由 frihet》・《平等 jämlikhet》・《機会均等 jämställdhet》・《平和 fred》・《安全 säkerhet》・《安心感 trygghet》・《連帯感 solidarite・協同 samverkan》・《公正 rättvisa》である．こうした価値は，リーダーの政策優先順位，経済環境，国民生活状況，財政事情，有権者の期待，国際環境，などによって，相対的比重を変えながらも等しく追求されてきた価値である．そして，濃淡の差はあれ社民党の論者は特に《平等》《安心感》を優先させてきた．そのため，国家や地方自治体への過剰依存に傾斜する市民心理が時として浮上する．「自助を助ける」原則が繰り返し強調されるのは，継続的な福祉政策が過剰福祉に傾斜し，過剰福祉が安逸な依存心に傾斜する危険性があると認識されているからであろう．例えば，「近代社会福祉の目的は市民のために社会的安全を作り出すことである．だが，そうしたプログラムを実現する過程では，市民に個人的責任が要求されていることを忘れてはならない」．これはスウェーデン社民党のリーダーの一人であるメーレルに捧げられた本の中で，B.エリクソンが提示したフレーズである．もともと鉄鋼労働者であったエリクソンは政界に転じて，社会福祉問題担当大臣となり，最後は国会議長になった社民主義者であった[23]．

福祉システムが「自助を助ける」原則をパートナーにしていることを 1944 年に A.ミュルダールが次のように表現している．「生産過程に参加している時代に，つまり労働能力が生活を維持する基盤になり得るし，また，そうであるべき時に，個人が直接的にもしくは相互保険を通じて，人生のさまざまな危

険に対して主な責任を負うことは，生産過程に参加しない時に，そうした責任を負うべきであると要求するのが非論理的であるのと同じくらい，論理的なことである」[24]．

　労働市場への参加と福祉——スウェーデン・モデルに常につきまとう問題である．第二次大戦直後期に，北欧諸国では，福祉国家の基本原則に反対する大きな社会集団はなくなっていた．意見不一致が時として大きな政治問題となったことがあっても，それは基本原則に対してではなく，もはや，その目的を実現するための方法をめぐってであった．この頃，その後世界的な注目を集めることになる《福祉国家・スウェーデン》の輪郭が明確になっていく．世界恐慌期にケインズ理論を活用した実績と，19世紀末から20世紀初頭にかけてさまざまな社会政策を断行してきた実績が，戦後経営の基線として，福祉立国路線を選択させたのである．広範な社会的合意の下に，手厚い安全ネットワークを着実に敷設した．政策の継続性は，福祉拡充に懐疑的な勢力に勢いを与えることを阻止した．そのために福祉資本は確実に蓄積され，有権者は支払う代価に見合うサービスが確実に戻ってくると次第に確信することになった．福祉立国を政策基線にする政治勢力が，中断なく，政権の中枢位置を維持したことが，スウェーデン・モデルの到達水準の高さと速度を際立ったものにした理由の一つである．

3. O. パルメによる左旋回と社民党の政権喪失

T. エランデルから O. パルメへ

　1969年10月，エランデルは23年間の首相職から引退した．42歳のO.パルメが第四代社民党党首および首相に就任した．パルメは，物質的生活条件，市民間関係でのより大幅な社会的平等化の実現こそ，社会の民主化を推し進めてきた社民党の今後の目標であると考えた．デモクラシーとは，企業に対する労働者の影響力を増大することにあると言明し，前任者たちよりは左寄りの道を歩み始めた．

　社会改革は能吏型政治家と呼ばれるパルメのもとで順調に遂行された．前任者のもとで，1950年代には健康保険制度が次第に整備されたし，住宅環境の

改善と整備も大胆に実行されていた．例えば，住宅建設特別補助金制度が導入された．1969 年になると，新しい学校教育プランが策定され，教育現場は男女機会均等を促進する必要があると強調されることになった．育児支援と教育投資はパルメのもとで着実に進められた．1971 年には，その後世界的に有名になる親保険制度が導入された．また，歯科医療保険も導入された．そして，1974 年には，出産・育児休暇制度が導入された．6 ヶ月間の親保険制度が制度化された．同時に，家族法に共同の児童保護義務が規定された．1975 年には，中絶法が施行され，妊娠 18 週間目までの中絶について女性の自己決定権が認められることになった．教育については，1972 年には奨学支援法が導入され，青年の自立精神を加速した．1960 年代に，高校増設・大学新設を遂行したフォローアップ策である．そして，1975 年には，一般就学前学校制度（第 9 章を参照）が導入された．男女共同参画社会への必要策でもあった．

　パルメ時代の重要法案の一つは，議会制度の改革であり，長い論議の末，1971 年に二院制議会が廃止され一院制議会が導入された．長い階級社会の伝統があるわけでもなく，連邦制でもない国で，二つの議院が必要か．両院が別の決議をすれば面倒で，同じ決議をすれば無駄．高負担国家は，既得権を削減することでしか新しい局面を開けない．新一院制議会では，議員は直接選挙で選出されることになった．もう一つは産業民主化政策である．まず，1973 年には，8 時間労働制が実体化・現実化するよう徹底した．週 40 時間労働厳守へのこだわりは，労使双方とも，これ以後，税制とも連動して，非常に大きくなった．時短と年休完全消化は，生活の質向上の最優先課題であった．

共同決定法・雇用保護法

　1970 年代は労働立法活動の時代でもあった．労働市場政策に重大な変更を行なった．1976 年には，「職場における共同決定法 MBL」が決定された（1977 年 1 月 1 日に発効）．経済デモクラシーは，ブルーカラーだけでなく，ホワイトカラーにもアピールする政策課題である．付加年金でホワイトカラー層への浸透を図った社民党は，共同決定法でその動きを加速した．共同決定法はいかにもスウェーデン流であった．労働の現場に一人でも労働組合員がいるすべての労働組合が，勤労者代表として経営委員会に出席し，経営者と意思決定の責任

を分かち合うことになった．勤労者の団結権，団体交渉権，職場環境整備交渉権，情報提供権，労使協議，共同決定，などが法制化された．勤労者の雇用・解雇は経営者の専権事項ではなくなった．職場内の労働配置は団体交渉の協議事項になった．参加・公開・影響力が社民政治の基本であった．結党以来の伝統である，三つの民主化，つまり政治の民主化，社会の民主化，経済の民主化の部分的な達成である．こうした方策は北欧民主政治では違和感の小さい思想を基礎にしているし，時代の風に乗った発想でもあるため，政党線を越えた広大な支持を集めた．北欧政治に馴染みがないと急進的に見えるが，こうした大胆さはスウェーデン合意形成型政治の一部である．共同決定法は合意形成型政治の到達点であると同時に，合意形成型政治の醸酵装置でもある．

そして，1974年から本格的議論が始まり，1982年に制定された「雇用保護法LAS」は，職場での安心感増大を狙いにしていた．この厳格さが労働市場の柔軟性を損なっていると批判の対象になる法律である．雇用契約の締結，雇用契約の内容，雇用契約の終了などを規定した．経営者にとっては，勤労者を解雇するためには正当な理由もしくは客観的根拠が必要となった．好景気の時にはそれほど問題にはならない．不況時にも経営不振を証明できればそれほど問題にはならない．問題は職務に不適格であることが試験雇用期間を過ぎてから判明することである．いずれにせよ，充実したセーフティネットとワンセットになると，勤労者には恵まれた環境になる．安心感の拡充は産業民主主義の主要テーマの一つである．一連の立法で，ブルジョワ・ブロックは刺激された．

1976年選挙：社民党の44年ぶりの政権喪失とブルジョワ連合政権の成立

70年代の政治シーンの特徴は，保守層・青年層から吹き出した《右の風》と社民陣営から噴出した「社会主義化」ドライブによる，両極化現象であった．スウェーデン政治には稀有ともいえる冷徹な能吏のイメージを持つパルメは，社民党政治に対決の要素を持ち込んだ．《右の風》が吹く中で，デビュー当時は，前任者に比べるとかなり左寄りの道を選択した．左旋回への衝動は労働者基金案（第4章を参照）の提出でピークに達した．そして，一連の選挙で後退し，76年選挙では遂に，政権を失うという事態にまで党を追い込んだ．44年ぶりの政権離脱である．一つの時代が確実に終焉した．

1973年選挙で175対175という文字どおりの瀬戸際まで社会主義ブロックを追い詰めたブルジョワ・ブロックは，76年選挙で遂に社民党政権の厚い壁を突き破った（180対169）．選挙レベルでの野党連合を構築して以来12年ぶりに達成した快挙であった．原子力開発問題，労働者基金問題，税金問題，インフレ問題を主要争点にして争われたこの選挙では，70年代初頭から吹き出した反・官僚主義，反・管理主義をバネにした《右の風》に乗ってブルジョワ・ブロックが票を伸ばした[25]．

　穏健な多党制のもとでは，第一党が明確な勝利基準を達成しない限り，第二党以下の政党が連合して，2・3・4・5位連合を形成しても，大きな批判は出ない．《憲政の常道》では，相対多数を制した第一党と2・3・4位政党のどれかとの連合が選択されることが多い．だが，第一党が前回選挙から大きく後退したり，42-45％前後の得票率を確保できなければ，2・3・4・5位政党の連合政権も拒絶されはしない．野党第一党である中央党のT.フェルディンは，1976年10月8日，《赤―緑》連合離脱後の政党行動を重視してブルジョワ3党連合政権を選択した（閣僚配分：中央党8，国民党5，穏健統一党6）．だが，この連合政権は当初から崩壊の可能性を孕んでいた．非・社民という点では共通していたが，産業開発・原発開発・環境保護・分権化への姿勢では，複雑な構成であった．最も熱心な原発開発論者と反原発に争点を絞り込んで政権に到達した政党が形成する連合が長く続くわけがない．自・他の相違点を明確にする作業が始まる次の選挙の1年前までの寿命と予想された．筋書きどおり，2年後，つまり総選挙の1年前に3党連合政権は瓦解した．単一争点主義政党が主軸に座る連合政権は運営が難しい．全体的な政策整合性にどうしても綻びが生じるからである．濃度は高いが幅が小さい支持者の意思を大切にしようとすれば，政権を投げ出すことになるし，政権ポストに固執すれば，支持者の意思に多かれ少なかれ背かざるを得ない．中央党がこのジレンマから解きほどかれるまでにはまだ少し時間がかかった．

　フェルディンは，一枚のカードにすべてを賭けすぎていた．70年代の争点を環境保護論に求め，反・原子力キャンペーンに党の全政治資源を投入した．できるだけ多くの人間がこの大地に生き残るべきであるという深い個人的確信がその起動力となっていた．率直さと誠実さ，そして情熱的信念のゆえに人び

とから敬愛されているこの中央党党首は，この国の政治には馴じまない爆発的熱狂を反・原子力運動に持ち込んだ．合意形成型政治の定着したこの国では単一争点主義はいずれ好ましくない結果に直面する運命にある．妥協の余地が小さいからである．小規模野党の時代ならともかく，政権の首班がたった一枚のカードにすべてを賭けてしまったら政党政治が窮屈になる．思想純度を問われる政党ほど交渉過程から後ずさりすることになる．前任者ヘドルンドを始め中央党リーダーの伝統的姿勢は，数多くの非常出口を用意しながら広大な行動の自由を確保し，政治的実利を実現するというやり方であった．伝統への反逆者が獲得したものは「にがい勝利」であった．幸運にして政権はころがり込んできたが，党は議会内議席を持つ5党のうち最も大きく後退してしまった．しかもせっかく手にした政権も，単一争点主義戦略のゆえに，僅か2年で手放さなければならなくなった．

　ブルジョワ3党連合政権は，原子力開発問題をめぐる意見不一致に常に悩まされた．エネルギーの安定的調達を希望する財界の要請を受けて積極的な原子力開発を主張する穏健統一党と，1976年選挙をもっぱら反・原子力開発をスローガンに闘い，政権を獲得した中央党では，その基本姿勢にあまりにも大きな距離がありすぎた．局面打開をねらって首相は，あらゆる角度から未来のエネルギー政策を検討すべく「エネルギー特別委員会」を議会内で発足させた(76年12月)．データの収集・評価・提示，エネルギー問題の総合的研究，複数の政策代案の作成がその目的であった[26]．すべての政党の代表と専門家が集められ，原発問題で何らかの合意案に到達できるかどうかを検討し始めた．各党間同意案を発見できたら，問題は解決できる．エネルギー問題では，上述したとおり，何よりもまず，連合パートナー間の政策距離が大きかった．予想どおり，調整不能であった．1978年2月に委員会は報告書を提出したが，各党案併記であった．委員会の審議内容と結論はともかくとして，委員会の設置と，そこでの徹底的な調査・研究が政策課題の性格を変えることになった．原発問題は政府だけが苦しむ問題ではなく，すべての政党が等しく責任を分有すべき問題であるとの認識が広がった．一つの結論に到達こそできなかったが，全政党に共通の解決責任があるとの認識は共有できた．政党が決めかねる問題は国民に聞け．政党政治の鉄則である．78年2月，777頁に及ぶ膨大な報告書

が出版された.

　フェルディンは決断を迫られた．連合3党間で精力的な協議が行なわれた．首相の苦悩は大きかった．44年ぶりの非社会主義政権を自らの手で瓦解させたくなかったし，76年選挙の「原子力開発阻止」公約を破ることもできなかった．結局，フェルディンは連合3党間の合意形成に失敗し（単一争点主義の敗北），1978年秋，政権を投げ出した（「10月政変」）．

ウルステン極小・単独政権
　代わって登場したのが，国民党党首 O. ウルステンを首班とする国民党単独政権であった（10月18日）．この政権は議席数僅か39（議席占有率11.2％）の第四党を与党とする極端な単独・少数党政権であった．こうした政権の出現は，今日の西欧議会政治の常識ではとうてい理解できないであろう．だが，これこそある意味で，政党間交渉を重ねて妥協点を模索し，合意を調達していく，スウェーデン型連合政治の特質を集中的に表現する現象であるかもしれない．繋ぎの内閣という性格は否定できないが，このタイプの政権が誕生する可能性を内在させていることが，構造的特徴の一つである．西欧議会政治の常識からは確かに逸脱しているとしても，まさに，極めてスウェーデン流である．
　内閣危機，「10月政変」を演出し，47歳で首相ポストを手に入れたウルステンの戦略は，連合政治の構造を熟知しているそれであった．単一争点主義は，野党の戦略としては有効であっても，政権を射程に入れた中道政党の戦略としては適切でも妥当でもないことを知っていた．そして，原子力問題では，慎重な開発を主張する社民党と行動を共にした（まずは中間位置の選択で，軸足を固める）．圧倒的な第一党である社民党が円滑な合意形成を目指して中間位置に移動した政策領域で，フェルディンのように絶対反対を主張することは無謀な玉砕主義以外の何ものでもない．ウルステンは中間位置を選定すると，原子力問題については一インチたりとも譲歩しなかった．フォシュマルク3号炉計画が問題になった時，ウルステンは「中止すれば，経済的にも労働市場的にも重大な影響を与えるので，引き続き作業を続け，ぜひとも完成させるべきである」と主張してフェルディンを追いつめた．彼は，計画を中止すれば，①6年間に3000の仕事がなくなり，②政府はほぼ18億クローナの損害を蒙り，③ス

ウェーデンの原子力産業は崩壊してしまうかもしれないし，④国家は原子力関連部品の輸出を失い，⑤原子力産業の技術者，専門技術者が国外に流出してしまうかもしれない，と論陣を張った．労働市場，産業界，政府それぞれに配慮した説明である．

そして，1978年10月3日，スウェーデンの政治生活ではほとんど例を見ることができないドラマティックな事態が発生した．ウルステン副首相が経済相である穏健統一党党首G.ボーマンを誘って，首相に最後通牒をつきつけたのである．「ここまで付き合ってきたが，もうこれ以上は待てない」．現に交渉を続けている一方で，最後通牒を公然とつきつけるという政治行動は，この国の政治的慣行から言えば，ごく例外的な行動である．閣内2党からの最後通牒に直面して，首相の苦悩は深まった．内閣が崩壊すれば，中央党だけが政治的責任を負わなければならないし，閣内分裂を回避するためにはエネルギー相を更迭し，ひいては，選挙公約を公然と破棄してしまうということになる．エネルギー相O.ヨーハンソンは既に，政治家にとっては，大臣のポストに比べれば政治的信条・思想のほうがはるかに重要であると明言していた．結局，連合パートナーからの最後通牒はそのままフェルディン首相への絶縁状となり，3党連合政権は約2年間で崩壊した．

フェルディン首相を辞職に追い込んだ後，ウルステンは困難な選択に直面することになった．内閣危機で共同歩調をとった穏健統一党と連合政権を組むか，それとも，国民党の単独政権かという選択である．前者を選択してボーマンに接近すれば，フォーマルな連合政権の議会内基盤は拡大するが，社民党との政党間距離が大きくなるので，その後の政権運用は困難になろう．「絶対阻止」という極論から「積極的開発」という極論に切り換えても局面は打開できない．そして何よりも，支持者に「ブルジョワ政党の左端に位置する政党は国民党でなく中央党である」という印象を与えてしまうであろう．これは，選挙戦略上も望ましくない．そもそも中間位置を選択した甲斐がない．

ウルステンはここでもまた，昨日の味方をあっさり切り捨てる行動に出て，したたかな戦略家であることを証明してみせた．土壇場で裏切られたボーマンにすれば，ウルステンは「計算高い，自分勝手なインテリ」と映るであろう．だが，求心的競合を特徴とする政党政治システム下の弱小政党としては，当然

の行動である．国民党にとっては，フォーマルな権力基盤を拡大するよりも，ブロック内競合の論理を重視して，社民党との政党間距離を縮小し，社民党とのインフォーマルな連合を優先させるほうが得策である．穏健統一党と絶縁すれば，社民党が数の論理を背景にして，政権明け渡しを要求することはない．ウルステンの戦略は成功した．国民党は次回選挙までの1年間，社民党をインフォーマルな後見人に仕立て上げて単独で政権を担当することができた[27]．インフォーマルな連合パートナーとの妥協点を求めた政党間交渉，そして，暗黙裡の合意調達．合意形成指向の政治技法としても超絶的であり，スウェーデン流である．

第4章　転換期①：政権交代の常態化とグローバル化・EU加盟

1. 政治的乱気流の時代：原子力開発問題と労働者基金問題

苦悩と模索の時代の始まり

　福祉国家・スウェーデンが黄金時代を経験したのは 1950 年代と 60 年代であった．その後は，次第に，戦後復興を終えた先発工業国家とアジアに登場した新しい工業国家の追い上げに直撃された．1970 年代には，黄金時代の前提が揺るぎ始めた．それでも，十分な余力があった．余裕を持って迎撃できた．1970 年代の平均成長率は 2.5％ を維持できた．1971 年には，対 GDP（国内総生産）比財政収支が 5.3％ を記録した．社民党が政権を 44 年ぶりに失った 1976 年には，対 GDP 比財政収支は，4.7％ を記録した．黄金時代の終焉が近づきつつあることを象徴するかのような数字であった．ブルジョワ・ブロックの経済政策は，大きくつまずいた．1976 年から 1982 年までの 6 年間は，ブルジョワ連合政権の時代であるが，この期の平均成長率は 1.0％ と低迷した．1982 年には，対 GDP 比財政収支が －7.0％ を記録した．苦悩と模索の時代が始まった．

　環境からの挑戦を受けて，1970 年代と 1980 年代は政治的乱気流の時代となった．激しい国際競争に直撃された．産業構造が変化し，本格的なホワイトカラー職が急膨脹した．賃金水準の高いこの国の産業はまず，輸出産業が打撃を受けた．政府は懸命に政策対応を行なった．通貨切り下げで何度も対応．ブレトン・ウッズ体制から離脱した．グローバル化の衝撃は遠慮なかった．1980 年代になると，資本の国外流出の流れを一国の政策では阻止できないことを痛感した．金融市場の規制緩和は時代の要請であった．そして，1970 年代と 1980 年代には，インフレが進み，特に石油価格の急上昇が国内経済を直撃した．景気は上昇し，失業率は低下した（1980 年代末には 2％ にまで下降した）．

住宅価格高騰でバブル経済が進んだ．バブルのピークは，1991年であった．21世紀を目前にした20年間，揺らぎの中で，時には，迷走気味の舵取りもあった．預金利子500％という瞬間策が世界のメディアを驚かせたこともあった．大方の予想に反して，財政再建への距離は短かった．それがまた世界経済の専門家たちを驚かせた．興味深い実験国である．

1979年選挙：フェルディン政権再登場

　1979年選挙は，「誰が勝つか」を最大争点として争われた．懸案とされていた原発問題が80年3月の国民投票に持ち込まれたため，また，T. フェルディンが単一争点主義の愚考を慎重に回避したため，争点なき選挙の感がいっそう深まった．各党党首の旺盛な政権担当意欲だけが目立ったこの選挙では，《右の風》と《左の風》が吹いた．穏健統一党（18議席増）と社会主義ブロック（5議席増）が躍進し，中央党が大後退した（22議席減）．349番目の議席が穏健統一党の手に落ちた時，ブルジョワ・ブロックの勝利が確定した（僅か1議席差）．

　政権の形成とその崩壊の過程では，《ブロック間競合》と《ブロック内競合》が複雑に交錯した．政権形成に当たっては，原発問題については国民投票の結果待ちで合意ができたため，ブルジョワ結集で話がついた．問題は首班の選定である．数の論理に従えば，上昇気流に乗ってブロック内第一党になった穏健統一党のG. ボーマンに首班が回ることになるだろう．だが，スウェーデンの連合政治は数の論理だけで展開されているわけではない．政党政治や連合政治の常識では，2・3・4位連合そのものが変則と言わねばならない．連合形成の第一優先順位は第一党つまり相対多数政党にあり，院内過半数議席を充足するだけの議席数を持った政党を連合パートナーに選択すれば，第一党基軸の最小勝利連合政権が構築できる．選挙で相対多数を制した第一党を抜きにして連合政権交渉を開始するのを第一党がやり過ごすのは，《反・第一党》合意で選挙を戦った勢いを認めるからである．世論は《反・第一党》にありと判断するわけである．同時に，連合政権技法のベテランである，相対多数政党を排除した連合など，連合力に核がなく，軸足が定まらない政権になると読みきっているからでもある．

1年前に政権を投げ出し，しかも今回選挙で大敗北を喫した中央党のフェルディンが，ブロック内結束強化論を楯に，ボーマンを説得しその野望を封じ込めた．ボーマン首班論を断念させた後，残るは O. ウルステン首班論の強い国民党との欲望調整であった．両党はブロック内競合では共闘できた．だが，政権を手放させることは容易ではなかった．ここでボーマンが，交渉難航に苦しむフェルディンを助けた．「10月政変」でウルステンの巧妙な戦略に屈した辛い経験を持つ彼は，フェルディン首班3党連合政権論を提唱した．フェルディンはこの支援を背に国民党説得に乗り出した．僅か39議席で単独・少数党政権を率いることに成功した策士ウルステンも，こうなると「古いチーズを食う」以外に道はなかった．1979年10月12日，第2次フェルディン政権が誕生した（閣僚配分：穏健統一党 8，中央党 7，国民党 5)[1]．

　しかしながら，この政権は《ブロック内競合》の激化に直撃されて，またしても2年間で崩壊することになる．

原発問題国民投票

　1979年3月28日にアメリカ・ペンシルヴェニアのハリスバーグ近くのスリーマイル島 TMI で原発事故が発生した．環境問題に敏感に反応するスウェーデンを緊張させた．エネルギー問題をめぐる議論がこれを契機に白熱化．社民党は，この問題は直接国民の意見を求めるべきであるとの見解を表明した．この提案は国民に受け入れられた．事故発生の1週間以内に，すべての政党が，国民投票を実施することで合意した．こうした合意形成速度の早さはいかにもスウェーデン政党政治流である．既存の政党が議論で合意に到達するには，あまりにも感情論が入り込みすぎていた．また，通常の意見聴取手順では異論を吸収できない．議会政治史上でも稀有ともいうべき政党行動が展開された後だけに社民党案は説得力が大きかった．1980年3月，原発問題は国民投票に付託されることが決定され，当分の間は，内閣業務は通常業務専念になった．

　1980年3月23日に行なわれた国民投票では，閣内3党がそれぞれ別の選択肢を支持した（投票率 75.6％）．対決政治に慣れた者にとっては，問題の大きさからいっても，こうした政党行動は理解できないかもしれない（カッコ内は支持率)[2]．

● ［提案・選択肢1］：計画どおり12基を完成・稼動させる．それ以上の開発は見合わせる．雇用と福祉を維持するのに必要な電力需要を考慮して原子力の廃棄を考えるべきである．石油依存率を低めるためにも，また，代替エネルギーを開発できるまでは，12基の原子炉を完成させるべきである．穏健統一党が支持（18.9％）．

● ［提案・選択肢2］：計画どおり12基の原子炉を完成・稼動させる．それ以上の開発は見合わせる．2010年までに廃棄．電力の生産・分配は公的機関が管理する．代替エネルギーの開発に即して，原子炉を廃止するが，雇用確保，賃金水準の維持，環境保全のためにも即時廃止は行なわない．社民党と国民党が支持（39.1％）．

● ［提案・選択肢3］：原子力開発を一切行なわない．現在稼動中の6基については最大限10年以内に廃棄する．また，稼動中の原子炉については安全性基準を強化する．当面はエネルギー節約で石油依存率を低め，代替エネルギーを積極的に開発する．ウラニウムの採鉱は国内では一切許さない．中央党と左共産党が支持（38.7％）[3]．

　国民投票の結果，ほぼ6割近くが，それ以上の開発は停止するが，既定の原子炉建設の推進を是とした．原発推進案［提案・選択肢1］と条件付き賛成案［提案・選択肢2］が過半数を制したのである．70年代最大の政治課題で連合3党が独自の行動をとりながらも，また，中央党が左共産党と同じ選択肢を支持して，中間からの逸脱というイメージを与えながらも，首相は，なんとか原子力問題を「妥協の政治」でクリアした．「当初計画の12基の原子炉は完成・稼動させる．代替エネルギーを積極的に開発する．安全基準を強化する．2010年までにはすべての原子炉を廃止する」[4]．

　フェルディンが単一争点主義で，しかも絶対反対という果敢な玉砕主義で原子力問題に取り組んでいなかったら，この最終決着は見事な妥協技術と評価されていたであろう．だが，当初の戦略が非妥協的な戦略であったために，順当な最終決着も党内外に微妙な影響を与えた．党内では環境保護論者を失望させ，かなりの脱党者を生むことになった（82年選挙で活躍する環境党・緑のメンバーの多くは元中央党員であった）．党外では首相の指導力に対する疑念が広がった．そして，税制改革問題でそれぞれが爆発した（原子力問題については，

ここでいちおう合意が形成され「ソーラー・スウェーデン2015」計画に向けて前進することになり，争点としての鮮度は落ちた).

　ブルジョワ3党連合政権の組閣に当たってフェルディンを悩ませたのは，党勢拡大著しくブロック内第一党にまで上昇した穏健統一党の処遇であった．結局，副総理格・経済相のポストで妥協し，ボーマン首班論を断念させることには成功した．だが，大幅減税論を主張するボーマンを経済相に起用したために時限爆弾を抱えることになった．外相ウルステンは「穏健統一党の減税案は，スウェーデン経済を危うくするものであり，承認するわけにはいかない」と言明し，ボーマン経済相の登場による前途の多難を予告した．

穏健統一党の閣外放逐：3・4位連合へ

　第2次フェルディン政権発足当時，不安材料が二つあった．一つは，「10月政変」の原因となった原子力開発問題であった（第3章を参照）．今一つはボーマン経済相という爆弾であった．後者が炸裂し，ブルジョワ・ブロックに期待されていた相互理解の政治 samförståndspolitik が行き詰まった．

　1981年2月23日に，累進課税率引き下げを骨子とする税制改革について，連合3党間で合意が成立した時，内閣危機・崩壊にまで発展すると予測できた者は少なかったであろう．原子力問題すらクリアできた3党連合を崩壊に追い込んだのはまたしても《ブロック内競合》であった．結局，閣外に放逐されることになった穏健統一党のボーマンは，「10月政変」を演出した国民党のウルステンが今度も保守排除を策謀したと考えた．ウルステンは税制改革を最も熱心に主張して，フェルディン首相をたきつけておきながら，その一方で，自らのプランを社民党のO.パルメに「売り込んだ」と考えられた[5]．

　高負担社会である，減税を望む国民は多い．それで充実した福祉を維持できるなら．有権者の圧倒的多数は高負担を希望しない．負担と受益の微妙な均衡点で理性が減税論合唱への雪崩を押し止めているだけである．大幅減税，より平等な所得再配分策の断行，労働条件の改善という誘いに魅了される低所得層有権者は多い．経営意欲，勤労意欲の向上を狙う都市型保守政党，つまり穏健統一党が主導して，減税論を骨子とした税制改革案を1981年初頭に提出した．都市型保守政党に比べ所得層がそれほど高くない支持基盤を持つ農村型保守政

党，つまり中央党はここで窮地に追い込まれることになる．経営意欲を刺激し，高所得者層の勤労意欲を刺激する策では，低所得層支持者にとっては，ほとんど魅力的な提案とならない．総合的な財政運営力を評価されて政権に就いた政党ではない．原発開発反対という一枚のカードで上昇気流に乗った政党である．経済が好調な時ならいざ知らず，不況時に，税の再配分効果に有効に対応することは難しい．再配分できる資源が縮小する中での変更であるから，不況時の税制改革は，内部抗争を激しくする可能性がある．中央党の基底メンバー層からの突き上げに直面して3党連合政権は崩壊することになる．

中央党は国民党と歩調を合わせ，閣外の社民党と税制協議する．次回の1982年総選挙以後まで税制改革を延期することで意見調整が行なわれた．経営者福祉負担金を増額しそれで財政運用することになる．これでは，穏健統一党が連合政権を組み続ける大義名分がなくなる．穏健統一党は閣内から出て，中央・国民2党の過小規模連合政権が登場することになる．

中間政党には社民党との政党間距離を縮小しようとする断ちがたい衝動がある．税金問題に対する社民党の態度は明確であった．累進課税率の単純引き下げは不公正を生むので，控除額の見直しを同時に行なうべきであるというのである．高額所得者層，家屋所有者層を支持基盤にする穏健統一党にとっては，とうてい受け入れることができぬ提案であった．一方の手で国民に与えておきながら，もう一方の手でそれを取り上げることになるからである．1年後に総選挙を控えて保守からの距離を強調したいフェルディン首相は演出家ウルステンの策に乗り，社民党案に傾斜した．ボーマンは，中道政党がシナリオを書き，社民党が裏書きした保守包囲網に直面して，4月28日，「中道2党がパルメと共同戦線を組むのであれば，閣内にとどまる意思はない」との声明を出した．

フェルディンはインフォーマルな政策後見人（社民党）の支持をとりつけ（5月4日党首間電話会談），フォーマルな連合パートナー（穏健統一党）を排除した（5月8日）．政権担当への思慕をまたしても中間政党に切断されたボーマンは，当初，内閣総辞職，出直し解散・総選挙を主張したが，単独では内閣不信任案成立能力がないため断念し，ブルジョワ・ブロックの復元を確信するとの声明を出して最後の抵抗をした．フェルディン首相は，空白になった閣僚ポストを中央・国民両党で埋め，過小規模中道2党連合政権の樹立に踏み切った

(5月19日).この政権は3・4位連合政権で,与党議席数は102(中央党64,国民党38)で,議席占有率は僅か29.2%であった.この政権は,78年の国民党単独政権と同様,西欧議会政治の常識では理解しがたいかもしれない.だが,スウェーデンの連合政治では,社民党とのインフォーマルな合意形成・連合樹立が,時には,いや基本的には,数の論理に優先されるのである.

フェルディンはブロック内競合に傾斜した.ブロック間政治の成果を期待して,44年ぶりにブルジョワ・ブロックに多数議席を与えた有権者は,フェルディンの統治能力を拒否し始めた.5月4日,自信に溢れる社民党は政権復帰の声明を出した.「近年の経験は,ブルジョワ政党に統治能力がないことを証明した.彼らが独自のテーマを持った独立した政党として存続できるのは,あくまでも野党の一員としてだけである」[6].

総選挙1年前になるとブルジョワ連合政権は瓦解する——このルールが今度も当てはまった.選挙になれば同じような支持基盤から票を調達しなければならないため,政党間距離の小さい中で相違点を発見・強調する必要がある.都市型・財界指向の保守主義政党と,農村型・環境保護指向の保守中道政党が連合を組む難しさである.多くの国でなら統一的な保守政党が社会主義政党と競合することが多い.中央党は,都市・農村抗争軸で穏健統一党と保守票を奪い合い,同様に社民党と中間票を奪い合うことになる.中間2党の連合政権が誕生しても穏健統一党は倒閣に向かわなかった.その背後に社民党が存在していることは分かっていても倒閣運動は控えた.社民党が世論調査で党勢を著しく回復していたことが理由の一つ.決定的な理由は,穏健統一党が政権に参加できるのは中間2党との連合が決定的条件であるからである.中央・国民両党を抜きにして穏健統一党が政権担当機会に恵まれることはあり得ない.中間2党から排除されても連携を切断できない宿命にある.

6年間のブルジョワ政権時代で明らかになったことは,インフォーマルであれ,フォーマルであれ,コンセンサス・ポリティクスの基軸は依然として,社民党であるという事実であった.ブロック政治のメカニズムを活用する技法は未だ政権担当の専門集団とも言える社民党にかなわなかった.社民党の政権復帰は時間の問題となった.

ブロック政治にニュー・ウェーブ

原発問題はブロック政治に新しい参入者を国政レベルでも生むことになった．原発開発問題に関する国民投票が実施されて以後，対決軸の性格が変化することになる．反・原発だけが中央党の中心争点ではなくなるきっかけとなったのは環境党・緑の誕生（1981年9月）である．世論市場への登場，そして，選挙参加（1982年選挙：得票率1.7%），議会進出（1988年選挙：得票率5.5%，議席数20）と続いた．国際環境保護運動に共感する市民グループ，中央党内の偏依環境派が中心になって，環境党・緑が結成され，中央党は環境問題のくびきを解かれた．環境保護政策は，中央党ではなく環境党・緑の中心テーマとなった．大気汚染，オゾン層破壊，地球温暖化など，この対決軸が新しい装いを持つようになるにつれ，環境党・緑は中央党ではなく，社民党との距離を短縮し，反・ブルジョワ・ブロックを構成することになる．この対決軸は，有権者の投票行動に影響を与えているとはいえ，争点としての鮮度は低下・消滅している．穏健統一党以外の政党は，おしなべて，とりわけ国際比較すれば，環境問題に熱心な取り組みをしていることで定評がある．「地球環境にやさしい産業開発・育成」で合意が形成されている．

その後，ブルジョワ・ブロックにも新規参入者が国政レベルで登場することになる．文化・倫理の問題に関する伝統保守とリベラルの対決軸がブルジョワ・ブロック内で浮上した．この対決軸は，想像されるほど大きな距離を作ってはいない．しかし，少なくとも，別の政党を作る理論的大義はヨーロッパ諸国の例からも存在していた．キリスト教の倫理・精神を背景にした政党の欠如であった．キリスト教民主社会党が国会議席を獲得（1991年選挙）して，その空白が埋まることになった．

伝統的な5党制（穏健統一党・国民党・中央党 vs. 社民党・左共産党）の枠組みが，1970年代以後緩やかに変化した．新民主党のように，東西冷戦構造の崩壊に合わせて閃光のように登場し衰退していったある種のおふざけ政党もあるが，それ以外は，ライフスタイルの多様化を背景に，地道な努力を重ねて，着実に議席を獲得してきた政党である．環境党・緑はその典型である．この党は，単一争点政党として登場したため，ブロック政治の枠外で行動していたが，次第に，社会主義ブロックに傾斜していく．そして，キリスト教民主社会党が

ブルジョワ・ブロックの政党として登場した．7党制がほぼ定着している．ブルジョワ・ブロックに属する4政党の境界線は，地盤とする産業・地域（農村型保守中道政党の中央党 vs. 都市型保守主義政党の穏健統一党）と文化・宗教政策（よりリベラルな国民党・自由 vs. 伝統的価値観を維持しようとする穏健統一党 vs. キリスト教文化を重視するキリスト教民主党）である．

1982年選挙：労働者基金が対決軸

　1982年総選挙では，当初から，社民党の勝利が予感された．だが，選挙戦は物静かを特徴とするこの国では珍しく，対決色の強い，感情的な論戦に彩られた．

　崩れ落ちる鉄橋から川に向けて突進・転落する列車．この衝撃的なイラストを一面に配した意見広告のスポンサーは，穏健統一党の背後にいて社会主義ブロックの拡大を何よりも懸念する経営者団体である．「パルメと共に進めば，エンジンを逆回転させることが完全に不可能になる……．危険を避けるためにブルジョワ政党に投票を」．「ブルジョワ政党が政権を担当したこの6年間に，四つの内閣が登場し，47人の大臣が生まれた．食料費は92%も，そして，家賃は105%も上昇した．失業者の数は16万6000にも達し，工場での仕事が15万8000もなくなってしまった．外国からの借入金は640億クローナにも達した．産業界の資本投資は35%も下降し，破産が2万6000件も発生した．このような事態の継続を許すことができるだろうか．日曜日，決断を下すのはあなたである．軌道修正して，前進するために，社民党に投票を」[7]．

　選挙が感情的な高まりをみせた理由は，提出された争点の性格と，政権復帰に対するパルメの執念にも似た気迫であった．主たる争点は，労働者基金，失業問題，経済政策であった．とりわけ，労働者基金問題が有権者の関心を集め，感情的な選挙戦を生み出す争点となった[8]．

　労働者基金は70年代中頃からの論争テーマである[9]．労働組合全国組織LOの調査委員会委員長であり経済理論家であるR. メイドネルが，75年に『メイドネル報告』を提出した時，実質的な論争が始まった．1944年の戦後プログラムがブルジョワ政党に引き起こした反応を再現した．ブルジョワ政党および経済界，それにリベラルな知識人グループが《体制選択問題》としてこの

問題を深刻化させた．もともとのきっかけは，LO の中でも，工業立国・スウェーデン路線を担当してきたという自負心が強い金属労連（メタル）が提出したアイデアであった．1971 年にメタルは，企業の生み出す余剰利益の活用方法に注目したのである．

その基本的考え方は，各企業に利潤の一部を分担金として労働者基金に提供させ，組合がその基金で企業の株を購入するようにすれば，企業内での組合の影響力を拡大できるであろうということであった．平等主義的な賃金政策をいっそう追求するために，企業の純益の一部を，基金として積み立てるために供出してもらおうというのであった．メイドネル案では，一定規模（従業員約 100 名）以上の株式会社は，利潤の約 20% を労働者基金に分担金として支払うことになっていた．そして，20 年から 40 年で，労働者基金が企業の株の 50% を所有することになるだろうと考えられていた．

1976 年春の LO 年次大会で，『労働者基金を通じた集合的資本蓄積 Kollektiv kapitalbildning genom löntagarfonder』という報告書が提出され，メイドネルの基本原則が熱狂的に受け入れられた．満場一致で決議された．企業が生み出した利潤の一定の率を労働組合が管理する基金に積み立ててもらい，その基金で株を購入することができるというプランであった．原則として，従業員 50 人以上の全企業に適用範囲が変更された．1976 年の LO の大会で既に導入されていた「職場における共同決定法 MBL」ですら，多くの工業国家の企業慣行と比較すれば，常識を大幅に逸脱した《参加の革命》であった．いかに好調経済の時代とはいえ，産業界からの反発は大きかった．

共同決定法が施行されても，株を背景にしないで取締役会に出席しても実行力は少ない．株式所有は参加に内実を伴わせるための手段になる．参加の内実化が当初の動機であったが，詳細を練り上げる過程で，それを遥かに超えた基金になることが分かった．戦後一貫して好景気を経験してきた労働運動は，期待高揚革命に身を投じてしまった．圧倒的な組織率がそれを加速させた．株式市場では権力と所有権は民間企業に集中しているが，まず，労働者基金がそれに対抗する資金となり，その後，企業が利潤をあげればあげるほど，次第に労働者基金が株式市場での決定的な主導要素になり，最終的には，産業界の力関係が組合有利に変化していくということになる[10]．

この争点は，結果として，社民党を政権の座から引き下ろす事態に発展した．政権を失った社民党は冷静さを取り戻した．反・社民の隊列が激しく攻撃するのは労働運動に引きずられて左に大旋回しているイメージを与えたからであると認識した．労働運動内部でも論争が展開された．長期的な経済的好調を背景に経済の民主化を強引に推進しようとするグループと社民敗北理由を冷静に分析する現実派との不協和であった．後者は労働運動の急激な左旋回が，社民への懸念を広げ，政権交代を引き起こしたと考えた．労働組合や社民党のような大衆組織運動は選挙での支持が正統性の絶対根拠であると考えている．両グループの意見調整作業が続けられた．

　1976年12月，本格的に労働者基金の具体化作業に取り組むことになり，社民党とLOの共同調査グループが任命され，新しい基金法案の作成に当たることになった．

　1978年2月，社民党とLOの共同調査グループが新しい基金案を提出した．基金は従業員500人以上の企業にだけ適用されることになった．そして，前述の資本蓄積基金によって補完されることになった．しかし，同年6月，社民党の執行委員会は，共同調査グループによる労働者基金案を拒否した．そして9月，社民党年次党大会は，1981年の全国党大会までに新しい基金案を準備するように決議した．社民党とLOの共同調査グループが再び任命され，検討作業に入ったが，1979年9月選挙で敗北した社民党の内部では強硬論と妥協論が対立し，パルメ陣営を離脱する者すら出た．作業は1981年まで続いた．1981年1月，社民党とLOの合同案が提出された．「調査委員会は6年間の間，議長を3度もかえて検討を重ねた．全会一致の結論は不可能だと判明した．それぞれの賛成理由を付して，複数案を提示するのがやっとであった」[11]．

　1981年に開かれた社民党全国大会（9月），LO年次大会（10月）で，共同調査グループの報告書に盛り込まれた労働者基金の基本原則が相次いで承認された．そして，社民党のスポークスマンが，82年9月総選挙で勝つことができたら，党は労働者基金法案を議会に上程する意思があることを初めて公式に表明した．

　長期政権を経験した社民・LO連合は時代の風を的確に読んでいた．景気停滞が深刻化する気配を政策判断に活かした．労働者基金で蓄積される公的な資

金は産業投資基金として活用するよう軸足を移動させた．経済民主化のトーンは控えられ，新規投資資金の創設という側面が強調された．ただし，15-20%を超えた利潤の5分の1を基金に組み込むという最新案は，付加年金保険料の増額という但し書きのため，社民・LO連合の外からの激しい反発を誘った．基金が膨大なものとなり，それだけ，株式買収過程が加速されてしまうという懸念である．メイドネルの原案をいっそう急進化させる企てだとブルジョワ・ブロックは考えた．デモが連日のように繰り広げられた．反対運動は確信に満ちた冷静な運動であった．難攻不落と思われていた社民党政権を44年ぶりに打倒したという自信にあふれていた．政党政治史上でも稀有なほどの盛り上がりを見せた．

労働者基金問題をめぐる議論の推移を見ると，調和点を求めながら話し合いで決めていくという技法の限界点が浮かんでくるような気もするが，最終的な決着のつけ方は，やはり合意形成型政治の枠組み内であった．社民党は1975年に，国民党の支持を取り付けて，労働者基金調査委員会を立ち上げた．ちなみに，この当時の議会，つまり1973年選挙から1976年選挙までの3年間は議会政治史の中でも特異な期間であった．両ブロックがそれぞれ175議席の同数であった．重要でない法案については，議運規則に従って，単純にクジ引きで決めることでことはすんだ．だが，重要な法案の運命をクジ引きに託すわけにはいかなかった．政権党はあらゆる策を弄して，多数派形成に努めなければならなかった．メイドネル案の登場は，世論市場の両極化を加速した．世界に例のないこの労働者基金は，最終結果としては，ブルジョワ・ブロックの反対運動が高揚する中で，議会過程で骨抜きにされ，遂には政治史の屋根裏部屋に放り込まれ・永久凍結されることになったのであるが，コンセンサス・ポリティクスの構造を考える上で興味深い事例になった．

ここでは，1982年選挙時点での社民党案のアウトラインを紹介しておきたい．①労働者基金をすべての県（24県）に創設する．②財源は二つの方法で確保する．(a) 一定の企業利潤率（15-20%）を超える利潤を過剰利潤とみなし，過剰利潤については20%を労働者基金に支払わせる．これは，規模や所得形態に関係なくすべての株式会社に適用される．(b) 現在，企業が支払っている付加年金分担金を1%引き上げ（労働者の所得の1%にあたる），引き

上げ分を労働者基金に組み込ませる．③各県の労働者基金は運営委員会によって運用される．④運営委員会は，各種組合組織によって選出される（労働者基金が支配的な企業所有者になった時には，LO と社民党は各県の労働者による直接選挙で基金運営委員会を選出しようとするであろう）．⑤労働者基金で株を購入する．どのような企業の株でも自由に売買できる．⑥二つの財源から労働者基金に入る1年間の金額は 40-50 億クローナになると予想されている．⑦労働者基金で年間 40-50 億クローナの株を購入すると，労働者基金は 6-7 年で全上場企業の最大株主になると予想されている．

　社民党が労働者基金を持ち出した背景には，最大の支持基盤であり，「組織の国」における最大・最強の組織である LO の野望がある．企業内発言力強化と資本所有形態の変更を通じて，産業界内部での影響力を拡大し，経済システムを民主化するという野望である．1977 年 1 月 1 日に発効したいわゆる共同決定法は労働者の経営参加を促進する法律としては完成度の高い法律である．しかし，多くの労働者はすぐに失望した．株を背景にしないで経営者と共同決定の場についたところで，最終的には，セレモニーに過ぎないし，失望感を積み重ねるだけである．企業内影響力を拡大し，経済システムを民主化する手段は，あくまでも労働法の改正以外に求める必要がある．株主の委託を背景にした経営者と平等の資格を持つことが共同決定法を内実化し，直接効力を獲得する最善の方策である．労働者基金は労働組合を企業の共同所有者にし，共同決定を有効な民主化手段にしようとする方策である．

　企業経営のインセンティブを根底から崩し去ろうとするこうした LO や社民党の動きにブルジョワ陣営が猛反発したとしても当然であろう．かくして，この戦後最大の《体制選択問題》をめぐって感情的な選挙戦が展開されることになった．スウェーデン経営者連盟 SAF は，膨大なパンフレットを配り，連日のように新聞に意見広告を掲載した．労働者基金はスウェーデンの全政治・経済システムに対する重大な脅威であり，挑戦であると訴えたかった．「労働者基金は労働者に権力を集中する」．「労働者基金はスウェーデンを崩壊させる」．「労働者基金官僚主義反対」．「労働者基金社会主義を阻止し，自由と正義を守れ」．こうしたフレーズが氾濫した．SAF の積極的な選挙介入に直面して，LO が選挙戦終盤に異例の警告を発したほどである．「SAF は労働者基金問題

で有権者を脅している．もしSAFが脅迫をやめなければ，永年にわたる労使協定の伝統を破棄する．SAFの行動はあまりにも非民主的である」[12]．

ブルジョワ・ブロックの中では，二度にわたって中道・社民の連携プレーで政権から放逐された穏健統一党が反・パルメ，反・労働者基金の急先鋒となった．新党首 U. アーデルソーンは未知数の人物であるため，人びとの敬愛を集めているボーマンが重要な局面で論戦に加わった．パルメと LO が労働者基金を叫べば叫ぶほど，「自由社会を守れ」というスローガンが集票能力を高めることを熟知している戦いぶりであった．穏健統一党は社民党が煽り立てた《左の風》を巧妙に活用し，70年代初頭以来の好調を持続して，13議席も伸ばした (86議席)．他のブルジョワ2党の合計議席を上回る大躍進であり，パルメが画策する社会主義化政策に反対する広大な抵抗層の存在を証明した．

中道2党は，選挙戦開始当時から，劣勢を予想されていた．経済政策の失敗，失業者の増大は，政権担当能力に対する国民の疑念を拡大していた．S. ホルムベリィの精緻な調査は，中道政党支持者の支持変更傾向をはっきりと析出し，中道2党のブロック内政治の統治能力の欠如に対する支持者の失望を指摘していた．中道政党支持者の右旋回[13]．

社民党が提出した労働者基金問題は，《ブロック間競合》を修復する絶好のテーマであった．だが，1年前の経緯からして，ブロック内統合を回復することすら容易でなかった．「誠実な好人物であるが，政治家としては弱く，公約実行力に乏しい首相」というイメージを払拭するためにフェルディン首相は懸命に防戦したが，具体的な数字をあげて攻撃してくる社民党の批判をかわすことはできなかった．また，弱小政党の大量発生も中道政党にはこたえた[14]．

この選挙では，七つの弱小政党が国会議員選挙に候補者を立てたが，うち二つが社会主義系，残り5党がブルジョワ系であった[15]．弱小政党は既存のブロック政治に異議を申し立て，単一争点主義でその厚い壁を打破しようとした．その挑戦は，結局は，不成功に終わったが，中道2党は選挙戦の序盤に多くのエネルギーを小党対策に投入しなければならなかった．とりわけ，分権と自然保護，原発開発の一時停止を求める環境党・緑の序盤戦での人気は中道2党にとっては大きな脅威であった．1981年9月20日，全国各地から150名の代表者がエレブロに集結して結成された環境党・緑は，一連の世論調査で好意的な

支持を受けた．82年5月末の調査では約7％の支持を受け，ブロック政治の一角を崩すかと予想された[16]．

　環境党・緑のスローガンは前回，前々回選挙での中道政党（とりわけ中央党）のそれであった．実際，党員の多くは原子力問題で見せたフェルディンの妥協に反発して既成政党を離脱した中道諸政党，特に中央党の元党員か支持者であった[17]．終盤に発表された世論調査（SIFO）の結果「希望なし」と断定されてからは，自分の票を「ムダ」にしたくないという有権者心理を刺激してしまったが，序盤戦の話題は環境党・緑に集中していた．総合的な経済政策，具体的な政権構想を提示できていたら，環境党・緑は当初の好調を持続して，4％条項の鉄のカーテンを突破できたかもしれない[18]．

　社民党と環境党・緑に挟撃されて，二重の防戦を強いられた中央党は8議席失い（56議席），連続4期の後退となってしまった．国民党の敗北は無残であった．第四党を率いて二度も政変を画策し（1978年，81年），連合政治の果実を咬むことに成功した卓抜の政党戦略家ウルステンも，戦術論過剰というイメージを与えて反発をかい，防戦に終始した．得票率（5.9％）も議席数（21議席）も第二次世界大戦後最悪の記録であり，第五党の左共産党とほとんど変わらぬ小党になってしまった（83年，ウルステンは党首の座をB.ヴェステルベリィに渡した）．

O. パルメの政権復帰：政権交代の常態化の始まり

　1982年選挙は，社民党の一方的な攻撃選挙であった．6年間にわたるブルジョワ政権を批判するだけで票になった．経済政策のつまずきは具体的な数字が証明してくれたし[19]，フェルディンの政権担当能力に対する疑問・失望が国民の間で拡がっていた．パルメはLOの積極的な求票・集票活動を背景に労働者基金という体制選択に関わる重大問題を争点として提示し，ブルジョワ政党を刺激した．そして，そこからの反発を政権復帰のエネルギーに転換した（「基金問題を提出しなければ，何もしなくとも楽勝できるのに，なぜパルメはあえて挑戦的な攻勢に出たのであろう」という声が聞かれた）．パルメは，42歳で圧倒的な第一党の党首（首相）に就任して以来，勝利を一度も経験していない屈辱と無念をこの選挙で一気に晴らそうとするかのようにブルジョワ政権

の失政を激しく批判していた．選挙の同行取材も経験したが，伝統的なスウェーデン合意形成型政治の技法とは違う方法論であった．予想どおり，社民党は快勝した．得票率（45.9％）でも，議席数（166議席）でも，単独でブルジョワ・ブロックをリードする余裕ある勝利であった．左共産党（5.6％，20議席）を合わせると社会主義ブロックの得票率は50％を上回り，議席数（186議席）も過半数を軽くクリアした[20]．パルメは10月8日，社民党連合政治の伝統的パターンを継承して，単独・相対多数派政権の樹立を選択した[21]．若者層の失業問題と経済危機への政策対応が最重要政策課題であった．

　後述するように，政権樹立後ほどなくして，長い間激しく議論されてきた労働者基金を，《労働者が管理する集合的な投資資金》として形を変えて導入する．結果として労働者基金問題は保守陣営・経済界が希望する方向で終焉することになった．保守陣営は戦後最高潮に達した反・社民国民運動を演出し，難攻不落と考えられていた政権を打倒した．一度突破するとすべてが容易になる．充実感が保守・中道政党に漲った．なかでも，1976年から82年までの6年間に誕生した非社会主義政権4内閣のうち，中央党は3度も首相を出した．中央党は，農民政党としては多くの国のそれとは比較にならないほどの経験を積み重ねることができた．かつては社民党と《赤─緑》連合を形成し，今度は右の政党と連合を組み，新しいタイプのグリーン政党としての存在を表明できた．議院内閣制度の下では，政権担当経験は政党を強化する．中央党は社民党に積極的に挑戦を挑む中道政党として存在感を飛躍的に拡大した．中央党はこの期の政権経験から《権力への距離》を強調する政党に脱皮し，積極的に政局を画策する政党になる．党は社会主義政党でもブルジョワ政党でもないと主張しているが，《赤─緑》連合政権の解消以後は，次第に，非社会主義ブロックへの傾斜が顕著になった．それでも，中間という政党位置と第三党か第四党という政党規模が戦略上の好位置を与えている．民意が左右どちらに揺れても連合形成には無視できない政党になる．その有力感がいっそう発言力を大きくすることになる．

　東欧の動きとも相まって，政権交代はこれ以後，頻繁に発生することになる．政党政治のノーマリセーリングが始まった．

2. 《第三の道》論と《選択の自由》革命

伝統の継承と途絶：カリスマ・リーダーの選択

 パルメは，競争力のある通貨政策（平価切り下げ），輸出振興と積極的な公共投資，労働との社会契約，を通じた経済戦略を基礎に，ブルジョワ政権の経済戦略に挑戦した[22]．ブルジョワ政権時代に落ち込んだ経済の立て直しが当面の政策課題であった．1980年代は苦悩の継続と新たなる挑戦の時代となった．産業界は鉄鋼石，木材などの伝統的な輸出品目から技術集約的な最先端技術産業（電子工学製品，通信機器，化学製品，薬品，輸送・運輸機器）へと重心を移行させた．社民党政権は《第三の道》論（後述）で産業界の期待に対応した．6年ブリの政権復帰を狙うパルメは選挙戦の後半（1982年8月）に，政権復帰後の経済戦略を明確にした．まず，公共投資をカットし公的部門を大幅に縮小しようとするサッチャー主義を否定した．スウェーデン版サッチャー主義を主張していた穏健統一党に，失業者を増大させ，既に投入した資源を無駄に終わらせる路線であるとの論理で反撃を加えた（労働市場の安定はどんな時にも社民党の第一優先課題である）．また，古典的なケインズ主義をも拒否した．消費需要を拡大して，不況を克服するという路線はかつて社民党が30年代に先陣を切って導入した方策であったが，既に大き過ぎる対外債務と財政赤字を抱える経済事情の下では現実的ではなかった[23]．

 政権復帰したパルメの努力で，確かに，1983年から1989年までの6年間は平均成長率が2.6％に引き上がった．その結果，1980年代の平均成長率は，2.1％を確保した．だが，その後，空前のバブル期とその崩壊を経験することになる．80年代後半に，それまで拒否していたケインズ主義的な拡張指向の金融・財政政策を採用した．結果として，不動産，とりわけストックホルム，ヨーテボリィ，マルメなどの大都市地域の不動産が，爆発的に高騰した．金融機関は，積極的に市場に対応した．事務所需要と個人住宅需要を刺激し・誘導した．不動産だけではない，株価も上昇した．典型的なバブルである．この時代，つまり，1984年から1990年までのバブル期には，経済はGDP実質成長率平均2.7％の成長を続けた．財政収支も好調で，最盛期の1989年には対

GDP 比で 5.2％ の黒字であった．これは未だ輝いていた 1971 年の 5.3％ に匹敵する．1989 年が文字どおりのピークになった．バブルはいずれ弾ける．

《第三の道》論：危機克服プログラム

　《第三の道 den tredje vägen》と呼ばれる社民党の新プログラムは，雇用・投資・生産の刺激を狙う選択肢である．長期的展望に立って，産業界と組合運動に明確な指標と政策規範を提示し，計画的に経済を再建しようとするグランド・デザインで，必ずしも，短期的な回復を狙ったものではない．《第三の道》と表現されるのは，失業率を高めるかもしれない緊縮策でも，インフレを引き起こすかもしれない膨脹策でもない，という意味である[24]．第三の道の目標は，スウェーデンの未来のために，生産を拡大し，対外債務を縮小しながら，雇用を確保し，インフレを抑制することである[25]．1988/89 年度予算案では次のように説明されている．「経済政策の第一目標は完全雇用と公正な分配，それに適正な成長である．この目標は，競争力を維持し，公正な配分を達成するために，インフレの抑制を要求する．……適正な成長と完全雇用を結び付けるためには，同時にこの作業に取り組む必要がある．これこそ第三の道の目的である．スウェーデンを危機から脱出させるためには，活力を付けながら貯蓄を促進するよう慎重な努力が必要とされる」[26]．

　《危機克服プログラム》の第一戦略は平価の大幅切り下げと物価凍結であった．1982 年 10 月 8 日（新政権が発足した日），クローナを 16％ 引き下げた．16％ もの切り下げ幅は経済評論家の予測を上回る大幅なものであった．時の財務大臣 K.-O. フェルトによれば，通貨の大量流出を食い止め，スウェーデン製品の国際競争力を強化して，貿易収支を改善するためには，この程度の切り下げが必要であった．実際，生産と投資を刺激し，雇用を安定させ，競争力を回復して，企業収益も改善された．物価凍結策は頻繁に活用されてきた．1970 年に肉類の 16 ヶ月間価格凍結が行なわれて以来，全商品対象の物価凍結を含め，1987 年 2 月 4 日までに合計 44 回も実施された[27]．これだけ頻繁だと混乱を恐れる必要はない．

　第二は，賃金抑制である．平価切り下げ策はそれ自体では，落ち込んだ経済を再建できるものではない．切り下げが期待された効果を上げるためにも，労

働者から提出される賃金補填や賃上げの要求を抑える必要がある．製品価格に直結するからである．社民党はこうした政策領域ではブルジョワ政党に比べ圧倒的に有利な立場にある．組合運動との密接な連携パイプを持っているからである．社民党政府は労働組合と経営団体に向けて，賃上げよりも雇用の安定・拡大を優先しなければならないと言明した．経営陣には賃上げ抑制はあえて拒否する理由はない．一方，組合は賃上げ抑制の見返りに，組合員の不満を解消するためにも，労働市場の安定と福祉サービスの充実を要求した．政・財・労の三者同盟による《危機克服政策》を，少なくとも当初は期待できた．

　第三は，公共投資と雇用の増大である．内需拡大策として，政府―労働間の交渉過程で，政府は短期的な公共投資による雇用の増大策を提言した．①代替エネルギー開発部門：風力発電やバイオエネルギーなど．石油への過剰依存体質を脱却するためにも必要な施策であった．②運輸・交通部門：道路建設，道路管理・補修，鉄道，電信網の近代化．③住宅部門：住宅の修復・改築・増築．この施策は約4万の新規雇用を増やし，各種投資を刺激する原因となった[28]．

　第四は，産業構造の転換である．収益率の悪い部門や企業には，技術開発援助を行なった．回復が絶望的な場合には，新規業務への転換を促進したり，新しい企業と取り替えた．1982/83会計年度では工業関連の財政出動の4分の3が生産の縮小・調整に向けられた．改善・開発・成長に向けられたのは僅か4分の1だけであった．1984/85会計年度にはこの比率が取り代えられた．この辺りの対応は伝統的に迅速で巧妙である[29]．

　《第三の道》プログラムは，長期的にはともかく，短期的には成功を収めた[30]．政権に復帰した1982年から87年までの5年間で，①国内総生産は13％増えた．②工業生産はほぼ20％上昇した．③工業投資は約60％増えた．④失業は3万減り，2％以下になった．⑤新規雇用が16万増えた．⑥財政赤字は国内総生産の13％強から約1％にまで大幅減少した．⑦インフレ率はほぼ半減した[31]．

　輸出は1982年からの2年間で18.5％も伸びた（輸入は6％の増）．自制と禁欲で国際競争力をという目標は予想どおりの結果を出した．1985年には貿易収支が改善され，資本の流入も順調になった[32]．物質的繁栄を経験したことのある豊かな福祉国家の市民が，自制と禁欲をいつまで続けることができる

か.まして,明るい数字を前にして.第三の道プログラムが前提にしたのは,賃金を抑制して,生活水準の向上を抑え,とりあえず企業の国際競争力を回復することであった.インフレ抑制がどうしても必要になる.政府はLOとの長い連携の歴史から,LOが加盟組合に強力な指導力を発揮し,賃上げ欲望を抑制してくれるものと期待していた.だが,ブルジョワ政権時代以来,長期的な待遇不満を蓄えていたエンジニア組合が個別交渉主義を掲げたことで足並みが乱れることになった.また,地方レベルで,いずれ補完すべき,かなりの所得格差があったことも問題であった.かくして,1984年だけで,賃金が8-10%も上昇した.その結果,インフレが進み,7-8%に達した.第三の道のシナリオがインフレ率4%を基礎にしていただけに,大きな逸脱であった.

紳士と淑女のデモ:コンセンサス・ポリティクス停止宣言

慎重な審議を通して妥協点を模索し,時間をかけて合意に達し,コンセンサス範囲を拡大していくという伝統的なコンセンサス・ポリティクスの技法には,スウェーデン政治には稀有ともいえるこのカリスマ・リーダーは最後まで,なじまなかった.議会内で彼を支えるのが,相対多数政党に過ぎないのに,まるで全能感にとりつかれたように強行突破を策した.野党は恐れ,距離を置いた.ブロック間距離は,最大限にまで開いた.だが,野党は怯まなかった.数年前,政権交代を実現した充実感と達成感を共有していたからである.パルメ首相の前に立ちはだかった.

1983年10月4日,秋議会が開会された.当日,労働者基金反対を叫ぶ大規模デモが首都で繰り広げられ,7万5000人が参加した.この種のデモとしては1917年の農民大行進以来70年ぶりの規模となった.巨大化したLOと強すぎるパルメへの反発・懸念が大規模動員につながったのであろう.この議会で政府が提出した労働者基金法案は前年選挙後の世論の動向を見据えて大幅に穏健化したものであった.

①一般国民年金と同じ枠組みで五つの基金運営委員会を全国に設置する(北部基金,中部基金,東部基金,西部基金,南部基金).②政府は9人の運営委員を任命する.そのうち最低5名は労働者側から任命する.③各基金は当該地方の特色を反映するよう,互いに独立した地位を与えられ,別個の事務所を設

置する．④各基金は毎年最高4億クローナ獲得する．つまり，1年間に合計で最高20億クローナ獲得する．⑤各基金運営委員会はその基金で企業の株を自由に買うことができる．⑥また，協同組合や小企業に金を貸すこともできる．⑦労働者基金の財源は，企業が支払う利潤分担金と一般国民年金の増額分（0.2％）となる．⑧利潤分担金は，株式会社，協同組合，貯蓄銀行，ある種の保険会社にとっては特別税となる．⑨利潤分担金の算出に当たっては50万クローナもしくは企業が支払う賃金総額の6％を控除額として認め，企業が一方を選択できる．⑩利潤分担金つまり利益税は控除額を除いた利益の20％になる．この利益税は次年度の納税時には控除対象となる．⑪それぞれの基金は上場企業の株を最高8％まで買うことができる．合計で最高40％[33]．

　1983年12月21日，164対158票，棄権21の票決で，労働者基金法が成立した．翌日，ブルジョワ3党の党首が合同記者会見して，85年選挙でブルジョワ・ブロックが勝利すれば即時廃止すると言明した．やがて，野党の手でこのユニークなアイデアはほぼ全面的に解体された（1991年に廃止）．今では，それについて語る政治家もほとんどいない．

新自由主義からの批判を横目に：発達した福祉が成長の基盤

　福祉国家批判が20世紀の最後の数十年間に噴出した．新自由主義の論陣からの批判であった．社民党は，新自由主義の登場にはほとんど反応を示さなかった．福祉システムが人びとから自らの責任を奪い，市民のイニシアティブ能力を弱めたという批判は，福祉体制維持の「コストが社会経済を弱めた」という批判へと続いた．こうした保守陣営からの批判に対しては，経済実績で跳ね返すしか方法はない．「最大の経済資源である人間を不幸に追い詰めるような方法で成長などありえない」という理念が強調された．その後の党綱領で明確に振り返っている．経済実績を残した自信の回顧かもしれない．「人びとが逆境に陥った時にその行動力が高まり，また経済のもっとも重要な資源である人間が疲弊し弱体化したときに社会経済が強化されるなどということは，資本主義的な神話 kapitalistisk mytbildning にすぎない」[34]．

　いたずらに不安感を煽り，競争心を刺激し，それを成長バネにすれば，社会経済力，つまり，国際競争力を維持できるという発想は，少なくとも，1人当

たり GDP が 2 万 5000 ドルを超え，しかも整備された福祉システムを既に構築し終わった国では，単なる「権力政治の考え方であり，イデオロギー過剰の発想であり，現実（社会）の中では支持されていない」[35]．福祉国家批判が世界的に吹き荒れる中でスウェーデンは，この軸足を基本的には変えなかった．しかし，世界同時不況の中で，経済実績を容易には示せなかった．政権交代を経験し，1990 年代に不況の長いトンネルを潜らなければならなかった[36]．

パルメ首相の暗殺：《開かれた社会》の代価

　社民党は，1985 年選挙でも不安なく臨んだ．労働市場は安定し，生産は上昇し，悪化を続けていた貿易収支にも一定の歯止めがかかり，投資も回復した．公共投資も上向いた．ブルジョワ政権時代に比べれば，すべての経済指標が明るくなった．負ける不安はなかった．そして，実際に，勝利した．85 年選挙でのパルメの行動は鮮やかであった．自信に溢れていた．サッチャー主義の導入を主張する穏健統一党を積極的に批判した．労働市場の安定を何よりも重視する《第三の道》が支持されたかどうかは分からないが，新自由主義が支持されないことだけは明白になった．穏健統一党は，大きく後退した．

　1986 年 2 月 28 日午後 11 時 21 分，一発の銃弾が現職首相の生命を一瞬にして奪った．「暴力はいかなる問題も解決しない」――パルメが好んで使ったフレーズである．あらゆる種類の暴力を憎み，政治的手段としての暴力を廃絶するために，懸命な努力を惜しまなかった首相が，皮肉にも暴力でその一生を終えた．家族での映画鑑賞の帰途であった．護衛はつけていなかった．仰々しく護衛に取り囲まれることを，ことのほか嫌っていた．まして，私的行動に護衛をつけるなどということは，一番嫌いなことであった．パルメには《開かれた社会・スウェーデン》と，スウェーデン民主主義の成熟度に対する絶大なる自信と信頼があった．数多くの警官や秘密警察が身辺警護に当たり，パトカーや戦車まで動員して政治家の安全を確保するという事態は，《成熟した民主主義国家》には馴染まない．パルメはそう考えていたに違いない．その意味で，この悲劇は，《開かれた社会》（とそれへの過剰期待）の貴重な代価とも言える．彼がスウェーデン・デモクラシーに信頼を置いていなかったら，真夜中に警護も付けずに街を歩くなどということはなかったであろう．もっと用心深く，多

くの権力者がそうするように，護衛をつけたり，サイレンを響かせて疾走するパトカーに先導させていたであろう．パルメは，市民との間に壁を作ることを好まなかったし，市民と権力者の違いを権威主義的な方法で表現することを嫌っていた．国王ですら気軽に街を歩き，声を掛けてくる市民に笑顔で返礼する国である．《開かれた社会》に対する信頼と自信が大きかったとしても無理はない．だが，信じられないコトが，信じられない場所で，信じられない方法で，発生した．

I. カールソン：実務家型首相

　パルメ以後の問題が発生した時，社民党の対応は早かった．51歳の副党首I.カールソンが自然に浮上し，そのまま政権についた．シナリオ外の悲劇が現に発生し，後継者問題が未来の問題ではなく，緊急の問題になった時，カールソン以外の選択は考えられなかった．党の緊急幹部会でカールソンの名が出され，マスコミに発表された時，すべての後継者問題が解決された．彼以上の適格者はいない．政治的空白は一切なかった．後継首相として具体的な名前が発表され，その名を聞いて市民が，一瞬立ち止まって記憶を呼び起こし，そして次の瞬間にあらためて納得し，その結論の妥当性と健全さに大きくうなずく．カールソンとはそういう人物であるように思える．

　1934年11月9日にヨーテボリィから東に60キロほど離れた美しい田舎の小都市・ボロースで労働者階級の三男として生まれた．ルンド大学で政治学を専攻し，社民党学生クラブの議長を務める24歳の政治青年の政治的力量を発見したのは国民の父・T.エランデルであった．これ以後，パルメとともに[エランデルの秘蔵っ子]に成長していく．首相府次官，アメリカ留学，社会民主青年同盟SSU議長，国会議員（31歳），教育大臣（35歳），住宅大臣，副首相，そして，首相．

　彼の政治的軌跡をフォローすれば，彼が一種の運命論者であるかのような錯覚を覚える．多感な青春時代に経験した不公正で，社会と政治への関心が刺激され，不公正のない社会を目指す過程で社会民主主義に出会い，そのまま政治家の道を選択した．エランデルとパルメに出会い，訓練された．党内ポストを与えられ，任務を忠実に果たしているだけで次のポストが用意され，気がつけ

ば副党首，副首相にまでなっていた．ごく自然にナンバー 2 の地位に辿り着いたような印象を与える．飾らない人柄と任務遂行能力，そして，自然流の生活スタンス．こうした人物には欲望渦巻く権力闘争劇は似合わない．そして，そうした人物だからこそ，パルメが暗殺された直後の党幹部会で異議もなく後継者に指名されたに違いない．後継者指名の席では外務大臣の S. アンダションが会議をリードした．「カールソン以外の誰も暗殺されたパルメ首相の後継者たり得ない」．この一言ですべては終わった．異議の出る余地はなかった．誰もがカールソンの人柄と能力を知っていた．誰もが，首相というイメージで彼を見たことがなかっただけであった[37]．

　彼の手で，スウェーデン政治は大きく転回する．ベルリンの壁が崩壊し，伝統的な中立政策に再解釈の可能性が生まれたからである．EC（欧州共同体；現 EU＝欧州連合）加盟を申請したのはカールソン首相であった（1991 年 7 月）．それは，国際競争市場への参入とそれに伴う国内構造改革の急務を意味する．伝統的な一国福祉国家主義からの離陸でもある．人柄は温和で合意形成指向．だが，国際政治の状況は，ブロック間競合とブロック内競合の複合体をいっそう錯綜させ，ある種の混沌状態に投げ入れることになる．数年後，G. ペーション首相や A. リンド外務大臣が，財界リーダーとユーロ加盟国民投票での賛成を求めて，同じ隊列で演説する風景など，この時点では，未だ想像できなかった．

C. ビルト首班ブルジョワ 4 党連合政権：《選択の自由》革命

　1989 年のベルリンの壁崩壊は象徴的であった．激動を予感させた．その直後の 1990 年からバブル崩壊が始まる．1991 年のソ連共産党の解体は不透明感を地球規模で拡大した．二つの激震に直面して，小規模国家の経済は，激しく揺れた．鷹揚に借り入れ需要に応えてきた金融機関が，膨大な不良債権を抱え倒産の危機に直面した．株式市場の動揺も例外ではない．暴落が続いた．

　1991 年選挙で，社民党が敗北した．10 月 4 日，第二党である穏健統一党の C. ビルト党首が首班となる 2・3・4・5 位連合政権が樹立された（穏健統一党＋国民党・自由＋中央党＋キリスト教民主社会党）．経済低迷が長引く中で，国民は，転機を求めたのであろうか，保守政党なら産業界に強いので，経済再

建が期待できると判断したのであろうか．この連合政権はブルジョワ・ブロックの連合政権としては珍しく，次の選挙まで継続することになる．首相の個人的な凝集力がそれを可能にした．

　しかし重税政策批判だけを連合軸にするだけでは，90年代の経済危機は克服できなかった．1991年，銀行危機が発生．金融市場を開放すれば，いずれどこかで経験することになる事態を，経済運用に不慣れな4党連合が政策対応する必要が生まれた．金融不安は拡大・継続した．銀行では，総融資残高の約10％相当額が不良債権化した．約900億クローナから1200億クローナであった．いくつかの銀行は経営破綻の危機に陥った．金融界の動揺ぶりは今も企業家たちの間で，語り草になっている．金融界全体が茫然自失の状態であった．ブルジョワ4党連合政府には金融・財政の定評のある専門家がいなかった．《政権への距離》に違いがある4党が連合を組んだわけである．連合パートナー同士は隣接同盟であっても，一番右の政党とその反対側にある政党では，4党分の距離がある．経済運営は難しい．政府財政も急激に落ち込んだ．財政収支が悪化．1993年には対GDP比で，実に11.9％の赤字となった．これは，福祉経済秩序の維持にとって壊滅的な数字であった．政府累積債務も急膨脹した．累積債務がGDPのほぼ100％にまで膨れた．時代の流れはEU加盟であったが，通貨同盟への加入など問題外の水準に到達した．労働市場も最悪の事態に直面することになる．失業率が2桁になり，文字どおり，空前の失業時代となった．社民党の経済政策を批判して政権交代したはずの保守・中道連合政権は，その期待に応えることはできなかった．製造業，建設業，金融業，地方自治体での雇用が縮小した．

　ビルト首班の保守・中道連合政権は，予想どおり，短命政権に終わり，経済悪化を引き起こしたまま幕間に消えるが，ビルト首相のメッセージは，時代の風を表現し，それ以後の合意形成型政治に重要な影響を与えた．3年間と短命であったが，政権交代が常態であることを決定づけた．メッセージは明確であった．《選択の自由》革命である．従来は，福祉サービスはもっぱら公的部門のほぼ独占領域であった．1990年代には，構造改革論が盛んになり，市場指向型福祉サービス提供が導入されることになった．競争が効率を増大させるという発想である．政党政治の世界とか経済的必要ということではなく，政策専

門家の知識とか新しい発想ということで NPM（ニュー・パブリック・マネジメント）は広がりを見せた．実際，政党政治家のスピーチで NPM が頻繁に活用されるという現象はあまりなかった．ビルトの《選択の自由》革命論が，社民党政権への選択肢として提示され支持を集めた．競争原理を導入して，市場化を進め，市民が複数の選択肢から選択できる余裕がほしい．豊かな福祉国家のステークホルダーには，それに首肯する市民も着実に増えていた．普遍主義と平等主義を基線とする伝統的な考え方からすれば，市場の力に福祉サービスを委ねるという発想は，もともとは対極にある思想であった．だが，グローバル化の波は確実に，スウェーデンの岸を襲うことになった．

　政権担当を宿命づけられる政党が時代の潮流を読まないわけはなかった．NPM が最初に議論されたのは社民党内の左の部分においてである．民営化的な要素はその発想には含まれていなかったが，「擬似市場」や「消費者の選択権」は，公的部門の内部でのみ使用される組織的工夫として認識されていた．1982 年から 1990 年まで財務大臣であったフェルトは公的部門改革の最も熱心な唱導者の一人であった．社民党内部の伝統的ムードは，公的部門に関する議論となると，公的部門内でのデモクラシーや消費者選択が議論の中心になるが，そんな同僚とは対照的に，フェルトの主たる関心は，公的部門の規模とその生産性であった．それ以後，財務省から発表される印刷物のほとんどが，社会サービスセクター内部へのさまざまなタイプの NPM 的方策の導入を主張していた．運営責任の分権化や，成果主義支払い制度，委託契約，公的セクターと民間セクターの競合など．分権化と規制緩和を導入した．教育，医療，社会サービス部門での多くの規制が除去された．党内衝撃度は低くなかったが，ビルト首相誕生の衝撃に比べれば，政党市場での衝撃は小さかった．ビルト首相の誕生で NPM が主張していた市場的側面強化メカニズムに対する高揚感が一気に盛り上がった．福祉サービスの部門で，いくつかの実験的手法が導入された．地方政治家は，コストを削減し，利用者満足度を高める方策であると信じていた[38]．

　もし次の総選挙でも勝利し，ビルト首相の手で EU 加盟のドアを開けていたら，この政権の「ヨーロッパ化」推進衝撃がいっそう明確に認識されたであろう．《選択の自由》は社民党にとっても，政策基線の重要な構成要素としてい

よいよ大きな意味を持ち始めた．1991年選挙以後，地方政界に，ごく当たり前の政権選択肢として，保守・中道連合政権を数多く誕生させることになる．民営化・市場競争という概念が市民レベルで定着する大きな契機がビルト政権であった．下から積み上げる形を取るスウェーデン型デモクラシーでは，地方政界は国政の反射鏡である．

3. グローバル化，コーポラティズムの終焉，EU 加盟

グローバル化と国際競争力：産業界の不安と焦燥

　グローバル化が古いモデルを機能不全に追い込んでいる——産業界は国際競争の激化に直面してそう判断した．1991年11月，スウェーデン経営者連盟 SAF の執行部は，未来はどうなる，企業は賃金形成が分権化されたらどう機能する，という問題に真剣に取り組んだ．既に1987年の SAF 大会以来議論を重ねてきた．『市場とダイバーシティ Marknad och mångfald』というタイトルでまとめられた．いまや，議論ではなく，どのように実行に移せるかが問題であった．問題を動かすのは産業別連盟次第であり，SAF としては意見形成という形でその作業を支援することになる．こうした議論の出発点は，古いモデルが国際化など環境変化に直面して持ちこたえられなくなったことである．1980年代について言えば，賃金コストの上昇は約7％であったのに，生産上昇は平均で1.5％であった．当然のことながら，国際競争力は損なわれることになる[39]．

　経営者の大方の感想は，コーポラティズムと集権化に傾きすぎたというものであった．グローバル化に対応できそうもない．持続可能性を考えると，伝統的な慣行は廃止の時ではないか．当時の不況の深刻度を映し出している．スウェーデン・モデルは，第二次大戦後の最初の10年ほどの間に世界的に有名になり，1960年代後半にかけて定着・発展し，それとともにコーポラティズムの色彩，中央集権的色彩が濃密になった．経済人の共通認識はこの周辺にある．そして，《北欧のユニークな国》という印象とともに，その経済運営論理は，世界の常識の多くからは孤立していた．誤解も無理解も同じくらい大量に世界に広がった．そして，80年代後半から，不況の深刻化とともに，増大するグ

ローバル化の流れに完全に対立する論理であるという議論が経営者団体の中で広がった．スウェーデンの「3段式ロケット，つまり中央交渉，産別交渉，地方交渉の3段階交渉主義，が実現してみせた不釣り合いなほどの高い賃金水準の前提条件は，平価切り下げであった．問題は，この賃金形成方式が，持続可能性を持っていないことである．社会経済的にも，企業経済的にも，私的経済の観点からも，有効でないことである．成長につながらないし，資源の配分の助けにもならないし，個人の財布により多くのお金を与えることもない．個人的なイニシアティブと発展の誘因を提供していない」[40]．

この種の見解は，黄金時代のSAFとLOの関係からは想像がつかない．SAFとLOはもはや以前とは同じ役割を演じていなかった．以前は双方が互いを思いやりながら交渉していた．その当時は，内部の議論では，相手側の態度・見解をできるだけ正確に表現することが重要なことであった．黄金時代・全盛時代には，「LOの議長は，LOの大会ではSAFのスポークスマンと見られることもあった．SAFの議長が，経営者同士の議論の中で労働組合運動を説明し，擁護しようとしたことは決して珍しいことではなく，頻繁に見られる現象であった」[41]．

1990年代になるとSAFは労働市場のルールや団体協約に関する議論を積極的に継続した．国家の役割と責任に関する議論であり，賃金形成過程で組合や経営者団体がそれぞれのレベルで，どのような影響力を行使すべきかをめぐる議論であった．経営者団体は1980年代の初頭から，既に，国家を巻き込まないという伝統は維持しつつ，中央組織指導の調整型交渉モデルからの離脱を指向し始めていた[42]．

レーン・メイドネル・モデルの解消：コーポラティズムの終焉

1990年2月2日，SAF執行部は，二つの決定を行なった．この二つの決定は，フォーマルな公的意思決定機関の一部となってきた伝統からの離脱を意味した．一つは労使交渉の分権化（中央交渉主義の停止）であった．賃金および一般的な労働条件に関する交渉は，産業別連盟とそのパートナーである組合の間で行なうとの決定であった．ホワイトカラー労働者に関する賃金交渉については例外的に，当分の間はSAFが引き続き担当すると決定した．LOとの中

央交渉主義から撤退し（レーン・メイドネル・モデルの解消），分権化するというのであれば，利益団体の代表として意思決定過程に定位置を保持する正当性がなくなる．もう一つの決定は，公的機関の執行部門からの撤退である．つまり組織的な役割として，公的機関・官庁の管理部門で与えられてきたポストを返上することを決定した．この二つの決定によって，コーポラティズムからの撤退を組織として宣言したことになる．労働市場政策のスウェーデン・モデルと成長を共にしてきた仕組みの終焉である．SAF がほとんどの公的機関の執行部門から撤退するという件については，1991年1月に最終決定が SAF の理事会で行なわれた．SAF は，公的機関の意思決定に従来どおり組織参加することは控える，ただし，諮問機関への参加については認めるとの原則は既に1985年に決定されていた．

組合運動にとってはパートナーの一方が降板すれば継続は困難である．苦悩の断絶であった．1980年代後半から明確になったグローバル化と社会構造の変容が従来型の中央集権的賃金交渉方式・対応に挑戦した．工業社会から情報社会へ，製造業中心からサービス産業中心へと社会構造が変容するにつれて，社民党は適応能力を問われることになった．ブルーカラーの政治的凝集力に期待し，それを政治過程に誘導するだけでは済まなくなった．グローバル化は製造業の多くの領域で，合理化・省力化・ロボット化を余儀なくし，低生産部門の余剰労働力を吸収するだけの余力がなくなった．また，企業の多国籍化を促進した．輸出指向の強い製造業中心の工業社会．それが産業構造の伝統的姿であった．そのため，経済構造はグローバル化が本格化する前から開放的で，多国籍化は，国内市場が小さい工業国家としては，選択の余地のない企業戦略であった．資本と経営の重心が別々の国にその錨(いかり)を下ろした．それが当たり前の風景になってきた．多国籍化した大企業は，「国内での雇用や賃金をめぐる労使妥協の枠組みに大きなメリットを見出さなくなった．経営側は集権的な賃金決定システムからの離脱を表明し，その結果，積極的フレクシビリティの前提となっていた連帯賃金政策の貫徹が困難となった」[43]．

SAF のコーポラティズム解消理由

コーポラティズムの原則に関する議論は1980年代の大半を通じて活発に議

論されていた．組織内ではさまざまな意見が噴出していた．SAF の内部で1980 年代後半に行なわれた議論は興味深い．政治責任明確化の必要をまず強調した．「なによりも，コーポラティズムは，政治システムと利益団体の間の境界線を消し去ってしまう．コーポラティズムは政治家から，本来政治家が果たすべき責任を奪ってしまう．それによって，デモクラシーを弱体化させてしまうことになる．一方，利益団体のほうでは，そのメンバーの利益をひたすら実現しようとする．そのため，官庁の行政行動を通じた社会の全体的な利益に意を払わないことになる．決定と責任は一体のものであり，政治的責任は利益団体によって肩代わりできるものではない」[44]．

そして，次いで，コーポラティズムそのものの保守性を批判した．「コーポラティズムは，公的機関・官庁の構造を保守し，必要とされている公的セクターの改革を妨害しようとする傾向がある．実際のところ，公共機関・官庁の活動のなかには，決して生産的とはいえないような行政事務がたくさんあった．こうした部分については，市場原理で企業に任せるべきである．コーポラティズムは，こうした活動に対する政治の影響力を維持することに加担している」[45]．

第三に，SAF 自身の目標設定と活動との関連で，コーポラティブな関係を切断する理由があった．行動の自由を確保したいという欲求である．「行政機関・官庁の管理部門に参加することは，利益団体の行動の自由を制限することになる．公的機関・官庁はその業務領域内で，行動指針を決定するが，それによって利益団体の代表はその決定に拘束されることになる．時には，官庁の中では利益団体の代理者と映るかもしれないし，それと同時に，SAF の中では，官庁の代理者と映るかもしれない．これでは，産業界自身の新発想，開発，問題策定が難しくなる．企業は，どこで・どのように問題を取り上げるかを，行政機関の指針に決めてもらうのではなく，自らの判断で決定したいものである．SAF はそうした場合，企業に支援を与え，自由にインフォーマルな契約を促進するよう仕向け，行政機関の決定に拘束されることなくロビー活動を展開することになる．もちろん行政機関に自ら疑問を投げかけることも，要請を行なうこともできる」[46]．

サルチオバーデン主義からの離陸，コーポラティズムからの離縁宣言の背景

にある理由は，国際社会の変動とそれに呼応する産業界の構造変化である．1950年代に，SAFは中央組織主導の賃金交渉主義を積極的に活用し，その時代の問題を解決した．国際化，サービス産業化，合理化・自動化，はSAFの内部を大きく変えることになった．50年代に問題解決に役立った手法の一部は，問題解決の阻止要因になった．SAF加盟のさまざまな産業別連盟から批判が続出し，拡大した．「数多くの小企業を構成員に抱える産業連盟は，国内市場指向であり，一般的に，保守的で，中央交渉主義を評価する傾向が強かった．」[47]．輸出指向の大企業メンバーが多い部門では，分権的な賃金交渉主義を望んだ．国際競争力を念頭に置いた判断であった．低賃金・長労働時間で追い上げてくるアジアの新興工業国家と国際競争市場で競争しなければならない．生産コストの上昇速度が国際比較しても高すぎた．その分だけ，輸出産業は，かなり以前から，市場占有率を低下させてしまっていた．賃金上昇が価格引き上げに繋がり，それが新しい賃上げ要求を加速させる．多くの団体交渉に組み込まれた賃上げ，利潤確保，物価対応，といった要素が自動的に，こうした悪循環を強化する結果を生んでいる．一様には経済成長しないので，ヒズミが生まれる．いくつかの成長領域では，雇用機会が大きくなり，利潤も急上昇する．連帯賃金の原則から，現実的な賃上げ理由のないその他の団体協約での横並び要求に繋がり，結果として賃金上昇が進む．

　国際化・グローバル化の波は，国内ルールの思惑を超えて産業に影響を与える．ダイバーシティが拡大する．そんな過程で，決定が下された．「SAFはこれ以後，組織としてこれまで演じてきた役割を停止することになる」．決定に踏み込んだのは作業委員会であった．理事会の中では依然としてためらいが多かった．1989–90年度の賃金交渉の経験から，多くのメンバーは不確かな気持ちで決定した．この年の賃金交渉は，まだ，中央組織主導の調整主義で行なわれた．余韻の残る中での決定である．長い伝統を捨てる作業は，少なくとも，精神的には，簡単には割り切れなかったのであろう．「スウェーデン・モデルの遺産はいずれ霧散してしまうであろう」[48]．

1992年金融危機：グローバル化の衝撃

　国内市場がもともと小さいため外向き企業が多い国であったが，グローバル

化の進展の中で，スウェーデン産業の国際市場への依存度が 1990 年代にいっそう高まった．国内ルールで国際試合は戦えないことが痛感された．ベルリンの壁が崩壊して，EU 加盟の可能性も確実に射程距離に入った時代である．経済システムは 1980 年代末に金融市場が規制緩和されることによって，世界に向かって大きく開かれた．資本の流れが国境線を越えて自由に流入・流出することになった．スウェーデンらしさを育んできた防波堤の一つが，グローバル化の波に流された．金融市場だけでなく，住宅市場，電力市場，通信市場も規制緩和された．規制緩和は，新しいアクターを誕生・参加させる余地を作り出した．そして，その新しい参入者が制度的構造の変化を引き起こした．いくつかの領域で，公的な独占体制が崩され，それが新規企業家を大量に生み出す培養器となった．

　1992 年に通貨危機が発生したが，これはスウェーデン産業が国際市場と連動していることを国民に教える貴重な効果を生むことになった．通貨であるクローナが大量に海外に流出した．多くは，スウェーデン企業が積極的に海外投資したためであった．大量流出が通貨に圧力をかけてしまった．1992 年にスウェーデン・クローナは弱くなり，同時に，海外からの大規模投機の対象になってしまった．政府と中央銀行は懸命に防戦した．通貨の価値下落を阻止するために，あらゆる策がとられた．流出阻止策として，遂には利子が一時的に 500% にまで引き上げられた．その後，政府も介入を諦め，通貨を自由に流動させた．「正確に表現すれば，通貨は一度，石のように沈み，スウェーデン経済の改善と軌を一にして，通貨も回復したのであった」[49]．

　通貨危機の後，外国企業による直接投資が飛躍的に増大した．数字がその勢いを証明している．1980 年代には海外からの投資資金によるスウェーデン企業の所有率は 10% 以下であった．1990 年代の最初の年には，約 30% に増大した．いくつもの大企業が海外企業に買収もしくは吸収された．アストラ Astra，AGA，ア・ベ・ベ ABB，ストーラ Stora，ボルボ Volvo 個人車部門，サーブ SAAB 個人車部門など，スウェーデンを代表する企業，国の代名詞でもあった企業がそれに含まれていた．株式銘柄としては依然としてスウェーデン企業であったとしても，実質的には国際所有企業になる企業がそれ以後も確実に増えている[50]．

企業の所有形態が国際化すると，国内労働市場の伝統的スタイルは次第に意味を低下させてくる．企業経営・所有にダイバーシティが入り込んだ．海外に住む大株主は伝統的な北欧流労働市場の慣行にあまり興味がないかもしれない．買収・吸収の対象であると同時に，売却・合併の対象にもなる．企業文化に違いが出てくる．スウェーデンの大企業経営者に比べたらスウェーデン労働市場への参加や影響力行使には関心が低く，優先順位も高くないかもしれない．グローバル化ということはそういうことであった．同時に，国内の労働市場も多様化した．在住外国人の従業員も，外国人社員も，それに在住外国人起業家も確実に増えている．昔ながらのスウェーデン流が，以前と同じ意義を持つようには思えない．こうした背景の中で，スウェーデン人の人生に対する姿勢やライフスタイルが大きく変わった．1990年代の社会を見ると，「個人の権利や自分の人生を作り上げる可能性についてそれまでとはまったく違った考え方・信条が生まれ広がった」[51]．「これはエゴイズムの拡大という問題ではない．個人やパーソナルなものに対する信念の問題である．伝統的なスウェーデン・モデルが内包していた集合主義的もしくは脱個人主義的な側面とは対照的な心性である」．「起業家がナショナル・ヒーローになった」．企業経営がプラス・イメージで語られるようになった．かつてなら，特に，参加の革命が吹き荒れた60年代には考えられない風景である．「これこそが，1990年代のスウェーデンの労働市場に新しい仕組み・発想が生まれてきた重要な背景理由である」[52]．

1994年選挙：EU加盟へ

　1994年選挙では社民党が勝利し，10月7日，政権に返り咲いた．大方の予想どおり，経済低迷期にブルジョワ政権では有効な対応策を期待できなかった．3年間のブランクで，経済はさらに悪化していた．内閣には緊急の経済政策が要請された．雇用増大と国家財政再建が最重要課題とカールソン首相は判断した．1994年までの経済危機時代は戦後最大のマイナス成長期となっていた．社民党は懸命に財政再建に取り組んだ．政権交代して1年経った頃から，ようやく上向きに転じた．1994年から2000年までの平均成長率は3.1％を記録した．90年代初めには失業者とAMSセンター（労働市場庁訓練センター）で職業訓練を受ける受講生を合わせると，労働人口の約12-13％に達していた．

労働市場政策を至上課題にする政権の努力が実り，労働市場にも明るい兆しが僅かながら見え始めた．

　カールソンの課題はもう一つあった．EU 加盟問題である．スウェーデンは決定的な大転換を遂げることになる．伝統的な対外政策基線である非同盟・中立主義を冷戦構造の終焉に対応して，大胆に解釈し直し，あえて EU 加盟に踏み切ったのである．「北欧のユニークな福祉国家」から「ヨーロッパのごく普通の工業国家」への転換である．福祉既得権層を説得しながらヨーロッパ市場で生き抜くために，社会・経済システムを構造改革していく作業が始まったのである．既に 1980 年代後半から EC 向け投資が急増していた．1991 年 7 月 1 日に，カールソン首相が EC に加盟申請した．そして，1992 年 5 月には，EFTA（欧州自由貿易連合），EC 閣僚会議で EEA（欧州経済領域）協約に署名・調印した．産業界では既に 1980 年代後半には，EU 加盟に傾斜していたが，外交・防衛政策の基線がそれを難しくしていた．ベルリンの壁が崩壊して，その懸念が一気に消し飛んだ．

　1994 年 11 月 13 日に EU 加盟国民投票を実施し，僅差で加盟を決定した．EU 加盟によって下方修正しなければならない政策分野のステークホルダーは反対に回った．女性有権者と環境保護論者である．ヨーロッパ並みにするということは，自動的に女性環境も環境保護政策も水準を下げることを意味するからである．それに国民統治の生命線ともいえる徹底的な情報公開が EU 並みに低下することを懸念する伝統的な社民党支持者も反対に回った．労働運動の大半は，資本そのものがグローバル化・多国籍化の波の中にある以上，それとの対抗は EU の枠組みの中ではじめて可能になると判断していた．伝統的な社民党員の反対を制して加盟を決定した．新しい枠組みへの対応速度の早さは合意形成型政治の特徴の一つである．

　1995 年 1 月 1 日に正式に EU に加盟した．外国政策の大転換であった．北欧協力論の枠組みから，ヨーロッパへと舵を切った．国家のノーマリセーリングの本格的始動である．いずれ大陸ヨーロッパで発生するさまざまな事態は，スウェーデンでも起こることになる．その第一歩を踏み出した．加盟後の対 EU 政策は非常に明確である．EU 基準よりスウェーデン基準が高いと思われる政策領域では，スウェーデンの基準や方策を EU に輸出しようとする試みが

あった．例えば，平和維持活動，環境保護，途上国援助，社会福祉政策，男女共同参画，情報公開などの領域である．スウェーデンが最も自信を持つ政策領域である．反対に，EU 政策に対する国民の支持が薄いと思われる政策領域は，通貨政策，欧州憲法条約，共同防衛政策，である．

　金融政策の実質がフランクフルトですべて決定されるシステムは，柔軟で頻繁な金利・通貨切り下げ策で輸出振興を図ってきた貿易立国としては，不安が残る．5 億をカバーする国際組織に 1000 万弱の小国がどこまで発言権を維持できるか．不安は消えない．その後，ユーロ加盟国民投票で明確な「ノー」と回答したのは，偶然ではない．不安感とワンセットの決意であった．政治リーダーはそれを乗り越えた先に，未来図を描こうとしたが，国民は，黄金時代へのノスタルジーに引き戻されたようである．「北欧のユニークな国」として独自で路線を走れる．国民の思惑とは別に産業界は行動する．本社を移し，役員の居住地を移し，メインバンクを移してしまう．政治・経済リーダーと国民の通貨観の相違をどうして埋めるか．年に数回海外旅行するときにだけ金融や通貨を考える有権者層と，その活動のすべてが金融・通貨と連動しているリーダーの認識ギャップを埋めるための時間がかかるほど，後払い債務が大きくなる．政権担当政党は，機会を見つけて，通貨統合国民投票の再実施を提案することになろう．

第5章　転換期②：ヨーロッパのスウェーデンへ

1. G. ペーションと市場競合への積極的対応

G. ペーション：財政再建と安定成長

　1996年にI. カールソンが突然引退を表明した．政治の世界以外にも魅力的な世界があるはず，人生の多くを政界で過ごしてきたのでそれ以外の世界も見たい——政治家の引退理由としては稀有なメッセージを残しながら淡々と表舞台から去った．3月22日，G. ペーションが党首・首相職を後継した．人気のM. サリーン，実力のペーションといわれたが，公用クレジットカードの不正使用などで人気を失墜させたサリーンが敗北した．僅かな金額の不正でも高負担を求める政党には容赦がない．今もその時に購入したチョコレートの名前がメディアの世界に残っている．

　ペーションは2006年選挙でまさかの敗北をするまでの10年間，首相を務める．T. エランデル以外では，長い政権担当記録である．経済に強いという定評どおり，財政再建しながら経済を上昇させた．個人生活でも国家財政でも巧みな経済運営であった．

　EU（欧州連合）加盟後，国民の間で大きな議論をその後引き起こしたユーロ加盟問題が残されたが，前提条件をクリアできなければ，議論の余地はない．加盟条件である，［対GDP（国内総生産）比財政収支3％以下の赤字］というハードルを政権担当1年後の1997年に達成した．1997年の対GDP比財政収支は－2％であったが，1998年には早くも1.9％の黒字に転じた．1998年選挙では，社民党は不安なく勝利した．経済実績がそれ以外の選択を寄せ付けなかった．首相は，公的部門のうち，経済危機克服策を遂行した時代に縮小した部門を再建した．公的部門であるがゆえの迅速な政策対応であった．退出も再入場も公的部門であるがゆえに，衝撃緩和させながら政策転換できた．

経済は順調に推移した．福祉も成長も追いかける社民流政治でも短期間に結果を出した例外的な事例であるかもしれない．2000年以後はほぼ3%前後の成長率を示している．2002年・2003年は1-2%の成長率であったが，2004年には3.5%を記録した．財政事情も順調に健全化している．2000年には対GDP比財政収支が5.1%の黒字となった[1]．

ペーション政権は，経済成長，自然環境保護，福祉水準維持，文化多元化など複合的政策目標を同時に，バランスを取りながら，長期的な視点で，追求・推進した．豊かな社会の基準を貯金通帳のゼロの数ではなく，個人の自由と尊厳，自己実現のための選択肢開発に向けてきた．そうした政策が，うまくいった秘訣ではないか．1990年代の経済停滞時に，「福祉国家の制度疲労」論が展開されても，じっくり頑固に福祉社会の充実に励んできたのが2000年になって成果を生み出したのではないか．とりわけ，財政赤字を克服したのは評価されよう．「次の世代に負担をかけない」姿勢は見事である．また，政府債務残高対GDP比を時系列で見ると，首相の財政力量が理解できる．1990年には緊縮財政の影響で42.7%にまで下降した．経済が回復基調を迎えて対GDP比一般政府債務残高が増大し，1994年には76.2%とピークを記録した．首相に就任したのは1996年．当時話題になったが，ユーロ加盟の経済収斂条件は60%台であった．加盟意欲をどんなに表明しても，加入条件を満たしていなければ問題外であった．債務返済が加速的に進んだ．2000年には52.8%，2004年には52.0%にまで下降し，2005年には47.3%へと向かった．財務大臣としてその力量が高く評価されていたが，債務縮小，失業率，財政再建，どの政策領域でも見事な実績を残している．

EU加盟に伴う変化：市場競合への対応

グローバル化は遠慮なく企業の国際競争力を問うた．90年代には高失業率が高負担型システムを襲った．競争社会の到来は，所得格差を大きくした．1990年代の初頭では，上位5%の高所得層の所得額は，下位5%の低所得層の3.5倍であったが，2000年ではその格差が4.5倍になった．格差拡大速度が非常に速いのが大きな特徴であった[2]．

EUに加盟するということは，競合力を試される時代への突入の決意と覚悟

の表明であった．1980年代中期以後，競合が，周辺諸国だけでなく，スウェーデンでも，未来を形成するツールとして重要になった．この時代の趨勢を分析すると，時代の発展方向がすぐに明らかになる．まず，EUと共同の市場創設というビジョンが，ヨーロッパ全体に行きわたった．そして，経済のグローバル化が進み，公正な競争を国際的に行なうための共通の市場ルールの必要性が認識された．さらに，消費者の権利という概念が広がった．もちろんベルリンの壁の崩壊がこうした趨勢を加速した．その後，いわゆるリスボン戦略では，こうしたことを踏まえ，EUが世界で最も競合的でダイナミックな知識を基盤にした経済システムになる努力を行なうという決意が表明された．EUに加盟するということはそういう意味であった．もともと，EEC（欧州経済共同体）の時代から，欧州統合という発想は，国家間の協同を射程に収めた上で，市場競合という思想の上に構築されてきた．《市場競合のための協同》である．そのモデルであり，競合相手であったのは，アメリカにおける巨大な統合された市場であった．競合を基軸にして，ヨーロッパの未来を考えるという構想であった．EUに加盟した時点でこの覚悟があったはずである．

　1985年以後，市場経済論が社民党の内外で議論された．伝統的には市場経済と国家介入との《第三の道》論，プラグマティックな均衡論が経済運営技法の特徴であった．例えば，1930年代の経済恐慌時代には，競争よりも，カルテルと協同の持つ経済問題解決力を高く評価したし，それで乗り切った．経済的安定を実現する手段として，産業界や労働市場に協同し合うよう誘導した．だが，1990年代前半に，前例があまりないほどの経済危機に直面した．かつてなら，危機が生ずると競争という思想は評価を下げ，倉庫の中にしまわれてしまうのが常であった．だが，今回は，驚くべき事態が発生した．競合思想が力を得た．市場や競合思想はもはや，好調な時だけの発想ではなくなった．スウェーデンのヨーロッパ化は，EU加盟を契機として確実に進んでいる[3]．

　1990年代はなべて高失業率の時代であった．高負担・高福祉システムには最も辛い逆境であった．96年には遂に，12.8%になった．そのうち7.6%は純粋な失業者，残り5.2%は政策対応による失業救済労働従事者であった[4]．6ヶ月以上の長期型失業者は8万6336人であった．問題は，若年層の失業であった．18歳から24歳までの若年層の純粋失業者は6万3209人であり，政

策対応による失業救済労働従事者は6万9065人であった．学校を卒業した若者が失業者という地位で社会にデビューし，それが長期化すれば，高負担型福祉システムは持たない．若年層の半分は政策対応で労働市場・教育現場に参加する経験を与えることができたとしても，半分は失業保険を最初の所得として受け取ることになった．回復は想像以上に早かった．財政問題では解決力に定評のあるペーションが首相に就任し，1997年秋には失業率下降の兆しが見えた[5]．そして，2000年6月には「過去10年間で失業率が最低に」なった[6]．4.2%という数字は他のOECD（経済協力開発機構）諸国の実情を勘案すると明らかに低い数字であるといえた．

高い水準で失業率が推移したため，労働組合運動に対する信頼は低下し，参加率も低下した．当然のことながら，失業者膨脹という事態は，福祉財政に大きな影響を与えた．完全雇用を政策基線にしていただけに財政当局は驚きと当惑に直撃された．政府は財政出動で対応したが，いずれ，失業者をある程度想定した労働市場政策への転換を余儀なくされることになる．福祉国家の力量が試される時代が1990年代であった．その初頭では，まだ2000年以後の大賞賛を予測する者はいなかった．重装備の福祉を抱えて，特異な労働市場を確保しながら企業が国際競争力を維持できるわけがない——そんな予想が大半であった．規制緩和と民営化路線に弾みがついた．

国家の市場化・近代化・合理化：公的部門の改革とNPM

20世紀最後の数十年は民営化という単語が飛び交った．そして，1990年代以後，公的社会基盤については，例えば，電話や郵便，エネルギー供給のような産業分野では，変化は，民営化に向かって大きく転換した．その他の分野では，変化の狙いは，主に，国家の役割を最小化することではなく，国家をより市場化し，近代化・合理化することであった．公的サービスの分野での，利用者影響力の増大，市民の権利強化という方向での改革が進展した．NPM（ニュー・パブリック・マネジメント）改革は，主に，効率を改善しようとするプラグマティックな装置であった．しかし，必ず成功したわけではなかった．特に，北欧の福祉モデルは，こうした改革で深刻に挑戦されたわけではなかった．とりわけ，分配の平等性にネガティブな影響を与えるであろう改革案は，おお

むね回避された．

　21世紀に入って，サービスの保証と市民の選択機会の増大（正確には退出意思表明機会の増大）に主たる焦点が移動している．喧伝されているほどNPMの影響力が大きかったわけではない．だが，小さいわけでもない．NPMの発想は広く拡散した．だが，高負担社会独特のプラグマティズムの方が影響力は大きい．NPM運動は，特に福祉の分野では，効率化を促進することにはなったとしても，国家の役割を縮小する効果はそれほど大きくなかった．実際には，効率的・近代的経営という視点から，市場の要素を導入しようとした運動であった．《競争》市場の導入で消費者の影響力を強化するという主張は，思想的な視点で福祉社会を批判する陣営が展開する論理の典型である．《選択の自由の拡大》《選択肢の多様化》《消費者の選択権》《利用者の発言権》が《分権》《消費者の社会権》と同時に主張されている．NPMは先導理論というよりは，追い風理論として援用されたようである．社民党はNPM以前からこの領域での政策展開を模索していた．《消費者の選択権》《利用者の発言権》は膨大なステークホルダーの納得を調達するために，不可欠の視点であった．だが，《効率的運営》《競争政策》が，E. ヴィグフォシュとは違う角度から提出された．成長と福祉を二つとも追求するための効率化の知恵比べという点で合意形成ができた．

　公的部門の改革は，いくつかの視点から提出されており，一定の指導理念が定着しているわけではない．時には，競争市場の論理を導入して世界基準に合わせる必要があると考える陣営からの思想的視点で主張されている．EUの指令やOECDの動向，NPM運動の盛行など，海外からの影響を受けてそれを進めているという側面もある．さらに，福祉社会システムを不効率論の視点で，崩壊に追い込もうとする新自由主義の主張と連動するNPM論もある[7]．だが，おおむね，高負担・高福祉という至上価値を維持するための，極めて実利主義的な必要から進められているのであり，その改革の方向は，より効率的な行政・運営と市民の影響力強化である．

福祉分野での改革とNPM：サービス生産・提供の多元化

　1990年代以後，福祉の分野では，程度の差こそあれ，改革は進んだが，

NPM論者が時に力説するほど，大幅に改革されたわけではない．福祉の多元化，正確には福祉サービスの多元化が進行している．いくつかの要因が考えられる．最大の要因は，低成長経済の長期化，高齢化の進行による財政圧迫，であるが，それ以外にも，いくつかの時代の風がそれを加速した．国際的にはEUへの加盟で政党間合意が行き渡り，それに伴い，国際的な競争市場への参入の覚悟と，産業領域での独占体質の排除というEU基準への適応の必要性が生じた．また，理論的には，1980年代から，多くの国でNPMや福祉ミックス論が展開されて，政策立案者の背中を押す効果を持っていた．国内政治の動向がそれを受け入れやすくしていた．現に政権交代が発生し，それによって，ブルジョワ連合政権が，社民党政権に取って代わる機会と可能性が拡大した．社民党への代案を模索する過程で，NPMや福祉ミックス論は，おぼろげな自信を確信に変える効果を持った．サービス生産・提供の多元化が変化のコアであった．この次元での多元化は，急速に進んだ．そのため，少し派手な突破が強調され，継続が背景に隠れる傾向があるが，普遍主義型福祉サービスを基礎にした高負担型システムは，広大なステークホルダーを抱えており，基線は変わらないし変えるのは難しい．財政運用は高負担型福祉システムでは決定的に重要な意味を持つが，この点についてはNPM運動の影響を受けず，依然として，自治体が財政運用責任を持っている．継続が基調での突破に過ぎない．負担額は簡単に既得権を放棄できる程度を遥かに超えている．課税対象所得水準の低さと所得税率それに間接税率の高さで容易に類推できる．だが，変える必要がある．グローバル化と長寿化は，ライフスタイルの多様化を加速した．消費者の選択幅の拡大，消費者の選択の自由．要求は多様化する．消費者の期待高揚はマクロ経済の状況に関わりなく噴出する．消費者の権利が強調されると，普遍主義という基線を維持するために，システムの構造を変える必要が出てくる．高齢者介護の領域がわかりやすい．

　社会サービスが提供される様式・形態で広範な変化が生じた．多様化・多元化した．1940年代に存在した民間のサービス提供機関も再建された．あるタイプの競争市場が導入され，民間委託を基礎にした民営化が各地で，拡散した．民営化とか市場化という文言は，社民との違いを浮き上がらせるには格好であった．純民間業者が介護提供サービスに従事している比率は，市場成立の条件

となる人口規模と連動している．ストックホルムやヨーテボリィのような大都市地域では，もはや珍しくないし，中規模都市にも広がっている．ただし，約42万平方キロとヨーロッパ有数の広さを持つ（正確には4番目に大きな面積を持つ）国土に，約900万の人口が分散して生活している国である．競争市場に馴染まない地域が圧倒的である．斉藤弥生は介護サービスの多様化について継続的な調査・研究を続けており，2002年現在で，民間事業者が提供する介護サービスは全供給量の8%であるが，大都市では30%以上が民間業者による提供になっていると報告している[8]．2004年には，高齢者の13%が民間の長期滞在型施設で居住するようになった．小児保育については，2004年度で，17%の児童が民間の保育施設で保育サービスを受けている．施設の主たる運営主体は協同組合や生協である．制度内のアクター間の関係は，次第に市場に似た環境で展開されるようになっている．民間委託やバウチャー制度などが，とりわけホームヘルプや健康・医療サービスなどの領域で大幅に導入されるようになった（サービス提供の多様化）．教育の領域でも趨勢は同じである．2005年時点で，私立の初等教育学校に通う生徒が7%，私立の中等教育学校に通う生徒が12%であった．これについてはコミューン間の差が大きい．生徒の50%近くが私立学校に通う基礎自治体もあるが，私立学校がまったくない自治体もある[9]．

　福祉サービスの生産と供給の領域で民営化を進め，民間業者の参入を導入するという方向性は，社民党の近年の基本線と変わらない．独占排除を強調するEU指令を受け，社民党もまた，生産性の向上と能率化，それに消費者選択の拡大のためにも民営化は必要かつ可能であると表明している．高負担政策を継承しようとする社民党としては，国民から預かった資金を効率的に活用しなければ，権力の正統性が揺らぐことになる．福祉サービスの生産と供給の過程における生産性向上と効率化は党プログラムにも頻繁に登場する概念である．ただし，利潤追求最優先主義姿勢への警戒感は根強い．

　福祉サービスの受益者負担が増えているが，長期的に見ると，また国際比較の視点から見ると，大幅増ではない．受益者自己負担額上限設定制度（マックスタクサ制度）が平等化政策の手段として導入されている．高負担型諸国では，既に負担払い込みが終了した膨大なステークホルダーを抱えており，極端な制

度改革は福祉の領域では難しい．また，市場の要素についても，福祉の分野を含めいくつかの領域で，消費者主権，利用者の権利にも変化が生じた．だが，高負担型福祉社会の規模を縮小するという点ではそれほどの効果はなかった．福祉サービス提供方法の多様化がNPM運動の成果であるとすれば，その成果を少し大げさに主張しても不思議ではない．

ただし，福祉の分野でも実質的に変化が大きいと感じるグループもある．既得権を縮小されたステークホルダーからの不満がないわけではない．福祉へのイージーライダーに対して，働き・納税者になることが義務であると圧力をかけて，以前より厳しく対応する傾向は明確である．病気になる市民の数は減少傾向にある．NPM運動の成果の一つであるかもしれない．

控えめに見ても，NPM運動の影響よりもEU加盟に伴う国内構造改革の必要性の影響と考える方が妥当であることが多い．その典型が競争政策．1995年にEUに加盟した時点で，「北欧のユニークな福祉国家」から「ヨーロッパのごく普通の工業国家」への変身は，避けることのできない巡航海図であった．ノルウェーのような豊富な資源でもあればともかく，圏外に立つという選択はない．とすれば，大国の集合議決に小国が国内法を合わせることになる．サービス提供の独占を排除するというEU指令は，福祉サービスの生産と供給で国内制度を変える必要を生んだ．福祉の領域は聖域ではなくなった．小さな国が巨大な国家間連合体・EUに加盟することの意味は，巨大機構の意思決定に従うことであり，小さな単位が巨大機構の意思決定過程に影響力を行使できることは，ほとんどない．地方自治体による福祉サービスの生産と提供という伝統的技法は，選択肢の多様化，選択の自由の拡大・強化という指令の前では，変更余儀なしとなった．「入札法 Lagen om offentliga upphandling」が1994年に改正された．「ヨーロッパ化」が加速された．社民党政権の手で．適切な入札競争で勝利すれば，事業主体の所有形態がどうであれ，福祉サービスの生産と供給事業を請け負うことができる．コミューンによる独占か民間企業の参入かという議論の持つ意味は消滅した．社民党政権が舵を切った．それに先立つビルト政権がそのための世論整備をしてくれた．妥協点は二つの大政党の間で発見された．

福祉の領域は，福祉サービスの生産と供給の領域で，独占経営の伝統から市

場経済への突破をはかった．伝統的な社民の支持者は，福祉領域の民営化を激しく批判した．ナイーブなほど純粋な懸念と不安が提出された．利潤追求至上主義が，平等で（機会均等主義）質の高い福祉サービス（保証）を困難にし，市場の競争が，所得格差を反映した福祉格差を生み出すのではないかという不安である．民営化促進派の主張，つまり，消費者の「選択肢の拡大」「選択の自由」を，無際限のという文脈で解釈すると，不安は解消しない．そうした不安を解消するために，福祉政策の財政運用は従来どおり，地方自治体が担当し，税による運営で確保されることになった．福祉政策の管理・規制は，伝統的に基礎自治体の守備範囲であり，医療・ケア・教育の領域で，社会サービス法などの枠組み法を背景に，ほぼ排他的に責任を担当してきた．このシステムは変わらない．

　サービスの生産と供給で，民営化的政策を導入し，次第に拡大して，慣らし期間を設定し，市場型運営への違和感が縮小した段階で，この部分での民営化を加速し，ノーマリセーリングを進めることになる．次のステージでは，独占排除を財政運用の領域にまで求めることになろう．福祉サービスの生産・供給の領域で市場に参入している民間業者は，利潤追求型の営利企業や国際企業が少なくない[10]．激しい競争市場，国際市場で生き残ってきた知恵と工夫が新しい政策代案を提示してくる可能性が大きい．世界経済の動向，ヨーロッパの経済事情，高齢化率，それに何よりも，財政基盤の健全度，が福祉財政の運営責任を任されたコミューンに迫ってくる．濃度の高いサービスを提供し，標準を超えた部分については自己負担を求めたら，消費者のかなりの部分は，市場経済の論理を選択する可能性がある．従来どおりのサービス内容でも，財政不如意を理由に，自己負担分を増額していく自治体も増えている．いずれにせよ，「標準化されたサービス」に納得していた消費者が，自己負担で購入したサービスに慣れ，常用化するようになると，差額分をめぐって連帯感が揺らぐことになる．消費者が，つまり有権者が，コミューン税負担から当該サービス分の減税を求めると，コミューン税による福祉財政運用もコミューンによって多様化する可能性がある．継続と突破を，参加と議論，実験と移行で，ソフトに調和させながら，ノーマリセーリングの過程を進めている[11]．

NPM＝公設民営化：共通政策言語の提供

　そもそもNPMとは，ビジネスの世界で採用されている組織慣行や経営手法を使用して，国家の改革をしようとする思想を漠然と包み，まとめているワンセットの思想である．コンセプトは，分権化（国家は，政策目標の策定に専念し，具体的な業務遂行は独立的な運営担当者に任せる），国家役割の縮小（国家の役割は公的サービスの「購買者」の役割），公的部門の市場的構造と経営的手法の採用（コスト削減・透明性確保・個人的説明責任明確化），競争，消費者の選択，委託契約（アウトソーシングによる契約職員の削減．財政負担に変化はない），などである．NPMは一貫した政策モデルではない，むしろワンセットのルーズな原則であり，道具である．公的部門内で市場指向のガバナンスを導入すること，公的部門に私的企業の可能性を開くことが狙いであり，NPMが完全な民営化を主張することはまれである．公的部門を除去せよというのではなく，効率を上げることに関心を持つ発想である．この点に焦点を合わせれば，限りある資源の効率的活用法を提供するだけであるように思える．それゆえ，こうした考え方が，党派を問わず，広く政策決定者に到達したとしても自然である．つまり，国家が以前に設定した業務から完全に撤退するのではなく，継続して，公的サービスの財政責任を持ち，規制し続けるが，その実際のサービス提供は民間セクターに委ねるという発想である．つまり，公設民営化．NPMの起源は，1960・70年代に発達した私的なビジネスセクターでの新しい経営スタイルである．特にこの時期に生じたアングロ・サクソン文化圏のビジネス界に政治的装いが施されて入り込んだ．NPMのルートは，新自由主義や公共選択理論と同じということになる．その限りでは，介入主義である戦後福祉国家は不効率であり，福祉国家の役割はもっと縮小すべきであるという論理に連なる．だが，起源論的にはともかく，NPM運動は次第に，市場のダイナミズムの導入で，公的部門の効率化を目するという視点が強調されるようになった．

　NPMの演じた政治的役割は，合意形成型政治の視点からも興味深い．1990年代に導入された改革で，重要なことは，市場型の組織と消費者の選択権が導入されたこと．しかし，サービス提供技法が変更されたとしても，普遍主義に挑戦しようとしているわけではない．民間のサービス提供者には，公的サービ

ス提供者よりも高い料金を利用者に求めることは許されていない．料金は政府もしくは地方自治体が決める．サービス提供の市場指向は，かくして，ひたすら経費削減を求めた結果ということではない（サービスセクターのほとんどで，実際に，歳出が近年増大している）．それは，生産過程の性格を重視した政策変更である．目標と価値に関するものである．今では，公的部門は，政策作成者によって，サービス生産者と見られるようになった．その主たる業務は，市民の要求を満たすことである．したがって，その成果は，できるだけ安い価格で，業務を遂行できる能力を基礎に評価されることになっていった．これは，社会改革の道具として公的部門を考える従来型社民主義的公的部門観とは違う．その思想の基本的価値は，民主的性格を喪失しないこと，格差社会を作らないことであった．こうした思想と新しい政策方向が，政党間抗争に共通言語を提供した．これによって，左右の政策作成者が，福祉制度のこの部分の性格や価値基盤について再交渉できることになった．合意形成型政治の接着剤となった．さまざまな福祉サービス部門内で実行された改革の方向についてはある種の共通の理解が，1980年代を経て，90年代に確立された．政権交代が通常化するにつれて共通基盤が拡大する．1980年代は，政党政治の世界が対決型に変わった時代であり，それぞれの政党が，政権を経験し野党を経験した時代である．1985年頃までは民営化という表現に抵抗感を示していた社民党であるが，僅か数年後には，こうした政策展開に進んで貢献しようとした．営利企業による学校の経営，保育施設の開設の承認という点まで変身した．ベルリンの壁が崩壊する直前期である．世界の動向を十分認識できた．市民が求めているのは何か，それに忠実に政策対応しようとした．EU加盟問題も，党内議論に馴染む時代に突入していたのである．

　穏健統一党と国民党・自由はその政権担当時代（1991-94年）に，福祉システム内に民営化の範囲を拡大しようとする狙いで改革を導入するとき，非常に用心深かった．こうした改革案を導入するのは，システムの効率を上げるためであり，サービス利用者に自由選択権を拡大するためであると説明していた．かくして，少なくともレトリック上は，NPMは穏健統一党中心の政権に，福祉システムを解体させるよりは福祉システムを改善することに関する政策アジェンダを提供したのである．

その上，これはありそうなことであるが，NPM が提供する漠とした枠組みが，本質的にはバラバラの思想を持つブルジョワ 4 政党の連合政権に，共通の杭を提供した．福祉改革で共通の方向性を持つことができた．部分的には異なった価値基盤をベースにして，それぞれが有権者に対して，共通の方向性を持つ福祉制度改革案を，実行する約束をしたのである．4 党連合がまとまった歴史はない．できてもすぐに崩壊するのが常であった．首相のリーダーシップというより時代の風を読んだ政党の知恵であろう．

　公的部門に関する視点の変更は，スウェーデンだけに限った現象ではない．NPM 運動は，その変更版を含め，1980 年代と 1990 年代に世界を風靡した．ほとんどの工業国家では公的官僚機構に市場型の経営技法が多く導入されることになった．実効力はともかく言葉は飛び交った．要は，この思想的運動が，社民党型福祉国家にも影響を与えたこと，および，国内の政治権力構造の変更とともに，社民党型福祉国家をより世界標準の方向に変更する手助けをしたことである．その上，民・公サービス提供者の混合比率の変化，消費行動の多様化，に注目すると，スウェーデン福祉国家のこの部分は，伝統的な社民党的性格を薄めつつあると言える．そして，次第に，大陸ヨーロッパ型福祉国家に似るようになっている．スウェーデンのノーマリセーリングとはこういうことである．人口 900 万の工業国家がユニークな北欧の国であり続けることは難しい．EU に加盟し国際競争市場に参入を決定したときから，北欧のユニークな国からヨーロッパのごく普通の国への変身が予想された．同じ基盤，少なくとも類似性が多い基盤でしか争えない．

SAF の解体：スウェーデン企業連盟の誕生

　1902 年に結成されたスウェーデン経営者連盟 SAF は 2002 年には創立 100 周年を迎えるはずであったが，それを前にして 2001 年に解体し，スウェーデン企業連盟が新しく結成された．SAF はスウェーデンの社会生活における，産業界の利益を代表する中心的アクターの一つであった．いわゆる《スウェーデン・モデル》の半分を支えていた組織であった．20 世紀後半は，ポスト産業社会と呼ばれる社会的変遷を経験した時代であった．統合が進み，国際化が進み，個人主義の色彩が濃密化し，サービス産業が台頭した時代であった．人

が作るすべての制度や組織はこうした変化に即応して変化を経験することになる．そして，SAFの場合には組織再編となったわけである[12]．

　背景にはSAFの持つ二重構造性という問題もあった．「数の小企業，影響力の大企業」という表現があった．スウェーデン産業を構成する企業は，規模という点では図式が単純である．1990年では，54.5％が従業員5人以下の企業であった．従業員数50人以下の加盟企業は全体の91.7％を占めていた．小企業組織の性格は明確である．会社数は多いが，従業員数は少ない．500人以上の従業員を雇用する大企業は全体の0.8％に過ぎない．それでいて，SAFの全加盟企業が雇用する従業員の41％がこの大企業に雇用されている．1999年になるとこの図式は微妙に変化するが，基本は同じであった．5人以下の従業員を持つ小企業が全体の55.6％．従業員数50人以下の企業が91.9％．大企業は全体の0.9％で全従業員の46％を雇用．小企業の数は微増したが，以前にも増して，従業員の多くは大企業に雇用されている．SAFの苦悩は，この数的実情であった[13]．

2. 21世紀の社民主義戦略

社民党の党綱領（2001年）と行動方針（2001年・2005年）

　結党以来3世紀目に入る社民党は2001年に21世紀の社民政策を明確にした．経済再建を確信した自信が読み取れる．同時に，ことさら新しい時代への決意再確認という自信のなさも読み取れる．2001年に党綱領と行動方針が，2005年に行動方針が策定・発表された．経済再建に自信を持つペーション主導の党プログラム作成作業である．21世紀のスウェーデン経営の方針とも読むことができる．T. ティルトンは，スウェーデン社民党政治が築き上げたシステムの特徴は，次の6点であると要約している．完全雇用，普遍主義福祉，産業民主化，連帯賃金制，積極的労働市場政策，集合的資本形成，である[14]．このリストに，女性と在住外国人の積極的な社会包摂を加えるといっそう《スウェーデン・モデル》の実像が明確になる．

　2001年の党綱領と行動方針，2005年の党行動方針では，とりわけ普遍主義と完全雇用それに，混合経済論が強調されている．その上で，克服すべき政策

課題を格差の深刻化と捉えている．21世紀に臨む社民党の基本姿勢を宣言しているようである．

普遍主義

　普遍主義福祉と共同の社会建設が社民党の基本思想であり，それが市民に求めるのは労働参加である．完全雇用が最優先政策目標になるのはそのためである．そして，雇用を確保するために生産過程は効率性の追求と競争原理が必要になる．それが結果として，分配過程を充実させることに繋がる．だが，グローバル化の進展は国際競争を激化させ，さまざまな格差を生む可能性がある．男女間格差，国際的格差，世代間格差，地域間格差，所得格差，医療・福祉格差，教育機会格差，などにどう対応するかが近未来の政策課題になる．

　普遍主義への方向舵変換にはサービス産業時代の到来と支持基盤の変容という背景理由がある．伝統的に，ブルーカラー労働者の組織率が高く，社民党への忠誠心・支持が高いことは北欧諸国の政党政治の特徴の一つであった．階級を基盤にした投票行動と称される理由はここにある．他の工業国家に比べるとスウェーデンの都市化は相対的に低い．50万前後の人口をもつ大都市と言われるのはストックホルム，ヨーテボリィだけであり，南スウェーデンの中心であるマルメでも，30万前後の規模である．だが，都市労働者の組織率は非常に高い．そしてその投票行動は，大きく揺れることはない．だが，産業の重心が生産業からサービス産業へと移動するにつれ，ブルーカラー有権者とホワイトカラー有権者の相対的規模が接近・肉迫することになった．社民党の政党戦略に変更が求められる時代が来た．従来どおり，階級を基盤にした政策を継続して政権を維持するか，思想純度を低下させてもホワイトカラー層にウィングを広げ，政権を維持するか[15]．社民党には，ブルーカラー有権者の支持を維持しながら，ホワイトカラー有権者に迫る戦略しかなかった．思想純度の低下のためにある程度のブルーカラー有権者を左の政党に奪われる懸念が認識されたとしても，産業構造の変容そのものが，政権政党にそれを命じた．今や備え付け政権担当装置ともいえる政党の宿命である．宮本太郎が巧妙に分析しているように，代価は普遍主義型福祉政策の拡充であった[16]．付加年金問題はそうした戦略転換の象徴であった．支払い額（年収）に応じた受給という発想へ

の転換である．普遍主義の妥当性について，次のように論理が展開されている．

　社民党の福祉政策は，自由・平等・連帯という三つの原則を基礎に，《共同の社会建設》という思想的伝統を受け継いで，個人の効用だけでなく社会の効用を実現しようとする狙いを持っている．個人に向けて権利を与えるだけでなく，要求をも行なう[17]．低所得者だけでなく，すべての市民を包摂する福祉政策である．すべての市民は権利と同時に義務を分かち合っているのであり，平等な条件ですべての市民が包摂されている．必要度証明要求制度もしくはミーンズ・テスト制度のように「サービスを受ける者」と「負担をする者」に分割することはない．そうすれば，利害の対立が引き起こされることになる．「普遍主義的な社会福祉 generella välfärdspolitiken は，市民が連帯して相互に提供しあい，連帯して相互に負担しようとするものである」．普遍主義型福祉は個人に自由と安心感を提供し，同時に，《社会的連帯意識》を作り出す．社民党の発想である．

　普遍主義を原則とする意味は次のように表現されている．「自ら獲得した収入が失われた時に，良好な経済的保護が受けられるということは，個人の安心感と自由にとって根本的な問題である．社会保険制度は，所得喪失補償原則に基づいてすべての人にこの保護を与えなければならない．普遍的な，つまり全社会的な保険制度だけが，個人の経済的保護という要請と，特別な保護が必要な集団に対しては，再分配政策を通じて行なうという政治的要請とに，共に応じることができる」[18]．生産技術と交通・通信技術の飛躍的発展は，社会の活力を維持するためにも，ますます普遍主義的福祉システムを要請することになる．生産過程や労働市場の変化速度が高まるほど，労働市場では不安が拡散する．労働の時期と学習の時期を頻繁に交差させようとするし，被雇用者の地位と自営業者の地位を往来することも珍しくなくなる．またそうでなければ，新しい産業構造に適応できない．人的資源がことのほか貴重な国では，労働力を効率的に周流させる構造を構築する必要がある．変化を吸収し，迅速に対応するためには，効率的な労働資源周流策が不可欠である．新技術を学習する必要性は認めても，経済的不安があれば職場退出は難しい．一方，生産過程では余剰労働力を抱えていては技術革新への投資が難しい．経営者福祉負担金が高くても，既存労働力の技術向上の経費を提供し，退出・新戦力導入，の速度を高

めた方が競争力は維持できる．そのためにも，「保険制度は変化を常態とする労働市場に対応できなければならない」．社民主義では，そもそも福祉の目的は市民が自らの人生を自己決定・自己選択できる環境を提供することにある．福祉政策は経済的安心感を作り出すことに関わってくる．同時に，人生の機会を公正に配分するという目的にも関わってくる．なんといっても，すべての市民に，自らの人生に対するコントロールを増大させる可能性を与えることが重要なのである．普遍主義へのこうした福祉政策の思想的転換は，T. エランデルが，1950年代の終わりから60年代の初めにかけて行なった戦略選択であった．当時，農業分野の技術革新は目覚しかった．機械化・省力化が進み，第一次産業人口は急速に減少した．戦後復興期を終えた伝統的な工業国家だけでなくアジアの新興工業国家が競争市場に参入してきた．忍び寄るポスト産業社会へのうねりの中で，サービス産業の相対的比重が高まると予測できた．産業構造が大きく変化する過程で，中間層への支持基盤拡大を目指した社民党の選択であった．普遍主義型福祉は当然のことながら，高負担をパートナーにすることになる．

　今日ではこの一般性原則が基本になっている．この原則は普遍主義とも呼ばれている．この一般性原則では，高所得の家庭でも児童手当を支給される，子供は無料で学校に行ける，医療サービスを受ければ，低所得の市民と同じ額を払う，ということになる．時として，この制度は，所得再配分政策の失敗であり，最も必要とする市民にいっそう多くの金を使う方がのぞましいという批判となる．だが，高所得者ですら，税金で運用されるサービスの一部を受けることができるというシステムの動機は明確である．すべての市民がサービスを受けることができたら，すべての市民が実際にその制度に参加することになり，関心を持ち税金を払う気になる．しかもかなりの金額を納税する人たちである．それだからこそ，より良い設備を建設できるし，より安定したシステムを作ることができる．そして，そのようなシステムを経済的に弱い立場の市民が利用できるのである．社民党流のタフな論理展開である．それが定着している．

　元首相のI. カールソンと党本部のプログラム専門家として有名なA.-M. リンドグレンが2007年に出版した『社会民主党とは何か』で次のように整理している．

スウェーデンにおいては，それまで社会政策という概念で呼ばれていた政策領域が福祉政策という概念に取って代わられ始めたのは 1930 年代頃である[19]．失業保険や無料の妊産婦ケア，障害者給付金，年休取得権などが控えめに始められた．1940 年代後半からは，大規模な改革が導入された．児童手当，基礎学校，疾病保険，付加年金，児童ケア，成人教育，など経済の好調を背景に福祉環境の整備に膨大な資金が投入された．二つの世界戦争を外交政策で回避できたために蓄積された政治財を活用できた．1950 年代には福祉国家・福祉社会という概念が一般的に使われるようになった．その頃である，スウェーデン・モデルというフレーズが世界的な広がりを見せたのは．「福祉社会という概念を使用する目標は，物質的な豊かさをただ目指すことではなく，市民が共同して一定の基本的な社会的サービスを，国家を通じて，相互に保証し合おうという社会観を狙いとしている」[20]．例えば教育や医療サービスを受ける権利とか，病気や失業の時，経済的な安全ネットワークを享受する権利などを相互の努力で確保しようという社会観である．そのため，こうした社会サービスは，税金制度を通じて財政運用されることになる．そして，そのゆえに，同一のルールに従ってすべての人に開かれることになる．自由・平等・連帯という発想が必要になる．当然，高負担になる．対 GDP 比国民負担率は，1977 年で 56.3％，1999 年で 55.6％，そして，2004 年で 49.8％ である．納税者人口の高水準維持は，福祉水準を下げないためにも，負担臨界点を超えないためにも必要な条件になる．

完全雇用：強い経済と労働参加

高負担・高福祉型システムの要諦は完全雇用である．21 世紀の宣言でも強調された．負担を担う層を厚くし，サービス受給層を薄くする．政策遂行の最大のハードルは失業である．失業は二重の経済効果を持つ．所得税収はなくなるのに，失業給付は必要．社民党が完全雇用にこだわり，持続的成長にこだわる理由の一つは，それらが普遍主義を維持するための前提となっていることである．社民と労働運動は雇用を優先し，保守と経済界は成長を優先する．ここに合意形成の可能性が拓ける．変化対応型福祉システムで，雇用と成長を接合し，合意形成型政治の範域を定着させる可能性がある[21]．

「完全雇用は経済的目標であるのと同様に，社会的目標でもある．完全雇用によって，すべての人が福祉の創造に参加できる．また，失業がもたらす《社会の外に立たされているという感覚》を，それが生みだす不平等や人間としての苦難を，抑止することができる」[22]．すべての市民が《社会の外に立たされているという感覚》から免れ，社会に包摂されるためにも，完全雇用が必要である．つまり，すべての人に仕事が行きわたり，また，働きたいと思うすべての人の技能と能力を活用する労働生活が形成される必要がある．2005年の行動方針では，福祉がデモクラシーと市民にとってもつ意味を，次のように表現している．「私たちの福祉モデルは，機会均等と平等の条件を作り出してきた．決してそれを放棄してはならない．さらに発展させ強化する必要がある．この活動には，すべての人が必要である．福祉は，私とあなたが一緒になって運営されるものである．それは人びとの契約であり，権利のみならず義務についての合意である．自らが責任を取ること，互いにケアする約束である．究極的には，福祉はデモクラシーと，すべての人が平等の価値を持っていることの実際的表現なのである」[23]．

そして，「成長は，労働生活のあらゆる部分での，またあらゆる地域での，多くの努力が組み合わされて実現する」のである．成長にとって完全雇用が必要な理由は，さらに，次のように強調される．「すべての成長は，人間の努力から生まれる」．人間の発明の才から生まれた技術発展，人間が生産と消費のためにつくりだした社会システム，そこから生まれる資本，そして，何にもまして，人間の労働から．「人間の労働が，資本と技術を結びつけて雇用活動を促すのであり」，それが「すべての福祉と文化の基礎である」[24]．そのためにも，「高い国際競争力を備えた強力な経済と強力な生産生活」を持つ社会を構築する必要がある．成長する強い経済が，雇用を増やし，実質賃金水準を引き上げ，社会福祉を発展させる基礎になる．経済成長の目的は，いや経済活動そのものの目的は，最終的には，広い意味での，人びとの福祉を向上・増大させることである．働く意欲と能力のあるできるだけ多くの人が労働市場に参加すること，つまり完全雇用を目指すことの意義はここにある．「労働は，福祉，繁栄，人びとの個人的成長の基礎である．働いている人は，働いていない人と比べ，自らに対するより大きな自信，健康を持ち，より大きな自由を経験している．こ

れこそ,社民党が完全雇用を最優先目標にしている理由である」[25].

　積極的労働市場政策を果敢に選択する意義はここにある.完全雇用政策は,人間的・環境的・社会的コストを長期的に考察すれば,大きな経済的効果を期待できる.短期的には負担増であるように見えるが,人材資源の調達という視点からも,労使双方にとって長期的利得は大きい.失業者には新しい仕事を発見できる機会が増えるし,経営者には,当該職務に必要な能力を備えた勤労者を採用できる機会が増える.《社会の外に立たされているという感覚》や《適職についていないという不満感》の持ち主が,手厚い福祉給付を受けながら,質の高い職業訓練や教育を受け,能力を開発・向上させることができれば,経済は強化される.その意味で,「福祉は成長経済の条件を強化する」[26].

　社民党は労働参加をなによりも,強調する.女性も,在住外国人も,高齢者も(労働)参加を通じて,自立と自律の条件を確保せよと命じているかのようである.社民党のプログラム,そしてリーダーの演説には,雇用,就労というコンセプトが頻繁に登場する.労働・福祉・民主的経済は三位一体と強調される.結党以来,常に最優先政策目標であった.社民党は追求する経済の理想像を「民主的経済」という表現で次のようにまとめている.①民主的経済も,利害関係の対立や困難,調整の必要から免れているわけではない.②しかし,人間の搾取や環境の搾取がない経済である.③さまざまな利益が相互に協調し,資本に対して民主主義が優先される経済である.④変化の必要に直面させられている人びとに新しい条件に適応するための支援を提供する経済である.⑤すべての人間のみならず地域が,福祉の創出に参加でき,また,福祉を活用することができる権利に基礎を置いた経済である.デモクラシーの価値,すべての人の福祉創出への参加とその利用が特に強調されている.それは,「すべての人にとっての働く権利と可能性」が重要になると言い換えても良い[27].労働が,経済的自立性の基礎となり,成長可能性につながっていく.しかも,そこでは,自分自身の仕事と労働生活に影響を及ぼしていく権利が決定的に重要になる.

　失業問題を解決しないことは,人的資源以外に大きな資源を持たない国では,貴重な資源を無駄にしていることでもある.成長と福祉を実現していくために,すべての知識を活用しなければならないし,労働市場から今日締め出されてい

る人たちの間にある，働きたいという意欲を活用しなければならない．そのために，積極的な労働市場政策と経済政策が必要とされるであろう．労働生活と労働の組み立てを改革することが必要になる．（仕事に人間が合わせるのではなく）人びとの必要に適応するような労働生活を作り上げる必要がある．人生のさまざまなステージに応じて，私たちの生活と仕事を組み換えることができるような労働環境を作る必要がある．積極的労働市場政策がなぜ必要かがここで明らかになる．

　積極的労働市場政策は生活環境の変化に対する対応力拡充の必要策になる．社会において，グローバル化，オートメ化，合理化，システム化，商業化の高速度展開で不安感は広がる．平均寿命の伸びは，価値観・生活様式の多様化を発酵させるが，その分だけリスク発生の可能性は大きくなる．変化・変動との遭遇機会を増やすことになる．持続可能な福祉政策を維持するためには環境変化に対応するための衝撃吸収装置が必要になる．社民党が積極的労働市場政策にいち早く取り組んだ理由の一つは，完全雇用という最優先課題の追求には，変化に対する柔軟な対応装置を構築する必要があると認識していたからであろう．

　「人生においては多くの変化のステージがある．変化のステージに直面して，自由と安心感を持てるためには，新しい条件に適応していくためのサポートを得られることが必要である．失業した者は，新しい仕事に就くために，教育を受け，また新しい自分に合った仕事を見つけるための時間を持つ権利がある」[28]．手厚い保障とリカバリーショットの可能性．積極的労働市場政策の二本柱である．

　全員参加の福祉社会というコンセプトについて論述する時には，サムハルの紹介も必要であろう．この国には，障害者の授産施設・作業所の連合組織として［株式会社・サムハル Samhall AB］がある．組織形態は国有企業である．本部はストックホルムにあるが，全国に約250のセンターを持ち，従業員数は現在約2万2000人．活動はすべてのコミューンをカバーしている．1980年にサムヘルスフェルターグ Samhällsföretag（社会の企業）という名で発足した．約2万7000名の従業員で，そのうち障害者が約2万1400名であった．業務拡大につれ，従業員数は増え，1990年のピーク時には，障害者3万400名を雇

用した．初期には，家具や電気製品の組み立てなど，他の企業に物財を供給する企業であったが，近年では業務を拡張し，サービス部門にも進出している．高齢者介護や商業サービスの部門でも広範な活動を展開している．「身体障害者，知的障害者ともに有意義な仕事に携わることができ，全労働者の 0.7% はサムハルで働く．彼らも（納税者などとして）貢献できる」．2004 年に来日したペーション首相は，「誰もが能力に応じて貢献でき，能力が無駄にされることがない．社会的連帯とはこういうことだ」と述べている[29]．

混合経済論

雇用を確保するためにも，生産過程は効率と競争原理を重視する．また，分配過程を充実させるためには，生産過程の効率を常に点検し，積極的に改善することが不可欠である．市場原理・競争原理を積極的に認め・奨励し，同時に国民からのチェックを前提に求めることが 21 世紀の初めに再確認された．左の原理主義は政府主導の計画経済を強引に実行しようとし，右の原理主義は市場経済万能主義でその作用に任せようとする．これに対し社民党は，伝統的な社会主義政党の発想とは違って，国有化政策を早い段階で事実上放棄し，市場論理の導入に濃密な拒否感は示さなかった．かといって，市場経済万能主義の持つ格差拡大・固定化の危険は積極的に回避しようとした．「社会事業体と市場経済の選択は，公正と効率という視点から，どちらが最善の結果を生むかということが判断の出発点となる．どちらを選択するかは，経済を構成するさまざまな部門によって違ってこよう．それぞれの部門で，対応しなければならない需要や必要が違うので，選択そのものが一様でなくなる．……社民党は，《善き社会》の前提として，全体としての経済に単一の所有形態を敷設しようとする左右両極の経済的原理主義 ekonomiska fundamentalism を二つとも拒否する．決定的に重要なことは，外的な形態ではなく，どれだけ首尾よく事業の目的を達成するかである」[30]．「外見」より「実質」という実利主義的姿勢が表現されている．

社民党にとって，「民主主義は，公的福祉のためにも，経済生活の効率と結びつかなければならない．非効率的な生産は，投じられた労働に対する見返りが少ないことになり，結果的に生産の成果も福祉資源も少なくなることを意味

する」のである.「効率性と生産性を高めるためには,公開性と多様性が必要である.消費者からの直接的な影響力行使が必要である.……さらに,自ら起業して,自分のアイデアを実現する可能性が提供されることが必要である」[31].雇用の創出と福祉財源の調達が優先されるので,効率性,市場,起業誘導,が躊躇なく強調される.「民主主義を求めることも,効率を求めることも,同じ結論に行き着くことになる.つまり,さまざまな方法で,またいくつかのレベルで,経済生活に影響を及ぼすことができなければならないのである.経済生活に対する多様で移ろいやすい要求は,政治的決定だけでも対処できないし,市場経済システムだけで対応することもできない.公的手段,市場メカニズム,強力な労働組合組織,意識が高く活動的な消費者(強力な消費者法制に支えられた)が,組み合わさって作り出す混合経済である」.「生産過程を効率的にして,福祉資源を継続的に作り出すために,市場は必要である」[32].生産過程は徹底的な市場経済の論理で,消費過程は社会主義的な所得再分配の論理で.スウェーデンが《第三の道》と呼ばれていたのは,社会建設のこの側面に注視した表現であった.

　重要なのは,「国民の利益に支配された経済システムである」こと,すべての個人が市民であり,勤労者と消費者が,生産の成果の調整と分配に対して,また労働生活の組織と労働生活の条件に対して,影響力をおよぼす権利と可能性を持つことである.当然のことながら,さまざまな形態の所有と企業が考えられる.上記の原則がベースになれば,企業が積極的に利潤追求行動を展開することは当然であり,福祉資源の調達にとっても望ましい.こうした考え方は,「民間企業に敵対するものではない.すべての近代的生産と同様に,生産的資本は利潤を生まなければならない」.ただし,「私的利潤への要求が他のすべての利益に優位し,社会発展を左右するべきだという要求は認められないし,市場こそが社会的有用性と社会生活にとっての規範である」という考え方はしないのである[33].

　ただし,後で詳述するが,市場原理に馴染まない政策領域がある.特に,医療サービス,学校教育,ケアサービスの領域がそうである.所得の規模で,サービスの内容が左右されることが許されない領域である.いわば,市民の社会権を構成するような領域であり,市場という分配原理は,これに適さない.市

場における財に還元できない．司法制度，文化部門，住宅建設部門，さらに，国全体に行き渡る通信および社会インフラに関わる政策なども所得の大小や力強い需要で内容が左右されてはならない政策領域と考えられている[34]．こうした領域で，消費者選択モデルを安易に適用して，市場の原理と競争の原理を無制限に容認すれば，公的サービスがサービス市場の財に還元されてしまうからである．それでは，連帯的責任を取る solidariskt ansvarstagande という福祉システムの要求といずれ相対立することになる．つまり，「市民は，自己の便益だけでなく，他の市民の権利についても責任があり，そうした共同責任が可能なように設計される必要がある」という社民党型福祉システムの理念に相対立することになる[35]．民主主義の諸原理，公開性，明確な責任原則が基線として必要であると考える．合意形成型政治の典型的な発想である．「イエス，バット」の発想である．一方的に対立理論を否定しない．積極的にそのメリットを考察・発見し，基本原理で条件をつけながら，妥協点を模索する．参加と公開が市民によるコントロールと責任の明確化に繋がる．消費人口の小さい国でありながら，世界的に有名な大企業がいくつも存在する一方で，消費者オンブズマン KO などで，国民からのチェックを働かせる．企業活動に社会的責任が求められる．高い倫理観が要求される．

効率性の追求：NPM を援軍に

　効率性の高い経済生活，効率的な生産とデモクラシーが結びつかなければ，公的福祉は持続可能性を持ち得ない．加えて，いかに高負担といえども，税金は限られた資源であり，期待されているすべての希望を満たすほど十分ではない．効率性の追求は，社民政治の大きな特徴であり，伝統でもある．ニュー・パブリック・マネジメントという名は与えられていなかったけれども，NPM が登場する前からの伝統であった．NPM の発想の多くは，社民党による公共経営の基本線との重複部が多い．その意味で，その登場は，実務担当者にとっては違和感なく受け入れられ，正当化の手段として利用できたのではないか．社民党の綱領でも，規制緩和，民営化，競争市場は，価値観の多様化への効率的な対応という文脈で繰り返し強調されている．

　人びとは多様であり，多様なニーズがあり，条件も多様である．それゆえ，

政治経済活動の領域は言うまでもなく，教育・医療・ケアの領域でも，多様な教育システム，多様な医療システム，多様なケアシステムが必要とされる．生活スタイルが多様化する時代では，選択可能性が確保され，複数の選択肢が共存する基盤がなければならない．「組織形態が多様であり，豊かであるということは，《平等》の視点からも《選択の自由》という視点からも重要である．市民の個別的な必要や希望に対応できるよう，公的セクターがその活動の枠組みの中で選択肢を開発することは，公的部門にとっては明らかに主たる責務の一つである．しかしながら，協同組合や NPO もしくは民間団体による選択肢も役割を演じることができる．それゆえ，こうした団体が公的部門の活動と同じルールに従って行動すれば，公的な財政支援を受ける可能性を持つことになる」[36]．高負担が求められ，しかも，一定水準の生活レベルに達した福祉システムで市民からの持続可能な貢献を調達するには，選択の自由が不可欠である．1990 年代には，社民党は，福祉を近代化し改善した．自治体経済も改善され国から新財源が提供された．「医療，学校，ケアの領域で，働く人の数が増えた．就学前学校，高齢者ケアの料金は，受益者自己負担額上限設定制度 max-taxan を導入して，大幅に値下げした．親保険は延長された．育児休暇を取るパパは倍増した．病院への財源は大幅に増えた．公的部門の経済は改善された」[37]．高負担社会の政権政党は効率的な資源管理の視点で常にシステムを点検する必要がある．すべては市民からの納得調達が前提である．

　巨大な公的部門があったからこそ 90 年代の経済不況を克服できた．その実績を背景に 2005 年には，福祉セクターこそ時代を拓くモデルになれると繰り返している．「次の 10 年間に，公的部門は数万人採用する必要がある．これを実行するには，意味のある仕事をただ提供するだけでは十分ではない．公的部門は経営者のモデルにならなければならない．労働組合運動や公共部門経営者と緊密に協力して，社民党と地方自治体職員連盟の合同ワーキング・グループが設定した目標を達成したいと希望している」．公的部門は仕事と出産・育児の調和的結合（両立）を可能にするモデルとなる必要がある．福祉セクターは，後に残されるのではなく，最初に前に踏み出さなければならない[38]．

市場主義の限界

　無制限の競争市場に陥るわけにはいかない．制限付きダイバーシティの推進と言えよう．「別の選択肢に接近できる可能性とは，市民が学校，医療，ケアを選択できる可能性を持つということに関わってくる．サービス提供者が，効率的に稼げるような生徒や患者を選択できるようになるということではない．市民の持つ福祉への接近可能性は，個別企業の利潤関心によって支配されてはならない」．民営化と市場原理は，学校教育，医療，ケアの分野では慎重に設計する必要がある．なぜなら，この三つの領域は人生における機会の再分配において中心的な役割を演じているからである．こうした領域では「市場の規範 marknadens normer が，人びとにとって価値のあることを決定してはならないし，市場の規範が，社会・文化生活の規範を形成するようになってはならない」[39]．市場には，必要や希望が力強い需要として表明されると，それが虚構の需要もしくは人工的操作による需要であっても，それに反応してしまう性向がある．スウェーデン型福祉社会では，市場万能主義が許されない政策領域があることは明らかである．教育，医療，ケアで，もし機会の不平等が発生し，実際に深刻な被害を被れば，その影響は人生のその他の領域にも伝播・拡散し，社会生活や労働市場における発達機会の不平等を強めることになるからである．

　もちろん，そうした恐怖心で競争心を煽り，それを競争バネに活用するという政党もあるが，社民党は，そうした発想を1990年代初期までは断固として，そしてそれ以後も慎重に回避してきた．こうした格差は，「個人を傷つけ，そして社会を傷つける」．学校，医療，ケアについて，誰もが平等に接近でき，しかもすべての人に質の高いサービスが提供されることこそ，平等政策の要諦である[40]．そのために，学校，医療，ケアは，社会全体の関心であり，単純な民営化には馴染まない．競争市場の価格メカニズムがこうした領域で決定権を持つと，それらの生産・供給・運用過程が，サービス生産者の利潤追求動機と，サービス消費者の所得によって，左右されてしまう可能性がある．それでは，普遍主義型福祉の基礎理念，つまり学校，医療，ケアは連帯の精神に基づき，税金によって財源調達すべきであるという考えから逸脱してしまう．社民党にとっては，「学校，医療，ケアを提供できる能力を社会が持つことこそが，質の高さを維持し，必要に応じてサービスが分配されるという基本原則が維持

されるための条件」なのである．市場はその意味で，社民党が追求する混合経済システムの一部に過ぎないのである[41]．

民営化の原則

「不幸にして，運営責任を外部企業に移すという決定の一部がイデオロギー的な理由で採択されたことを私たちは確認することができる．その動機は，サービス提供活動を発展させようとすることではなかった．むしろ，市場原理に支配される福祉を導入しようとする意思に支配されていた．このような変更は，すべての市民が，同じ条件で質の高い医療，学校，ケアに接近できるという思想の上に築かれてきた福祉モデルを崩壊させてしまおうとしているのではないかという大きな不安を市民の間に作り出すことになった．多くの市民は，例えば，フリースクールの増大により，社会的・経済的分離が拡大するのではないかという懸念を抱いている」[42]．「私たちの出発点は《アレマンシュレッテンの原則 allemansrättens principer》，つまり土地と自然の公共利用権という原則を適用することである．すべての市民は良き医療，学校，ケアに同じ条件で接近できるという原則である．市民のニーズが決定するのであり，購買力が決定するのではない．市民のニーズを察知すること，明確な目標，評価，およびフォローアップが，すべての人に質の高い福祉を保障するためには，政治にとって最も重要な手段になる」[43]．福祉における公共利用権を機能させるためには，福祉サービスは公的資金で財政運営され，民主的に管理される必要がある．公的な担い手であるランスティングとコミューンは，福祉サービスの発展に包括的な責任を持たなければならない．主たる任務は，その活動を発展させること，明確な目標を策定すること，モダンなリーダーシップを開発すること，決定過程を短縮すること，良い労働環境を作り出すこと，働いている人たちの影響力を大きくすること，である．そして，《民間の利潤動機》によって支配されていないいくつかの選択的な運用形態の可能性を開くために，いわゆる《非営利企業》を試してみたいという発想に連なる．ここでは，利潤は企業に残るし，サービス提供活動は発展する．

かくして，社民党は民営化に対して，慎重な姿勢を維持することになる．それが特に，EU 加盟以後の政党政治の対決基線になる．上記のような理念を持

つ社民党は，民営化について次のような条件を提示している．公的な財源により提供される事業は，公正にすべての市民に質の高いサービスを提供するという至上の目的を達成するために，①良い労働環境への高い要求を満たすものでなければならない，②仕事の中で影響力を行使し，自己発展できる機会を与えられなければならない，③そこで働く者の関与と能力が活用される職場でなければならない，④新しい発想や解決策を試してみる余地がある職場でなければならない[44]．つまり，公的セクターの内部やさまざまな民間の選択肢においても，《独立性》と《創造性》が刺激されなくてはならないということになる．そして，《公開性》と《内部調査の可能性》が求められる．そこで働いている勤労者の《発言の自由》と《情報提供の自由》は制限されてはならないことになる．税収には限りがあり，必要と欲望と期待には限りがないため，利害の調整と優先順位の策定がどうしても必要になる．調整作業を行なうには代議制デモクラシーと同じ手順が要請される．誰もが情報にアクセスでき，誰もが影響力を行使できる民主的な過程が必要である．

　民間の選択肢に公的資金を投入するにはこうした条件を満たすことが前提であり，民営化という大義名分があれば，自動的に市民の税金が投入されるというわけにはいかない．社民党の民営化に対する基本姿勢である．あくまでも，公的機関が民主的手順で，検討・査察・評価を経て，民間の提供するさまざまな選択肢に公的資金を配布することになる．強調されるのは民主的過程である．特に，福祉サービスを民間に委託する場合には窮屈なガイドラインが宣言されている．「福祉の領域で利潤動機の運用は制限されなければならない．社会は，モノとサービスの供給について，高い水準の要求を行なう．税収は，悪い労働条件や劣悪な労働環境に対して補助するために使われてはならない．民間企業がコミューン，ランスティング，国に代わって活動を提供する場合には，品質，調査，アクセスについて，公的部門の行動と同じ高い基準が要求される．自治体の公的経営者がサービスを購入する場合には，国内労働市場の規則を順守している疑わしくない会社と取引しなければならない」[45]．

3. 福祉国家を超えて

2002 年選挙：社民党の勝利

　2000 年に労働運動史上画期的な人事が行なわれた．労働組合全国組織 LO が史上初めて女性議長を選出した．W. ルンドビィ・ヴェディンである．産業別組合では女性議長を既に何度か経験しているが，最大最強の組合組織に女性議長が誕生したのは初めてのことであった．19 世紀末に誕生した組織が 21 世紀になってようやく新局面を拓いた．勢いはついた．

　経済実績を背景に社民党は 2002 年の選挙に臨み，不安なく勝利を収めた．この選挙では，従来型選挙に戻り，医療・学校・ケアが選挙争点として突出した．社民党政治の最重点政策領域を対決軸に選択した．2001 年の党大会で採択した行動方針の冒頭，「人間こそ私たちの目標」で，「私たちは今日，予想していた以上に早く，1990 年代の危機を脱することができたが，それは，私たちの大きな公的部門を基礎にした福祉モデルがあるにもかかわらずではなく，大きな公的部門を持つ福祉モデルがあったがゆえにであることを知っている」と言い切った．経済実績で証明した自信である．「平等と連帯は発展を阻止するものではない，まったく逆である．それこそがより強く発展させる」力であることを目撃した．社民党の思想では，公的部門は二つの要求に対応する必要がある．伝統的な要求は，市民が公正・平等にそのサービスにアクセスできること．新しい要求は，それだけではなく，サービス利用者が影響力を行使でき，選択の自由が確保されていること．学校や医療やケアに対して影響力を行使できるということは，それらが人生において決定的に重要な生活問題である以上，自らの人生に対する力の一部を構成することになる．またそれは市民が，「社会に参画しているという感覚だけでなく，社会に対して責任を持っているという感覚を養う上でも必要である」[46]．

　90 年代前半から続いた経済不況を脱して後半には上昇気流に乗せることができた．1994 年に社民党が政権復帰した当時の失業率は 8% であったが，1997 年以後，確実に改善された．そして，1998 年以後は財政黒字に転じた．財政に強いペーションの面目躍如であった．完全雇用をノーマルな作動基線に

している高福祉社会では，景気低迷克服策は，雇用の創出と労働市場への復帰促進が優先される．失業の増大が需要不足に起因するのなら，積極的な景気浮揚策を進め，拡張的な財政政策が短期的結果を出すかもしれない．産業・労働構造に起因する失業であるのなら，伝統的な積極的労働市場政策を推進することになる．政府は，経済グローバル化という現実を見据え，後者を大幅に配慮しながら，バランスを取りながら労働市場の回復策を進めた．その後，積極的に推進された「すべての家庭のIT化」戦略はそのシンボルかもしれない．

持続可能な社会へ：福祉国家を超えて

　ペーション首相は福祉社会，民主的な政治・行政，地方分権が成熟段階に達したことを受けて次の時代の目標を次のように述べている．「各世代は，それぞれのビジョンを持たなければならない．前の世代のビジョンは福祉国家にすることであった．これからのビジョンは，持続可能な社会を実現することである」．福祉国家を超えた新しい社会のビジョンとして「環境に優しい，世代を超えて持続可能な社会」を提示した．2002年に発表された『持続可能な発展のための国家戦略』である．

　継続と突破のバランス，それが社民党の合意形成型政治の特徴であり，基礎である．保守と革新，理論と現実——時代と状況の変化に直面し，柔軟な変化対応力を発揮するだけでなく，長期的視点で，大胆な突破策を展開する．時には失敗することもあるが，多くは，時の経過とともに，次第に人びとに認識され・評価される結果になることが多い．前世代の遺産を継承しそれに新しい価値を付加し，次の世代に伝承する．未来世代に犠牲を強いて，現世代が利益を貪ることはない．持続可能な社会発展のモデルの一つとして有効な事例である．後発の工業国家でありながら，約190年間も平和を継続したことが，持続可能性について語る何よりの資格の証明である．これに匹敵できる工業国家はほとんどない．持続可能な発展の好例である．この研究報告書では，継続と突破を指導理念にして，社会変化を潜り抜けて来た自信が何度も表明されている．

　1987年に発表されたブルントラント委員会報告によれば，持続可能な発展は次のように定義されている．「人間は，持続可能な発展を創り出す能力を持っている．つまり，これから続く未来の世代のニーズを実現する彼らの可能性

を損なうことなく,現世代のニーズを実現する能力である.持続可能な発展という概念は限界もしくは有限性を意味している.それは絶対的な限界ではなく,今日のテクノロジーと社会組織,天然資源,および,さまざまな人間活動の効果に対する生物圏の忍耐能力,によって課せられる限界である」.持続可能な発展に含まれる三つの領域は,生態系の持続可能性,社会的持続可能性,経済的持続可能性である[47]｡

「スウェーデンは,持続可能な社会への移行について先陣を切るべきである.この挑戦には,新しい思考と継続性が要求される」.「スウェーデンは,既に19世紀末から,さまざまな形態の持続可能性哲学を発展させてきた国の一つである.いくつかの構造改革を経験してきた.農業社会から工業社会への構造改革,工業社会から情報社会への構造改革.それと並行して,デモクラシーを発展させ,国民の家と福祉制度の建設を行なってきた.こうした経験は,持続可能な発展に向けた継続的作業で,基礎にすべき重要な歴史的経験の例である.社会的・経済的発展を目指した努力には,20世紀後半には,生態系の持続可能な発展を達成するという努力が付け加わった」[48]｡未来世代の可能性を考えながら,現世代のニーズや利益のバランスをとるという技法は,スウェーデンで高度に確立されている技法でもある.自然資源の保護,資源の持続可能な管理,そして,資源の効率的使用──スウェーデンの得意な政策領域である[49]｡そのためにも,すべての人の労働能力を活用しなければならない.

どの政党が政権を取ろうとも,政府の政策の目標は,労働年齢にあるできるだけ多くの人が,労働生活に残り,労働生活に戻れるようにすることである.社会的安心のシステムは,就労を刺激し,就労可能性を増大し,労働市場の流動性を増大するように工夫する必要がある.確かに,環境と人的資源の慎重な管理は,困難な仕事である.しかしそれはまた,大きな可能性も提供してくれる.「福祉と社会的公正のための持続可能な長期政策は,短期的にはコストのかかる政策であるが,長い目で見れば,生産性と成長のためのより大きな可能性を創り出すであろう.同様に,より厳格な環境基準は,長い目で見れば,産業界に有益な効果を生むかもしれない.健全な環境を持ちながら,社会福祉と経済成長を組み合わせる可能性を追求することは,持続可能な発展に関するスウェーデン・ビジョンの核である」[50]｡

『持続可能な発展のための国家戦略』構想は，基本的にはEU加盟以後，欧州委員会の近年における域内地域開発計画とも関連している．欧州委員会は，2007年以後の国家戦略参照枠組み National Strategic Reference Framework : NSRF を作成・提示することを求めているが，EUの地域開発戦略，つまりEUの一体化・収束政策とスウェーデン自体の地域開発政策を連動させようとする流れの中で，こうした経験は反映されている．2007年に発表された『地域の競争力，起業，雇用に関する国家戦略2007-2013年』に《持続可能な発展への戦略構想》や《レギオン・スコーネ》（第9章を参照）の経験が活かされ，組み込まれている．

ユーロ加盟国民投票

　合意形成型政治の典型的な現象と考えるか，この国ならではの現象と考えるか．2003年9月のユーロ加盟国民投票に向けた選挙キャンペーンは，政党政治の世界では，奇怪な風景であった．政権政党と野党第一党が，経営者団体と労働組合組織とも肩を並べて，加入促進キャンペーンを展開した．膨大な政治資源が投入された．社民党の外務大臣が経営者団体のリーダーと共同で論陣を張る．しかも，風景をさらにいっそう珍しいものにしたのは加盟反対派が運動らしい運動をほとんど行なわなかったことである．運動期間にA. リンドが暗殺された．ストックホルムのデパートで友人と買い物をするためにエスカレータで2階に上がったところであった．悲劇が発生した．現役大臣であり，次期首相の呼び声高い政治家であり，注目度の最も高い政治家であったが，身辺護衛官一人つけずの買い物であった．スウェーデンは大きな代価を払うことになった．

　投票者の過半数が「ノー」．社民党支持者の過半数も「ノー」と投票．ユーロ加盟は先送りされた．黄金時代へのノスタルジーが未だ残っているのだろう．短期間に経済不況を脱した自信がそれを加速したのであろうか．ノルウェーやデンマークと違い，フィンランドやスウェーデンは製造業が中心の産業構造である．圏外に留まる余裕はどこから来るのであろうか．国境線を越えた濃密な国際協働で定評のある北欧5ヶ国が，今も五つの通貨を使っているという風景は，違和感がある．戸惑いと揺らぎとのなかで方向を決めかねている．過渡期

独特の現象であろう．

2006年選挙：ラインフェルト4党連合政権の成立

　2006年の総選挙に当たって，ペーション首相は，誇らしげに経済再建の成果を語った．2002年・2003年は若干のマイナスを経験したが，2004年には成長率は3.5％に回復した．2004年から2007年までの平均成長率は3.0％を記録しており，福祉と成長の共存力が証明されたことになる．

　結果として，政党政治の世界では時として発生する事態であるが，見事な財政再建努力が選挙での勝利には繋がらなかった．予想に反して社民党は敗北した．どの角度から分析しても，まさかの敗北であった．あるとしたら，有権者とりわけ社民党支持者と党首とのパーソナリティ衝突であったかもしれない．その後，首相は辞任した．

　党首にはM.サリーンが就任した．10年前に党首職を争った二人が，順序が逆転して登場したことになる．政界では，トップポジションについては，40-42歳というのが拒絶感を克服できる年齢である．新しい人材がいなかった．候補の一人に欧州委員会に転出していたM.ヴァールストレムもいたが，フレッシュな印象ではない．リンドがいないことを多くの有権者が痛感した．

　2006年10月5日に発足した穏健統一党党首F.ラインフェルト首班のブルジョワ4党連合政権（穏健統一党＋国民党・自由＋中央党＋キリスト教民主党）は1976年の経験の延長線上にある．4党による2・3・4・5位連合政権である．穏健統一党は選挙で後退したにもかかわらず，第一党を外した連合政権交渉が展開され，野党の党首だとしても首相になるとは予想もされていなかった若い政治家が首相になっていく．中央党党首の強引な政局展開が社民党党首ペーションの不人気と相まって，政権交代劇となった．経済を上向き反転させ財政を立て直したペーションにとっては痛恨の下野劇であったであろう．前首相は政界を引退し，高額の所得を保障されて広告会社の相談役に就任していく．この転職ぶりも話題になった．社会主義者にしては珍しい生活設計であった．その直後に出版した著作もほとんど話題にならなかった．

　この政権は運用が順調でなく，支持率が着実に下降した．2位から5位までの連合という政権構造の変則性も理由の一つ．最も近くにいる政策秘書や大臣

の税金未納問題など，スキャンダルが相次いだという不運も理由の一つ．社民党政権が再建した経済を基礎に，社会生活の仕組みを性急に触りすぎたための不安感増殖も理由の一つ．制度変更速度に追いつかぬ有権者との距離が拡大した．各種福祉給付金の減額措置，私立学校の認可，公設民営化の促進，公営住宅の民間払い下げ，初等教育への成績表導入，など，基本的には単なる《状況問題》《微調整問題》であるにもかかわらず，納得調達力が低い．首相は40歳そこそこという若さを活かしきれていない．世論調査が発表されるたびに政権支持率は下降した．そして，遂に，2008年1月の世論調査では，野党の支持率に20ポイント近くまで差をつけられてしまった．これほどの逆転大差は記憶にない．解散・総選挙という手順はスウェーデン合意形成型政治では原則として採用していない．任期満了選挙が原則である．こうした議論が出るたびに，もしリンドがいたらという話になる．政界は次世代育成に成功していない．

第Ⅱ部 実験国家の到達点：合意形成型政治の現在

　スウェーデン合意形成型政治は五つの連帯感で表現できる．労使間連帯，男女間連帯，国際的連帯，世代間連帯，そして地域間連帯である．連合形成ゲームは，基本的には，そして，時にははっきりと，相容れない利益・目的を標榜・追求するステークホルダーが相互の政策距離を縮小して納得・同意・合意に達する過程である．程度の差こそあれ，プレイヤーは，譲歩，妥協，既得権益の譲渡，敗北，挫折，屈辱，欲求不満，不名誉をパートナーと分かち合うことになる．部分的勝利感と部分的達成感で結果を受け入れなければならない．敗者を完膚なきまでに追い詰めることはない．その代価として，勝者も完璧な勝利感に酔うことはできない．男性は政治・経済・社会過程の新規参入者である女性との，国民は国籍を持たぬ他の国の市民との，負担過多と感じている世代は過剰受給の世代との，財政活力にあふれる大都市圏は財政基盤の脆弱な地方小規模自治体との関係で，簡単には妥協点を発見できない．欲望は無限なのに問題解決に活用できる資源には限りがあるから，これは避けて通れない．労使間連帯については第Ⅰ部で詳細に紹介した．男女間連帯については第6章で，国際的連帯については第7章で，世代間連帯については第8章で，地域間連帯については第9章で論証する．

第6章　男女間連帯：女性環境

1. 女性の社会参加：その到達点

労働市場の約 49% が女性

　日本が《経済大国》の早熟の優等生なら，スウェーデンは時間をかけて到達した《生活大国》の名にふさわしい．190年間戦争を回避するとこんなスローな生活が可能なら平和も悪くない．市民の多くが，長い有給休暇を確実に消化し，海外や湖畔の夏の家でくつろいでいるのを見ると，社会建設の方向性に違いがあったことがよくわかる．そこは，何よりも，女性がイキイキと社会参加している社会である．女性の協力と労働参加がないまま，つまり国民の半分が背を向けたままで，福祉社会の建設などおぼつかないであろうし，しのびよる超高齢化社会をクリアできそうもない．この国は世界でも男女機会均等主義の到達度の高い国の一つとして定評がある．

　女性の職場進出が活発になったのは「参加の革命」が世界中を吹きあれた1960年代で，70年代には労働市場の40%を女性が占めるようになった．そして，2005年では，全体としての労働市場の約49%が女性である．もはや女性労働力なくしてスウェーデン産業は動かない．労働市場の規模は約531万で，女性が262万，男性が269万というのが一般的な趨勢である[1]．

20歳から64歳の女性の約80%が働いている：専業主婦が珍しい国

　ごく大雑把にいえば，女性は原則として，ほぼ全員が労働市場のどこかに位置を占めている．2005年の中央統計局による統計では20歳から64歳（年金受給前年齢）までの女性の約80%が労働市場にいる．そのうち49%がフルタイム職で23%が長時間のパートタイム職（週当たり20-34時間），そして，4%が短時間のパートタイム職（週当たり1-19時間）である（この時点での

失業は4％）．男性の場合には，2005年現在で約86％が労働市場に位置を占めている．男女比が86対80％であるから，「スウェーデンでは，男女とも，成人になれば，原則としてすべてが労働市場に参加している」と表現しても誤解は少ないであろう．ただし，何度か言及することになろうが，男女間で微妙な違いがある．男性の場合には，フルタイム職が72％で，長時間のパートタイム職が6％，それに短時間のパートタイム職は2％となっている（この時点での失業は5％）．女性の場合，パートタイム職の比重が男性に比べて圧倒的に大きい．男女賃金格差の問題，昇進機会・速度の問題とともに解決が急がれる課題の一つである．20歳から64歳までの市民を労働市場との関係で分析すると専業主婦業界の小ささが一段と明らかになる．20歳から64歳の人口は2005年度で男性269万，女性262万であった．労働市場のソトにいた人口は女性の20％，男性の14％で，労働市場参加率は男性のほうが6％高い．

　労働市場のソトにいる市民のうち，「できれば仕事をしたいと思っている者」が女性で2％，男性で1％である．「労働に適さない者」が女性で7％，男性で5％である．そして，「仕事を持つこと」を選択しなかった者は女性で10％，男性で7％である．予想どおり，女性のほうが多いが，男性との差は，想像されるほど大きくない．おそらく，この層が専業主婦業界の輩出基盤になる．年齢構成では，20歳から54歳まででは，女性が8％で男性が5％である．また，55歳から64歳まででは，女性が2％，男性が2％である．労働市場のソトにいるこうした市民は，具体的には何をしているのか，また，なぜ労働市場のソトにいるのか．「学生」が女性で5％，男性で4％である．前倒し「年金生活」に入った者が，女性で1％，男性で2％である．そして，「その他」が女性で12％，男性で8％になっている．最後に，「家事」に従事しているのは女性で2％，男性で0％である．専業主婦が2％，専業主夫が0％という数字にたどりつく．

　この労働市場分析には興味深い点がそれ以外にもいくつかある．「現在，一時的に職場から離れている理由」である．「自分自身が病気」は女性で3％，男性で2％．「有給休暇」が女性で7％，男性で7％．「育児その他」が女性で5％，男性で2％，となっている．「有給休暇は男性も女性も遠慮なく取り完全に消化する」「会社や同僚への遠慮はいらないし，それで気まずい思いをする

こともない」「権利の完全行使は労働者の当然の権利」．そんな気概が感じられる．また，会社を休んで育児に専念する男性もないことはないが，育児は依然として女性の負担になっていることもはっきりわかる．「女性の二重負担」論は依然として根強い．

年齢層別就業率：「逆 U 字型曲線」

　EU（欧州連合）諸国と比較すると，スウェーデン女性の就業率の高さが際立つ．スウェーデンを EU 諸国と比較しながら，15 歳から 64 歳までの人口の男女別就業率を分析した統計がある．イタリア，スペイン，ギリシャなど南欧における女性就業率の低さと，スウェーデン，デンマークなど北欧での高さが対照的である．男性就業率には各国とも特筆すべきほどの違いはない．だが，女性の就業率になると，バラツキが大きくなる．違いは小さくない．

　E. ヘドルンドは『おんなたちのヨーロッパ』で年齢層別就業率の曲線を 3 種類に分析・紹介している．［タイプ 1］は「への字型曲線」で，結婚年齢期まで就職し，結婚・出産と同時に労働市場から引退するパターンである．アイルランド，イタリア，スペイン，スイスなどがこのタイプの事例である．［タイプ 2］は「M 字型曲線」で，結婚・出産で一時的に労働市場を離れるが，出産・育児が一段落した段階で再度労働市場に復帰するパターンである．イギリス，ドイツ，オランダなどがこのタイプに属する．そして，最後が［タイプ 3］で，なだらかな山の形状となる「逆 U 字型曲線」を描く．結婚・出産・育児と職業生活が両立する環境が整備されているために，年金受給年齢まで，大きなクボミも下降線も描くことなく，女性が労働市場に参加しているタイプである．これに属する国は，スウェーデン，デンマーク，フランス，ポーランドなどである[2]．

　スウェーデンは典型的な「逆 U 字型曲線」の国である．どの年齢層でも労働市場への参加率が高い．スウェーデンの高齢化は 1960 年代に顕著になったが，女性の社会参加が爆発的に増えたのもこの頃であった．そして，年代的には 70 年代が分水嶺となっており，この頃から近年のパターンが定着したといえる．16-19 歳層で年代別のネジレ・逆転が見られるが，これはむしろ，女性の高学歴化のためである．大学進学率が飛躍的に伸びたため，労働市場への参

加率がかえって低下したものと判断できる．

　キャリア継続を希望しても，結婚・出産・育児が高いハードルになっている国が多い．「への字型曲線」国家や「M字型曲線」国家ではどうしてもそのハードルがクリアできず，その段階で労働市場から一時的または永久に離脱しなければならなくなる．スウェーデンの労働市場への男女別参加率を分析してみると，この国が典型的な逆U字型曲線国家であることが簡単にわかる．特に印象的なことは，子供を持つ女親の就職率が非常に高いことである．7歳未満の子供を持つ女性の就職率が最低年齢層でも87.2%（25–34歳）である．また，結婚中・同棲中の女性の86.8%が働いており，「共働き・財布二つ型パートナーシップ」の通常化をはっきりと指摘できる．育児がキャリア継続の阻止要素にならないようなさまざまな制度的保証が高い水準で整備されていると類推できよう．

女性職場：規模は大きいが収入は低い

　女性は労働市場のどの分野で働いているか．女性の社会進出を加速したのは福祉社会建設過程で膨張した公的部門であった．特に，シンボリックな意味を含めて話題にされることが多いが，医療サービスと福祉サービス，教師は，女性職場として膨大な女性労働力を吸収している．そして特定分野への過剰集中こそ，女性の社会参加にまつわる問題点の一つである．

　市場占有率の高さを基準にして代表的な「女性職場」を列挙すれば，次のようになる．准看護師・医療助手，秘書・タイピスト，店員（小売商），保育士，介護助手・ホームヘルパーなど，清掃係，事務所秘書・速記者，看護師，大型調理場助手，レストラン・キッチン部門助手，幼稚園教諭・余暇活動リーダー，会計・経理係，クラス担当教諭，銀行員，科目担当教諭，コック．男女機会均等が進んでおり，「希望さえすれば，性を理由に拒否されないので，どの職域にも入れる」とはいえ，実際には，特定の業種に集中する傾向がある．事務所秘書では99%が，また，准看護師・医療助手では94%が女性である．看護師業界も女性が支配的な職場の典型である．

　おんな職場があれば，当然，おとこ職場もある．労働市場の占有率の高さに注目して，代表的なおとこ職場をあげると次のようになる．技術者・技師，販

売（卸売り商），トラック運転・小型貨物自動車運転，機械工・エンジン修理工，建築・大工，農業・林業，建築技師，工場機械工，倉庫・貯蔵庫業務，電気取り付け工，店員，不動産管理業，システム・エンジニア，プログラマー，上記以外の建築・建設業，専門技師（電話通信技師），など．ストックホルムへの旅行者は，大型バスの運転手に女性が多いことに驚くが，大型車輛の運転業務は，概していえば，おとこ職場と言えよう．また，建築現場でのさまざまな業務や電気技師は圧倒的に男性職場である．

　以上のように，男性・女性の過剰代表が著しい職業分野があるけれども，そうした境界線が次第に薄らいでいるという事実のほうが重要である．1960年代に女性の社会参加運動が爆発して以来，伝統的なおとこ職場に果敢に侵攻した．どの分野への進出が著しいか．そして，それと並行して，これこそ逆説的な表現であるが，どの伝統的な女性職場から後退・撤退し，男性のためにポストを空けるようになったか．伝統的な男性職場での占有率の上昇とともに伝統的な女性職場での占有率の低下を目撃できるか．法曹職は60年代の7%から90年代の37%へと30年間で5倍強も増えた．検事・法律執行官は実に2%から28%へと大膨脹である．伸長顕著な領域としては，警察官や税関吏もそう．前者は1%から14%へ，後者はゼロから27%へ急膨脹である．大学のキャンパスでも変化がある．伝統的に女性は教育・文学・語学系領域に過剰集中していたが，近年では社会科学系学部への進出が激しい．

　60年代から90年代までの30年間に，女性の占有率が10倍以上増えた職域は，検事・法律執行官，鉄道車掌，警官，税官吏である．車掌や警官に女性が多いという印象は強い．5倍以上増えた職域は，裁判所法曹職，獣医，建築家，機械技師，郵便局員，精密機械工，眼鏡商，などである．爆発的ではないが，医師，歯科医，ジャーナリスト・作家も着実に女性が増えた職業領域である．逆に占有率が低下した領域としては，幼稚園教諭や大型調理場監督，それに，看護師などの領域である．特に，前二者では，以前は100%独占していたが，近年では僅かであるが男性も参入するようになった．

　労働市場で規模の大きな職種の上位30は，1990年以後基本的には変動は少ない．規模の大きい順に並べると，一般事務職，店員（小売），准看護師・医療助手，保育士，清掃係，介護助手・ホームヘルパー，店員（卸商），機械技

師，事務所秘書・速記者，会計・経理係，看護師，トラック運転手，農業・林業，機械工・エンジン修理工，調理場助手，幼稚園教諭・余暇活動リーダー，クラス担当教諭，倉庫・貯蔵庫係，設計技師・建築技師，大工，工場機械工，販売（小売・卸商），システム・エンジニア，プログラマー，電気取り付け工，科目担当教諭，不動産管理，機械取り付け工・組み立て工，銀行員，企業管理，上記以外の建設・建築業．上位の職種では，女性の占有率が非常に高い．女性職場になっている．

　ところが，これを平均月収の大きさで並びかえると，次のような順位になる．システム・エンジニア，プログラマー，企業管理，技師（機械技師），科目担当教諭，販売（小売・卸商），設計技師・建築技師，大工，銀行員，クラス担当教諭，上記以外の建設・建築業，会計・経理係，店員（卸商），看護師，電気取り付け工，不動産管理，機械工・エンジン修理工，工場機械工，幼稚園教諭・余暇活動リーダー，准看護師・医療助手，介護助手・ホームヘルパー，機械取り付け工・組み立て工，倉庫・貯蔵庫係，事務所秘書・速記者，一般事務職，農業・林業，トラック運転手，店員（小売），保育士，調理場助手，清掃係．女性職場はのきなみ下位にくる．つまり，女性は規模の大きい職種と平均収入の小さい職種に固まっているということになる．

パブリック・セクターは圧倒的な女性職場

　「スウェーデンの社会福祉の未来は，女性の経済活動にかかっている．高齢者の公的ケアや幼児保育は，こうした活動領域に従事している女性を抜きにしてはほとんど考えられない．逆に，高齢者ケアについて私的責任が大きくなれば，例えば，ドイツのように，家族を基礎にしたケアに重心を移すようになれば，働く女性の役割を維持することが難しくなるということになろう」．D. ヴォエレの指摘は当分その正確さを失わないであろう[3]．

　公的福祉を基盤とするスウェーデン型福祉政策では，福祉の充実につれて，公的部門が肥大し，そこが女性の社会進出の突破口となった．そして，今もここが女性労働力の最大の集積地である．

　経済苦悩期の 1991 年時点で，公的部門は約 165 万 9000 人の人材を雇用していた．全労働市場の約 37.5% にあたった．回復期の 2005 年時点では，約 133

万3600人(国家公務員24万5100人,地方公務員108万8500人)もしくは約149万9800人(地方・国家公務員126万1800人,社会企業職員23万8000人)が公的部門で働いていた.公務員については国家公務員21万4500人,コミューン公務員81万1000人,ランスティング公務員23万6300人.そして社会企業については,公的資本で所有されている企業の職員22万1700人,その他の公的機関職員1万6300人.2005年時点での労働市場に占める比率では,30.6%もしくは36.5%である.中央統計局労働統計RAMSでは公的に所有されている企業も雇用統計に含まれており,国民経済統計NAの統計ではそれが含まれていない.NA統計では通年数値の平均値が表示されるが,RAMS統計では各年の11月時点の統計が発表される.そのため,両者の統計には若干の違いが出てくる.NA統計では公的部門雇用者が全労働市場(433万6500人)に占める比率は30.6%になり,RAMS統計では公的部門雇用者が全労働市場(409万5300人)に占める比率は36.5%になる.

女性と労働市場という視点で公的部門を考えると,20-64歳の女性で労働市場に参加していた女性は1970年には60%であった.2005年には80%であった.男性の場合には1970年には90%で,2005年には86%であった.スウェーデンの労働市場での占有率は確実に拡大している.女性労働力は公的部門に集中する傾向が強い.1970年には女性の42%は公的部門で働いていた(民間部門58%).2005年には52%が公的部門で働き,民間部門は48%であった.男性の場合にはこれとは逆である.1970年には男性の21%が公的部門で働き,79%は民間部門であった.2005年にはこの傾向がいっそう進み,公的部門で働く男性は19%で,81%は民間部門で働いていた.「男も女も働き,女性は公的部門,男性は民間部門が主たる労働市場」という図式が定着している.ざっと見て,全労働市場の約3割5分が公的部門で,女性労働力の52%がここで職を持っている計算になる.公的部門が安定した女性職場になっているといえよう.

全労働市場に占める公的部門の比率と女性就業率をクロスさせてみると,女性就業率が高い国には大きな公的部門が存在することがわかる.女性就業率が高いことで有名な北欧諸国のうち,フィンランドを除けば公的部門が全労働市場の25%以上を占めている.公的福祉を充実させればどうしても公的部門は

肥大する．そしてその主たる財源は税金である．25% が一つの分水嶺であるようだ．育児過程の負担を軽くして，親の職場復帰を促進するには，保育所・幼稚園の整備が必要．また，高齢者介護から妻・嫁の負担を軽くして職場復帰を促進するには，高齢者ケア設備の整備が必要．そしてそこには膨大な人材資源が必要である．アジア的な家庭内アンペイド・ワークを社会的ペイド・ワークに変換した．制度的育児と制度的介護がスウェーデン型．そしてその制度は女性職場でもある．財源は税金．［公的福祉＝税金＝公的部門＝女性職場］はワンセット．1993 年 5 月 1 日のメーデーの中央会場での社民党幹事長 M. サリーンの演説でも，「最大の政策課題である失業問題を解決するためなら，増税も必要」と市民を説得した．野党時代なのに無責任な公約を控えていた．いずれ与党になるのだから，減税論はそれこそ無責任．

　EU 諸国とスウェーデンを比較すると，公的部門への女性進出度の違いがはっきりする．公務員・教師・福祉サービス・各種ケア，など公的部門が女性職場となっている比率はスウェーデンが最も高い．［公的部門の規模拡大＝女性職場の拡大・確保＝公的福祉の充実（＝介護・保育のプロへの委託＝安心して就職）＝税金］と図式化できる．

　ここで公的部門と地方自治体について簡単に紹介しておく必要がある．最大の労働組合であるスウェーデン地方自治体職員連盟 SKAF はまた，論理的にいっても，最大の女性組織の一つでもあるということになる．公的部門の縮小・拡大はそのまま女性労働者の失業率・雇用機会率に反映してくる．地方自治体の実態を知れば，福祉水準の高い理由も，女性議員が多い理由も，女性が社会参加できる理由も，簡単に類推できよう．無関心での対応だけでは済まされない．ガラスの天井を打破して，女性の社会参加を促進するための突破口の一つはここにある．

　GDP（国内総生産）に占める公的部門の消費量は 1960 年代に急膨脹している．この時代こそ，高齢化社会に突入し，女性の社会参加が始まり，地方分権が加速した時代である．そして景気回復期の 2004 年の公的部門の規模を各種指標で紹介すると，全付加価値比率（対 GDP）19%，消費・投資（対 GDP）30%，公的所有の企業を除く公的部門の雇用 31%，公的所有の企業を含む公的部門の雇用 37%，歳出（対 GDP）54%，歳入（対 GDP）55%，金融資産

（対 GDP）70％，金融負債（対 GDP）64％．圧倒的な規模である．

　地方自治体についていえば，コミューンの雇用数が 2006 年で約 76 万人，ランスティングが約 25 万人で合計 101 万人が地方公務員である．伝統的に，労働市場の約 25-27％ が地方公務員職であった．そのうち約 80％ が女性である．ランスティングだけだと女性が約 84％ になる．近年では，新規職員はほとんどが女性である．公務員の世界は圧倒的な女性職場である．多くの自治体では，最大の雇用主が自治体そのものとなっている．

　公的部門は女性職場であるだけでなく，女性管理職を大量に輩出している領域でもある．公的部門全体では，1990 年時点で，合計 3 万 7800 人の管理職がいたが，うち男性が 2 万 7000 人，女性が 1 万 800 人であった．男性が 71％，女性が 29％ ということになる．男女共同参画が進んだ 2004 年時点では，中央統計局統計によると合計 3 万 4300 人の管理職がいたが，うち男性が 1 万 5100 人，女性が 1 万 9200 人であった．男性が 44％，女性が 56％ ということになる．国家公務員では男性管理職が 3600 人（64％）で，女性管理職が 2000 人（36％），コミューンでは男性管理職が 1 万 400 人（39％）で，女性管理職が 1 万 6100 人（61％），ランスティングでは男性管理職が 1100 人（50％）で，女性管理職が 1100 人（50％）であった．公的部門の中でも業務配分のためであろうが，また，女性が圧倒的に多い職域であるためであろうが，地方公務員の世界は女性管理職の輩出率が高い．

　民間部門での管理職については，男性管理職が 12 万 3800 人（78％）で，女性管理職が 3 万 3900 人（22％）である．管理職全体でいえば，男性管理職が 13 万 8900 人（72％）で，女性管理職が 5 万 3100 人（28％）である（2004 年）．管理職全体の男女比率［7 対 3］という数字をどう評価するかは微妙な問題である．他の国との比較の中で，女性管理職の「大躍進」と考えるか，徹底的なクォータ制導入論者のように，「まだまだ少ない」と考えるか．どちらの評価に立とうとも，否定できない事実がある．「公的部門こそ女性管理職の大量輩出基盤である」という事実である．民間部門と比較すれば，歴然である．民間部門では，特に大企業では女性管理職は例外事象である．

　「男は男を選ぶ」という印象的なタイトルで，男女機会均等オンブズマン JämO が発表した報告書もあった[4]．民間部門では，特にこの傾向が著しい．

公的部門が女性管理職の実績を積み上げ，民間部門がそれにリードされていくというスタイルを取ることになるのであろう．男女機会均等という視点から代表的な大企業体の実情を分析した興味深い調査・報告書である．アセア ASEA，ア・ベ・ベ ABB，エレクトロラクス Electrolux，エリクソン Ericsson，消費者生活協同組合 KF，国鉄 SJ，エス・コ・エフ SKF，ボルボ Volvo，ストーラ Stora，など，この国の代名詞のような大企業を分析対象にしている．男女機会均等に誠意のない企業がすぐに分かる．こんな調査ができることを考えると，男女機会均等オンブズマン制度も有効かもしれない．

労働組合と男女機会均等

男女機会均等オンブズマン事務所の調査によると，企業の約半分は男女機会均等促進活動を担当する部局を持っていないし，それと同じ数の企業が，男女機会均等促進プランを持っていないという[5]．

組織経営に資本の論理が色濃く反映される民間部門では，心情論や情緒論よりも国際競争力を維持するための戦略が優先される．その分だけ，業績悪化・利益縮小・倒産を恐れるあまり，コスト高に見える実験に踏み切れない雰囲気がある．現状維持指向と表現できるかもしれない．そんな中で，労働組合への期待は大きい．

労働組合運動そのものの内部での男女機会均等はどうか．公的部門と民間部門の中間という感じである．三大中央組織で女性組合員が 185 万 6500 人，男性組合員が 190 万 5300 人である．何よりもまず，その組織率の高さに圧倒される．労働組合の中央組織についていえば，組合員数では，《組織の国・スウェーデン》と称されるこの国でも最大・最強の組織である労働組合全国組織 LO に最も多くの女性が参加している．ただし，メンバーの男女比率ではホワイトカラー中央組織 TCO の女性比率が最も高い．次いで，LO，そして，スウェーデン大学卒業者中央組織 SACO である．

96% が男性議長という LO の中で，最大の加盟組合である SKAF を 90 年代前半にリードしていたのが，L. アルヴィドソンであった．圧倒的な男性優位状況の中で，当時，唯一の女性議長が孤軍奮闘という感じであった．「社会の 50% だけが社会的な議論や政治論争に参加しているのは決して好ましいこ

とではありません．連帯して，全員が参加できる社会を作りたいものです」（個人インタビュー）．組合員数約66万4600人をリードするポストは最も重要なポストの一つである．女性53万7600人，男性12万7000人の生活を支えているという自負心がそうさせるのであろうか，行動が鋭く早い．そして遂に，W. ルンドビィ・ヴェディンが2000年にLO史上初の女性議長に選出されたことは，第5章で述べたとおりである．

女性と政界：高い投票率，国会議員の2人に1人が女性

　各種選挙での投票率は非常に高い．既に紹介したが多様な制度的工夫も重要な役割を演じている．高負担国家である，納税者を説得し，同意を獲得し，合意を拡大するために，あらゆる方法で，《見える政治》《開かれた政治》を実現してきた．その努力はさまざまな制度改革に生かされている．間接税がふたケタになるころから，政治の質が大きく変化した．女性の政界進出が加速度的に高まった．間接税が導入されたのは1960年．当初は4.2％であった．1966年に10.0％とふたケタに突入した．投票率も1960年代が一つの転換点であった．投票率が85-90％の時代に移行した．1970年に二院制度から一院制度に切り替えられたが，高投票率はそのまま継続．同日選挙制度であるため，国政選挙と地方選挙で投票率に大きな違いはない．

　近年では女性の参加意欲のほうが男性のそれを上回っている．1973年選挙で男性投票率と女性投票率が92％で並んだ．1976年選挙でも94％で同率であった．この年を分水嶺にして，それ以後は一度だけ同率の年があったが（2002年選挙で81％），それ以外では女性投票率のほうが高い．しかし，第二次大戦前までは男性投票率がかなり高かった．1921年選挙では女性47％：男性62％，1924年選挙では女性47％：男性60％，1940年選挙では女性68％：男性73％であった．参加の革命が吹き荒れた1960年代にほぼ追いつき，1960年選挙と1964年選挙とではともに女性85％：男性87％，1968年選挙では女性91％：男性92％と肉迫した．追い越したあとは，女性参加率が高い．1979年選挙では女性94％：男性93％，1982年選挙と1985年選挙ではともに女性93％：男性92％，1991年選挙と1994年選挙ではともに女性88％：男性86％，2006年選挙では女性84％：男性82％となっている[6]．

女性の投票率で印象的なのは，年齢グループ21-24歳，年齢グループ25-29歳，年齢グループ30-34歳，年齢グループ35-39歳で，つまり学校を卒業して，社会に入り，結婚・出産・育児を経験する時代に，女性投票率が男性の投票率をかなり上回っていることである．この有権者層の発言・行動が政党を動かし，女性法案を議会通過させる原動力になっていると考えても妥当であろう．

　［参加の革命］が社会のあらゆる場所で展開された60年代，高齢化社会に緩やかに突入した．間接税が導入された．地方政治も頻繁に改革された．女性の社会参加が加速された．そして70年代初頭，税制改革が実施された．この60年代から「社会を変えるには結局は政治の場で法案を成立させなければ」との気運が定着した．女性政治家が続々誕生した．1961年議会では女性議員は全議員数383名のうち43名（議席占有率11.2％）であった．1974年選挙では全議員数350名のうち74名（同21.1％），1985年選挙では全議員数349名のうち108名（同30.9％），1994年選挙では全議員数349名のうち141名（同40.4％），2002年選挙では349名のうち158名（同45.2％）と増加した．そして2006年選挙では349名のうち165名（同47.2％）が女性議員になった[7]．2008年議会では49％が女性議員となっている．

　女性の政界進出につれ，女性閣僚も多くなった．最近では20名の閣僚のうち7-8名から半数が女性になっている．1991年10月4日に誕生したC. ビルト政権でも8名の女性閣僚が任命された．しかも重要ポストが与えられた．伝統的な保守主義政党である穏健統一党の党首を首班とする連合政権だけに，男性中心の布陣で臨むのではないかと予想もされたが，実際には，重要閣僚を女性で満たした．EU加盟を前に財政再建というあまりにも重い課題を与えられている財務大臣には論客A. ヴィブレ（国民党・自由）が任命された．PKO（国連平和維持活動）派遣など冷戦構造崩壊以後の世界秩序の建設に難問を抱える外務大臣のポストにはM. アフ・ウグラス（穏健統一党）が，学校問題担当大臣にはB. アスク（穏健統一党）が任命された．そのころ，外務大臣と話す機会があった．「職業生活と家庭生活，特に育児とのバランスをどうとるかというジレンマは常にあるけれども，社会は女性が参加すればもっとよくなると思う」．家庭生活と職業生活の二重生活は大変だけれども次の世代にはもっと多くの女性が社会参加するのではないか，現に，「30歳から35歳台で優秀

な女性外交官が非常に多くなっている」．

　1994年選挙後に，G. ペーション首相は，歴史上初めてのジェンダー平等内閣を組閣した．男女比半々であった．このとき以来，内閣レベルでは，ジェンダー平等は通常化している．2004年12月時点での閣僚は男性12名，女性11名であった．L. ベリー・スウェーデン王国男女共同参画担当副大臣が言ったように，いわゆる《クリティカル・マス critical mass》つまり努力目標でもあった《決定的な数値規模》に到達しており，未来の，どの党も，どの首相も，これを覆して時代を大きく逆転することは難しいであろう．

女性議長と女性議員過半数地方議会の誕生

　前述のように（第4章），1991年9月選挙では社民党が大幅に後退し，9年ぶりに政権交代という事態が発生した．穏健統一党の党首ビルトを首班とする4党連合政権となった．42歳の首相にとって，EU加盟を前にスウェーデン・モデルを軌道修正することが，最大の政策課題であった．だが，この内閣は出発当初から深刻な問題を抱えていた．穏健統一党，国民党・自由，中央党，キリスト教民主社会党で形成される4党連合でありながら，政権4党の議席を合計しても過半数に達しないのである．過小規模連合政権であった．しかも，野党には圧倒的な第一党である社民党がいる．野党が法案別に議会内多数派工作を行なえば，その時点で法案は否決される．政権の運命を野党に委ねた政権であるといえた．その分だけ大胆になれたのかもしれない．意欲のあらわれの一つが議長選挙であった．議長のポストを第一党の社民党から奪い，スウェーデン議会史上最初の女性議長を誕生させた．新民主党の支持を調達して，184対150票でI. トレッドソン（穏健統一党）議長を生むことに成功したのである．1991年9月30日であった．「女性も男性と同じ権利と義務を持っているのですから，社会を改良するために，多くの女性が政治に関心を持ち，また，政治家になることが必要だと思います」．議長室でそう話してくれた．

　1960年代を重要な転換点として，女性議員は，国政レベルでも地方レベルでも，爆発的に増えた．そして，1991年選挙は，地方自治の歴史に新しい1ページを書き込むことになった．この選挙では，43％のコミューンで女性議員の占有率が低下し，15％のコミューンでは変化なし，そして，42％のコミ

ューンで女性議員占有率が増大した.そんな中で,中部にあるエレブロ・コミューンの議会で女性議員が過半数議席を制したのである（50.8%）.エレブロ・コミューン議会はこの国の選挙デモクラシーの歴史を書き替えた.第2位はダンドリード・コミューンで48.9%,第3位はストルフォシュ・コミューンで48.6%であった.逆に,この選挙で,女性議員の占有率が最も低かったのは,スヴェダラ・コミューンで11.1%であった.第2位はマーカリィド・コミューンで17.9%,第3位はティブロ・コミューンで19.5%であった.過小代表議会でも既に「5人に1人は女性議員」という水準に達していた.

クォータ制度導入の是非

女性の政界進出を促進・加速している要因の一つは選挙制度である.特に,比例代表制度のもとで,政党が候補者名簿を作成して,有権者に提示し,政党名簿そのものへの支持を競う選挙制度は,女性の立候補を容易にする.政党名簿を作成する段階で,女性候補を調達するだけでよい.

名簿作成時のクォータ制度そのものに対しては,スウェーデン政界では,伝統的に広範な抵抗感がある.政治ポストの男女比については,暗黙の了解で見えざるルールを作ってきた.クォータ制度と呼ぶことは慎重に避けている.強制的ではなくあくまでも任意なのだという意味を込めているのであろうか.［6対4］ルールである.政党が候補者名簿を作成するに当たって,「どちらの性も60%を超えないし,40%を下回らない」という了解事項である.

だが,女性議員の比率が,期待されるほどのスピードで増えない現状を嘆いて,強制的クォータ制の導入を要求する声がある[8].

女性議員を意欲的に増やそうとする政党,例えば,社民党や左党では,「クォータ制度の導入をどう思うか」というインタビューに,肯定的な反応が戻ってきた.特に積極的であったのは,1990年代後半期の社会民主女性連盟議長M.ヴィンベリィであった.「二つに一つは女性に議席を」というスローガンそのものに忠実な反応であった.「政府,内閣,議会,院内委員会,コミューン,ランスティング,国家レベルの各種委員会,執行委員会,などすべての指導的ポストについてクォータ制度を導入する」.1993年8月に開催された社会民主女性連盟全国大会で彼女が提案した行動プログラムである[9].

家庭生活でも社会生活でも男女が責任を分担した方がよい.「公的部門や政治の世界ではクォータ制度の導入が望ましい. 比率は50%」. 非常に明快な姿勢であった.「家庭でも, 父親が育児を担当する月があった方がよい」.

リーダーたちに質問しても, クォータ制度そのものに対しては見解が分かれる.「選挙公職である限り, 有権者の選択が比率を決めるのが妥当」.「社会の半分が女性である限り, 政治は代表されざる半分の問題をも議論・解決しなければならないとしたら, 可能な限り多くの女性が決定の場にいたほうが問題の解明と解決に繋がりやすい. 納得度が違う」.「政界は男性支配社会であったので, 女性が参入するのには困難が伴う. 既得権を打破する行動はいつの時代でも難しいから. そうした男性支配が続いているということと, だから男性が政治に向いていると結論することとは別の問題だと思う」.

日刊紙『ダーゲンス・ニヘーテル』の有名な女性ジャーナリストであるI. イェーゲルホルンのコメントは説得力があった.「(デモクラシーだから固定してしまうことはどうかと思うが) 暫定的・過渡的な手段として有効かもしれない. 30%とか40%に設定して, 一つのモデルを構築したほうが, わかりやすいし実現しやすいかもしれない」.「暫定的方法として」と強調されると納得調達が簡単である. そして,「24選挙区のうち最低40%の選挙区で, 女性を1位にした政党名簿を作成する必要がある」. ヴィンベリィの戦術は正しい. 男女交互名簿を作成しても, それぞれの選挙区で男性を1位にしている限り, 男女同数の議員が生まれることはない. 必ず男性が多くなる. 少なくとも40%程度の選挙区で女性1位の名簿を作成して, はじめて40%の壁を突破できる[10]. その後すぐに45%に到達した.

女性議員大量生産戦略

ストックホルム大学で政治学を担当するD. サインズバリィが指摘しているように, ある国で女性政治家が大量に生まれている理由は, 次のような変数で説明されることが多い[11].

①社会・経済的発展レベル：教育水準と女性の政治参加の関係, 労働市場参加率と女性による政治ポスト占有率の関係, パブリック・セクターの規模と女性の政治代表率の関係, 社会資本投資の規模と女性の政治代表率の関係, など

社会・経済的発展水準と女性の選挙公職保有率の相関関係に焦点を合わせた研究が数多く提出されている．こうした理論から戦略を導き出せば次のようになる．

●女性の進学率を高めよ！　●女性の就業率を高めよ！　●パブリック・セクターを拡大せよ（女性職場を増やせ）！　●社会資本投資を拡大せよ（女性職場を増やせ）！

②文化規範：「男性＝社会活動／女性＝家事労働」という伝統的な性役割二元論を強調する社会では女性の選挙公職占有率は高くなりにくい．逆に，平等主義的価値・自由主義的価値を強調する社会では女性の政治参加が促進される．こうした文化規範論から戦略を導き出せば次のようになる．

●家事と育児を男性と分担せよ！　●職場労働を男性と分担せよ（扶養家族をやめて経済的に自立せよ）！

③政党：現代デモクラシーにおいて政治的補充の主な担い手は政党である．女性による選挙公職占有率を高めるには，究極的には，政党対策につきる．政党の基本的体質が女性候補の擁立度を決める．性の平等を強調するリベラルな政党は女性候補を大量に擁立しようとするが，保守的な価値を強調する保守政党や中道政党は，女性擁立に消極的である．ただし，どの政党も，原則的には，イデオロギー純度や体質を保持することよりも，選挙に勝つことを優先するので，有権者が女性候補を希望すれば女性候補の補充に積極的になる．スウェーデンで女性党員の比率が増えたのは，1960年代からである．70年代に爆発し，80年代中期にピークに達した．こうした政党理論から戦略を導き出せば次のようになる．

●政党に入れ！　●政党活動に参加せよ（党費を払え，党内発言力を確保せよ）！　●候補者決定過程に参加して発言せよ！　●女性候補に投票せよ（男性過剰を拒否せよ）！

④選挙制度：選挙制度の基本的性格と女性の政治参加の相関関係に焦点を合わせた研究も多い．政党名簿式・比例代表制度や大選挙区制度は女性の選挙公職占有率を高め，小選挙区制度は女性の選挙公職保有率を低下させる傾向がある．スウェーデンの選挙制度は女性議員大量生産の3要件をすべて満たしている．比例代表制度で，選挙区当たり議員定数が多く，名簿式投票制度，である．

ただし，選挙制度は必要条件であっても十分条件ではないので過剰強調は危険である．例えば，スウェーデンは基本的な選挙制度をほとんど変更しなかったのに，つまり同じ選挙制度を継続して使用してきたのに，女性の政治家がこの20年間ほどで飛躍的に増えた．この時代，スウェーデンは別に選挙制度を極端に変更したわけではない．また，比例代表制度を採用している国すべてで女性のポスト占有率が高いわけではない．さらに，小選挙区制度を採用している国でも比例代表制度を採用している国より女性の選挙公職保有率が高い国がある．その典型例はニュージーランド．かくして，比例代表制度は女性政治家輩出の必要条件であっても，十分条件ではないことがわかる．ただし，比例代表制が女性政治家を生みやすいという事実は変わらない．こうした選挙制度理論から戦略を導き出せば次のようになる．

　●比例代表選挙を優先的に選択せよ！（選挙に出るなら比例代表区）　●選挙区当たり議員定数の大きい選挙制度を実現せよ！　●政党名簿式投票制度を採用せよ！　●政党名簿作成権は中央本部で握るようにせよ！　●比例代表選挙では女性候補を優先せよ（女性候補のいない政党名簿に投票するな）！　●候補者名簿記載順位を女性1位で始めよ！　●政党間合意でクォータ制度を導入せよ！　●女性党を結成せよ！（これなら全員が女性候補）

　女性だけが加入する運動体を女性が組織し，ソトに向けてその要求を膨らませたことが，女性問題の存在をしらしめ，女性問題への関心を刺激したことは明らかである．これは，女性組織がソトから「女性問題を取り上げ，政治化せよ，女性議員を増やせ」と要求するソトからの戦略．だが，それだけではなかったはずである．女性が，反ポルノや反原発，環境保護や社会政策の促進，対外援助の拡大などのテーマで政治に関心を募らせ，政治過程に参加する意欲をかきたてたことも，重要な役割を果たしたはずである．そして，最終的には，スウェーデン女性が，伝統的な男組織である政党加入運動を通じて，内部から要求を膨らませ，女性候補大量擁立を刺激したことが，女性の政界進出を加速した．これは，男性支配組織に入り込みウチから「女性問題を取り上げ，政治化せよ，女性候補を増やせ」と要求するウチからの戦略．

　おそらく，こうした，女性組織や男女相乗り組織を構築し，内部からソトにいる男性に向けて要求を提出する運動と，伝統的な男性組織に入り込み，ウチ

にいる男性に向けて要求を提出し，最終的には，ソトに向けて要求を実現する運動とを並行して進める戦略が有効であったのかもしれない．女性運動が盛んでやたら女性組織が発生している国もある．だが，そんな国でも，組織熱が高い割りには，政党への加入は慎重に回避しようとする女性が多い．そうした国では，心理的拒絶感を克服するために，中間段階で，男女相乗り組織が必要かもしれない．

　●機会均等を促進する女性組織を結成せよ！　また，反ポルノや中絶自由化，姓名継続・選択制度導入などのテーマ別組織も作れ！　そして，それと並行して，必ず，●政党に参加して，候補者名簿作成過程で積極的に発言し，候補者ポスト占有率を高めよ！

2. 女性環境の整備

女性環境の整備：社会参加の成果，さらなる参加の跳躍台

　スウェーデンにおける女性環境の整備水準は高い．その多くは，政治的決定過程に女性が大量進出し，時には議会のソトの組織と連帯しながら，また時には，党派を超えた連帯を通じて，昔の常識を変更しながら獲得したものである．そして，その恵まれた環境がいっそう女性の社会参加を促進している．「一人でも多くの女性議員をつくること」が意味するのはこれである．心情論や情緒論が運動を高揚させるが，それを具体的な成果にまとめる作業は，立法である．前者がなければ運動は盛り上がらないが，後者がなければいつまでも前に進めない．

　①妊娠中の部署移動申告制度：女性の社会参加を促進するためには，その前に立ちはだかるいくつかのハードルを撤去もしくは低くする必要がある．婚約・結婚・妊娠・出産・育児，それに最近では，高齢者介護がキャリア指向の女性の前にそびえる主なハードルになっている．こうしたハードルを低くするか，取り除くか．女性の社会参加を刺激・促進するには，どうしても必要な作業である．それは意思決定の場でのルールの変更を通じて実行されるが，出産ハードルをクリアするための方策の一つがこの制度である．妊娠中の女性が母胎もしくは胎児の健康によくないと思われる仕事に従事しているときには，安

全な部署に移してくれるよう経営者に申告することができる．当該企業内でそれに応じることができない場合には，つまりそれにふさわしい職場がない場合には，その女性は有給で（所得補償されて）休むことができる．出産予定日の60日前から10日前までの50日間が対象である．所得補償は90%である．出産経費はほとんどゼロで，着る物も貸してもらえる．

②出産・育児休暇：所得補償390日間・80%，2ヶ月は「パパの月」：出産・育児休暇の充実が次世代育成政策の重要な突破口の一つであることは容易に想像がつく．リーダーもこの点を強調することが多い．所得補償の手厚さとその期間の長さは圧倒的である．原則として，合計480日間の出産・育児休暇が認められている．男女どちらがとってもよいし，分割も可能である．最初の390日間は80%の所得補償．残り90日間については1日当たり一定額の所得補償（2008年現在で1日当たり180クローナ）．これだけの期間，これだけの所得補償付きで休めるなら出産ハードルなどほとんど問題なくクリアできるはずである（もちろん出産・育児を理由にした失業の恐怖はない）．そのうち2ヶ月間は「パパの月」であり，2ヶ月間は「ママの月」となった．「パパの月」には必ず父親が有給休暇を取り，「ママの月」には必ず母親が有給休暇を取ることになる．所得補償だけの従来の規定では，所得水準が低い女性の方が休み，男性は，結果として，出産・育児休暇を取らない傾向が強かった．男性も確実に出産・育児休暇を取るようにという狙いが「パパの月」構想である[12]．これとは別計算で，父親は子供の出産に際して，子供1人当たり10日間の出産親保険を支給される．双子が生まれた場合には，20日間安心して休める．福祉国家らしい徹底ぶりはこういうところに表現される．10歳以下の子供を養子にもらった時も，同じ条件で所得補償される．また，家族保険制度は，出産・育児休暇の親保険，幼児を持つ親の6時間労働制，在宅児童ケアの追加年金ポイント加算制度，などで支えられており，受益の期間，所得補償レベルという点で，おそらくは，世界でも最も寛大な制度の一つであろう[13]．

③児童看護休暇制度・親保険：出産までは安心・安全が確保されていたとしても，それだけでは十分ではない．子供の病気という不安が残る．その不安を解消してくれる制度が，児童（もしくは子供）看護休暇制度である．これは親保険による所得補償がある制度で，女性の社会参加を刺激した重要な加速装置

の一つである．子供が12歳になるまで，子供が病気になった場合，子供1人当たり年間最高60日間の児童看護一時親保険がでる．場合によっては，年間90日間補償される．年間60日間になったのは1980年であった．原則は12歳までであるが，12歳から16歳までの子供でも，特別な看護や監督が必要な場合には，医者がそれを証明さえすれば，親保険が支給される．こうした安心・安全提供装置は完成度がきわめて高い．

④労働時間選択制度：幼児を持つ親は労働時間を通常の4分の3に短縮しても，それを理由に解雇されることはない．6時間労働制である．出産・育児の過程で親が不安になるのは，子供が突然気分が悪くなっても遠慮なく休んだり早退したりできる雰囲気が職場にあるかどうか，親が職場にいるときに子供が病気になったらどうするかという問題であろう．また，保育所や病院への送迎の問題もある．こうした不安を解消するための制度がこの労働時間選択・短縮制度である．1979年に導入されたこの制度のおかげで，早めに仕事を切り上げて，保育所に子供を迎えに行くことも，病気の時には，子供を病院に連れていくこともできるようになった．もちろん，幼児を保育所や病院に連れていくために，その分だけ遅く出社しても，扱いは同じである．

⑤保育所の整備：次の不安は，安心して子供を預けることができる保育所が近くにあるかどうかである．保育所の整備は，1960年代以後，選挙の度に，主要争点の一角を構成してきた．出産休暇明けの職場復帰にとって，近くに保育所があることが重要な要件となる．政党は競って，保育所の整備を選挙公約に掲げ，その充実を約束した．政党間合意が簡単に成立する政策領域でもあった．そして，保育所の充実は，そのまま女性職場の膨脹をも意味した．安心して幼児を預けることができる保育所の整備で女性の社会参加が進み，保育所の増設で女性職場が爆発的に増えた．二重の経済効果を持っていたのである[14]．

⑥姓の継続・選択制度：婚約・結婚ハードルがキャリア中断の理由になってはならない．結婚前まで使用していたファミリー・ネームは男性にとっても女性にとってもビジネスの登録商標である．だが，男性は多くの場合，結婚後も結婚前の商標をそのまま継続使用できるのに，女性は商標変更を要求される．ブランド作戦であえてそうするならともかく，商標変更は，ビジネス中断にもなりかねない．この不都合を縮小するために，姓の継続・選択制度が導入され

ている．実際には，相手のファミリー・ネームと連記する女性が多い．

⑦同棲法：結婚と同棲の法的・実質的差がほとんどなくなっている．ライフスタイルの多様性に対する柔軟な対応であり，想像を絶するような現実感覚である．その象徴的な現象が，事実婚から生まれる婚外子の多さ．最近の新生児では婚内子と婚外子の数はほぼ同数．統計的にも，婚外子の方が多い年もある．これが，自己選択・自己決定を基礎に自己責任で自己投資する自律型女性が生まれる環境になっている．

⑧出産・中絶自己決定権：1974年に中絶法が議会を通過し，1975年1月1日から施行された．それまでの1938年法は，多くの点で，実際的な適用可能性を低下させており，既に時代遅れとなっていた．1975年法によって，妊娠18週間までは，中絶の決定は女性だけに委ねられることになった．つまり，妊娠18週間までなら，女性が中絶を自己決定できることになった．ただし，12週間以後の場合には，ソーシャル・ワーカーの検査・相談が必要である．そして，18週間以後の中絶も，特別な理由があれば可能であるが，その場合には，中央健康福祉局の承認が必要である[15]．「自由中絶」もしくは「出産・中絶自己決定権」は，ある意味で，スウェーデン女性の独立と自由のシンボルとなっている．それはまた，女性の社会参加を促進する要因の一つでもある．不測の事態に直面しても，キャリア設計・家族プランを自由に策定できるからである．

出産・中絶自己決定権は社民党政権下で，段階的に実現された政策であった．もちろん意思決定過程で大きな役割を演じたのは女性運動であった．既に1920年代の後半から1930年代の初頭にかけて，共産党と社民党系の女性は中絶が犯罪行為と分類・認定されている事実を調査・検討するための調査委員会を設置するよう要求していた．1938年法は，大きな前進となったが，かなりの数の違法中絶が依然として残っていた．そして，大きな転換点は，参加の革命が嵐のように吹き荒れた60年代であった．「妊娠中絶については女性が決定権を持つべきだ」．社民党の若き急進派と自由主義陣営の急進派がはっきりと提言した．1965年3月には社民党政府によって中絶自由化を検討する調査委員会が設置されることになった．そして1974年5月の議会票決を迎える．社民党が提出した新中絶法案は圧倒的な多数で可決された．女性議員の75％，

男性議員の 65% が賛成票を投じた．党派線を越えた堂々たる過半数であった[16]．

中絶の自由に関する最近の動向を要約すると次のように整理できる．(1) 10代の女性の中絶は減少傾向にある．避妊知識とピルの普及がその減少に拍車をかけているのであろう．(2) 伝統的な価値を強調するキリスト教民主党が議席を獲得したばかりでなくブルジョワ 4 党連合政権に参加したので，規制が強化されるのではないかとの不安が高まっている．そのため女性デーや女性集会などでは，「中絶の自由を守れ」といったプラカードが多く見られるようになった．(3) 中絶の自由に対しては依然として，強い支持がある．1993 年当時の世論調査では，女性 10 名のうち 8 名は現行の中絶自己決定権を支持している．反対論は年配の女性，特に 45 歳以上の女性で多い．24 歳以下の女性，および若い男性の間では，中絶の自由に対する支持が増えている[17]．(4) 中絶の 90% 以上は妊娠 12 週間以内に行なわれている．(5) 支持政党別では，社会主義ブロックの政党に投票する女性のほうが，ブルジョワ・ブロックの政党を支持する女性に比べ，中絶の自由に対して肯定的な態度を取る傾向がある．

⑨離婚自己決定権：離婚は「簡単・手軽・後腐れなし」である．合理的で，実際的である．ダイバーシティが拡大すると，拒絶・排除するのではなく，合意点を模索しようとする．制度や法律と現実に差異があると，制度や法律を現実に合わせてしまう傾向がある．合意形成型政治の特徴である．離婚は，成熟した男女間の私的行為であるから，慰謝料という考えはない．1973 年に婚姻法が改正され，慰謝料が廃止された．

⑩短い労働時間：週 40 時間労働制．所定年間労働時間は 1808 時間．実質労働時間は年間で 1472 時間ともいわれ，実働率は 81% しかなく，先進工業国家の中でも，極端に低い[18]．残業は，原則として，望まれない．「マネーよりタイム」の伝統が根強い．労働時間が短いということは労働市場に，後期参入者が活用できる収容スペースがあるということ．社会全体のワークシェアである．時短は女性の社会参加の重要な条件．男女間連帯の最も大切な絆．

⑪長期の有給休暇と完全消化＝無理なく働ける環境：女性の社会参加を拡大するには，「無理なく働ける，継続して働ける」労働空間が重要．労働時間の短さと有給休暇の長さ，それにその完全消化を奨励する気風が特に重要な女性

環境になっていることはいうまでもない．有給休暇は年間最低5週間．しかも，原則として，完全消化．これなら家族の年間スケジュールも無理なく計画・処理できる．

⑫教育休暇制度：定職を持っている勤労者が，「キャリア・アップのために，新しい学問を学びに大学に行きたい」「転職したい．その前に，新しい学問に挑戦したい」「出産・育児休暇あけに，新しいテクノロジーを学習したい」という希望を抱いても，多くの国でなら，退職して，学校に通うしかない．一方，この国では勤務時間を短縮・操作して学習できる．生涯学習社会の重要な要素となっている．女性に利用価値の大きい制度である．結婚・出産・育児で職場から長期離脱する可能性があるのは，どうしても女性．若い時に一時的に職場離脱した女性は技術革新速度の速さで職場復帰に尻込みするかもしれない．勤労者が社会参加意欲を継続的に持てるためにも必要な工夫である．

⑬学生ローン制度：結婚・妊娠・出産・育児で進学希望が遮断されることも，学業半ばで中断を余儀なくされることもあろう．また，社会経験を積むうちに自分の適性を知り，本当にやりたい仕事を発見したりすることもあろう．教育休暇制度があるといってもまだ不安が残る．授業料・生活費・入試の問題である．高負担社会ではこの種の問題は深刻ではない．膨大な資金を先行投資している．授業料は大学院まで無料．学生生活の生活費は，学生ローン制度で解決．原則として，すべての学生が国から学生ローンを借りて生活する．全国どこの学生も生活費は同じ金額．繰り返しになるが，「スタートラインは平等に」の精神である．卒業後，利子をつけて払い戻す．卒業が遅れるほど，借金が増えるという仕組みである．

⑭労働経験大学入学制度：それでもまだ入試の問題が残るが，働いて納税者になる能力があれば学生になれる．最近では，エリート教育の必要性を認めてだろうか，効率的な学習・教育を追求しようとするからであろうか，高等学校から大学に直接進学する学生の比率が高くなっているけれども，高校卒業後，社会経験をはさんで進学する者が多い．職業経験はそのまま成績に上乗せされる．4年も働けば，特に難しい学部を除けば進学できる．

⑮学習サークル制度：「生涯学習の国・スウェーデン」の象徴的な制度が学習サークル運動．市民の成熟に果たす役割は決して小さくはない．学習サーク

ルへの参加を通じて社会問題に関心を持ち，社会との接点を持ったという市民は多い．経営主体は主に政党か労働組合である．最近では，参加者総数は約250万前後にもなる．国家の総人口を考慮したらその数的規模は非常に大きいといえる．参加費は安い．最近では，長期不況を反映して，かなりの受講料を取るようになった．学習サークルの運営資金は，国庫補助金とコミューン補助金，それに参加者が納付する授業料で構成される．国民運動の一環という伝統を持っているからである．国民図書館運動とともに，市民教育運動の重要な構成要素である．これが市民の知的向上と教育普及に大きな役割を演じてきたのである．ダイバーシティの衝撃を吸収する制度として有効である．

⑯近しい人の最後を看取る休暇：1989年7月1日に導入された「近しい者の看護のための所得補償と休暇に関する法律」によって，在宅の重病患者を介護する近しい人närståendeは疾病保険から所得補償を受ける権利と，介護される者1人当たり最高30日間休暇を取る権利が与えられることになった．介護を受けている者が，病院・医療機関や公的施設ではなく，在宅もしくは国内の他の個人の住宅で看護を受けていることが条件である．また，介護を受ける者が，重病もしくは人生の最後の局面を迎えていることも休暇と所得補償を受ける条件である．所得補償額は一般の疾病保険に準じることになっている．勤労者が近しい者と認定され，かつ看護休暇を申請する時，経営者はその申請を拒否できないし，それを理由に解雇することもできない．休暇を取る時期や期間について変更を求めることもできない．

⑰男女機会均等オンブズマン：1972年に任命された男女機会均等委員会が検討を重ねた結果，1980年から機会均等法が施行されることになった．現行の「労働における男性と女性の平等に関する法律（男女機会均等法）」は1991年に採択され，1992年1月1日に施行された法律であるが，1980年に立法化された法律を基礎にしている．この法律は，(1) 職場での男女機会均等を促進するために積極的措置を講ずるよう企業に要求する一方で，(2) 雇用，待遇・給与，昇進，解雇などに関して性差別を禁ずることを，狙いとしている．法律の名称こそ「男性と女性の」となっているが，実際の狙いは労働市場への女性の参加拡大と，労働市場における女性の地位向上を促進することにある．

均等法が規定している性差別は2種類である．まず，雇用に伴う性差別であ

り，雇用に際して，性を根拠にした不公平がないかどうか．もう一つは，職場における性差別である．これは，（i）内部教育・訓練への補充に際しての性差別，（ii）雇用条件をめぐる性差別，（iii）仕事管理に関する性差別，（iv）取り消し通知・解雇・配置転換・帰休許可をめぐる性差別，に分類されている．

　第1条「この法律は，労働における雇用，雇用条件および昇進機会に関する男女の平等を促進することを目的とする」（労働生活における機会均等）．

　「この法律は，何よりもまず，労働生活における女性の条件を改善することを目的とする」という有名なフレーズで始まり合計56条で構成される法律が「女性社会・スウェーデン」の法的基盤である．雇用に際しては過少代表の性を可能な限り増やすこと，職場における人員配置で男女のバランスを適正にすること，セクシャル・ハラスメントが発生しないように努力すること，出産・育児・家庭生活と職場生活の両立が可能になるよう職場環境を整備すること，給与・昇進・職務配分に関して性による不当な相違を生まないよう努力すること．この法律の期待は大きい．そして，雇用者が10名以上の職場では男女機会均等を促進するための職場計画と実態報告を提出することになっている[19]．

　男女機会均等オンブズマン事務所は1980年に，「職場における男性と女性の平等に関する法律（男女機会均等法）」が制定された時に，設置された．男女機会均等オンブズマンの主たる職務は，男女機会均等法の規定を実行することである．もちろん，独立した機関で，その独立性が権威の源泉になっている．個別的・実際的な苦情の処理，助言，勧告，などの活動のほか，男女機会均等を促進するための情報提供活動を積極的に展開している．特に，最近は，『男女機会均等オンブズマン報告書シリーズ』を刊行し，興味深い情報を提供している．

　雇用・雇用条件・昇進機会などで，性による差別で被害を受けたと思う者は，財政的理由で行動を差し控える必要はない．精神的苦痛や物理的損害に対する賠償金を求めて，積極的に異議申し立てができる．労働の場における紛争は，最終的には労働裁判所が審理することになる．通常は所属する労働組合が財政援助してくれるが，それも叶わぬ時には，オンブズマンに申し立てることができる．オンブズマンが助力してくれる．オンブズマンの活動はすべて無料である．自由に遠慮なく申し立てることができる．もちろん，雇用そのものの時点

で不満・不服がある場合には，所属組合が未だないので，直接オンブズマンに申し立てることになる．また，すべての労働者が組合に所属しているわけではないので，頼るべき組合を持たぬ雇用者も直接オンブズマンに申し立てることになる．オンブズマンが援助の手を差し延べてくれる[20]．

　オンブズマンは男女機会均等を促進する積極的措置を講じていない経営者に，事態を改善するよう命ずることができるし，罰金を科することもできる．こうした命令はオンブズマンの要請に基づいて男女機会均等委員会が行なう．周辺機関がもう一つある．機会均等評議会である．男女機会均等担当大臣の諮問機関である．約40名程度の委員で構成されるが，多様な利益を代表する構成になっている．政党代表も，労組代表も，女性組織代表も，経営者団体代表も，委員に任命されている．議長は担当大臣自身である．「女性と男性の機会均等は，男性からの支持と貢献がなければ達成できない」．自然な発想である．

女性環境整備の理由：なぜスウェーデンで突出したか

　女性環境が爆発的な規模と速度で整備されたのは1960年代からである．女性の社会参加の高い国として世界的に有名になった．それを可能にした背景理由を整理しておきたい．

　①経済の好調＝労働市場が新規労働力の参加を要請：豊かで，すべてが輝いていた「黄金の60年代」というフレーズがある．そのころ，経済成長率でも，1人当たりGNP（国民総生産）でも，戦後復興に苦悩する他の先進工業国家を圧倒していた．長期にわたる平和の伝統が，政治財であるだけでなく，経済財としても有効であることを再度確認した．戦争に巻き込まれなかったため，生産設備そのものの破壊を免れた．生産手段そのものを輸出できた．平和は確実にペイしたのである．空前の好況を前に，労働市場は新規労働資源を要求した．労働市場に空白ができた時，それを埋める方法は二つである．ソトからの人材資源調達とウチからの調達である．豊かな福祉・工業国家をめざして世界中から労働力が流入した．労働許可書の取り扱いは，実際には，かなり弾力的に運用されていた．煩瑣な手続きより，市場の現実の方が優先されていた．寛大で鷹揚と表現できた．しかし，潤沢な労働資源は国内にあった．しかも質の高い未活用の潜在的労働資源が．好調な経済が，専業主婦業界を直撃した．労

働市場は必要に応じて新規労働力を吸収した．成長経済を維持するためにはどうしても女性労働力が欠かせない．どうすれば新規参入者にとって魅力的な職場を作れるか．産業界も知恵と工夫を凝らした．女性の労働環境が整備されることになった．

②産業構造の変容＝女性職場の増加：社民党長期政権のもとで，福祉サービスが飛躍的に拡大した．きめ細かな福祉サービスを平等に提供するためにも膨大なヒューマン・リソースが必要になった．《平等》《公正》を基幹理念にした普遍主義福祉であるため，公的部門が急膨脹することになる．公的部門は法の理念が容易に実態化できる世界である．女性職場が一気に増大することになった．福祉サービスは伝統的に女性が，無給の純・ボランティアとして，家庭で従事していた活動領域である．家のソトでほぼ同じような行動をすればプロの福祉専門家として給与を支払われることになった．自分のサイフを持ち，自己選択・自己決定で消費することができるようになった．公的部門，とくに福祉関連領域は，社会進出の突破口として，違和感なく活用できた．先述のように，現在でも，公的部門は女性職場となっているし，女性管理職の輩出母胎ともなっている．「公的福祉の充実」＝「公的部門の拡大」＝「女性職場の増大」＝「女性の社会参加」．こうした要素は連結している．そして，そのどこかに，「公的部門を支えるための高負担」＝「可処分所得の低下」＝「新しい所得源の必要」，といった要素が入ってくる．

③参加を求める世論の盛り上がり＝専業主婦業界の崩壊へ：1960年代に世界各地で発生した学生運動や市民運動は，何よりも《参加》を求める運動であった．スウェーデンもまた例外ではなかった．煽動的・挑発的な自立啓発運動が展開された．《参加》を吸収できる余力が労働市場にはあった．女性は家庭から飛び出し，社会へと直進した．最も衝撃度の高いアジテーターは，ラディカル・フェミニズムの旗手であるE.モベリィであった．彼女は，1961年に発表した話題のメッセージ「女性解放の条件」（『若き自由主義者たち』に収録された文書）で，当時の一般的論調を否定した．当時は，女性がその役割を変更すれば，それが女性解放に繋がるであろうという考え方が一般的であった．モベリィは，それだけでは不十分であると力説した．女の役割が変わったところで，男の役割が変わらなければ，女が二重の労働負担を背負うことになるだけ

という意見である．「女の性役割を変えるのと同時に男の性役割を変えること」が重要と主張した．伝統的な性役割二元論を変更することが社会改革の条件であるというメッセージはその後の論争を指導し，意識革命を引き起こした．

　④意識革命＝伝統的な性役割二元論への挑戦：今日でこそ，機会均等が進んだ国として高い評価を得ているが，後述するように，もとから女性の社会的地位が高い国というわけではなかった．むしろ，家庭の中（結婚生活）でも社会の中（教育機会，職業生活，選挙権）でも劣悪な環境に置かれていた．女性史の屋根裏部屋を覗くと山のような女性哀話が涙を誘っているのは他の多くの国と同じである．だが，意識が変わり，不合理が認識されてから制度改革に踏み切る速度と大胆さ，成果を着実に蓄積していく姿勢は，見事であり，スウェーデン・デモクラシーの頑強さと到達度の高さを証明しているといえる．運動が盛り上がる過程で意識革命が発生した．「女性問題はそのまま男性問題である」という認識の深まりである．「男と女の連帯感」が要請されるようになった．「男性＝社会活動／女性＝家事労働」という伝統的な性役割二元論は既に説得力を失いつつある．若い世代では既に議論の対象とすらならない雰囲気がある．男女とも，自立精神が強く，親離れ・子離れ・家離れが早い．また，女性のキャリア指向はことのほか強い．当然それは，男性の家事分担を要求する．仕事分担は家事分担とワンセットである．1960年代以後，男性の家事分担は暗黙の了解事項である．A. ミュルダールの行動が大きな影響力を演じた．スウェーデンを代表するオピニオン・リーダーとして女性問題についても積極的に発言してきた．1964年の社民党大会で「平等問題検討委員会」の設置が決定されると，議長に就任した．社民党とLOの合同委員会であり，社会に依然として存在する階級格差と貧困の問題を解決することを狙いとしていた．「平等」を実現すべき問題領域の一つに男女間関係があった．1968年の社民党大会に提出され採択された報告書『平等の拡大』は，戦後社民党が採択した報告書の中でも最も重要な報告書の一つである．《平等》を主導概念にして，好景気に沸く社会を，その絶頂期に総合的に分析しようとするのであるから，いかにも社民党流である．権力の慎ましさと自己省察力の強さが伝わってくる．この党大会で，社民党は平等と平等実現政策を党プログラムの最優先項目に指定した．男性と女性が職場と家庭で負担を分かち合えるための方策がいくつか提示され

た．労働市場政策，教育（特に就学前児童教育）政策，税制改革，家族政策，児童政策，など，いずれもが職場労働と家事労働の両立可能性を拡大しようとする発想であった．その多くが実現された．

⑤税制改革＝個人別納税制へ＝すべての市民が自分のサイフを：『平等の拡大』で提示された政策の一つが税制改革である．それまでは，夫婦・家族を基礎的な経済単位とする税制で夫婦合算式納税方式であった．1971年にこれを個人別納税制に切り替えた．これは女性の自立を促進し，独立の気風を飛躍的に育んだ．社会一般のインフレと高負担政策の継続は，市民の可処分所得を低下させた．時代は《黄金の60年代》．経済は絶好調であった．消費欲望は膨脹する一方であった．消費欲望を制御できない市民は懸命に新しい所得源を模索した．生活水準を低下させたくなければ，専業主婦が家庭を離脱して，職場に直進するしかない．消費欲望は膨脹するのに，財布は薄くなる．可処分所得を増やすため女性は職場を目指した．だが，税制に問題があった．夫婦合算式納税であったため，男性の所得水準で女性の社会参加が左右されるという現実があった．高額所得の男性は妻が猛烈に働くことに消極的になろう．税率が猛烈にアップすることになるからである．男性の所得水準が女性の社会参加度の決定因となる可能性がある．つまり女性の人生が男性の所得水準に決定される可能性がある．これでは，扶養や慰謝という思いがつきまとい，経済的独立はいうまでもなく精神の独立や自由はおぼつかない．女性が自分の人生を自己決定できるような税制が必要であった．1971年の税制改革で夫婦所得合算方式から個人別納税方式に変更され，夫婦それぞれが平等で独立した経済単位になった．当時の左共産党の党首であったG. シーマンは，筆者とのインタビューで，女性の自立と社会参加を促進した要因として税金制度の重要性をまっさきに指摘した．「児童手当や高齢者介護システムなど福祉サービスの充実が家庭生活と職業生活の両立を可能にしました．もちろん，労働市場の状況も重要な要因です．1971年の税制改革で個人別納税方式になったことが，決定的な役割を演じました．女性の自立と独立が決定的になりました」．

⑥労働環境の整備＝無理なく働ける労働環境．⑦福祉環境の整備＝安心して働ける労働環境：女性の社会参加を促進した要因として，整備された労働環境と福祉環境を指摘しておく必要がある．伝統的な性役割二元論を突破するため

には，女性の意識革命だけでは十分ではなかった．男性の意識革命と協同の精神，つまり積極的な家事分担作業が必要であった．そのためには，男性が家庭内活動にあてる時間を無理なく作り出せる労働環境がなければならなかった．労働環境の整備と女性環境の整備は，車の両輪のように並行して進められる必要がある．労働時間の短縮と100％の年休消化率，それに残業のない職場は，基本になる．福祉環境の整備水準が高いことも女性の社会参加を促進する重要な要因である．安心して働けるためには，妊娠・出産・育児・保育，高齢者介護，疾病，労災，などの領域で高水準の安心が制度化されている必要がある．ただし，福祉環境の整備は女性の社会参加を促進・加速する原因であるとともに，積極的社会参加の政治的結果でもある．女性が社会に，次いで，政界に進出・参加し政策決定過程での発言力を強化したからこそ獲得できた結果である．社民党系のリーダーは，当然のことながら，自分たちが構築した福祉サービスの充実が女性参加を可能にして，促進したと強調する．例えば，SKAFのアルヴィドソンは，インタビューで，特に公的医療体制の整備と保育システムの整備を強調した．「安心して働ける，万一の場合も安心して医療に専念できる」システムの整備と表現しても同じであろう．また，自身が副市長在任中に妊娠・出産を経験し，出産・育児休暇をとって育児に専念したA. リンドは，高齢者福祉と保育システムの充実を理由の一つにあげている．「高齢者介護と育児」が時に，女性のキャリア継続にとって大きな障壁になることを熟知した回答であった．「そしてそれに1971年の税制改革」と付け加えた．「税制改革は経済的自立を促し，福祉システムの整備は憂えなく女性を職場に押し出した」．こうした要素が複合的に作用して，「職業生活と家庭生活を両立できるようになった．誰のものでもない自分の生活，それを手にいれた」．

⑧議会政治の長い伝統：議会政治は，合意形成型政治の重要な駆動力として国民の間で広範な支持を得ている．議会こそが，合理的問題解決の場であり，市民の欲望に効果的に対応する装置である．社会を変えるには市民の代表が集まる議会で法案を成立・修正するしかない．市民の代表を決める場は選挙である．選挙では数の力が圧倒的な意味を持つ．平均寿命が長い分だけ，総人口でも有権者人口でも女性が優位になる．議会政治は，普選が実現されたら，女性にとって有利な政治装置のはず．リーダーはそこに着目した．あとは，女性の

間の連帯感の構築だけである．1884年に結成されたフレドリカ・ブレメル協会が女性の自立運動を先導した．S. アドレシュパッレが創設期に指導したこの協会の特徴は，議会主義であった．女性がその代表を議会に送り，議会政治の場で問題解決する精神を強調した．感情的・情緒的な運動を慎重に回避した．議会を基盤にした合理的で息の長い運動が1960年代の急進主義をも包み込んで，着実に実績を積み上げていった．そこで，以下では，女性運動とその結実を簡単に整理しておきたい．

3. 女性運動の歴史

女性哀話

　かつては多くの他の国と同様，スウェーデン女性は家庭でも学校でも職場でも悲惨な状態にあった．虐待と暴力の対象になったことも少なくなかった．20世紀初頭までは，悲話・哀話のタネに事欠くことはなかった．しかしその後，社会は確実に女性に向けて門戸を開けていった．ここではまず，19世紀にはごく当たり前であった女性哀話をいくつか紹介したい．

　「結婚しない女性の価値はほとんどないも同然．結婚した女性は夫の地位，収入，階級によって価値を測られた．女性はそれ自身としての価値をもたなかった．……両親が娘を［被害に遭わないように］監視するのも，それなりの理由はあった．当時まだ有効であった1734年法は，妻が処女でない，つまり結婚式の前に性体験をもっていることがわかったら，男は6ヶ月以内ならその娘との結婚を解消する権利がある，という婚姻法の条項があった」[21]．そして，今でなら「いかにもスウェーデン的」と表現できても，まったく異なった状況で同じ現象が発生すれば，「あのスウェーデンで？」となる．

　1840年代のストックホルムに住む女性で結婚していたのは僅か4分の1で，残り4分の3は自活しているか，他の者の好意に頼って生きていた．「女性にも門戸が開かれていた職業は僅かであったので，餓死したくなければ，昔から存在し女性なら制限がなく就けた職業，売春にはしるしかなく，そういう女性は非常に多かった」．その結果，婚外子の数が爆発し，「1840年代，ストックホルムで生まれた子の実に75％が，婚外子であった」という[22]．

さらに悲惨な物語は続く．仕事を持っていてもその実情は必ずしも天国とはいえなかった．スコーネ地方のある繊維工場の情景として A. リュツキンスは次のように描写している．「女工が住むバラックには，食事をする蒸気を利用した台所があった．……もし，その狭い壁沿いにある，シーツをかけてしつらえた簡単なベンチを，反対側から横になって寝ている仲間と二人で共用するのがどうしてもいやで使わなくとも，給料から宿泊賃料としてさし引かれた．粗末な食事を食べないことがあっても，そのぶんも結局わずかな給料から引かれるのだった．さらに，監督している男が娘たちを性的に搾取することもあった．……いやだとでも言おうものなら，即刻クビを覚悟しなければならなかった」．どこの国にもありそうなエピソードである．それなら，労働組合に入って問題提起すればよい．「組織の国・スウェーデン」を知る者ならそう考えるハズ．だが，組合風景も今とはまったく違っていた．「男たちが仲間にしてくれなかった．……［女なんかが入ってくるなら，オレは脱退する］と，率直に宣言した男さえいた」のである[23]．労働組合が男女間連帯を受け入れるまでには時間がかかった．

F. ブレメル

F. ブレメルは 1801 年にフィンランドで生まれ，3 歳で家族とともにスウェーデンに移り住み，そこで成長した女性作家である．スウェーデンでは，ストックホルム，ついで，セーデルテルンで成長した．数多くの小説を発表して問題提起をした女性解放運動の初期論客である[24]．

世論を刺激したコンセプトの一つは，「家庭＝痴呆化装置」論であった．家庭生活が女性を受け身の存在にしてしまい，視野狭窄に追い込む．娯楽への傾斜と埋没が，トータルな社会観を喪失させてしまうからである．こうした思想が，善良な市民秩序を重視する当時の男性支配社会の価値観に受け入れられるはずもなく，囂々(ごうごう)たる非難の対象になった．しかし，1856 年に発表した『ヘッタ：その魂の歴史』はさらにいっそう，社会に衝撃を与えた．この本は小説としては高い評価を得ていないが，女性解放の書としては重要な意味を持った．彼女はこの頃には，国際的にも，既に有名な小説家であったので，本書も英語，ドイツ語，スウェーデン語の順番で出版された．パートナーを選択することも

できず，結婚しないで自活の道を探すこともできずにいる当時の未婚の女性が生きる抑圧状況を描いた．若い女性ヘッタは好きな男との結婚を父親に反対された．ヘッタは父親の権威的な態度に対抗し，ほかの誰とも結婚しないと決めた．残りの人生は，独身で屈辱にさらされる未来だけ．当時の支配階層からは，予想されたとおり，猛烈な非難が集中した．若い独身女性も老嬢も独り者はみな，もしあえてブレメルの肩をもちでもしたら怒鳴られるほどであった．家庭の主婦たちは，たいがい洗脳されていたから，男たちと意見が一致した[25]．リュッキンスは，「まずわたしたちは，彼女（ブレメル）のなにものにもたじろがない勇気と強さの前に，立ち止まる．不評，侮蔑，不名誉をぶつけられてもぶつけられても負けず，次つぎに自分の考えを提示してみせるその根性は，まったく感嘆に値する」と評価している．その後，彼女の名を冠した女性組織が大きな政治的役割を演じることになるが，そうした形で名前を継承することがふさわしい女性リーダーであった[26]．

工業労働と女性

　1870年代のスウェーデンでは工業労働者の約30％強は女性であった．だが，その労働力は特定の職種に集中していた．選択幅は制限され，言葉の厳格な意味で，選択の自由や自己決定権などはおぼつかなかった．繊維産業と衣服産業で女性全体の60％を占めていた．しかし，この数字は国際比較すれば，かなり低い数字かもしれない．初期工業化の段階では，ほとんどの国で，この産業分野しか女性職場はなかったのではないか．それほど女性占有率の高い職場であった．食料産業とマッチ産業が女性労働者をかなり吸収しており，ここで約30％が働いていた．当時，スウェーデン・マッチは世界を席巻していた．

　ところが，19世紀末にかけて，典型的な男性職場ともいうべき，鉄鋼産業，木材産業，機械工業が発展することになった．産業構造の変動は女性職場を減らした．産業界全体で女性の労働力占有率は20％へと下降してしまった．そして，長い間，この比率で推移した．食料産業，衣料産業，タバコ産業など，特定の職種に集中していた．いやそれより他には，あまり選択肢がなかったのである[27]．仕事の確保のためにも，女性運動や労働組合運動が必要であった．

5. アドレシュパッレ

　女性運動オーガナイザーであるアドレシュパッレ（1823-95年）もまたあらゆる非難を当時の支配層から浴びせられながらも女性問題を提起し続けた指導者の一人であった．彼女が特に強調したのは教育・労働の重要性と政治過程への参加であった．R.ルースと共に1859年にスウェーデン最初の婦人雑誌『家庭ジャーナル』を創刊した．第1号を出してから1885年までの約26年間続けた．この活動は彼女を女性運動の指導的論客に育て上げていった．この頃から死の直前まで，女性運動の団体が創設されると，その背後には必ずといっていいほど彼女がいた[28]．1862年には，日曜学校と夜間学校を開設した．同じ年，失業中の女性に仕事を回すために清書請負事務所を組織した．1866年には，ストックホルムで女性のための読書サロンを作った．文字どおりのオーガナイザーであった[29]．そのために，また，男社会の真っ直中で女性組織を作るにはよほどタフな精神力が要求されたとしても十分理解できることであるが，彼女の時には強引すぎる性格のために，厳しい非難は一生続いた．リュツキンスは次のように彼女の人生を振り返っている．「ソフィ・アドレシュパッレは，逆風の待ちうけている未踏の道を毅然と進んでいった．底力のあるエネルギーで，深い洞察力とその知性，その自己犠牲的な仕事に対する熱意ゆえに，彼女は尊敬と感謝に値する．……理想主義的精神に身を挺したのである．人生のうち30年を，軽蔑され侮辱され，いやな思いをさせられても，無理解にあっても，たいがい受けてたった」[30]．

　アドレシュパッレの最大の功績は，1884年12月に自らが先導して，フレドリカ・ブレメル協会を創設したことであろう．「経験と学識に富む女性と男性の協同のもと，道徳的にも知的にも，また，社会的・経済的視点からも，女性の地位を向上させるために，健全で無理なくそのための運動を展開できるような基盤を作ること」を狙いとして，この協会が創設された[31]．アドレシュパッレがブレメルの名を冠したことは間違っていなかった．ブレメルこそが女性運動の導きの星であり，アドレシュパッレはそれを実現するオーガナイザーの名にふさわしいからである．1903年に結成された「婦人参政権全国連盟」とともに社会的公正と平等を実現する組織として大きな役割を演じた[32]．

　フレドリカ・ブレメル協会は，普通選挙権運動を指導し，女性の議会進出を

奨励した．情念だけで事態は改善されない．法律を変えない限り，いかに高邁な理想が広範な情緒的支持を集めたとしても，それだけではどんな理念も実体化しない．政治過程を改革しなければ，女性の社会生活は改善されない．政治過程を改革するには意思決定過程に一人でも多くの女性を送り込むことが肝要である．この戦略が，結果として，女性立法を実現し，女性環境の整備速度を早めた．子殺しの話しや領主の初夜権，上司や経営者による性的関係の強要，身売りや売春，などどの国でもあったハズ．スウェーデンもその例外ではない．それでいて，その後の改革速度には国によって大きな違いがある．この国の改革速度が速かった理由の一つは明らかに，議会主義路線を最優先させるフレドリカ・ブレメル協会のような女性団体が支持を調達できたことである．

　女性は二重の負担の中で疲れていた．もちろん19世紀末から20世紀初頭にかけての頃である，女性労働者は男性と同じ条件で働けたわけではなかった．女性労働力の多くは，たいていの場合，未熟練工に集中していた．そして，資格水準がどうであれ，女性の賃金は男性賃金より低かった．その上，水汲み，火起こし，洗濯，裁縫，パン焼き，掃除，などの家事は，女性の役割．それに，育児も，女性の仕事であった．当時は電化以前の社会である，こうした家事は，重労働で時間がかかる作業であった．児童手当などまだなかった．社民党が政権を担当する以前の話である．いざとなれば，親戚や近所が頼りであった．「福祉は，家庭が中心，親類頼み」．家族の絆と親類の連帯に期待する福祉は，つまりは女性の負担が増えるだけ．今でこそ名高いスウェーデン型福祉も，福祉以前の社会にいた．後発の工業国家は成長至上主義にとりつかれていた．その皺寄せは女性にいった．忘れてならないことは，ほんの少し前の話だということである．

エレン・ケイ

　アドレシュパッレが発見した女性運動家の一人がエレン・ケイ（1849-1926年）である．彼女は，政治家エミール・ケイとソフィア・ポセの子供として自由な気風の家に生まれた．南スウェーデンに広がるスモーランド地方のスンズスホルムで生まれた．国会議員である父親の秘書として，ストックホルムに移り，そこで生活するようになったが，議会周辺で働くうちに政治問題への関心

を刺激された．また，アドレシュパッレが創刊した『家庭ジャーナル』の編集をも担当するようになった．「わが国全体を見渡しても，エレン・ケイほど強烈に愚弄され，罵詈雑言を浴びせかけられ，憎まれた女性は，めったにいない．しかし，時代の経過とともに，巨星たる哲人たちが，彼女がたいがいの点で正しかったことを確証してくれている」[33]．

なぜ，そんなに嫌われ，批判されたのか．それも時には，女性から．彼女の突破力をみれば，当たり前かもしれない．パイオニアの使うフレーズはいつも，その時代の常識人を驚かせ，呆れさせ，脅かすものである．例えば，「結婚式が二人の人間の関係を道徳的にするわけではない，だから，式をあげていない二人の関係を不道徳であるとは言えない」．こんな物言いをすれば，バケツをひっくり返したような非難の雨が降るのは当然であろう．「不道徳な」と軽蔑や非難の言葉を投げかけたのは，教会関係者だけではない．正式結婚を人生の崇高な目的ででもあるかのように教え込まれてきた世代の女性にとっても不快であったろう．抗議文を連名で送りつけてきたのも女性であったりした．

エレン・ケイは海外での知名度が高かった．代表作の一つ『児童の世紀』(1900年) は11ヶ国語に翻訳・出版された．特にドイツで高く評価された[34]．この本で，児童に対する体罰を全面的に許せぬものと宣言した．仕事場でも学校でも，当時はまだ，児童は鞭で打たれていた．「乱暴なユートピア」と批判されようと，彼女は理想を語り続けた．「子どもたちがお腹いっぱい食べることができてゆっくり休め，健康でこざっぱりした格好で学校に通えて，鞭で打たれる恐怖を感じずに，それぞれの才能に合わせてさらに上の学校に行ける，そんなことを夢見ていた．今の学校は子どもたちの［魂を殺している］と弾劾した．知識だけの教育を厳しく批判した」[35]．

政治的にはどちらかといえば，社会主義に近い位置を占めていた．1895年に，「社会主義と個人主義」という原稿を発表したことがある．また，正式党員になったことはないが，1894年のメーデーでは，社民党のH. ブランティングと行動をともにし，「女性と普通の労働時間」についてスピーチした[36]．ブランティングは社民党―LOを基軸にしてスウェーデン・デモクラシーの基盤を構築した名政治家である．そのブランティングとメーデーの行動を共にしたのであるから，エレン・ケイが既に，影響力の大きな有名人であったことを意

味する[37].

A. リンドハーゲンと A. ステルキィ

　A. リンドハーゲン（1870-1941 年）も忘れてはならない女性リーダーである．赤十字の看護師であった．彼女は社民党に所属し，1911 年から 1928 年まで社民党の女性クラブ・女性連盟の執行委員を務めた．また，1911 年から 1923 年まではストックホルム市議会議員をも務めた．普通選挙権問題と平和活動，それに，働く女性の人権問題と児童の介護が彼女の活動領域であった．その他にも，よく知られていることであるが，ストックホルムの景観を保存するための運動にも大きな貢献をした.

　LO の女性運動家のパイオニアとなった A. ステルキィ（1856-1939 年）も重要な人物．彼女はデンマークのコペンハーゲンで生まれた．デンマークで労働運動を勉強していた F. ステルキィと出会い結婚した．二人は 1891 年にスウェーデンに帰国したが，その後，F. ステルキィは社民党運動で重要な役割を演じる政治家になった．A. ステルキィは最初，政党運動よりも組合運動で有名になった．1902 年から 1909 年まで，女性労働組合の議長に就任した．そして，1909 年にこの女性労働組合は男性の労働組合と合体し，発展的に解散することになった．女性労働組合連合の機関紙として『朝風』が 1904 年に創刊され，最初の 5 年間，彼女が編集長になった．そして，1907 年には最初の女性会議を組織するのに成功した．LO の政界でのパートナーである社民党が有能な女性運動家を組織内に誘い込まないわけがない．1907 年から 1920 年までの間，社民党女性クラブ中央執行委員会議長のポストに就いた．その間，1900 年から 1925 年まで社民党事務局で働いていた．彼女は，スピーチのうまさで有名で，どの解説文にもそれが記載されている．女性労働組合と組合連合の結成に尽力し，文字どおり，労働組合活動を通じて女性解放運動を展開したパイオニアであった．彼女は女性の組合組織だけでなく政治組織についてもその背後にいる駆動力であった[38].

運動の結実：ゆるやかに，しかし着実に

　こうしたリーダーを中心にした運動が次第に結実していった．苦難の歴史を

歩みながらも，女性を取り囲む制度は緩やかな速度であったが，「よりましな制度」に向けて着実に改善されていった．教育についていえば，1842年になって男女普通義務小学校が制度化された．53年からは初等教育機関における教師職が女性にも開放されることになった．61年には，国立高等女子師範学校が設立された．教師職と教師養成機関の開放は女性の社会参加の重要な武器となった．70年には，この国で最も重要な資格の一つでもある高等教育資格を取得する権利が女性にも与えられることになった．73年には，女性にも学位を取得する権利が認められることになった．ただし，法学修士と神学の学位には依然としてアクセスすることができなかった．20世紀に入って，1917年には，ストックホルムで女子職業学校が開校された．27年には，国立中等学校が女子生徒にも開放されることになった．

家庭生活と社会生活についていえば，1845年に女性にも男性と同じ相続権が認められることになった．58年になると，25歳以上の未婚女性は裁判所の決定を得て，「成人権」を獲得することができることになった．その女性が結婚するともう一度未成年になる（成人権を喪失する）．64年には，伝統的な風習である，男性がその妻を鞭打つ（体罰を加える）権利を失うことになった．74年になると，未婚女性には21歳で成人権が与えられることになった．世紀が変わって1919年には，女性普通選挙権および被選挙権が実現した．21年になると，既婚女性にも21歳で成人権が与えられることになった．また，同年，改正婚姻法で，男女が平等の地位を与えられることになった．

職業生活についていえば，1846年には，寡婦，離婚女性，未婚女性が手工業およびある一定の商業の分野で働くことができるようになった．従来は，女性職場といえば，もっぱらハウス・メイドだけであった．また，53年には，初等教育機関における教師職が女性にも開放されることになった．20世紀に入り，1920年になると，大学教育を資格要件とする高級官僚職が女性にも開放されることになった．そして，25年には，一定の例外を除き，女性にも国家公務員になる資格が与えられることになった．

女性参政権が1919年に実現してすぐに，21年には第1号女性議員が誕生した．この年の議会で5名の女性議員が誕生した．普通選挙権が実施された第1回選挙であった．自由党のK.ヘッセルグレンが第一院に選出された．そして，

E. タム（自由党），N. ツーリング（社民党），B. ヴェリン（普通選挙権同盟），A. オストルンド（社民党）の4名が第二院に選出されたのである．この「勇敢な5人組」がその後の女性議員の大量発生を先導したのである．ただし，戦間期にはまだまだ低迷していた．女性議員の比率は1.3%から2.6%の間であった．爆発は1960年代まで待たねばならなかった．そしてまた，第1号女性議員の誕生から第1号女性大臣の誕生まで26年もかかったのである．緩やかにスタートして爆発的に伸びる．まるで後発工業国家・スウェーデンの発展過程のようである[39]．

　そして，社民党が長期政権を開始した1930年代からは，女性問題への関心が急速に高まり，女性環境が着実に整備され始めた．女性環境の整備は社民党政権の継続性と密接に関係がある．女性の社会参加に好意的な社民党が途絶することなく政権を担当したことが，女性環境の整備に幸いした．しかも，その間，社民党が相対多数議席しか持たなかったことも幸いしたのかもしれない．議案を通過させるためには，隣接政党との合意が要求されたので，漸進的で無理のない改革路線で実績を積み上げる技法を採用するしかなかった．そうした合意形成型政治が定着することになった．極端な急進派は女性運動の世界でもあまり登場しなかった．後退しない程度に着実に前進すれば，長期的に見れば，大胆な実験を断行できる．これがスウェーデン流である．

　フランスのスウェーデン観察者であるS. ドゥ・シェサンはスウェーデン女性についてこう報告している．「彼女たちは明らかに，世界でもっとも多くの自由を持っている．法律上の地位や職業的な地位では女性の自由を最大限享受していると言える」．「完全な選挙権を与えられているし，すべての公職に立候補する権利もある」[40]．これは1930年代のことである．「軍隊と教会は例外であるが，法律ではどのドアも女性の入場を妨げていない」．「女性が国家の最高のポストに就任するのをいかなる法律も妨げない．すべての公職を目指して自由に争うことも合法的であるし，彼女の能力と適性に従って判断されるだけである」[41]．ほんの少し前は，ヨーロッパ大陸のほとんどの国と大きな違いはなかったのであろうが，合理的だと納得すれば，制度整備の速度は非常に速い．女性環境の整備についても同じことが言えよう．北欧諸国の中では，女性の政治・社会参加の速度が特に速かったというわけではない．それでも，制度が導

入されると，達成レベルの高さと到達速度の速さには定評がある．1960年代が突破の時代であった．

「機会均等の国」へ：1960年代から本格的離陸

　女性環境が爆発的な速度と規模で整備されたのは1960年代からである．その頃，世界中を［参加の革命］が吹き荒れた．市民運動が，住民運動が，学生運動が参加を求めて既成秩序の閉塞性に異議申し立てを行なった．女性運動の高揚もその時代の重要な構成要素であった．時代のキーワードは「参加」であった．スウェーデンでは，いくつかの領域で実体化した．左右に大ブレしない合意形成型政治の成果である．60年代を大きな分水嶺にして，労働環境，在住外国人環境，自治体環境，高齢者環境，学生環境，とともに女性環境も整備された．

A. ミュルダールから E. モベリィへ

　既に紹介したA. ミュルダールとモベリィは60年代の女性シーンを彩ったリーダーでありアジテーターであった．戦後を代表する女性リーダーであり，スウェーデン女性の代名詞となっている，A. ミュルダールについて若干の説明を付け加えておきたい．国際連合の社会問題担当官，ユネスコ社会科学部担当官，インド大使，ネパール大使，ジュネーヴ軍縮代表団長，国連代表，社民党国会議員，軍縮担当大臣，など活動は国際的であった．経済学者である夫のG. ミュルダールとともに戦後スウェーデンを代表する知識人であった．数多くの大学で名誉博士の学位を授与された．また，科学アカデミーのゴールド・メダル受賞者であり（1977年），アインシュタイン平和賞（1980年），ノーベル平和賞（1987年）の受賞者でもある．彼女は女性の限界を追求することによって，女性運動を刺激した．A. ミュルダールは，戦前には，出生率低下を憂え，積極的な児童・家族政策の促進を訴えた．戦後には，女性の社会参加の必要性を説き，職業生活と家庭生活の両立を可能にする家族・社会政策の促進を主張した．そして，最終的には，平等というコンセプトで全体としての社会権力を再考察・調査し，男女機会均等の方策を提言した．彼女の生涯は，平和運動と平等社会建設運動という社民主義の戦後期におけるシンボルとも表現できよう．

モベリィは1960年代の女性運動を彩った女性指導者の一人である．既に紹介したように，「女性解放の条件」は当時の世論刺激剤としてかなりの影響力を持っていた．女性は生まれながらにして，一つの役割を当然のこととして付与され，その自然な要求はそれとして，「それとは別の選択をする権利がある」というだけでは，女性は二重の負担を克服できないのではないか．女性はあいもかわらず，基本的には共通の特性を持った性と考えられ，その上で選択の自由を与えられるだけ．これでは，「個性にしたがって選択の自由を謳歌せよ」と奨励される男性とは，違う範囲，違う規模での選択の自由しかないことになる．女性が結婚市場の需給バランスで人生を考えることのつまらなさをさまざまな角度から説得し，世論を刺激した．「男女機会均等を実現するための条件は，女性が経済的・社会的に男性から独立すること．社会が結婚生活を扶養提供装置と考えている限り，これを実現することは難しい」．女性が結婚市場の論理から脱し，被扶養装置である家庭から社会に出て，労働すること．それが，条件であった．モベリィの主張は，挑戦的であった．それだけに60年代の改革ムードに合致していた．結婚観・職業観を揺り動かされた女性が多いのではないか．

女性党運動

　1980年代半ば以降，女性党結成の動きが浮上しているが，女性党運動は，古い歴史を持っている．既に1920年代後半には，E. ヴェグネルやヘッセルグレンなどの女性が女性候補者リスト協会を創設した．1927年にはストックホルムの地方選挙で，また1928年には第二院選挙で，運動を展開した．選挙公職に一人でも多く女性代表をという協会の目的は女性参政権獲得以後の目的としてはごく妥当なものであった．数多くのブルジョワ系新聞は選挙運動期間中，女性候補者リスト協会を激しく批判した．既存政党への票を分裂させかねないというのである．特定の性を強調する政党への批判である．既成政党は単一争点主義政党に批判的である．どんな争点であれ，自党への票を奪われる可能性があるからである．結果は悲惨であった．ストックホルムの女性の1%も女性候補者リスト協会に投票しなかったからである．だが，貴重な経験であった．ブルジョワ系列の新聞から激しく非難されたという事実から，いくつかの事実

を確認できた．女性の政界進出を刺激・促進するには，女性運動だけでは難しいかもしれない．女性党運動家にとって最大の驚きは，既成のマスメディアからこんなに激しい批判を受けたという事実であった．それほど［政界＝男性支配社会］の鉄則が強固であった[42]．

それから長い間，女性党運動は選挙デモクラシーの場から姿を消していた．約半世紀後の1985年になって，再浮上した．社会問題の解決に女性の視点を入れるべきだという主張が強調された．その主張は，多くの先導的な運動がいつもそうであるように，明確・単純で，過激であった．決定作成機関の50％は女性であるべき，ラジオとテレビの放送の50％は女性の視点で行なわれるべき，文化活動補助金の50％は女性の視点を強調したものに与えられるべき，などが主たる主張であった．こうした主張は分かりやすいが，共感を受けにくい．1991年選挙では500票強の支持しか集められず，泡沫政党として沈んだ．メディア接触を目的としていなかったので，広範な市民にメッセージが到達しなかった．この頃から，この女性党運動とは別のラインで，M.-P. ボエシウスのマスコミ登場頻度が極端に高くなった．

1992年になると，ボエシウスは女性組織を動員・系列化して女性候補擁立のネットワークを構築することが女性党への関心を維持し，女性党結成に繋がる戦術として有効であると宣言した[43]．この年の中頃，ヨーテボリィにいくつかの女性組織の代表が集まり，女性ネットワークのゆるやかな確立と，連携，情報交換について議論した．彼女はいつの間にか，女性党運動のリーダーになってしまったようである．そして，いつの日か女性党が結成されたら，彼女が党首になるのではないかとまで噂されるようになった．実際，1993年から94年にかけて，マスコミ接触は異常に高まった．マスコミ好みの発言を繰り返して関心を巧妙に引きつけていた．しかし，結局は不発に終わった．

女性党結成というアイデアについては社会主義ブロックの女性議員の間でより，ブルジョワ・ブロックの女性議員の間で否定的な空気が強い．ブルジョワ政党の支持者には伝統的価値に共感を覚える者が多く，そうした支持層の間では伝統的な性役割二元論が依然として根強いのかもしれない．また，これは女性党運動に参加している女性の多くが社会主義ブロックの政党に所属していたかそれを支持していたということからも説明できる．社民党や左党は女性の党

内発言力強化と女性候補の擁立を進めてきた実績がある．女性運動家も，こうした政党に支持を与えてきた．それでもなお緩やか過ぎる前進に納得・満足できない層が，党を離脱して女性党結成運動に走るケースが多い．既成政党の女性議員に女性党の結成について質問すれば，当然のことながら，否定的な回答が返ってくる．これは，穏健統一党でも社民党でも同じである．

さらなる改善を求めて

すでに見たように，女性議員は1960年代以後，着実に増大した．国際比較すれば，議員数でも占有率でも到達水準は際立って高い．だが，スウェーデン女性の期待水準はそれよりも高く，依然として改善姿勢を保持している．注目される最近の報告書として，政府が2003年に発表した『ジェンダー平等のための全国行動プランが』がある．21世紀への戦略宣言である．

行動プランは，包括的な文書になっており，政府がジェンダー平等を促進するために採択するすべてのイニシアティブをこと細かな細部にまで言及・明記している．《ジェンダー主流化》と表現される近年の潮流を象徴する文書でもある．現在の社民党党首サリーンが男女機会均等担当大臣の時代に作成した行動プランである．具体的には次の五つの領域でジェンダー平等政策を推進する必要があると優先順位を明確にしている．①代表：権力・影響力のあるポジションへのアクセスが平等であるようにすること．②賃金格差の是正・解消：平等な仕事，等価値の仕事に対して平等の賃金が支払われるようにすること．③暴力の廃絶：男性による女性に対する暴力をなくし，性的搾取を目的とする売春や（女）性の商品化をなくすこと．④男性の意識変革：男性のジェンダー平等意識をたかめること．⑤ポルノ化の是正：メディアにおける偏見に満ちた「女性らしさ」表現と性の商品化をなくすこと[44]．なおもて，次のステージを求めるこの貪欲さが，合意形成型政治の特徴である．常に改善を追求する姿勢が市民からの納得を調達できる条件である．

第 7 章　国際的連帯：在住外国人環境

1. 移民・難民の寛大な受け入れ：小さな国際国家

「外国のバックグランドを持つ住民」が総人口の 17.3％

　移民局 Migrationsverket の統計によると，2007 年 12 月 31 日の時点で，スウェーデンの総人口は 918 万 2927 人．そのうちスウェーデン生まれの人（この中には外国籍の者が含まれる）が 795 万 5157 人で，外国生まれの人（この中にはスウェーデン国籍保有者も含まれる）が 122 万 7770 人であった．出生地ベースの計算では，13.3％ が「外国生まれの人」になる．国籍ベースで計算すると，スウェーデン国籍者が 865 万 8439 人で，外国籍の者が 53 万 4488 人である．外国籍者の占有率は 5.8％ となる．さらに，外国のバックグランドの有無をベースにすると，「スウェーデンのバックグランドを持つ人」が 759 万 551 人で，「外国のバックグランドを持つ人」が 159 万 2376 人となる．「外国のバックグランドを持つ人」の占有率は 17.3％ になる[1]．

　ほんの少し前は「移民を送り出す国」であったことを考えると多文化社会への切り替え速度ははやい．例えば，1860 年では，スウェーデンに住む外国生まれの市民の数は約 8000 人だけであった．総人口の僅か 0.2％ を占めるに過ぎなかった．また，1880 年には，僅か 4300 人が外国市民で，人口の 0.1％ にしかならなかった．その貧しさゆえに，膨大な市民を移民として外国に送り出す国であった[2]．1900 年には総人口が 513 万 6441 人で，外国生まれの人が僅か 3 万 5627 人だけであった（0.7％）．まだまだ「移民を送り出す国」であった．「移民を受け入れる国」への変身は，1950 年代以後である．1950 年には総人口が 704 万 1829 人で外国生まれの者が 19 万 7810 人（2.8％）．そして，1960 年には総人口が 749 万 7967 人で，外国生まれの人が 29 万 9879 人となった（3.9％）．

労働市場の 7.15% が「外国生まれの人」

2007 年 12 月末時点での労働市場統計では，16 歳から 64 歳までの統計だと，労働力総数が 466 万 3000 人で，スウェーデン生まれが 400 万 8900 人，外国生まれが 65 万 1400 人（約 7.15%）である．労働力総数のうち実際に労働市場に参入している就業者数でみると，就業者総数が 444 万 4500 人で，うちスウェーデン生まれが 385 万 5800 人，外国生まれが 58 万 8800 人（約 7.54%）である[3]．

経済低迷期に入った 1980 年代後半には労働市場の 5% であった．1989 年統計では在住外国人が約 45 万 6000 人と報告されていた．そのうち 32 万 1000 人は 16 歳から 64 歳までの労働力人口であった．この年齢層人口に占める比率は約 6% であった．労働力となっていたのは約 23 万 7000 人で，総労働市場人口の約 5.2% に該当していた[4]．

移民・難民の受け入れ状況

スウェーデンへの移民は，時代によって，異なった性格と規模をもっている．ただ，一般的には，他の多くの国と比べると，長きにわたってかなり寛大な移民政策を実施したといえるであろう．他の北欧諸国と比べてもその寛容さが顕著である．スウェーデンの移民政策は 1930 年代が分水嶺となっている．30 年代以前は，スウェーデンからアメリカへ膨大な移出民が流出していた．移出の波が沈静化すると，今度は逆に，移出より移入が上回ることになった．1930 年代にスウェーデンへの移民が増大し，移出超過から移入超過へと逆転したが，この移入の波を構成していたのは，主にアメリカ大陸からの戻り移民であった．1940 年では，外国市民の数は 3 万 5100 人で，人口の 0.5% を占めるにすぎなかった．

その後，経済の好調を反映して，外国人労働力が着実に増え始めた．1940 年代前半の移入は，国際情勢を忠実に反映していた．大国の抑圧を経験した北欧の隣国とバルト海諸国からの難民移入が主流を構成していた．40 年代後半に入ると，労働力移入が増大し始めた．世界大戦を中立政策で回避できたスウェーデンは戦後復興を急ぐ先発工業国家への貴重な資材補給庫として注目された．質の高い工業製品を生産・輸出できる限られた国になった．特に，イタリ

ア，西ドイツから労働力が補充された．西ドイツはその後，日本とともに奇跡の経済復興を演出するが，とりあえずは過剰労働力の吸収先が必要であった．1947年からは，労働市場委員会が新規労働力をイタリア，ハンガリー，オーストリアから積極的に補充し始めた[5]．40年代には合計で13万4000人の移入過剰，50年代には合計で10万6000人の移入過剰となった．「移民を受け入れる国」への変身が決定的になった[6]．

産業界が新規労働力を必要とした頃から，まず北欧諸国からの移入が簡素化され，促進された．戦時の中立容認の代価は，平時における経済協力であった．そして，1954年には，北欧共同労働市場構想について合意された．スウェーデン，ノルウェー，デンマーク，フィンランド，アイスランドの市民は，自由に（許可なく）他の北欧諸国へ移動でき，そこで労働することができる（非北欧市民はすべて労働流入を制限・規制されている）．自由移動権・自由居住権・自由労働権・自由学習権は北欧協力の基本である．歴史的・文化的・言語的に共通点が多い北欧諸国が，《北欧協力》の名の下に緊密な連携を維持していることは，よく知られた事実である[7]．

戦後世界秩序の再編，冷戦開始が誘因となって，政治難民の出現が刺激された．50年代からは中立国家を目指す亡命者が増大した．ナポレオン戦争以後，すべての大戦の圏外に立って不戦の伝統を維持してきたスウェーデンは，民族解放運動のリーダーや，反体制運動家，独裁体制の下で抑圧された少数民族などにとっては，最も安全で，最も信頼できるカナンの地であった．50年代初頭以来，国連と協力して，かなりの数の難民を受け入れてきた．自らの意思で目指してきた難民の数はそれを上回る．突然発生する難民に対しても，常に国境を開いてきた．1956年に発生したハンガリー動乱に際しては約7000の難民が目指した．60年代に入ると，1968年のチェコ軍事侵攻事件では約2000の難民が来た．1969年に発生したポーランドのユダヤ人迫害事件では，約2000の難民が，また，72年にウガンダで発生したアジア系住民追放事件では約800の難民が，スウェーデンに押し寄せた[8]．

60年代には世界中から労働力が集まった．経済が順調で，生活水準の高い福祉国家として称賛の言葉を浴び，多くの国から研究者や調査団を引き寄せていた時代である．経済的好調を背景に，労働力移入が爆発的に増大した．隣の

フィンランドが労働力移民の最大の供給源であったが，南欧からも膨大な労働力が流入した．ギリシャ，ユーゴスラヴィア，トルコがその代表であった．1969 年から 70 年までに実に合計 10 万もの移入超過となった．実質は，フィンランド人の流入であった．フィンランドからの労働力移入は 60 年代の末に爆発した．1969 年から 70 年までだけで，約 8 万人が流入した．

70 年代前半から移民・難民の受け入れ状況に変化が生まれた．流入者の大半は，既に定住している在住外国人の親戚か政治難民になった．労働力移民という視点は縮小した．それが近年の基本的動向となっている．移入民の数は，年間で約 4 万から 5 万と，相変わらず大きいけれども，非北欧地域からの労働力移民は数千単位に過ぎず，大半は定住外国人の関係者流入か政治難民となっている．ちなみに，70 年代の政治難民では，ラテン・アメリカ諸国からの難民が多かった．さらに，流入民の約 4 人に 1 人が子供または児童であった．スウェーデンでは，外国人児童の養子縁組が盛んで，70 年代でも数千の養子児童が流入した．いかにもスウェーデン流の国際貢献スタイルである．

80 年代の動向も同じで，労働力移民の制限，関係者流入，難民流入の拡大が続いた．1980 年には，42 万 1700 人の外国市民が住んでいた．これは当時の人口の 5.1％ に当たる．総人口に占める比率でいえば，大戦直前期に比べ約 10 倍ということになる．急膨脹ぶりが容易に想像される．その当時，ストックホルムの街角を観察していると，紛争の発生とその場所がよく理解できた．紛争発生地域からの流入が目立って増えるからである．80 年代には，イラン，イラク，トルコ，クルド人の流入が顕著であった．

1984 年は特徴的な年であった．それまでは亡命希望者の数は年間で約 4000 人から約 5000 人であったが，84 年に約 1 万 2000 人となり，翌 85 年には約 1 万 7000 人の亡命希望者が申請を提出した．84 年から 87 年までの 4 年間で，亡命を申請した外国市民が約 5 万 8000 人いた．平均すると年間約 1 万 5000 人になる．87 年ではこの数字は，約 1 万 8000 人で，88 年ではほぼ約 2 万人になる．何度も強調しておきたいことであるが，子供の比率が大きくなっていることが際立った特徴である．それ以後の時期でも，約 3 分の 1 が子供である[9]．この時代には，政治亡命の申請者は平均すると約 80％ から 85％ の割合で受理されていた．政治難民の受け入れに寛大な国との定評も確立していた．だが，

80年代後半では，受け入れ拒否の比率が増えているように思えた．しかし，統計では，80年代後半になっても，移入超過の傾向は依然として強かった．86年から87年にかけて，移入は約3万5000人であったが，移出は約1万5000人にとどまっていた（87年は約1万1600人）．年間で約2万から2万5000人の移入超過になっている．ただし，スウェーデン市民についていえば，再移入は年間平均で約5000人であり，移出は8000人から9000人である．純移出が年間平均3000人から4000人になっており，「外国人に寛大なスウェーデン」の一つの重要な側面になっている[10]．寛大さは急膨張を生んだ．低迷する経済に苦悩を続けた90年代も同じ趨勢であった．不況の規模を考えると，それを継続する真意が摑みかねた．

2007年での難民申請者は，合計3万524人であり，ほぼ半数がイラクからで1万5721人（2006年5973人），次いで，ソマリアで2715人（799人），セルビアからが2099人（1636人），無国籍者が1107人（627人），エリトリアが716人（487人），ロシアからが628人（635人），ボリヴィアからが552人（583人），アフガニスタンからが507人（431人），レバノンからが468人（530人），モンゴルからが436人（384人），イランからが395人（391人），ウズベキスタンからが374人（372人），リビアからが370人（238人），シリアからが367人（348人），白ロシアからが304人（365人），その他が3765人（4217人）となっている[11]．

そして，国際比較するとスウェーデンの並外れた寛大さが浮かび上がる．2006年のヨーロッパ国際統計では，スウェーデンへの難民申請数は4万220件で拒絶が1万2675件（拒絶率31.5％）であった．まずこの小さな国への難民申請数の多さが印象的である．申請数の多い国を順に挙げると，フランスが3万7715件，ドイツが3万759件，イギリスが2万7344件，オランダが1万4181件，ベルギーが1万3483件，スイスが1万1171件，オーストリアが9930件，スペインが4165件であった[12]．北欧諸国でも，デンマークが924件，フィンランドが2186件，ノルウェーが4216件であったから，スウェーデンの多さが顕著である．それにもまして印象的なのは，拒絶率の低さである．拒絶率が50％以下の国はノルウェー（48.0％）とスウェーデン（31.5％）であった．スペインが95.0％，フランスが92.2％，アイルランドが90.6％，ベルギ

ーが78.3%，イギリスが74.3%，オーストリアが59.1%，ドイツが57.8%，オランダが53.0%，スイスが52.3%．スウェーデンへの申請数とその受け入れ率の高さは圧倒的である．北欧諸国は受け入れ寛容度の高いことで知られているが，近年の動向は必ずしもそうではない．デンマークの拒絶率は81.6%と非常に高くなっている．また，フィンランドが65.6%である[13]．

　この寛大な難民受け入れ政策が時にはナショナリストの感情を刺激し，EU（欧州連合）諸国並みの拒絶率の導入が言外に仄めかされることがある．高負担に耐えるスウェーデン人のすぐソバで移入者が恵まれた生活環境を提供されている実態は，難民受け入れに消極的な国からの観察者には想像を絶する光景である．全国レベルでの政党間競合の対決軸になることは比較的少ないけれども，ブルジョワ政党は，受け入れハードルの嵩上げを，明確にもしくは暗黙裡に繰り返し主張している．労働力の地球規模移動の時代に，合意形成型政治の力量が試される政策となっている．

移入民はどこから来るか：小さな国際国家

　流入構造を地域的に見れば，かつては北欧地域が中心であったが，北欧諸国が戦後復興を終えるにつれて，次第に減少し，それに代わって，非北欧地域の比重が増大している．流入そのものは経済低迷期に入った1980年代後半も増え続けた．1987年には，非北欧地域から流入した2万8600人が移民と登録された．この数字は流入がピークに達した1970年代以来，最高の数字となった．当時は，北欧諸国からの流入だけでも年間約5万人に達していた．1987年には北欧諸国からの流入は約9000人に減少していた．つまり，流入構造に急激な変化が発生したのである．ヨーロッパ以外の地域からの流入が飛躍的に増大したことを意味する[14]．

　上述したとおり，1980年時点で，スウェーデンに住んでいる外国人は約42万人であった（選挙権・被選挙権年齢である18歳以上の外国人は約24万人であった）．そのうち，約24万人は北欧諸国の市民権を持っている市民である．その他の外国人のうち約3万8000人はユーゴスラヴィアから，1万3000人はギリシャから，1万3000人は西ドイツから来た市民であった．さらに，第二次大戦後，帰化してスウェーデンの市民権を獲得した外国人が約40万人いる

ので，外国籍を持ったままスウェーデンに住んでいる市民とスウェーデン市民権を獲得した元外国人を合計すると，1980年時点で，約10人に1人が外国にルーツを持つ市民ということになる[15]．この分野でのグローバル化速度はいかにもスウェーデン的である．戦後スウェーデンの人口は，約200万人増えたが，そのうち半分については直接的・間接的に移民人口の増大が原因となっている．ここで間接的とは移民がスウェーデンで生んだ子供のことである．社会へのインパクトは大きく，自然に多文化社会へと移行していった．

1990年度に国家の在住外国人局が発表した統計によると，北欧諸国からの在住外国人が合計で19万1772人，北欧以外のヨーロッパからの流入者が11万7375人，北米からが1万2049人，南米からが2万5765人，アフリカからが1万7842人，アジアからが10万2128人，その他が1万6773人で，合計48万3704人であった．基本的には北欧を中心にしたヨーロッパであるが，それ以外の地域からもかなり大規模な流入があることが理解されよう[16]．

2006年は記録的な難民認定作業（合計4万220件）をした年であったが，申請者の国別統計は時代の変化を痛感させた．上位20ヶ国は，イラク，セルビア・モンテネグロ，ソマリア，無国籍者，ロシア，アフガニスタン，イラン，アゼルバイジャン，シリア，ブルガリア，ボスニア・ヘルツゴヴィナ，トルコ，ボリビア，エリトリア，レバノン，アルメニア，ベラルーシ，モンゴル，ウズベキスタン，リビアであった[17]．

この地球に存在するほぼすべての国や地方の市民がこの国に住んでおり，《小さな国際国家》の名にふさわしい．貧しさゆえに，膨大な移民を送り出さざるを得なかった極寒の地の小国がごく短期間に，国際化した．その変身過程が興味深い[18]．国際世論市場で，人口規模や経済規模から考えると不相応なほど大きな期待や高い好感度を集めている理由の一つはここにある．そして有権者もまた《国際貢献》意欲が強い．政党間合意形成も難しくない．内政で衝突しても，国際問題で合意を構築できる．合意形成型政治の重要な基礎財である．こうした好感度が経済財となっており，スウェーデン企業の海外進出が受け入れ国に歓迎されている背景理由になっている．

帰化が容易な国

　一度受け入れを決定した在住外国人をそれぞれの母国に強制的に送り戻そうとしたことはほとんどない．帰国は，在住外国人政策の基本原則によれば，あくまでも本人の選択，つまり任意の自己決定である．在住外国人は安心できる生活環境にあり，強制的な帰国促進など問題にならない．1987・88年度に労働市場省内で検討委員会が設置され，帰国促進問題について調査が行なわれたが，政策変更は一切提言されなかった[19]．

　比較的自由な帰化政策が採用されている．1980年代後半では，外国生まれの住民の54％がスウェーデン市民権を獲得していた（外国籍のままの住民は46％）．スウェーデンの在住外国人政策を考える場合に，特に注意しておかねばならないのはこの点である．帰化が比較的容易であるため，本来なら外国人政策の統計に出てくる数字がやや控えめな数値になることが多い[20]．帰化して市民権を獲得した市民は，1998年で4万6520人であった．1999年：3万7777人，2000年：4万3474人，2001年：3万6399人，2002年：3万7792人，2003年：3万3222人，2004年：2万8893人，2005年：3万9573人，2006年：5万1239人，2007年：3万3629人．帰化以前の国籍は，世界情勢を忠実に反映している．1998年と1999年ではイランからの帰化が最も多く，それぞれ7480人と4476人であった．2004年からはイラクからの帰化が最も多くなった．2004年：5298人，2005年：1万1544人，2006年：1万2895人，2007年：5950人．特に2006年には合計5万1239人の帰化市民のうち1万2895人，25.1％がイラクからの帰化であった．1998年から2007年までの10年間，つまりサダム・フセインの体制からイラク戦争の勃発・継続の10年間に，イラク国籍保有者でスウェーデンに帰化した者は5万8796人にもなる．これと同時に，旧国籍のまま滞在している者が多数いる．小さな国にしては過分な受け入れ数である．戦争に参加しない国の支払うべき代価なのか，190年間平和を維持してきた国の責務なのであろうか[21]．

　1990年代以後，近隣国家が受け入れ条件をいっそう強化するにつれ，スウェーデンも受け入れハードルを高くした．それでもなおデンマークやノルウェーに比べ，流入先としては依然として魅力的な国であるようである．

2. 在住外国人環境と《包摂の論理》

在住外国人とは

　在住外国人に対する関心がスウェーデンで飛躍的に増大したのは，経済的好調につれて膨大な外国人が労働市場に参入し，彼らの社会的環境と生活状況が重要な政策課題となった 1960 年代からである．この時期に表記法が統一的に変更された．「外国人 utlåningar（ウトレーニンガル）」という表現が「外から入ってきた人 invandrare（インヴァンドラーレ）」に変更された．この呼称変更はただ単に言語上の問題ではなく，外から入ってきた人にスウェーデン人と同じ地位を与えようとする積極的意思の高揚を反映しているように思える．「外国市民 utländsk medborgare」とか「外人」という表現から「外から入ってきて，今スウェーデンで生活している人」という表現に切り替えることによって，移民問題に対する基本姿勢を表明したのである．

　ここでは「インヴァンドラーレ」という語を記述の便宜上「在住外国人」と統一的に表現して論述したい[22]．在住外国人は，現にまたは以前に外国市民であった者で，現在スウェーデン国内に定住している市民と定義されている．

在住外国人政策の基本原則：《包摂の論理》を基礎に

　積極的な ODA（政府開発援助）政策，難民の積極的受け入れ策などは，社民党が強調する政策路線である．党は，その基本目標を次のように宣言している．「社民党が追求する主たる価値は人類の平等，すべての民族の連帯，そして，人類の自由と民主主義に対する闘争，であり，それがすべての市民に社会発展に貢献できる可能性を与えるのである．さらに，社民党にとっては，労働と労働権こそがすべての福祉の基礎となるのである」．こうした基本理念は，党綱領でもはっきりと宣言されており，当然のことであるが，在住外国人政策でも追求されている[23]．「他の国からこの国にきた市民はその他の国民と同じ条件で生活できる．平等とは，国籍や民族，社会階級に関係なく，すべての市民が同じ価値を持ち，同じ権利と同じ可能性を与えられることである．在住外国人とスウェーデン人との平等と連帯こそが外国人政策の基幹理念なのであ

る」[24].

　今日の在住外国人・少数民族政策は，基本的には，1975年議会で作成されたものである．その基本理念は《国際的連帯主義》を背景にした《包摂の論理》を基礎にしている．議会に設置された在住外国人問題調査委員会は，出発点として，在住外国人・少数民族政策の目的をまず，明確にした．社民党が中心になって策定された在住外国人政策の基本理念は，三つの原則で表現されている．

　①平等の原則 jämlikhet：在住外国人はその他の人びとと同じ可能性・権利・義務を持つ．これはまた，社会のすべての人種グループがその母国語を保持・習得でき，その文化的活動を展開できる同じ可能性を持てることをも意味する．それゆえ，在住外国人・少数民族や，言語的少数グループのメンバーに対して，その言語的・文化的アイデンティティを確認できる可能性を与えなければならない．

　②選択の自由の原則 valfrihet：在住外国人は母国の言語と文化をどの程度まで保持し，スウェーデンの言語と文化にどの程度までアイデンティティを感じるかを選択・自己決定できる．

　③協同の原則 samverkan：在住外国人・少数民族集団と他の国民（多数民族）との間の双方向的・包括的協同を促進する．また，在住外国人とその他の国民との間の双方向的な寛容・連帯をも意味する．この目的を達成するためには，在住外国人にスウェーデンの政治生活に積極的に参加できる大きな可能性が与えられること，共通の文化活動と民族固有の文化活動を展開できる可能性が与えられること，が当然のこととして要求される．

在住外国人環境の特徴

　スウェーデンの在住外国人環境の特徴としては，①住宅・教育・福祉政策ではスウェーデン人と同一の権利，②連帯賃金制（同一労働・同一賃金），③地方議会の選挙権・被選挙権，④国民投票参加権，⑤地方公務員就職権，⑥複数言語による情報提供と在住外国人新聞の発行，⑦スウェーデン語学習機会の提供，⑧母国語学習機会の提供，⑨通訳サービス利用申請権，⑩民族差別禁止オンブズマン DO，⑪民族団体・外国人協会への補助金提供，⑫在住外国人・少

数民族の文化活動への補助金（例えば，外国語書籍購入に当たっての図書館補助），を挙げることができる．

上に列挙した制度的配列の中で，印象的なものがいくつかある．例えば，⑥複数言語による情報提供と在住外国人新聞の発行，⑦スウェーデン語学習機会の提供，⑧母国語学習機会の提供，⑪民族団体・外国人協会への補助金提供，⑫在住外国人・少数民族の文化活動への補助金，など．ソトから流入した異なった要素を，排除するのではなく，積極的に包摂して「よりタフで多彩な文化を創造しようとする」意欲がこのような制度で表現されている．

たしかに，在住外国人は社会内部の一つのグループではない．スウェーデンに定住する在住外国人は多様な動機を持ってこの国に来たのであり，数多くの言語・宗教・文化・伝統・習慣を代表している．［在住外国人］は単一集団ではない．宇宙のように多彩である．［外国人］という簡単な一語でその多彩な世界を表現しようとするのは傲慢であるかもしれない．文化の多様性を基礎にした選択の自由を基本理念にして[25]，［小さな宇宙］文化を創造することが，結局はスウェーデンの文化を成熟させ，国際世論市場での好感度を高めることに繋がると判断しているようである．

《地球市民》の発想：《開かれた政治》の論理的帰結

比較の視点に立つと，上記のような制度的生活保証が容易に提供できぬレベルにあることがすぐ理解できる．外国人を温かく受け入れ，親スウェーデン派にして帰国させる国といわれるゆえんである．市民が自分たちの税金でここまで外国人サービスをしている姿を目撃するのは心地よいが，持続させてきたことには驚嘆を禁じえない．サービスを制限すれば経済運営が容易になる可能性については熟知している．優れた経済学者を数多く輩出した国である．最後に残るのは，結局は，国家としての風格の問題であり，市民に地球規模の連帯ができるかどうかの問題である．地球環境問題に異様なほどの情熱で取り組む姿勢と同じである．地球市民の発想ができれば，そのための代価を払うのは自然であろう．武装中立・国連中心主義外交を基礎に平和を維持してきたことだけでは充分ではない．国際世論市場で高い好感度を維持するためには，それ以上の貢献が必要である．

ところで，「政治を開く」ということは，市民と政治システムの構成要素との相互作用を促進し，市民意思による政治を実現することであると表現できよう．《市民意思の実現》を何よりも思念するデモクラシーでは，《市民意思の自由な形成》を，当然のことながら，要求する．そして，インプットの過程では，《市民意思の代表》を最大限に保証せよと命ずる．つまり，市民が政治に参加できるチャネルをできるだけ多く提供し，しかもそのチャネルの容力をできるだけ大きくすることが要請される．容力の大きな多様なチャネルを市民に提供するという意味で，究極的には，市民に対する限りなき信頼が政治を開く前提となる．参加チャネルが，数の点でも容力の点でも制限されたデモクラシーは，「市民による政治」という装いは一応はこらしてはいるものの，最終的には，市民に対する信頼を制度化できぬ臆病なシステムであるといえよう．自らのシステムと統治実績，政権運用技法に対する自信を持たぬ自信喪失システムと表現しても良かろう．こうしたシステムでは制度改革に時間がかかる．いや，よほどの外圧でもない限り，大幅な制度改革などに踏み出す勇気など持たないであろう．統治実績や政権運用技法に対する自信を持たぬシステムは制度改革に直面しても，小手先の糊塗策で事態を一時的に乗り切ろうとするだけであろう．

　1976年以来，スウェーデン政治は選挙市民の概念を大幅に拡大し，参加チャネルの容力を増大させた．その発想の大胆さという点でも，合理主義の貫徹度という点でも，興味深い政治的実験である．システムに対する自信と市民に対する信頼がよほど大きくなければ，この実験には踏み込めないであろう．秘密性と閉鎖性，不思議さと神秘さ，唯我独尊主義と排除主義で体力強化に努めてきた国の論理では理解できないかもしれない．国内在住の外国人にも，地方選挙（コミューン議会・ランスティング議会選挙）での選挙権・被選挙権，および国民投票への参加権を与えることになった．「開け，開け，もっと開け」の論理で政治過程を開放してきたスウェーデン・デモクラシーの到達点の高さを証明している．選挙権・被選挙権資格は，年齢が18歳以上であること，選挙前の3年間スウェーデン国内で生活していたこと，選挙区での教会登録を6月1日時点で行なっていること．膨大な外国市民の流入という事態に直面して，スウェーデン型デモクラシーは《包摂の論理》で積極的に対応した．

　統治法は「スウェーデンのすべての公権力は国民に由来する」との規定で始

まる．スウェーデン型デモクラシーにとって，普通・平等選挙と政治的自由はデモクラシーの基盤であり，現実にスウェーデン社会に関わっている人にスウェーデン社会の課題を解決する権利と義務を与えることは《開かれた政治》の論理にとって自然な帰結である．国籍よりも，「現に生活基盤をスウェーデン社会に持っている」という事実のほうが地球規模相互依存の時代には重要である．《地球市民》の時代を先取りしたこの現実感覚は新鮮であり明快でもある．《閉じられた政治》を見慣れた市民にとっては，凡庸な常識を超越したスーパー・ロジックと映るであろう．

制度の利用状況と実際の機能

　積極的な包摂政策に対して在住外国人たちはどのように対応し，制度はどれほど機能しているか．制度導入直後の1976年選挙では投票率は男女ともほぼ60％であったが，男女ともその後，次第に低下している．1982年選挙では50％を維持したが，1985年選挙では40％台に低下した．1991年選挙では，女性は40％台を維持したものの，男性は30％台に低下した．1994年選挙・1998年選挙でもこの趨勢は変わらず，2002年選挙・2006年選挙では遂に30％台に低下した．いずれの選挙でも女性の投票率が常に男性を上回っている．スウェーデン市民の投票率は通常，85-90％前後であるから，目だって低い．相対的な低投票率の理由は次のように説明できる[26]．

　①一般に低投票率を示す有権者カテゴリーが在住外国人の間で多いこと：青年層，低学歴・低所得層，組織未加入者，新しい環境への新規移動者といったカテゴリーの有権者は，一般的に低投票率を示す傾向が強いが，在住外国人はこのカテゴリーに属する比率が高い．

　②情報不足：政党や政治問題に関する情報の不足．複数言語による情報提供など，懸命な努力をしているが，在住外国人のすべてがスウェーデン語の新聞の政治面を読みこなせるとは限らない．テレビ放送も圧倒的にスウェーデン語放送が多いので同じ問題が指摘できる．

　③刺激不足：在住外国人のすべてがスウェーデン政治に関心を持っているとは限らない．在住外国人問題について各党間で基本的なコンセンサスが成立しており，政策争点になりにくいことも刺激不足の原因．また，選挙権・被選挙

権が地方選挙に制限されていることも刺激不足の原因になっているのかもしれない．有権者と候補者の間の静かな対話型選挙キャンペーンが中心なので，激しい政争を繰り返す国からの亡命者・政治難民にとっては，刺激不足の極みかもしれない．

　④スウェーデン社会への包摂拒否：「労働賃金の高い出稼ぎ先」と割り切って流入してきた者にとっては，社会に深入りする必要がないかもしれない．こうしたイージーライダー層の集団規範では投票はあまり意味を持たない．「稼げるだけ稼いでおサラバだ」グループの存在は戦後スウェーデン社会の伝統の一つと言えるかもしれない．

　⑤価値観の対立：母国での価値観とスウェーデン社会の価値観の対立が直接的な政治行動に足踏みさせているかもしれない．欧州の先進社会からの来訪者はデモクラシーの基本ルールを簡単に理解できるが，近年の在住外国人の出身国は多様で，政治的社会化の努力もむなしく，内部葛藤を克服できない者も多い[27]．選挙初体験の高齢難民流入者も決して珍しくない．

　スウェーデン市民より投票率が低いという問題点は残るが，投票に際して彼らが直面する困難（言語・政治文化・政治的慣行の習熟度，社会的交際の限定性など）を考慮に入れれば，妥当な結果と評価できる数字でもある[28]．

　一方，地方議会に進出した在住外国人の数は着実に増えている．コミューン議会の場合，1979 年選挙では 574 人が外国のバックグランドを持つ議員であった．これを出発点にして着実に増えた．2006 年選挙では外国生まれのコミューン議会議員は 890 人で，外国のバックグランドを持つコミューン議会議員は 1054 人であった．総議員数は 1 万 3078 人であるから，6.8% から 8.1% になる．ランスティング議会の場合には，1979 年選挙での 47 人が出発点であった．2006 年選挙になると，外国生まれランスティング議員は 116 人，外国のバックグランドを持つランスティング議員は 130 人に増加した．総議員数は 1656 人であるから，7.0% から 7.9% になる．市民権をベースにした在住外国人つまり純・外国市民でコミューン議会議員は 128 人，ランスティング議員は 15 人である[29]．21 世紀に入るとこうした変数はほとんど話題にもならなくなった．アフリカからの移民である N. サブニが統合大臣に就任し，定着のシンボルとなった．

それでは，当初の目標に照らしてみるとどうか．ストックホルム大学インヴァンドラーレ問題研究所の教授であり，在住外国人政策のキーパーソンの一人でもあった T. ハンマーは，制度導入の目標を次のように整理していた．①政治的影響力の増大：スウェーデン国内における在住外国人の影響力を増大すること．②政治的関心の増大：スウェーデン政治に対する在住外国人の関心を増大すること．③自己認識の強化：在住外国人の自己認識とスウェーデン国内での彼らの有力感を強化すること．④スウェーデン社会との連帯：在住外国人のスウェーデン社会との連帯感を拡大すること．長期的視点での最終的判断を下すことは困難であるが，その当初目標は，かなりの程度まで達成されていると評価できよう[30]．

　導入された制度は，いくつかの政治的機能を確実に演じている．第一に，スウェーデン国籍を持たぬ在住外国人のスウェーデンに対する関心が増大することになった．極端な例としては，母国でよりも早く政治家になれる可能性までも与えた．選挙権年齢が20歳で，被選挙権が25歳・30歳である国からきた在住外国人は，18歳で選挙権・被選挙権を与えられるスウェーデンの制度は興味深い人生経験の機会を与えてくれる．関心を刺激されずにはいられない．第二の政治的機能は，社会的統合である．選挙という議会制民主主義の根幹を構成する制度に，しかも文字どおりフォーマルに，参加を許されることで，スウェーデン社会そのものとの一体感を獲得できる．「ただのトランジット客ではない」との意識は，良好な統合促進剤として機能する．第三に，かなりの数の外国人が地方議会や地方政府の執行部に進出することによって，地方政治に対する彼らの影響力が増大した．この傾向が定着・拡大すれば，彼らの利益や思想が政治過程により大きく反映されていくことになる．制度導入は，スウェーデンにとっても，在住外国人にとっても，良好な結果を産み出していると評価しても見当外れにはならないであろう．

国政選挙への参加問題

　在住外国人問題が，今後いっそう，社会政策，教育政策，福祉政策，労働市場政策の領域で，重要な変数になることだけは確かなようである．《開かれた社会》建設のバネになった柔軟な《包摂の論理》で少数民族を吸収できなけれ

ば，国際社会の対立を国内に持ち込み，社会分裂の起爆剤となるかもしれない．そうした理論的可能性を熟知していながらも，彼らに対して社会を開こうとするのは，《開かれた社会》への絶大の自信のためだろうか．それとも，《社会を開く》ことによって，民主政治は強化されると考えているからであろうか．おそらく，その双方であろう[31]．

　選挙権・被選挙権を国政選挙にまで拡大するかどうかについては，とりわけ 1983 年に選挙権調査委員会が設置されて以来，集中的に研究・調査されている．微妙な問題があるため，結論は出ていない．議論は次の諸点に集中している．①市民権ではなく居住場所を選挙権付与の基礎にするという考え方．これについては，委員会の過半数が賛同している．②ただし，これには二重国籍問題が絡んでくる．つまり，スウェーデンに住んでいる外国人は，市民権のある母国とスウェーデンの二つの国で投票権を持つことになるが，これは国際常識から見て妥当か．③もし妥当だとすれば，外国に住んでいるスウェーデン人に対してもそれぞれの国は選挙権を与えてくれるだろうか．そうでなければ，公平・公正と言えるだろうか．④北欧諸国からの市民についてはスウェーデン人とまったく同じ条件で国政参加権を与えるべきであるという提案．これについては委員会の過半数が同意した．文化の同質性，北欧協力の実績，相互交流の密接さから判断しても，無理のない自然な意見であろう．⑤ただし，これについても深刻な問題がある．北欧諸国とそれ以外の国に異なった対応をするという姿勢は，公平であり公正でありたいとするスウェーデン型民主政治に馴染まない．二重基準はスウェーデン流ではない．⑥よしんば，そのハードルを突破できたとしても，被選挙権まで一気に付与することは，世界の現状から見て，あまりの過剰サービスになる．国政レベルでは，被選挙権を市民権保有者に限定するのが自然である．こうした問題は，果敢に政治的常識に挑戦してきた実験国家がいずれ理論と実践の双方から，解決しなければならない問題である．現実的な対応策として，国籍取得の容易化を進めるため帰化申請受理の制限緩和が当面の策になると予想される．

3. 《包摂の論理》の限界：地方の反乱，平和国家のジレンマ

《排除の論理》の顕在化可能性

　普遍主義型福祉国家の在住外国人政策の問題点は，在住外国人に対して寛大過ぎることであるかもしれない．既に紹介したように，提供されるサービスの量と質は国際比較すれば群を抜いている．提供される過剰サービスの原資は，市民の税金である．高負担国である，市民が納税時や選挙などの意思確認期に，「在外スウェーデン人は，国内の在住外国人ほど手厚く待遇されているだろうか」と自問したくなったとしてもごく自然であろう．IT 国家である，インターネットやメディアを通じて，各国事情は心得ている．

　経済が不如意になれば，ナショナリズムを先導旗に仕立てた《排除の論理》が登場する可能性がある．政党政治家にとって最終的な投錨地は眼前の国益以外にない．広大な地球社会ではなく，狭い選挙区が政治家の輩出母体である．それが宿命である限り，《包摂の論理》の射程距離には限界がある．中央では寛大であろうとしても，負担を強いられるのは地方である．突然流入してくる外国人に国民と同じ住宅環境・教育環境・労働機会・社会福祉環境を提供せよ，と命じられても，小規模自治体は途方にくれてしまう．特に住宅不足は深刻である．雇用機会と住宅の不足が不満の導火線となる可能性がある．そして，実際に，寛大な在住外国人政策に対する地方住民の反乱が発生し，公然化したことがある．

シェーボの反乱

　南スウェーデンにスコーネ地方がある．北欧最大の総合大学であるルンド大学がある学園都市ルンドや，昔から大陸ヨーロッパとの交流の玄関口であったスウェーデン第三の都市マルメなどがある地方である．かつてはデンマークに領有されたこともあり，スコンスカ（スコーネ弁）と呼ばれる独特の方言で有名な地方である．そのスコーネ地方の小さな自治体であるシェーボ Sjöbo が 1988 年の選挙で世界的な注目を集めた．中央政府によって割り当てられた数の難民を受け入れ，彼らに住宅などの自治体サービスを提供するかどうかを住

民投票にかけた結果，過半数が「ノー」と回答したのである．9月18日の住民投票でのテーマは，「コミューン政府は年間約30人の難民受け入れを承認し，その準備をすべきでしょうか．イエスかノーでお答えください」．住民の回答は，「ノー」であった．67.5％の住民が「ノー」であった（6237票）．「イエス」票は3000票であった[32]．どんな拡大解釈も不可能にするほどの断固たる「ノー」であった．疑いの余地はない．難民をやさしく受け入れることで定評のある国で，地方の党員が党本部の基本方針に反乱の意思を表明したのである．事前に事態を察知して，各党の党首は，遺憾表明を出したり，手紙を党支部に送って慎重な行動を要請した[33]．最も驚いたのは，住民自身であったかもしれない．小さなコミューンめがけて世界中からマスコミが殺到し，非難混じりの記事を打電したからである．小さな田舎町が急速な国際化の嵐に直撃されて，戸惑いを表明しただけかもしれない．やがて，平静に戻ったが，全国規模で難民受け入れ政策があらためて議論されるよいきっかけとなったことだけは否定できない．

　在住外国人局が要求してくるだけの難民などとても受け入れることができない．心の中では，そう考えている自治体は少なくない．抵抗の理由は，住宅不足であった．財政困難な時代にとても充分な住宅など供給できそうもない．直接的に受け入れ拒否を申し出る自治体はごく限られている．そして，拒否されるという事態が発生しても，在住外国人局には自治体に割り当て数を受け入れるよう強制できる権限はない．シェーボの反乱は，こういう背景の中で発生した．コミューン議会で，難民受け入れの是非を問う地方住民投票を実施するよう決定したのは1987年の秋であった．票決は25対24票であった．過半数を制して住民投票を決定したのは中央党と穏健統一党の代表であった．議論を先導したのは地方中央党の指導的人物であるS.-O. オルソンであった．中央党内部では，移民に敵対的な彼の態度を理由に，中央組織からの追放も提案されたが，中央党の全国組織は，彼が「新しいスウェーデン運動」という名のネオ・ファシスト・グループのメンバーに近いのではとの疑惑が出たときも，追放に踏み切れなかった．

　地方住民投票を実施するという決議については，すべての全国政党が猛烈に反発した．中央党，穏健統一党ですら全国レベルでは反対だった．理由は明白

であった．国家が寛大な移民・難民受け入れ政策を実行すると決定しているのであるから，地方政府も例外なく負担を分担し，連帯の精神を表明すべきであるというのである[34]．住民投票をするという決議だけでも不本意であるのに，住民投票で「受け入れノー」という結論でも出されてしまうと党本部としては政策の整合性を維持できなくなってしまう．地方中央党と地方穏健統一党は住民投票では受け入れ拒否を表明するよう積極的に誘導した．全国政党は連日のように現地で緊急会議を開いたり，デモを組織したりした．住民投票の行方に影響を与えることがその目的であった．合意形成型政治の国で，この種の分裂的行動は珍しい．社民党は何人もの大物政治家を派遣したし，中央党は女性政治家として人気のあった前外務大臣 K. セーデルを送った．王女クリスティーナもスウェーデン赤十字の代表としてシェーボに入り，積極的に発言した[35]．だが，住民の出した結論は上述のとおりであった．政治的衝撃は大きかった．「もう昔のスウェーデンではない」．そんな囁きも次第に現実味を帯び始めた．

投票結果はいくつかのことを予測・類推させる．まず，他のコミューンでも住民投票が実施されていたら同じ結論を出した地方がいくつかあったかもしれないこと．第二に，もしそうだとすれば，経済的不調が続くような事態にでもなれば，膨大な公共投資を要求する外国人の流入に対して，敵対的な住民感情が噴出するかもしれないこと．「インヴァンドラーレはあまり働かない」「スウェーデン人から仕事を奪った」「福祉タダ乗りだ」「犯罪率が高い」，などという根拠の定かでない神話があることも事実である．経済が不如意になったとき，ナショナリズムが「難民受け入れに慎重であれ」との声に火をつける可能性は否定できない．国際世論市場での高い好感度を，国際戦略の貴重なブランド資産として重視しているスウェーデンとしては，是が非でも避けたいシナリオである．

政党政治のありかた，特に，政策決定過程のありかたという視点から，シェーボの反乱を観察すれば，合意形成型政治の特質が浮かび上がってくる．二つの地方政党（中央党と穏健統一党）が住民投票実施への過程を指導したが，全国政党は一つ残らず，住民投票実施そのものにも，受け入れ拒否の意見にも猛烈に反対した．それでも，住民投票を強行し，受け入れ拒否を登録したのであるから，そこで表明されたのは，難民に対する敵意と党中央への抵抗意思であ

るとも考えられる．地方自治が強い伝統を持つ国である，「地方政府や地方住民に中央本部は軽々しく指令や命令を出すな」と表明したのではないか[36]．それとともに，微妙な問題をタブー化せず，選挙過程で積極的に討議する《開かれた政治》の根強い伝統を感じさせる．2006年に同じスコーネ地方で世論が揺れる．

ランスクローナ・ショック

　2006年選挙で極右政党が躍進した地方がある．ランスクローナ・コミューンである．シェーボと同じスコーネ地方にあるコミューンで，オーレスン海峡を挟んでデンマークに向き合っている海岸沿いの美しい街である．マルメからヘルシンボリィを経て，ヨーテボリィに行く途中の街であり，この街の港から，かつて天文学者T. ブラエが天文台を開いていたヴェム島 Vem へのフェリーが出ている．『ニルスのふしぎな旅』を書いた S. ラーゲレフが住んでいたことと保存状態の良い要塞が文化施設として残されていることで有名である．

　この選挙で移民の大量流入に反対するスウェーデン民主党が躍進し，51議席中12議席を獲得して，同数2位になった．2002年に行なわれた前回選挙では4議席であったから，住民意思は明確である．社民党は20議席から17議席に，穏健統一党は10議席から7議席に，左党は4議席から2議席に後退した．既成政党の中では国民党・自由だけが8議席から12議席と伸ばしただけであった．2002年選挙で2議席獲得していた年金党は議席を失い，環境党・緑は前回同様1議席であった．スウェーデン民主党が他党を後退させ，急上昇した選挙であった．社会主義ブロックの合計議席は20議席で，ブルジョワ・ブロックが31議席．最大会派の一つがスウェーデン民主党．その議席12が大きな決定権を持つことになった．スウェーデン民主党を除けばブルジョワ・ブロックは19議席しかない．いずれのブロックもこの党の支持を必要とする議会が誕生した．

　現時点では，スウェーデン民主党は依然としてローカル政党の域を出ていないが，国境線を開き過ぎたという印象を持つ市民がかなりの規模でいることを証明した．社民党の新党首に就任したM. サリーンは就任直後，さっそく，スウェーデン民主党党首とのテレビ討論に応じ，極端なナショナリズムの台頭を

警戒した．福祉行政のほとんどは自治体が担当しており，地方政治はそのまま全国政治に直結しているからである．開き過ぎという印象は強い．少なくとも，連帯感を維持するにはあまりにも短期間に開き過ぎたかもしれない．

イラク戦争とスウェーデン：難民の大きな列

イラク戦争の発生と深刻化の過程でスウェーデンの対外政策の基本姿勢が明確になった．大量破壊兵器が存在することを前提とした空爆開始であったが，その基本的前提を検証する調査団のリーダーを務めた H. ブリックスはスウェーデン人である．議論やプロジェクトの遂行に際して何よりも事実を重視する姿勢は伝統である．事実の解明とその公表に大きな資源を投入する．リーダー間の友情を事実の解明よりも優先するという意思決定は合意形成型政治では国民の納得を調達できない．冷徹なまでにこのスタンスを順守しようとする．ブリックスのような人材の出現を歓迎し評価しようとする文化がある．長い平和の伝統がそれを育成したのかもしれない．

その後，戦火が広がり，長期化するにつれ，膨大な難民がイラクを出た．そして，その多くがスウェーデンを目指すことになる．これもまた，長期にわたって平和を維持してきた国の宿命である．約2世紀にわたって，戦争を仕掛けたことも難民を出すような事態を引き起こしたこともない国であるにもかかわらず，地球のどこかで戦火が生じると難民が押し寄せてくる．平和国家にとって他国の戦争は国内問題になる．「デンマークは，イラクの難民を昨年，僅か13名しか受け入れていない．それなのに，マルメ市だけで，デンマーク，ドイツ，ノルウェー，イギリス，アイルランドを合わせた数以上のイラク難民を受け入れている．こんな事態はとても続けられない」．デンマークの総選挙で保守陣営が勝利した後の，スウェーデン・キリスト教民主党の議員で外交委員会のメンバーでもある H. グスタフソンのコメントである[37]．驚きと戸惑いを示しているのは，寛大な難民受け入れ策に批判的な保守陣営だけではない．UNHCR（国連難民高等弁務官事務所）も，その寛大さに感動しているようである．

「その他の EU 諸国がイラク難民の受け入れに積極的に応じていないのと対照的に，スウェーデンはイラクからの難民申請について寛大な対応をしている．

2005年には2330名であったが，翌年には8951名にとびはね，2007年前半には，1ヶ月あたりさらに1500名の新規難民がスウェーデンに到着している．こうした難民の多くはマルメやセーデルテリエのようなイラク人のコミュニティが出来ているような自治体に大量に流入するため，新規参入者は困難な生活環境を強いられることになる．2007年6月にセーデルテリエの市長であるA.ラーゴは，事態は臨界点に近づきつつあると述べている．基本的な住民サービスを提供することが困難になり，アパートを最大で15名でシェアする事態になっている」[38]．

　他の国の始めた戦争が最後は国内政治の問題になる．平和国家はこのジレンマをクリアしなければならない．どこの自治体がどれくらいの難民を受け入れるか．受け入れ条件として政府は自治体にどのような補助金を提供するか．戦争が発生する度に議会が議論してきた問題である．ある種の割り当て数をコミューンに強制的に申しつけ，成人1人当たり，子供1人当たりの受け入れ費用を国庫から捻出するしかない．社民党と左党それに国民党・自由が意見をすり合わせた．国民党・自由は，ブルジョワ4党連合政権の参加者であり，しかもサブニ統合担当大臣を出している．環境党・緑は，以前はそうした受け入れ策を容認していたが，2007年には，コミューンの任意にまかせるべきで強制すべきでないとの態度を選択した．ブルジョワ4党連合政権の一角を占めるキリスト教民主党の社会保険委員会の委員であるL.グスタフソンは，「スウェーデンだけで全イラク難民の半数を引き受けることは理にかなっていない」と表明し，閣内不統一の態度表明をした[39]．世界に200以上もの国があるのに，人口僅か900万の小国がイラク難民の半数を受け入れるという事態は，あまりにも変則的である．国際的連帯という言葉で説明するだけでは，高負担社会の納税者ならずとも，やり切れない．小国の善意に多くの工業国家が依存するという変則的事態はいつまでも続かない．

第 8 章　世代間連帯：高齢者環境

1. 高齢者福祉環境の整備：高負担と高い満足度

巨大なジャンボジェット：高い満足度

　スウェーデン型の高負担・高福祉型システムは超大型ジャンボジェットにたとえられることが多い．物理学の門外漢が外見だけで判断すると，あんな巨大な鉄の塊が空を飛ぶなんて信じられない．機体に接近して，すぐ近くで観察すればなおいっそうそう思える．引力の法則に逆らうにしても程度が過ぎる．だが，現実に空を飛んでいるし，一度上空に達すると安定飛行が続く．小型機に比べると，安心・安全・安定の度合いは遥かに大きい．その快適さになれてくると，自分がいま巨大な鉄の塊の中にいることを忘れてしまう．

　ジャンボ機を完成させるためには，膨大な部品を組み立てるアイデアと技術が必要である．ごくごく詳細な製図が描けなければ，また，ほんの些細な部品が調達できなくても，全体は作動しない．無駄な部品は一つもないし，余分な部品を組み込むほどの余裕もない．スケールはでかいが，メカニズムは繊細で微妙である．あの大きな機体を上空に飛ばすには，何よりもまず，大きな翼が必要である．安定飛行を得るためには幅の広い翼がいる．国民のコンセンサスである．国民のコンセンサスを調達できる政治のメカニズムが比較的高い水準で，制度化されている．スウェーデン・デモクラシーの大きな特徴である．ジャンボ機を飛ばすにはどうしても必要である．総選挙の投票率が 80％ に近づくと低さへの懸念が提出されると報告すれば容易に推測されよう．

　巨体を飛ばすには，膨大な燃料がいる．企業と個人から調達する税金がなければ福祉システムは構築できない．強固で広範な合意がなければ燃料を調達できそうもない．企業が経営意欲を喪失しない程度に，また，市民が勤労意欲を喪失しない程度に，貢献を要求することになるが，こうした貢献幅つまり税金

負担感は極めて主観的な問題であり，簡単に策定できない．間接税だけでも 25％である．給付と負担の関係が見える工夫を政治や行政がすることで，新しい税金観・税金哲学を樹立したとしか考えようがない．高負担は既に許容力の臨界点に達している．

さらに，あれだけの巨体を飛ばすわけであるから頑丈な滑走路がなければならない．充実した社会資本である．基本的な生活関連社会資本が整備されていないのに，病院や老人ホームなどの福祉施設を作っても利用可能性は小さい．日常の生活空間の充実が「見える福祉」の第一歩である．さもなければ，負担に耐えることなどできないであろう．［バリアフリーの都市計画］は行政が信頼を獲得し，高負担を市民に求める基本条件である．

信頼できるパイロットと正確な情報を提供する管制官のチームワークも必要である．航行そのものは自動操縦の比率が拡大しているので，それほど難しくないかもしれない．福祉システムは一度枠組みが決定・定着すれば強固なまでにフォーマットどおりに動く．また，平等原則が何よりも重要なので，フォーマットどおりに動かす必要がある．しかし，突然，もしくは時間をかけてじっくりと，既存システムに予想外の衝撃を与える事態が発生するかもしれない．都合の良い情報だけをかき集めて大義を作り上げ，強引に，航路を変更するという行為は，支持の調達を難しくする．スウェーデン型システムでは，何よりも正確な事実が優先される．正確な事実と冷徹な判断．そして慎重審議．最後に，間違いを潔く認める高潔さ．これがスウェーデン流納得調達技法．チェルノブイリの原発事故を先駆けて感知した時も，非同盟の伝統を捨て EU（欧州連合）加盟に路線変更した時も，障害を持つ女性に対する強制不妊手術の過去が問題になった時も，有権者の信頼を繋ぎ止めてきた．

選挙デモクラシーでは，数年に一度必ず，選挙を経験することになる．選挙は《過去に対する制裁》であると同時に，《未来の選択》でもある．過去の飛行実績を評価してもらい，飛行続行の許可をもらえれば，燃料を大量に再補給して再び飛び立てる．過去の飛行が有権者の過半数の支持を調達できなければ，そこで一時的に休止しなければならない．せっかく構築した福祉システムが次の政権の手で解体されてしまうかもしれない．政権継続が望ましいが，そのためにも選挙が接近した頃の政党活動と選挙活動が決定的に重要な意味を持つ．

パイロットにとって着陸が難しいのか離陸が難しいのか傍観者には分からない．おそらく，着陸が苦手のパイロットもいるだろうし，離陸が苦手のパイロットもいるであろう．見事な業績を残しながら，有権者に継続飛行を拒否されたリーダーもいるし，これといった業績もないのになんとなく上昇気流に乗り継続飛行を許されるリーダーもいる．離・着陸を決める選挙市場はそれほど計算が困難な消費市場である．消費者が成熟すれば，政治家は自動的に成熟せざるをえない．財政論とセットで福祉について議論する勇気が出てこよう．［有権者の合理的判断を求める選挙戦の実現］．これも必要な条件である．

　問題点を発見し補修できる優秀なメカニックスも欠かせない．政治の世界では既得権のネットワークがいつしか社会の隅々まで蔓延(はびこ)ってしまうので，惰性の力が大きい．問題点をうすうす感じていても，点検・補修・改善ならできても，定期的にオーバーホールして，役に立たなくなった部品は思い切って破棄する作業となると，なかなかそこまで踏み込めない．乗客は無駄までも上乗せした切符を買わされることになる．福祉社会システムの政治や行政に不断の自己点検作業が必要とされるのはそのためである．この国が実施した権力総合調査プロジェクト（序章を参照）は，高負担型福祉国家には必要な作業であろうが，合意形成型政治にとっても重要な意味を持つ．また，地方自治システムの継続的改革案（第9章を参照）もその好例である．不断の制度改革とも表現できる．福祉システムでは，権力の自己評価と不断の政治・行政改革が，合意を調達する上で決定的な意味を持つ．いずれ，負担増は避けられないが，それとともに尖鋭化する納税者意識が政治や行政の不合理や無駄を許さないからである．権力の自己点検・政治改革は政治そのものである．［頻繁な制度変更と尖鋭な納税者意識］それに［体系的な権力分析・調査］もシステムが納得を調達するために必要としてきた．

　内閣府が1972年以後，5年ごとに実施している世界青年意識調査がある．2004年に発表された『第7回世界青年意識調査』で興味深い結果が出ている．「社会への満足度」について，スウェーデンでは「満足・やや満足」の合計が75.3％と非常に高かった．日本はその半分以下で，約3割となっていた．この傾向は『第6回世界青年意識調査』でも同じで，スウェーデンは「満足・やや満足」が68.7％．日本が35.2％となっていた[1]．

高齢者福祉環境の特徴

　生活満足度の高さは，年齢とともに上昇する．青年から壮年にかけては，負担の高さに関心が集中する．若い時は保守への共感が強い．海外の情報も簡単に入手できる国である，自国の負担率の高さは熟知している．病気の不安，失業の不安も小さい．負担の視点から福祉サービスを考えることがどうしても多くなる．だが年をとるにつれ，事態は変化する．病気になるかもしれない（病気への不安），不本意な形で年をとるかもしれない（高齢生活への不安），失業するかもしれない（失業への不安），教育機会に接近できないかもしれない（教育機会喪失の不安）．こうした不安が現実の問題になる．給付されるサービスの視点で福祉社会を考え始める．実際，少し大きな病気をすると，それをきっかけに高負担への態度が変わる．安心感ネットワークの充実度を痛感することになる．生活満足度調査で高い評価が続いている背景理由である．

　高い評価を受けているスウェーデンの高齢者環境の特徴は次のように整理できる．①［寝たきり老人原則ゼロ］戦略．②ノーマリセーリングの哲学：社会的統合・物理的統合・機能的統合．③在宅中心介護システム．④グループ住宅重視主義．⑤バリアフリーの都市計画：ユニバーサル・デザインの都市計画へ：心理的・精神的バリアフリー，物理的バリアフリー，制度的・法的バリアフリー．⑥個室主義の高齢者センター．⑦豊富なヒューマンパワー．⑧地域格差のない福祉サービス：コミューン再編．⑨財源論とワンセットの提案：所得税は地方税中心．⑩補助器具・介助器具センターの充実．⑪福祉政策の重心は地方自治体．⑫施設利用・薬使用に際しての自己負担額上限設定．⑬持続可能な年金制度：不安感の少ない年金生活．

　少し説明を加える．可能な限り，寝たきり老人を作らないという政策は，純粋に費用・便益計算の結果であるとともに，納税者の納得度の問題，それに市民の希望である．福祉資源をバリアフリーの都市計画に投入するか，寝たきり高齢者に濃密なサービスを提供することに投入するか．前者を政党も有権者も選択し，高負担を受容している．街に出るためにも，補助器具・介助器具センターの充実が必要になる．補助器具センターの場所とその内容に関する情報が市民に配布され，ためらいや遠慮なくそこにアクセスできる環境を整備することも，高負担社会で市民の納得を調達する上で重要な行政技術となる．在宅介

護を進めるためにも，寝たきり老人を作らないためにも，高齢者の閉じこもりを防ぐためにも，体系化されたホームヘルプ・ヘルスサービスと周知徹底された補助器具・介助器具センターが必要である．

開発されている補助器具は多彩で，創意と工夫が詰まっている．指ペン一つとっても，それを使う人の気持ちと希望に何とか応えようとする必死の思いが伝わってくる．基本は個体に応じたオーダーメイドであるだけに，こうした愛情や念じる心が重要であるように思える．重量調整型ナイフ・フォークも，角度を90度曲げたナイフ・フォークも，一つ一つは些細な技術の組み合わせ．しかしそれを可能にしたのは「いずれは自分の問題」という意識かもしれない．補助器具・介助器具は原則として，コミューンやランスティングからの貸し出し制度である．電動車椅子などの大きな器具の貸し出しは無料．補助器具貸し出しの申請は専門家が行なうのがルール（作業療法士・地区看護師・医者など）．車椅子を調達できても，家がバリアフリーでなければ生活が不便．多くのコミューンでは，例えば，車椅子用の段差解消や車椅子使用の浴室改造，などの自宅改造について，補助金を提供している．

多様性の中の選択：選べる施設介護サービス

介護・介助は宅配が原則であるが，宅配頻度が高まったり，より専門的な技術や器具が必要な場合には，介護・介助などのケアがついた住宅へ高齢者に移動してもらうことになる．ケア付き住宅としては，老人ホーム，サービスハウス，グループホーム，ナーシングホームなどがある．老人ホームは21世紀初頭から建設されはじめた伝統的な高齢者用ケア付き住宅である．初期には，大部屋雑居主義の構造であったが，次第に個室化が進み，現在では原則として，個室主義が設計理念になっている．それぞれの個室の面積はその後に登場したサービスハウスに比べ，小さい．大部屋雑居主義の伝統を引き継いだ個室主義という印象が強く，依然として，居間・台所・シャワーの共同使用が多くある．24時間，介護・医療サービスを受けることができる．

サービスハウスは伝統的な老人ホームへの反省を基礎にして，それに代わって登場したケア付き住宅で，1960年代から，大幅に建設されるようになった．「福祉は住宅政策である」，そんなフレーズが説得力を持つ発想を基礎にしてい

た．介護・介助が必要な居住者は，一つもしくは二つの部屋からなるそれぞれの個室に，バス・トイレ，寝室，居間，台所を持っている．ごくごく日常的な普通の住宅であり，それにケアが付属サービスとして提供されていると考えるのが妥当であろう．面積は約40平米程度である．この広さは日本からの視察団を感動させることになる．部屋を出ると，居住者の共有スペースとして，大きな居間と台所が設置されていることもある．「原則は個室生活，友との交流がほしいときには共有スペースで」という哲学である．これで，いびき・寝言・歯ぎしりからのストレスに苦しむこともない．24時間，介護・医療サービスを受けることができる．グループホームは小規模なサービスハウスであり，認知症高齢者やメンタル系の病気を持つ高齢者にとっての療養に効果があると考えられており，そのためもあって，最近では，積極的に建設されるようになった．8部屋前後の小型個室を基準にして，台所や居間などを配し，居住者の相互交流による癒し・治療効果を狙いとしている．

　ナーシングホームは末期医療の場として建設されたケア付き住宅である．1950年代末期から建設されるようになった．もともとは医療用施設であるので，ランスティングの管轄に属する施設であったが，最近になって，コミューンによってサービスハウスやグループホームに建て替えられている．24時間，介護・医療サービスを受けることができる．

　こうしたケア付き住宅でも，家賃は最終的には，居住者の支払い能力によって決まる．居住者の所得の範囲内で支払い可能な額に抑えられているともいえる．低所得者の場合には，所得に応じて住宅手当が支給されるので，そこから支払われる．総収入がどんなに少なくとも，日常生活に必要な小遣い銭を残すように家賃を決めなければならない．総収入から小遣い銭などを差し引いた金額が最高家賃額になる．利用者負担額上限設定制度である．マネー不足でストレスになることはない．このいわゆるマックスタクサ制度の導入で発想が明確に定められた．広い居住空間と原則個室主義も，未来への不安を氷解させる大きな理由になっている．高負担主義に反対していた人も，一度病気になると，批判温度が急速に下がる．医療費・薬品代の安さが，納得派に変身させるらしい．原則個室主義の広い居住空間が，肯定派に変身させる．いくつかの地方都市（例えばベクショー市 Växjö）は，高齢者向けケア付き住宅は今後2Kを原

則にするとの未来計画を発表している.

高負担社会の税金：セーフティネットの代価

　基本的に，福祉財源は税収である．そこで，市民生活と密接な関係にある所得税と間接税について説明しておきたい.

　2001年の所得税について，年間所得24万クローナの勤労者を例に考えてみる．1クローナは約15円前後，年収24万クローナといえば，ほぼ平均的な所得層である.

　1991年の世紀の税制改革で所得税は非常に単純な2層構造になり，最高税率も大幅に低くなった．一定の所得を境界線にしてそれ以下は所得税といえば地方所得税だけ．税率は自治体によって異なるが平均すると約31.75%．2001年度では約25万2000クローナが所得税の分水嶺．例示した勤労者はそれ以下なので所得税は地方税だけ．この層は全勤労者の約80-85%になる．多くの勤労者にとって所得税とは地方税のことである．それ以上の所得層はそれに加えて国所得税を払う．2001年度の場合では年収25万2000クローナから39万400クローナの所得層で20%の国所得税を支払う（合計で約51.75%：これには約1%の教会税が含まれる）．39万400クローナ以上の所得層は国所得税が25%．最高税率は約56.75%ということになる.

　例の勤労者の場合には，地方所得税が6万2000クローナ．それに各種間接税が3万3500クローナ．さらに，福祉自己負担金（年金負担金1万6800クローナ）で，合計11万2300クローナ．残る12万7700クローナがこの人の可処分所得になる．ほぼ半分強が残っている．いや年収350-360万円層でも僅か半分しか残らないと表現するか.

　伝統的に福祉負担金は経営者の負担であった．近年になって，企業の負担を軽減し，国際競争力を回復させるために，負担率を引き下げているが，それでも2001年度では年間給与の約32.82%を経営者が福祉負担金として負担する（約7万8800クローナ）.

　経営者サイドからみると，年収24万クローナの勤労者を1人雇用するためには，24万クローナ＋7万8800クローナ，合計31万8800クローナ準備しなければならない．しかも31万8800クローナ準備して年収24万クローナの勤

労者を雇っても，その勤労者の手に残るのは僅か12万7700クローナだけ．負担率は実に60％に達する．課税対象所得水準が低い国からみれば，年収350-360万円層での負担率としては非常な高さである．しかも残った可処分所得で消費生活をすると，間接税が実に25％．国民も高い税金が好きなわけではない．だが，議会制民主主義の国である，数年に一度確実に選挙が実施される．高負担が嫌なら，増税政党を政権から引きずり下ろせる．とすればこの高負担受容態度はなにで説明できるか．税金哲学の違いと政治・行政への基本的信頼，それに，行政サービス提示技法の巧妙さで説明できよう．

2. 国民年金制度：年金改革と合意形成型政治

持続可能性の高い制度

1999年から施行されている国民年金制度は，二つの特徴を持っている．一つは，提議・審議・検証の過程で広大な政党間協力を基礎にしていたため，以後に発生するであろう修正作業でも幅広い政党間協力を期待できること．政治的安定度の高い制度といえよう．コンセンサス・ポリティクスの伝統を継承した典型事例である．もう一つは，長期的な人口構造の変化や経済変動に対して柔軟に対応でき，結果として財政的に安定した制度になっていること．つまり，世代間連帯の精神を継承したこと．政治的にも財政的にも持続可能性の高い制度と評価されるのはこのためである[2]．

現役時代の所得のほぼ60％が65歳以上の高齢者に給付されている．労働生活の時代に，所得の18.5％を負担金として支払っている．この18.5％という負担率が高いか低いかは，財政事情を考えて，評価する必要がある．負担率を下げ，政府負担を増額すれば，財政に過剰負担をかけ，債務増に繋がる．現在の高齢者が，次の世代に膨大な債務を残しながら，定年後生活を送るような制度を作れば，世代間連帯は育たない．

旧制度：2階建ての確定給付制

1999年以前の制度では2階建ての確定給付制であった．定額の基礎年金と所得に比例する付加年金の2階建てであった．付加年金制度の導入に当たって

は，本書でも記述しているが（第3章を参照），政党政治に本格的な対立の構造を生み出した．この付加年金制度をめぐる政党間競合がその後の政党政治の基本構造となった．この2階建て構造で支給される年金額は生涯平均所得の約70%の確定給付制であった．年金の財源は労働市場の現役世代に課せられる保険料と過去の積立金の運用収入で構成される修正賦課方式であった．労働市場の参加者は保険料として18.5%を支払った．この年金は，普遍主義の原則を基礎にしていた．すべての常用雇用者，パートタイムの雇用者，それに自営業者を対象にしていた．パーソナル・ナンバーを持ち，労働市場に参加するすべてのメンバーが，参加の形態に関係なく，年金の対象になっていた．年金制度は福祉システムの重要な構成要素であり，システムそのものへの信頼度を確保するためには，運用が順調な時も，未来が不安な時も，参加と公開で，すべての市民を巻き込んだ議論が必要になる．年金制度への不信や不安が，福祉システムそのものへの失望感に繋がる可能性は大きい．広範な議論を引き起こす基盤が整備されていた．

なぜ制度変更か

　制度改革は多くの国民に不満感を与えることになる．手厚い福祉政策の伝統を持つ国である，既得権は大きい．比較的短い期間（例えば15年間）スウェーデンで働き，しかも，所得成長率が高い職域，所得の波が大きな職域で働いていて，今は海外で生活する人も，年金を受給できた．しかもたいていの場合，有利な条件で．労働生活で最も恵まれた所得を得た15年間が算定基盤であった（最高所得15年間の平均が給付額の決定素）．非常に長い期間（例えば35年間），所得成長率が低い職域や，生涯ほぼ同じ所得で所得変動差の小さい職域で働いた勤労者にとって，不利と感じられたかもしれない．ベスト15年間を算定基準にした額の年金を，生涯を通じて変わることなく受給されたのであるから，受給総額の違いは非常に大きくなる可能性があった．旧国民付加年金制度ATPは，そんな性格も持っていた．しかし短期間で比較的豊かな年金が保障されたわけであるから，既得権は大きかった．生涯所得がほぼ同じで，納付する保険料もほぼ同じでも，ベスト15年間の所得形状次第で，生涯年金受給総額には大きな違いが発生する可能性があった．労働期間の相違，生涯賃金

の相違を超えて，時には公正ではないとは知りつつ，急激な少子・高齢化や低成長経済の長期化を知らないぬるま湯の中で，ある種の連帯感がこの制度を貫いていた．黄金の 60 年代は余裕も大きかった．

　また，旧制度は労働市場構造・人口構造の変化の大きさに対応能力を低下させるという性格も持っていた．年金受給額も年金保険料もインフレに対応して価値を維持することが重要なポイントであったため，物価上昇に応じて，変動していた．実質賃金が継続的に上昇すれば，年金総額も継続的に上昇する．新しく年金受給者になった人は，最高齢の年金生活者よりも高額の年金を受け取ることになる．経済成長が想定された範囲で続いている限り，保険料を変えなくとも，年金コストの上昇をカバーできる．年平均 2% の経済成長を想定した[3]．

　そんな制度は，低成長が続き，平均寿命が飛躍的に伸びる時代には，安定度が脅かされる．財政対応が難しくなる．特に付加年金部分については，平均寿命の伸びにつれ，より高額の付加年金を受給する年金生活者が増えることになる．年金支払い額は確実に上昇するのに，経済成長はそれに即応した上昇率など期待できない．2000 年には労働人口 100 名に対し老齢年金受給者 30 名，2025 年には，労働人口 100 名に対して老齢年金受給者が 41 名と予想された．当初は，付加年金受給者が増えても，女性の労働市場参加を促進し，それで財政対応できると考えられていた．確かにそれによって保険料収入は増えた．だが，今では，労働市場は男女ともほぼ同じ参加率である[4]．旧制度の導入が議論された 1950 年代と 60 年代は，「黄金の時代」であった．GDP（国内総生産）は毎年 3.7% 以上の上昇率であった．好調は長くは続かない．1975 年以後，平均成長率は 2% 以下となり，しかも，変動が非常に大きくなった[5]．

　この制度は，高齢化の進展，経済の不調と長期低迷傾向に直撃され，1980 年代後半になると未来への不安が語られ始めた．有権者は不安を感じた．高齢化が進展するたびに保険料が引き上げられるのではないか．上限が見えない．政党政治も危機の不安を感じた．成長経済の継続が困難な時代には，際限なく財政圧迫が続く．高齢化社会の進展する過程で，信頼度の高いリーダーを中心に年金政党が結成されたら，既存の政党政治の枠組みが揺らぐ．世代間抗争だけはどうしても回避する必要がある．現役世代と旧現役世代の間に世代間対立

軸を構築させてはならない．合意形成型政治の伝統が世代間抗争を回避することになった．与・野党を問わずすべての政党が，政治的信条・立場を超えて関連する多くの専門家が，利益団体が，一般市民が，年金論争に参加した．超党派の年金制度調査研究委員会が激しい議論を続け，時間をかけて合意点に到達した．

年金改革の決定過程：合意形成型政治の伝統

1984年に年金問題検討委員会が設置され，資料の収集と法案提出準備の作業を開始した．1990年に，膨大な報告書を提出した．背景理由を分析した資料と実現可能な政策選択肢を提示した．年金制度改革という政策課題は，長期的な視点を必要とするし，すべての市民に関連する問題であるので，政党政治の対決線を越えて，可能な限り広範な政治的支持を調達できるような改革案に到達することが当初から意図された[6]．1991年，作業委員会が設置された．その当時の議会に議席を持つすべての政党の代表が委員会に参加した．1991年議会には，穏健統一党，中央党，国民党・自由，キリスト教民主社会党，新民主党，社民党，左党の7党が議席を持っていた．新しい国民年金制度の具体的な提案を作成することが設置目的であった．そして，1994年初頭に，社民党，穏健統一党，国民党・自由，中央党，キリスト教民主社会党の5党が新制度について合意を形成した．この時点では議会に，穏健統一党（80議席），国民党・自由（33議席），中央党（31議席），キリスト教民主社会党（26議席），社民党（138議席），左党（16議席），それに新民主党（25議席）の7党が議席を持っていた[7]．5党の合計議席占有率は88.25%であり，合意範囲は広大であった[8]．

その後，各党間合意を基礎に，政府が，5党が合同で支持した試案を提出した．議会は，圧倒的な多数で決定を採択した．新しい国民年金制度の導入がここで決定された．ただし，法案の詳細は未だ決まっていなかった．法律文書も未完であった．実行委員会が結成された．5党の代表が指名された．試案で政党間合意に達した原則を基礎にして法案を作成することが委員会の使命であった．この法案作成委員会には，法律専門家として，官僚も参加したが，労働市場の代表は，労働組合運動サイドからも，経営団体サイドからも，委員会に含

まれなかった[9]．議会議席 88.25% を背景にした合意である．政党政治の合意調達力を前に，部分利益が入り込む余地はない．政党間の合意最前線が部分利益で乱される前に，合意内容を具体化する作業を優先させた．部分利益からの意見収集は次の段階に委ねられた．激しい政党間対立を誘発した，かつての付加年金制度作成過程への反省が生かされていた．

　1994 年から 97 年にかけて，委員会報告書が相次いで提出された．合意内容を法制化する案も含まれていた．この段階で，関連利益団体や行政機関からの意見を求めた．

　一連の報告書を基礎にして，政府は 1998 年春に二つの法案を提出した．新しい国民年金制度の条文も含まれていた．この段階でも，議会内議席を持つ七つの政党のうち五つの政党の支持を確保していた．穏健統一党（80 議席），中央党（27 議席），国民党・自由（33 議席），キリスト教民主党（15 議席），社民党（161 議席）の 5 党で合計議席占有率は 90.54% であった．圧倒的な多数の合意を確保していた．暗黙の了解事項は，法案のすべての細則についてすべての政党の合意を実現することであった．付加年金問題では，政党間抗争が激化し，最後に，合意形成型政治の精神で問題解決したが，今回は，合意形成型政治の過程を重視した．法案作成の各ステージで各党合意を確認する．この手順を踏んでおけば，将来，新年金法案に修正が必要な時にも，全党合意で修正する必要がある．政治信条に関係なく，年金制度はすべての有権者に関係する重要な政策課題である．定年後の人生が政党政治の思惑で動揺するような事態は，政党政治そのものへの信頼を揺るがす．長期にわたって，不安感を与えないためには，新制度が，制度発足に当たって，強い生命力を確保し，維持する必要がある．政党間競合の度に，政争の対象になることは避けなければならない．そのためにも，政治的に安定した基盤がシステム設計の条件になる．合意形成型政治の蓄積されてきた技法を活用し，広範な政党間合意に到達することができた．これは政権政党の成果ではなく，政党政治そのものの成果であったといえよう．成熟度の高さを証明してみせた．1998 年 6 月 8 日，議会は新しい年金法案を可決した．

3. 国民年金制度の特徴と連帯感

新制度の構造：所得比例年金＋積立年金

　新制度は，2階建ての制度を所得比例の制度に一本化した．平均寿命の伸びは労働市場への参加形態も，参加期間も，参加濃度も，多様化する．公正と平等を確保するために，整備されたパーソナル・ナンバー制度を備えているため，ライフスタイルの多様性には十分対応できる．自分が現役時代に納付した保険料に合致する金額を給付される（と確信できる）制度であるため，ライフスタイルの選択可能性は拡大する．しかも，給付予定額を記載した書類がオレンジ色の封筒に入れられて自動的に自宅まで送付されてくる．この情報提供サービスは，制度の作動能力を毎年負担者に証明してみせる機能を持っている．納得調達技法として優れた方法である．また，負担率を変更せず，18.5％に固定化したことも，合意調達の重要な要素であった．負担「増」に，議論以前の段階で，敏感な反応をする政党も有権者もいるからである．

　新しい年金制度は，財源を社会保険料と一般財源に求めた．社会保険料は，保険料拠出額に応じて給付される所得比例年金の財源として使われる．保険料率は，勤労者については，使用者10.21％，被用者7％となっている．

　新制度の基本は所得ベースの年金で，所得比例年金PAYG（pay as you go）である．18.5％を二つの部分に分けた．そのうち16％については，賦課方式で運用される所得年金と呼ばれ，PAYGシステムに使われる．つまり，ある年に支払われた保険料がそのままその年の年金生活者への給付になる．PAYGという名称は，「支払い保険料がその後受け取る年金給付につながる．受給額は自己決定」というコンセプトであるが，現役労働力から退職世代へと所得が再配分されることにもなる．この制度だけなら純・賦課方式ということになる．だが，スウェーデンはユニークな発想で，所得比例の原則を導入し，各党間合意に到達した．負担率は16％と同じでも，負担実額は多様である．確定申告時に計算された拠出保険料が個人番号で情報処理され，各自の所得年金個人口座に記録される．年金対象所得額については税務署から社会保険庁に情報が提供される．税務署が確定した年金対象所得額は変更できない．高額所

得者はそれなりに負担実額が多くなるが，納付実額が物価指数や所得の伸びなどを反映して，毎年上方に調整され，つまり，想定された利回りで運用され，年金受給点 pensionspoäng として計算され，蓄積・積み立てられる（納付総額と一致するものではない）．その本人が年金受給者になった時には，合計の年金受給点に基づいた年金額が，PAYG システムから支払われる．つまりその時点での現役保険料負担者が支払う年金の総額を年金受給点に即応して，配分・給付されることになる（世代間連帯）．

　残りの 2.5% については，積立年金である．プレミア年金と呼ばれ，金融市場で運用される．個人のプレミア年金口座に積み立てられる．個人はつまり，二つの口座を持つことになる．所得年金口座と積立年金口座である．この 2.5% の部分だけは，積み立てられた保険料実額を忠実に反映する．保険料納付者が資金運用基金を選択できる．個人は上限五つまでの基金に分散積み立てすることができる．この制度の枠組みで運用されている基金の数はほぼ 700 あり，それぞれが異なったリスク度・収益率で競っている．どの年金基金を選択・購入するかによって，基金が生み出す利回り額が違ってくる．いつでもこの基金を乗り換えることができるし，そのためのサービスは無料である．特定の年金を選択しない個人の資金については，公的に運用されるプレミア預金基金に投資・運用される．それぞれのプレミア年金口座の貸し方残高から毎年 0.22% が運用経費として差し引かれる．年金運用機関との協定に従って，プレミア年金局 PPM はその預金額について割引することができる．この場合，プレミア年金局はその割引額をプレミア年金預金者に戻すことになる[10]．新年金制度のこの部分は，自己決定・自己投資・自己責任の性格が強く，投機マインドへの呼応性が若干ながらうかがえる．そのために，ここから生み出される利得（プレミア）から，2.5% 部分をプレミア・ペンションと呼んでいる．所得比例性を強調した部分である．

年金生活：自己選択・自己責任

　労働市場からの引退，年金生活の開始に当たって，個人はその蓄積した資金を選択した年金基金の運用に投資し続け，運用益を毎年計算しながら年金を受けることもできるし，毎月一定の年金額を受け取るようにすることもできる．

残された余命の予感と資金運用哲学の問題である.

　早期退職,年金生活への移動を希望する市民は,最速で61歳で実行することができる.引退年齢が遅ければ遅いほど,毎年受給する年金額は大きくなる.年金権を獲得・積み立てできる期間は制限なしである.労働市場に長く滞在し,年金権を積み立てる期間が長ければ,それだけ受給額は大きくなる.自己決定・自己選択・自己投資が基本である.期間に制限はない.スウェーデンには明確な退職・定年年齢も存在しない.雇用保護法LASでは,すべての勤労者は67歳の誕生日まで職に留まる資格がある.基本的には,61歳頃から第二の人生を真剣に考え始め,65歳で実行する市民が多い.年金受け取り額については,25%,50%,75%,100%から選択できる.年金を引き出し始めた後も,仕事を続ける場合には,年齢に関係なく,新しい年金権が獲得され,積み立てられる[11].年金を受けながら所得を得,その上,新しい年金権を積み立てる.少子・高齢化時代に労働力を確保するための方策の一つである.

　一般国民年金は所得年金とプレミア年金で構成されるが,多くの高齢者はそれとは別に,職域年金 tjänstepension や民間の年金基金に加入している.賃金生活者のほぼ90%は,職域年金保険に加入している.労使団体協約で締結された年金保険は主要なものだけで四つあり,ほぼ80%の賃金生活者がこの年金保険でカバーされている.年金合意の内容については,法律は特別な規定を一切していない.

　さらに,民間の年金基金にも,かなりの高齢者が投資している.課税控除の対象であるため,加入欲が刺激されている.退職前と退職後の所得の違いを埋め合わす手段として,国民年金や職域年金への追加手段として,活用されている.2002年度では,22歳から64歳までの女性の44%,男性の36%が,何らかの形で民間年金基金を購入していた[12].

財政的に安定した制度:連帯感を縮小?

　新しい年金制度には,「国家の責任を縮小し,勤労者間の連帯感を小さくした」「世代間相互扶養精神の後退」という批判が,特に,熱心な社民党支持者から聞こえる.今自分で支払った分を将来自分で受け取るという原則は,個人主義的色彩が濃厚で,国家の責任が低下することになるという意見である.国

家財政の視点から見れば，運用の安定感が大きい制度ということになる．年金支払いの負担を変更し，明確にした[13]．

中央政府の財政でもっぱら運用されるのは，低所得者に対する生活保障年金，低所得年金生活者のための住宅補助金 BTP などだけである．制度の主要部分である，所得年金やプレミア年金などの総所得に関連する部分は，保険料と，積立基金，つまり，国民年金基金 AP-fonden の運用利益，だけで財政運用される．「制度は，自律的であり，中央政府の予算の変動から影響を受けない．年金制度の歳入と歳出は年金制度のためにだけ使用することができる」[14]．この点だけを強調すれば，国家の役割を縮小し，勤労者の連帯感を制限した制度であるといえるかもしれない．だが，国民年金制度の大半はあくまでも，労働市場の現役世代から高齢者つまり前世代への資源再配分である．いくつかの世代を超えた再配分契約もしくは世代間誓約であり，連帯感の構造である[15]．

支払う保険料と受け取る年金のバランスを取るために，支払われた保険料に応じて《年金権 pensionrätt》もしくは《年金受給点》が所得ベース年金とプレミア年金について計算され・積み立てられる．それぞれ《所得ベース年金権》《プレミア年金権》と呼ばれる．育児休暇中，兵役中，療養中には，補助金が支払われるが，そこから支払われる保険料についても，《所得ベース年金権》《プレミア年金権》が計算され・積み立てられる．あくまでも「自分で支払い，自分で受け取る」を原則として強調している制度である．年金生活に入るのが遅くなるほど，受給される年間受給額は多くなる．積み上げた年金資金の運用益が増えることになるからである．16% の所得ベース年金部分は世代間連帯の色彩が濃厚で，普遍主義福祉の精神を受け継いでいる．年金支払いに際しては柔軟な指数計算が行なわれて，上方調整されるが，その際に想定されている年間平均賃金上昇率は 1.6% である[16]．この数字は，年によって上下はあるが，長期的には可能な数値目標であると各党が考えている結果であろう．

かくして，政治的にも財政的にも安定度の高い年金制度が発足した．財政的にも，主要部分は保険料と年金基金運用益で運用されるため，自律度の高い，つまり安定度の高い制度となった．政府財政から完全に切り離された運用が可能な制度になった．引き出されるのは支払い年金と運用経費だけである．年金の規模は平均寿命 medellivslängden を基礎に決められているので，また，所

得ベース年金の支払い額と積み立てられる年金権は，あくまでも賃金水準の動向に従って，自動的に変動するため，保険料収益と年金支払い額のバランスは崩れない[17]．平均寿命が極端に伸びるか，スウェーデン経済が長期間にわたって低成長に陥らない限り，大幅には揺るぎそうにない．一時的な不安要因が発生する可能性は，誰もが否定できない．しかし，長期的に見れば，そうした事態の継続は予測できない．自動的調整のシステムが究極の安心感提供機能を演じることになる．国家の役割と連帯感が縮小したという批判は，その意味で，当を得ている．保険料は労使双方の折半が原則であるが，前述のように，経営者が10.21%の保険料を負担し，勤労者は7%を負担している．勤労者負担率の上限は8.07%．経営者の保険料は，すべての雇用者の給与に対して支払われる．実効上限額を超えた所得についても支払われる．実効上限額以下の保険料については，年金制度に移されるが，実効上限額を超えた部分については，中央政府の財政に組み込まれる[18]．

連帯感の条件：正当性・公正

　新制度が広範な合意範域を確立できたのは，制度そのものが以前の制度に比べて公正度の高い世代間連帯を基礎にしているとの政党間認識があったからである．制度導入後の評価・調査報告が指摘しているように，三つの点でそれは妥当であり，それが合意形成の正当性に繋がっている．第一に，時間が経つにつれて，年金そのものの基礎は，年金受給者が保険料納付という形で制度に財政貢献した度合いに，それまでの制度に比べて遥かに大きく依拠するようになること．第二に，社会の平均賃金上昇率に従って，獲得される年金権と支払い年金額を指数化して運用するという制度は，現役勤労者と年金世代の間で社会の繁栄と苦境を分かち合うことを意味する．またそれは，経済変動に適応する可能性，持続可能性を持つことを意味する．最後に，新制度は財政的に安定した制度であり，固定型のプレミア率を持つ制度である．つまり，年金予定額が制度の資産を超えることがないように設計されている．これは，前世代が社会契約に基づいてあまりにも重い負担を決めたとしても，次の世代にはそれが受け継がれることがないことを意味する．世代間抗争を回避することこそ，この制度の徳目となっている[19]．自動的に収支バランスが取れるメカニズムであ

るため，今日の年金コストが，未来の世代に転嫁される恐れはない．

　制度そのものの構造が公正で連帯感を強調するものであったとしても，制度の持続可能性は，それだけでは確保できない．スウェーデン型福祉社会の多くの領域でそうなのだが，労働者の間に濃密な連帯感が必要である．高い労働市場参加率が確保されてこそ，持続可能性が発揮される．つまり，平均賃金上昇率と年金納入可能所得を持つ勤労者の数が，年金増加率の決定素である．完全雇用を目指した高い就労率こそが，制度の持続可能性と年金制度への満足度を左右する要因である．20歳から64歳までの年齢層の80％が経常的に労働市場に参加していること．これはスウェーデン型福祉社会では，今も昔も，唯一無二のナショナル・ゴールである[20]．女性と高齢者の労働市場参加率の高い水準での維持を，特に少子・高齢化が進展する過程で，熱心に追求することになる．合理化や自動化，それに構造改革，で短期的に成長率を上げることができたとしても，それだけでは十分ではない．長期的な持続可能性という視点で見れば，労働市場のソトに多くを放置し，労働市場の内部に不満を充満させるような施策では，長くは走れない．

　その他にも，コンセンサス範域を拡大するための工夫がいくつか配置されている．例えば，格差是正策の側面．年金権のいくつかは所得移転や税金を使って財政運用される制度であるため，所得階層間格差の是正を組み込んでいるといえる．生活保障年金制度もまた，その仕組みから判断して，所得再配分・格差是正策の一つである（ただし，ミーンズ・テストが条件となっている）．さらに，一定の実効上限額（シーリング）を設定し，それ以下の所得だけを年金換算所得にしていることもそうした思想の反映である．実効上限額を超えた所得に対する年金保険料は経営者が負担することになっているが，この部分は，中央政府予算に組み込まれる税金として納付され，年金権の追加にはならない．税金となる保険料を負担する経営者と当該の勤労者の考えがどうであれ，連帯の発想である[21]．

　加えて，男女間連帯の発想も制度構築に工夫されている．所得年金もプレミア年金も，年金額係数は，男女共通の平均寿命を基礎にして算定されている．統計がある国ではほとんど例外がないことであるが，女性の平均寿命の方が男性のそれより長い．スウェーデンもそうである．とすれば，女性は自分が支払

った保険料に対して，男性が支払った保険料に比べて，より多くの年金額を受給される可能性がある．女性の所得水準は，多くの場合，男性のそれより低い．ジェンダー中立の年金権算定係数を設定することで，退職・年金生活の開始に当たって，男女間の生涯所得格差を，縮小する可能性がある[22]．平均寿命の差だけ，女性の方が生涯で受け取る年金総額は大きくなるはずである．少なくとも，男女間の生涯所得総額格差に比べ，男女間の生涯年金受給総額比は，かなり縮小するはずである．新制度が持つ男女間連帯の側面である．

新制度の特徴

　新制度の特徴を整理しておくと，まず，負担率を固定にした．18.5％．また，年金権は毎年合算され，インフレ係数（正式には，所得指数と呼んでいる）を考慮して年金権が算定されるので，理論的には，社会経済が好調になれば年金受給額も増えることになる．これによって，生活レベルを変化に柔軟に対応させることが可能になるかもしれない．社会の所得水準の変化をパーセントで測定し，それを基礎にした係数で累積所得年金権や毎年の年金権のいわば利子が算定されることになる．経済が好況を維持できれば，所得は上昇し，自動的に年金権も肥大する．換言すれば，所得指数が上昇すれば，自動的に受領年金額も大きくなる．

　年金生活を開始する時期を選択できることも特徴の一つ．●所得年金とプレミア年金は61歳から受け取ることができる（生活保障年金は65歳まで受け取ることはできない）．●年金は生きている限り，当然のことながら，給付される．

　プレミア年金については，年金を受け取り始めた後でも，継続して基金に投資することができる．継続して年金投資を選択すれば，年金の運用方法しだいでは，受領年金額は月ごとに違うことになる可能性がある．この制度が定着すれば，一律の年金生活開始年齢という考えがなくなる．自分の経済生活と年金基金投資額（年金権の規模）を制御することによって，年金生活開始年を決めることができる．早く年金生活に入れば，それだけ受領金額は少なく，受領期間は長い．全額でも良いし，4分の3でも，半分でも，4分の1でも良い．

世代間抗争の解消へ向けて

　ルンド大学の多田葉子は，新年金制度は，経済低成長期の持続可能な年金制度であり，次の点に注目すべきであると指摘している．①経済変動や人口変動に対応したシステム運用，②税負担による老後の基礎生活保障，③就労時の年金負担を将来の年金額に反映，④男女間格差をなるべく縮小する試み，⑤各世代の合意を得るシステムの構築（特に現役就労層が納得して年金保険料を払うシステムの確保)[23]．

　少子・高齢化の進展は，コンセンサス・ポリティクスに深刻亀裂を生む可能性がある．世代間亀裂・世代間抗争の可能性である．組織加入を通じて政治過程に定位置を確保している高齢者は，増えるだけでなく，投票行動に積極的に参加する．相対的比率を低下させる若年有権者は政治の可能性に懐疑的な者も多く，参加意欲は停滞気味．このような事態が定着すれば，コンセンサス・ポリティクスの円滑な作動は難しい．新年金制度の狙いの一つは，世代間の不公平感の解消である．

　最後に，新年金制度の特徴の一つを特に強調しておきたい．ライフスタイルの多様化に対応しようとしている点である．例えば，徴兵参加やそれに代わるボランティア活動参加中の所得は年金権に反映される．また，生涯学習環境の整備とともに，高等教育への進学や社会との行き来はますます頻繁化するであろうが，その際の所得（例えば学生給付金など）も年金権の算定対象になっている．さらに，育児期間の年金権 pensionsrätt för barnår が導入された．少子化に対する政策対応の一つであろう．1956 年 7 月以後に生まれた人については，給付される出産・育児所得補償金が年金権の対象になった．新生児の最初の 4 年間が年金権の対象である．例えば，1968 年・70 年・74 年に合計 3 人の子供を生んだ親は合計 10 年の育児期間の年金権が与えられることになった．この年金権は自動的に母親に与えられる．さまざまな政策領域で，新しい問題点を発掘し，積極的にそれに政策対応しようとするスタンスはいつもながらの《デモクラシーの実験国家》らしさである．興味の尽きない国である．

第9章　地域間連帯：政府間関係

1. 地方自治体の機能と構造

コミューン自治の伝統：スウェーデン・デモクラシーと地方自治

　スウェーデンは地方自治の長い伝統を持っている．政治システムの枠組みを定めている統治法もしくは政体書 RF は，代議制・議会主義構造とコミューン自治を通じて「国民統治」は実現されると規定し，地方自治が政治システムの柱石であることを明確にしている．「スウェーデンの民主主義は思想の自由と普通平等選挙権に基礎を置き，代議政体および地方自治を通じて実現されるべきものである」(統治法).

　コミューン自治は民主主義の理念に立脚した政治制度よりも古い歴史を持っており，その源流は中世やそれ以前にまで遡ることができる．今日のコミューン法は 1862 年に制定された「コミューン規則 Kommunalförordningar」に起源を持っているが，当時のコミューン規則は非都市圏に存在していた地方共同体（教区）や都市圏における伝統的な地方自治の経験を基礎に制定されたものであった．［コミューン自治強化］の気運を高めたのは，三つの考え方であった．①分権化の思想：19世紀中頃の，高度に中央集権化された行政を分権化しようという思想．この考え方は，コミューン独自の守備範囲を策定できるという考え方と結び付いていた．②効率行政論：地方独自の守備範囲があり，それを策定できるという考え方．いくつかの行政業務は特定の地理区分に住む人びとに共通する生活課題であり，そうした分野については，国家による画一的行政よりも，住民の共同行為のほうが遥かに問題処理能力を期待できる．③市民教育論：この頃，比較的高い独立性を確保していたコミューンでは，地方自治の強化が市民を政治教育し，彼らを良き市民に育て上げる機能を持っていると考えられていた[1]．こうした思想の背景には，住民には自らの問題を自ら

の手で管理・運営する当然の特権が与えられているという自然法思想の影響があった．また，［国家統制からの自由］への願いや息詰まる官僚主義への反感も，当然のことながら，織り込まれていた．

《デモクラシーの柱石》であると強調されるだけあって，既に1862年の段階で，その後の高負担国家における合意調達に必要な制度的工夫の多くが理論的に展開されていた．「意思決定の重心を可能な限り住民の近くに」．そのためにも「自治と自律の精神を学習する機会を住民に」．

1862年のコミューン規則は，地方自治の基本単位である基礎自治体もしくはコミューンと各レーン（後述）に議会を設置し，自治体に課税権を与えた．そしてこれが，自治制度発展過程の重要な転換点となったのである．この後，民主政治の諸制度が発達する過程で，何度も改革の手が加えられ，現在の制度ができあがった．課税権・自由起債権・計画権を生命線にしたたくましい地方自治が定着している[2]．

公的部門の規模と地方自治体の位置

「スウェーデン政治を理解する鍵はコミューン・レベルにあり」．頻繁に使われる文言である．それは，行政業務の重心が住民との最先端接触点であるコミューンに置かれているという事実と，国家の守備範囲を縮小させながら，地方分権を積極的に拡大させてきた地方自治改革の方向性に注目した巧妙な表現である[3]．「公的決定はその決定の内容に影響を受ける可能性が大きい市民の生活にできる限り近い政府で行なわれるべきである」という考え方の根強さが伝わってくるフレーズである．

公的部門の規模が地方自治体の位置を探る一つの手がかりとなろう．スウェーデンは胎児から高齢者までのライフ・ステージでの懇到な福祉で有名であるが，特に，第二次大戦以後，膨大な人材資源を配した平等・普遍主義路線が定着して以来，完全雇用を至上目標とする労働市場政策ともあいまって，公的部門は膨脹の一途を辿っている．とりわけ，自治体活動の膨脹が公的部門の爆発的拡大を加速した．1950年代中期までは，国家の占める比率の方が高かったが，今日では，公的部門の消費・投資額の約3分の2が自治体関連である．

公的部門の規模は，圧倒的である．長期経済低迷期の1983年度では，国営

企業，コミューン企業を除いても，GDP（国内総生産）の約9％が国家関連公的部門であり，約23％が自治体関連公共部門となっていた．公的部門の歳入は対GDP比率で，62.2％であった[4]．その後，依然として経済停滞に苦悩していた1990年の時点で，生産ではGDPの約20％，労働市場では約32％，消費では約27％，消費と投資では約29％，歳入では約66％，そして歳出では約62％であった[5]．そして，経済が回復した2004年度では，国内総生産の約19％，消費・投資の30％（対GDP），雇用の37％，歳出の54％（対GDP），歳入の55％（対GDP）となる．公的部門の相対的規模を明確にするには，労働市場におけるその地位を明らかにするのもわかりやすい．統計方法で数値は異なるが，稼得就労者のほぼ3人に1人が公務員である．国民経済統計NAでは国家公務員が5.6％，地方公務員が25.0％，NPO家事サービス部門が2.5％で合計33.1％．民間部門が66.8％．中央統計局労働統計RAMSでは国家公務員が5.2％，中央政府所有の企業・組織の雇用が3.3％，コミューン公務員が19.8％，ランスティング公務員が5.8％，地方政府所有の企業・組織の雇用が1.9％，その他の組織が0.5％であった．この数値だけで，公的部門の圧倒的な地位が分かる[6]．中でも地方自治体の規模が大きい．2006年の雇用統計によると，全就労人口が428万768人で，民間部門がほぼ64％，公的部門が約36％であった．36％のうち国家公務員が9％，コミューン公務員が21％，ランスティング公務員が6％であった[7]．福祉国家路線が労働市場構造を大きく変えた．農業がGNP（国民総生産）の約40％を占めていた1870年には就業人口の約70％強が農業に従事していた．公的部門従事者は1890年で約10万であり，そのうち約4万は防衛関係者であった．残り約6万人が郵便や電信業，教師などの職に就いていた．公的部門従事者は，1930年代でも全就業者の僅か6％でしかなかった（GNPに占める公的部門の比率も6％を超えるほどのものでもなかった）．1927年の公務員は約21万人で，そのうち約11万5000人が国家公務員，約8万5000人がコミューン公務員，約1万人がランスティング公務員であった[8]．

　福祉の充実が公的部門を拡大し，女性職場を増加させ，男女共同参画社会の機運を刺激した．福祉行政の最前線であるコミューンにおける業務部門別公務員を見ると，世紀の移り目ころで，高齢者ケア・ヘルスケア：33％，児童福

祉：18％，教育：22％，余暇・文化：3％，行政業務：9％，技術部門：15％となっていた．戦後期の国際統計で比較すると，この国の公的部門の大きさがいっそう際立ってくる．公的部門生産の対 GDP 比率で言えば，スウェーデンが 19％，イギリスが 11％，ドイツが 9％，アメリカが 11％，日本が 9％であった．歳入の対 GDP 比率で言えば，スウェーデンが 58％（Eurostat 統計），イギリスが 41％，ドイツが 43％，アメリカが 32％，日本が 30％であった．歳出の対 GDP 比率で言えば，スウェーデンが 57％（Eurostat 統計），イギリスが 44％，ドイツが 47％，アメリカが 36％，日本が 38％であった．消費の対 GDP 比率では，スウェーデンが 27％（Eurostat 統計），イギリスが 21％，ドイツが 19％，アメリカが 16％，日本が 18％であった[9]．

公的部門内での地方自治体の比重については，顕著な変化を指摘できる．分権への強い衝動である．保健・医療を主たる業務として与えられているランスティングの膨脹が著しい．1960 年代初頭には，地方自治体活動総支出の約 20％ がランスティング関連であったが，高齢化の進展につれて，保健・医療への関心の高まりと並行して膨脹し，1980 年代中期には約 32％ に達している．

長期的な経済停滞への反省から 1980 年代に入って公的部門は微減の傾向にある．その時代以後，時として，過剰福祉論を背景にして保守陣営から公務員削減論が提出される．ブルジョワ・ブロックの躍進に直面して，社民党も肥大化した公的部門の見直し・刷新に乗り出した．議論の先は，公的部門の効率的経営論に落ち着く．全体的に見ると，革命的な政策転換によって産業構造を根本的に変革しない限り，別の表現をすると，社民党が相対多数を持つ第一党の地位を失わない限り，GDP に占める公的部門の比率は超高水準下の微動に止まるであろう[10]．公務員数の大幅減論は，近い将来に予想できない．規制緩和・民営化・構造改革は，むしろ EU（欧州連合）加盟による国際競争市場への本格的参入との関連で，実行されることになろうが，有権者そのものが公的福祉を信頼しており，発想を切り替えられないでいる．サービス提供の多様化は著しく進んでいるが，基本は運営委託と公設民営化であり，厳格な意味での民営化は福祉部門では馴染まない．到達水準の高い社会資本・資産をある程度食い潰して，危機を実感しない限り，本格的な路線転換にはならないであろう．その過程で，地方自治体に業務をいっそう移転させていくであろう[11]．

コミューンとランスティング：自治単位

　スウェーデンで強調される福祉サービスは，医療サービス，ケアサービス，学校教育，住宅政策である．この4テーマは普遍主義型福祉の基幹部を構成する．次いで，広義の福祉政策に含まれるのは，労働災害や職業病への対応，労働市場参入への条件整備（労働市場からの排除を防ぐ手段・装置）．例えば，予防的な健康ケア，労働環境関連法の整備，労働市場教育，生涯教育，そして安全確保である．この福祉業務には街路や広場，家の安全を確保すること，そして，犯罪との闘い，犯罪原因との闘いも含まれる．この業務リストの多くは最終的には地方自治体によって遂行されている．「すべてをコミューンに」「すべてはコミューンから」という表現は，そうした現状を映し出している．

　コミューンはその業務の性格からブルジョワ・コミューンと教会コミューンに大別されていたが，2000年に教会が国家から切り離されたとき，公的な単位としての教会コミューンという概念は実質的機能を停止・廃止された．現在の自治単位は，コミューン kommun とランスティング landsting である．

　コミューン（日本の市町村に相当）は290あり，地方自治の基本単位となっている．規模は極めて多様である．最小はビュルホルム Bjurholm で人口僅か2652人．そして複数のコミューンが一つのランスティングを構成している．もっとも最近生まれたコミューンは，2003年にウプサラ・コミューンから分かれたクニヴスタ Knivsta である[12]．

　ランスティング（日本の県に相当）は20あり，国家行政の地理区分であるレーンに沿って構成されており，原則としてそれぞれのレーンにランスティングが一つずつある[13]．レーンは21ある．最大のレーンはストックホルムで約150万の人口を持っている．最小のレーンはゴットランド・レーンで人口は約5万6000に過ぎない．そのため，ゴットランドはそれ自体が一つのコミューンとなっており，ランスティングを構成する必要がない（つまり，ゴットランド・レーンの地理的範囲とゴットランド・コミューンの地理的範囲が重なっている）．レーンが21あるのに，ランスティングが20しかないのはそのためである．また，ヨーテボリィとマルメは1999年まで，伝統的に独立した大都市圏と判別されており，どのランスティングにも属していなかった．

コミューン議会：最高議決機関・選出機関

　コミューン議会は，コミューンフルメクティゲ kommunfullmäktige，ランスティング議会はランスティングと呼ぶ．ここでは，特にことわらない場合は双方を同時に指示する語として議会という語を使う．コミューン法の規定で，組織を扱った部分の多くは，その内容の点で，コミューン，ランスティングに共通しているからである．

　議会は，最高の議決機関であり，市民によって選出される唯一の機関である．議会は，それと同時に，選出機関でもある．まずそれぞれのレベルで，行政委員会（地方自治体の政府に当たる），その他の委員会のメンバーを選出する．また，その他のコミューンおよび国家機関や民間機関にも代表者を選出する．さらに，理事会や各種委員会の議長も選出する．

　ランスティング議会に限って与えられている選出機能としては，レーンスティーレルセン（中央行政機関のレーン政府執行部）への代表者選出，レーン裁判所，控訴裁判所，行政不服裁判所，不動産裁判所の非専門家陪席判事の選出，ランスティング・レベルに設置されている中央行政機関の各種委員会およびその他の機関への代表者選出，印刷・出版の自由訴訟法廷の陪審員の選出がある．また，コミューン議会に限って与えられている選出機能としては，地方裁判所の非専門家陪席判事の選出，道路委員会・課税委員会の委員の選出，などがある．また，今日のコミューン議会は，コミューン内の特定地域に地区機関を設置し，限定的問題についてそれに独立した決定権を与えることができるが，そのメンバーは，政党勢力比を基礎にして，議会で選出される．意思決定過程の構成は比例代表による平等が合意形成型政治の大原則である．

　地方議会の権限は次のように整理できる．①予算，地方税率，貸付金，担保，土地・不動産の売買，各種料金などの決定：コミューンが受益者から徴収する各種料金には，水道料金，下水料金，清掃料金，煙突清掃料金，電気料金，ガス料金，公共施設使用料金，駐車場使用料金，がある．ランスティングの場合には，病院の診察料金．②コミューンの行政組織（例えば，委員会の定数や構成方法，執行委員会など），業務遂行方式に関する決定．③提起された動議・質問の処理．④レミス（意見上申書）の提出：政府やレーンスティーレルセンなどから来たレミスに対する回答．⑤コミューン業務に対する照査・監督：特

に，特別に任命された会計検査官を通じての照査・監督．⑥委員会や行政委員会のメンバー選出．⑦委任決議の決定：ごく限定的な範囲内ではあるが，行政委員会その他の委員会に，検討・決議を委任することができる．ただし，原則や重要問題については委任できない．コミューンの議会では，この他に次の決定も守備範囲となる．⑧条例の制定：例えば，火災予防，交通，公衆衛生，環境保護，などに関する条例．⑨地域開発計画の採択：例えば，都市計画，建設計画．その後，レーンスティーレルセンによって承認を受ける必要がある．後で述べるが，コミューンが持つこの権限は大きい．整然とした街並み，建物の高さや配色までも含めて全体的なバランスを考えた公共空間，などはスウェーデンの都市計画に共通であるが，計画力の源泉はこの権限である．⑩アルコールおよびビールの商業的提供に対する拒否権：レストランなどはコミューンが反対すれば，アルコール販売を認可されない．冬の北欧を知るものには理解できる制度である[14]．

　地方議会の議員の任期は4年であり，初召集日は選挙年の11月1日である．議員定数については，奇数であることを守れば，原則として自治体が自由に決定できるが，有権者人口を基礎にした一定の制限がある．コミューンについては，有権者人口が3万6000人未満の場合は最低31名の議員を必要とし，有権者人口が3万6000人以上の場合は最低61名の議員を必要とする．ランスティングについては，有権者人口が30万人未満の場合は，最低31名の議員を必要とし，有権者人口が30万人以上の場合は，最低101名の議員が必要である[15]．コミューン議会は年間10–12回開かれる．ランスティング議会は，年間に最低4回開かれるよう規定されている．ランスティング議会は，行政委員会が要求したとき，議員の3分の1が要求したとき，もしくは議長が必要と判断したときに，開かれるが，一般に，コミューン議会に比べると開会回数はかなり下回る[16]．両者の業務リストの圧倒的な差を見れば，簡単に理解できることである．ランスティングの業務リストは短いし，特定領域に集中している（後述）．地方議会の定足数は過半数で，議事は，当然のことながら，公開である．市民が傍聴しやすいように，開催日を工夫したり，体育館や集会場など開催場所を変えたり，夕方に開会するなど，さまざまな工夫が凝らされる．ほとんどの議員は，日当と交通費しか支給されないのであるが，それでも出席し公開の場で

議論する．市民の合意を調達して，貢献を確保するためには，参加し，公開の場で議論するという手順が何よりも要求される．議員構成については，年齢グループ 40–49 歳，50–59 歳，自営業者，給与生活者，高学歴者，公務員の過剰代表を指摘できる．逆に，年齢グループ 30 歳以下，60 歳以上，賃金生活者，低学歴者，低年齢児童を持つ親，の過少代表となっている．性については，男性のやや過剰代表と表現できる．1980 年代以後，女性の議会進出が進み，女性占有率は 40％ を超えている．ランスティング議会では男女伯仲，コミューン議会では，僅かに男性の過剰代表という印象である．他の国と比較すると圧倒的な数字である[17]．

行政委員会：地方自治体政府

　行政機関は，行政委員会とその他の委員会で構成されている．そのメンバーは，議会によって 4 年任期で選出される（議院内閣制の形態）．このメンバーを選出代表者 förtroendevalda（フォットローエンデヴァルダ）と呼ぶ[18]．行政機関の権限は，①日常行政活動（行政業務）の処理，②議会に上程される法案の準備とその決議の執行，③法律・法規によって自ら決定することを認められている問題領域での意思決定，④議会によって委任を受けた場合，その問題についての決定，である．選出代表者は，この全過程，つまり法案の準備から決議の執行までの全工程に直接参加する．

　行政委員会は指導・調整機関であり，全国政治での内閣・政府に当たる．これが地方自治における主たる行政機関であり，コミューンではコミューンスティーレルセン kommunstyrelsen（コミューン政府・行政委員会），ランスティングでは，ランスティングスティーレルセン landstingsstyrelsen（ランスティング政府・行政委員会）と呼ばれる．上記の権限に基づく主たる業務は次の 6 領域である．①行政業務の指導，他の委員会の活動の監督（提言や指示，および情報・説明の要求）．②議会に上程されたすべての議案・法案（特に自己提出法案でないとき）に対する意見・態度の表明．③経済・財政の処理，財産の運用．④議会決議が実際に執行されるのを監視．⑤議会の主張が，その目的・業務内容の点で他と抵触しないよう指導．⑥各種委員会の業務内容などに関する当該コミューン内情報収集・分析[19]．行政委員会は当該コミューンを

代表しており，一般にその議長は，当該コミューンの指導的政治家のポストになっている．

コミューンの行政府は，政党勢力の比例代表で構成されている．党勢を基礎にした連合政権である．そのため，コミューン執行部も，ランスティング執行部も，その他のコミューン委員会も，重要問題で，相互理解と妥協が容易になる．さまざまな具体的政策問題について，過半数で決定されるのが原則である限り，政党間で過半数を目指して争うことになる．理解と妥協がなければ，過半数調達は難しくなる．コミューン・レベルでの連合政権モデル，それが地方自治の《スウェーデン・モデル》の特徴である．この構造的特徴が効率的な地方自治の重要な前提条件であり，国家政治とコミューン政治との機能的関係への期待を背負いながら，強力なコミューン自治が機能するための前提条件である．選挙で出現する政治的過半数は，それぞれの地方で異なった形状になり，多様である．相互理解と妥協促進装置でもない限り，全国政治と地方政治のリンケージは難しい．自治体レベルでの制度としての連合政権構造の定着は，それを基礎に展開される全国政治にも大きな影響を与えることになる．相互理解の感情と妥協の意思を育む重要な社会運用制度である[20]．

スウェーデン政党政治の特徴の一つは，全国政治でも，コミューン政治でも，ランスティング政治でも，ほぼ同じ政党制が展開されていることである．比較政治の視点から見ると，ユニークである．選挙後の政党配列に地方ごとに違いがあるとはいえ，政党名が同じで，穏健な多党制が基礎（今では7党制が多く，形状的には極端な多党制に近いが，ブロック政治の基本に近く，機能的には穏健な多党制）．投票日が同じということもあり，各党の得票率も，国会，ランスティング議会，コミューン議会で，ほぼ同じような傾向を示す地方が多い．そこに党勢基礎の連合政権であるから，政治過程の効率性維持にとって重要な要素になっている．また，それは，各層のデモクラシーの効率的運用にとっても重要な要素の一つになっている．「地方政党が，確立された政党政治の防波堤を大きく打ち破ってしまったら，スウェーデン・モデルは揺らぐことになろう」[21]．全国どこでもが，党勢を基礎にした比例代表型連合政権構造を基礎にしており，それが合意形成型政治の大きな基盤の一つになっている．

各種専門委員会

　専門委員会は，特定の政策領域で，日常行政業務に責任を持ち，行政委員会とともに，法案作成と議会決議の執行にあたる．委員会の数と定数はその選出母体である議会が決定する．ただし，行政委員会もその他の委員会も最低5名以上で構成されなければならない．コミューン・レベルでは，業務そのもののコミューンへの集中とそれに伴う著しい専門化を反映して委員会の数が増える傾向にある．委員会は1992年の改革までは，必要に応じて設置してよいというコミューン法の規定に基づいて設置されていた任意委員会と，特別法の規定に基づいて設置が義務化されていた委員会に分類されていた．規制緩和と自由化の波を受けて実行された1992年の改革以後は，選挙管理委員会だけはすべての自治体が設置する義務のある委員会で，それ以外は，地域事情に応じて自由に設置できることになった．ただし，設置される委員会の内容に大きな差はない．児童・教育委員会，文化・余暇委員会，環境・建設委員会，社会福祉委員会，技術委員会，高齢者介護委員会，の六つの委員会はほとんどの自治体で設置されている．

コミュナールロッド：市長会

　後述のコミューン再編は，コミューンの規模を拡大したばかりでなく，地方自治体の業務範囲をも拡大した．議会に上程される議案の数は増加し，その内容も複雑化・多岐化した．業務量の増加は，公務員数を増やしたが，後述するように，政治家の数は大幅に減少した．ここに一種の分業体制が出現することになった．膨大な日常業務は公務員に任せ，政治家は長期計画問題を中心に扱うべきだという考え方が出現した．煩瑣な日常行政業務から政治家を解放するために登場したのがコミッショナー制度である．この機関をランスティングではランスティングロッド landstingsråd，コミューンではコミュナールロッド kommunalråd と呼び，行政委員会や各種委員会の議長として，議案の準備・審議・意思表明を行なう．日本で言えば市長，副市長という存在である．複数の副市長が担当業務別におり（例えばストックホルム市福祉担当副市長という使い方で理解されたい），財務担当副市長が市長という存在になる[22]．この制度は1950年代，60年代に導入されるようになった（ただし，ストックホルム

では，1920年代に既にあった)．今日では，数多くの地方で設置されている．市長・副市長は議会によって任命される．フルタイムの職業政治家である．任期は各種委員会と同じで4年間．それぞれの政党の指導的政治家が選出されることが多い．有力政治家が選出される理由は，その業務が政治的業務・行政的業務の双方をカバーしているからである．

　有給の職業政治家が選出されることが多いが，パートタイム（通常は，半日勤務）で働く市長を任命するコミューンも増えてきた．この国では地方の選挙公職はとうてい割に合わない仕事である．日当と交通費が支給されるだけである．他に仕事を持ちながらの職務になる．それだけで生活しようとすれば，市長になり職業政治家の道を選択するしかない．そのポストも高給であるわけではなく，次の選挙までの暫定職業である．現在従事している仕事をしながら政治家をするという形が多くなる．市長職も同じ．市長に任命されても現在の仕事の方が魅力的ならパートで対応しようとする．1983年の統計がある．このときあった284コミューンのうち267のコミューンで，フルタイムの市長・副市長が合計504人いた．そして，パートタイムの市長・副市長は104のコミューンに合計192人いた．ランスティングでは，フルタイムが110人，パートタイムが59人であった[23]．

　コミュナールロッドの規模は小さく，小さいコミューン（人口2万人以下）では，通常1名，5万人以上の人口を持つコミューンでは，通常3人以上である[24]．全政治家に占めるその割合があまりにも小さいため，また，事件が発生するたびに，マスメディアとの接触頻度が高いため，地方政治家の指導的人物という印象が強い．特に財務担当のロッドはその都市を代表する市長として行動することが多い．権力が集中するのを避けるため，複数のメンバーで構成されている場合には，議会内少数派から少なくとも1人のロッド（副市長）を選出するようになっている．これはいかにもスウェーデン的である．合意形成型政治の技法としても独創的な工夫である．この副市長を《オポジションスロッド O-råd》と呼ぶ．《野党副市長》である．例えばストックホルムのランスティングロッドの場合，フルタイムのロッドは10名で，うち7名は議会内多数派から選出される．彼らは一つまたはそれ以上の院内委員会の議長であり，議案準備議長会議に出席する．他の3名は野党ロッドで，特定の業務領域で行

政責任を負うということはない[25]．

　有給のコミュナールロッド制度に対する批判がないわけではない．その数が少ないため，職業政治家化した個人に権力が集中するのではないかという危惧である．だが，議会に投錨地を持つ存在である限り，彼らこそ，肥大化・専門化した公務員組織に対して，政治的影響力を行使できる重要な役割を演じているのだという考え方も成り立つ．

コミューン企業
　コミューンとランスティングでは，私法人格を持つ経済的企業体を見かけることがごく普通になっている．コミューン企業という概念には，株式会社，基金，財団，商事会社，有限提携企業，などが入る．わけても株式会社形式が1960年代後半以後，広範に使われるようになった．単一のコミューンが事業団を作ることもあれば，複数のコミューンの合同事業であることもある．現在では日常風景化している．営業領域としては，住宅建設，電力供給，水道，暖房，交通などが一般的である．ほぼ30年間かけて，コミューン企業の数は倍増した．特に，1990年代以後の増大が著しい．コミューンでは，1994年には1459社，2005年には1533社，2006年には1518社である．2006年時点で4万4797人雇用している．ランスティングでは，1999年に97社，2005年に122社，2006年に104社である．2006年時点で1万5485人雇用している．両方を合計すると，2006年時点で企業数で1622社，雇用数で6万282人である[26]．

　自治体が株式会社を設立する動機は，ビジネスマインドが強く，コスト意識が鋭敏であることである．規制緩和・民営化論やNPM（ニュー・パブリック・マネジメント）運動の盛行を背景にしている．近年では，発注・受注作業と実行・運営作業を識別できる場合には，実行・運営作業を株式会社方式で行なうという決定が少なくない．公設民営の発想である[27]．

　今日のコミューン法では，民間企業体に移転される業務は，コミューンの責任で運用・実施されるべしと規定している．公機関が実施する業務については，法的支援がある場合に限って企業形態で運用できる．自治体がコミューンの企業や基金を創設する場合，地方議会は，①業務の目的を明確にしなければならない．②理事会の役員を選定し，少なくとも1人の監査役を任命する．そして，

③この企業内で原則に関する重要な問題について決定される前に，意見表明する．④どの権利に基づいて，市民が企業の文書について調査するかを決定する．基本原則は，全面公開である．以前の法規に比べて，公開の原則と内部査察の可能性は拡大している．こうした点を除けば，コミューン企業は一般企業と同じ扱いを受ける．自治体の業務遂行よりも，経済的にはより自由な地位を与えられるから，この経営技法を援用するケースが増えていると言えるかもしれない．借入金の決定も，資産の売却についても，剰余金の処理についても，企業形態の方が自由度は大きい．近年では，自治体が，所有する施設や業務を売却することがいっそう一般化している．市場原理に馴染む平均規模の自治体や大規模自治体で特に，その傾向が強い．そこでは特に，住宅施設，工業施設，余暇施設の売却や民営化が進められている[28]．

　こうした企業形態をとる事業の増加は地方自治にいくつかの問題を生み出している．原則として，コミューン法の適用範囲にないからである．政治的統制や監督・監視を受けにくい．最近では，コミューンによる統制が強化されるようになったが，原則として，コミューン法というよりも一般的な会社法の下にあるため，管理・監督の可能性は依然として比較的に制限されている．問題点は次のように整理できる．①株式会社は経済的に他のコミューン機関より自由な地位を持てる（例えば，借入金という形での資金調達）ので，《公開・公共性の原則》に代わって，資本の論理が強くなるかもしれない．コミューン法の統制外であるため，法務長官 JK や，議会オンブズマン JO の監視を受けないで済むこともそれを加速するかもしれない．②コミューンの住宅企業の経営責任者がコミューンの不動産委員会のメンバーであったりするのであるから，公職の資格適正に疑問が生じる．しかし，行政不服申し立て規則の対象にはなっていない．③企業形態をとれば他のコミューン行政機関に比べて，より自由な給与決定が可能なので，企業体設立が相次げば，その活動に対する地方議会の影響力は低下するかもしれない[29]．

コミューンの財政運用：三つの原則

　コミューンの会計年度は1月1日から12月31日までで，国家の会計年度（7月1日から翌年の6月30日まで）と異なるカレンダーを使っている．次年

度予算は，11月（例外的に12月）に地方議会で採択される．この予算案を基礎に，課税率が決定される．業務の拡大に伴って自治体の計画が単年度予算計画から複数年度長期計画へと重心を移していることが近年の傾向である．予算の執行については，選挙の年に4年の任期で新議会によって任命される少なくとも3名の会計検査官が検査し，議会に年次報告書を提出する．

　コミューンの財政運用の原則は次の三つである．①現在の納税者が次の世代に負担をかける形で利益を得てはならない．②コミューンはその経済の基盤を崩して未来の納税者に損害を与えてはならない．③コミューンの動産・不動産は，財産を減らさないように運用されなければならない[30]．

自治体の歳出と歳入

　分権化の促進と社会のインフレのため，それに普遍主義福祉への転換のため，戦後期の自治体財政は著しく膨張している．コミューンについては，1980年代初頭は，約25％が教育費，約23％が社会福祉費であった（教員給与については国庫補助金が出ているので，独自の支出としては社会福祉費が最も多かった）．次いで，エネルギー・水道・廃棄物処理（14％），土地・住宅（7％），余暇・文化（7％），共同コミューン行政（7％）が続いていた．21世紀になると（2007年度），歳出科目に変更があるので，少し分かりにくいが，基礎学校（19％），就学前学校活動および児童ケア（12％），高校（7％），その他の教育費（4％）で，教育関係が合計42％である．高齢者介護（21％），障害者ケア（10％），個人・家族ケア（4％），経済的支援（2％）で，福祉関係が合計37％である．事業活動経費つまり公共事業費が6％，その他の経費が15％である．

　ランスティングについては，かつても今も，その守備範囲が主に医療・保健であるので大きな時期的差異はない．1980年代初頭では，保健・医療で全体の76％を占めていた．21世紀初頭（2007年度）では，初期医療（地域医療）が19％，特殊医療（精神科以外の病院医療）が48％，特殊医療（精神科病院医療）が8％，歯科医療が4％，その他の保健・医療が9％，それに保健・医療に関する政治活動費が1％加わり，全保健・医療が89％になる．その他の支出項目としては教育・文化が2％，交通・インフラ整備が5％，その他が4％である．

地方自治体は課税権を持ち，税率を決める権限を持っている．税率は議会によって決定される．地方所得税は国によって徴収され，その後，地方自治体に配分される．地方所得税は定率税である．コミューンについては，1980年代は，コミューン所得税が42%，国庫補助金が25%，事業収益が18%，借入金が5%であった．21世紀初頭（2007年）では，コミューン所得税が68%，一般国庫補助金が12%，使用目的指定の国庫補助金が4%，料金・手数料収益が7%，事業・活動の販売収益が1%，家賃・賃貸料が3%，その他の収入が3%である．ランスティングについては，1980年代は，住民税が61%，国庫補助金が18%，事業収益が16%，借入金が1%であった．21世紀初頭（2007年）では，ランスティング所得税が72%，一般国庫補助金が7%，医療品改革補助金が10%，使用目的指定の国庫補助金が3%，料金・手数料収益が3%，その他の収入が5%である．

スウェーデンでは1991年に「世紀の税制大改革」が実施されたが，それを分水嶺にして，地方所得税の比率が上昇している．この税制改革では二重構造の所得税を創設した．所得生活者のほぼ85%はこの税制改革で，地方所得税だけを払うことになった．1991年時点では全国平均31%であった．この時点では年間18万5000クローナ以上の所得者はそれに加えて20%の国所得税を支払うことになった．約15%の所得者は31%＋20%合計51%の所得税を，その他の所得者は地方所得税だけを払うことになった．限界税率は51%であり，それ以前の75%から80%という税率から大幅にダウンした．この年の税制改革で法人所得税も57%から30%に下げられた．地方所得税は定率税であり，所得申告書に記載された年間所得額を基礎に算出される．税率は地方議会で決定されるが，地方によって若干の違いがある．税制改革前の1984年では，平均すると，コミューン税17.21%，ランスティング税13.25%，教区税1.07%，合計30.30%，であった．世紀の税制改革を経て，2007年度では，次のようになる．全国平均の地方所得税は31.44%である．税率が低いレーンは，ハーランド（30.49%），ストックホルム（30.54%），スコーネ（30.49%）で，税率の高いレーンは，ダーラナ（33.26%），ヴェステルボッテン（33.11%），ゴットランド（33.10%）であった．平均31.44%の地方所得税は，コミューンとランスティングにほぼ2対1の比率で配分される．全国平均ではコミュー

ン税として 20.71%，ランスティング税として 10.73%．税率が低いレーンとしてハーランドを例にすると，地方所得税合計が 30.49% で，うちコミューン所得税が 20.77%，ランスティング所得税が 9.72% である．税率が高いレーンとしてダーラナを例にすると，地方所得税合計が 33.26% で，うちコミューン所得税が 22.37%，ランスティング所得税が 10.89% である[31]．

国庫補助金：地域間連帯による地域間格差の是正

　高負担国家では，政党間競合の焦点の一つは膨大な国庫補助金資金の配分をめぐる思想的対立といえる．国庫補助制度の目的は，地域間格差の是正と福祉サービス提供の平等化である．連帯感を基礎にした，平等指向の所得再配分政策である．

　地方自治体に提供される国庫補助はその内容から，①特別国庫補助，②一般国庫補助に分類できる．前者は使途指定補助金で，教育，社会福祉，健康・医療，に集中している．

　地方自治体の歳入項目として国庫補助金は重要な意味を持っている．1966年に抜本的改革が行なわれたが，その前後で重要度に変化はない．例えば，経済不調に苦悩していた 1982 年では，コミューンに対する国庫補助の約 83%，ランスティングに対する国庫補助の約 62% が特別補助であった．最近までそうであったが，特別補助を減らし，一般補助を増やす傾向があった．理由の一つは，特別補助金が時として国家による自治体統制の手段になる可能性である．特別補助金が減った分だけ増加傾向にあった一般国庫補助金の多くは，その当時存在していた税均衡化補助金 skatteutjämningsbidrag によって占められていた．税収力の低い自治体や同一サービスの提供に当たって経費負担が全国平均より大きい自治体は，税均衡化補助金によって財政援助を受けた．産業構造が脆弱であるため，過疎化が進み，徴税力が低い北部の自治体が最も多くの税均衡化補助金を受けていた．

　徴税力を基盤に算出される税均衡化補助金制度とは別に，特別な場合に限って政府が提供する特別・税均衡化補助金 extra skatteutjämningsbidrag もあった．1982 年度では，ほとんどの自治体が受領していた．広大な国土に僅かな人口．税均衡化補助金制度がなければ，小規模自治体の多くは，地方税率を

大幅に引き上げることになる．大幅増税は過疎化をいっそう促進する．税均衡化補助金受領額に見られた大きな格差が，そのあたりの苦悩を表現していた．例えば，1977年度では，ストックホルム・レーンは住民1人当たり僅か32クローナの補助金を受けただけであったが，イエムトランド・レーン Jämtlands län は1970クローナも受けた[32]．

現在では，自治体における［税による財政運用］は，五つの要素で構成されている．独自の税基盤を基礎にしたコミューン税・ランスティング税，一般的な国庫補助，いくつかのコミューンでは使途目的を特定化された補助金，コミューンとランスティングを対象にした国庫による均衡化補助金，コミューンとランスティングの税収に対する補助金，である[33]．所得税が地方税であることからも理解できるように，権限と財源を地方自治体に移動させているが，それでも，ほとんどの自治体では，国庫補助金の財政運用上の位置は大きい．1996年は，新しい国庫補助金制度と均衡化補助金制度が導入された年であるが，それから2002年までの間は，一般補助金が継続的に増えた．少子・高齢化が進展する中で，幼児・学童保育と高齢者介護に対する要求の増大という政策需要に対応するための一つの重要な条件は一般補助金の増大であった．しかし，2005年以後は，経済均衡化補助金が相対的比重を増してきた．新制度では伝統的な一般国庫補助金を廃止して，国家財政で運用する歳入均衡化補助金でそれに即応する額を提供する方向が明確になった．

現行制度の原型となる，国庫によるコミューンへの均衡化補助金制度が導入されたのは1993年であった．以前にあった税均衡化補助金および，さまざまな自治体業務に対する使用目的指定国庫補助金の主要部分にとって代わる制度である．1996年，2000年，2002年，2003年，2004年，2005年と毎年のように頻繁に修正され今日に至っている．国庫補助・均衡化システムが現在の形になったのは1996年であった．

1996年以後も毎年のように何ほどかの変更を経ているが，平等化もしくは均衡化という制度の趣旨は変わっていない．つまり，すべてのコミューン，ランスティングで，経済環境の実情に関係なく，サービス提供の経済的条件を均等化するという狙いに変化はない．1996年の制度は三つの要素で構成されている．(1) 歳入均衡化（歳入格差あるいは徴税力格差の平等化・均衡化），(2)

コスト均衡化（構造的関係における差異の平等化・均衡化制度．徴税力が全国平均を上回っているときには課金を国に払い，全国平均を下回っているときには経費均衡化補助金を受ける），そして，(3) ランスティングとコミューンを対象にした分配システムで一般国庫補助金を配分すること[34]．今日では，地方自治体経済均衡化補助金制度は，いずれもが国庫を財源とする①歳入均衡化補助金，②経費均衡化補助金，③構造費用均衡化補助金，④導入時調整補助金，⑤調整補助金，で構成されている[35]．

　①歳入均衡化補助金：新しい歳入均衡化補助金は，以前の制度での税均衡化補助金制度に対応する制度である．これは，実質的に，国家が地域間格差を縮小し，均衡化をはかるためにより大きな財政支援を行なうということを意味する．年金生活者の比率が高いとか低所得層が多く住んでいるなどという理由で，徴税力 skattekraft が弱い自治体は，福祉サービスを維持するためには，大幅増税に踏み切るしかない．結果として，その政策は，既に低所得である市民をいっそう苦しめることになる．地域間連帯型の均衡化システムでは，歳入均衡化補助金が，出動する．コミューンの場合，徴税力（住民1人当たりの納税力）が平均徴税力（medelskattekraften：全国の中間値）の115%以下，ランスティングの場合，徴税力が平均徴税力の110%以下になると，歳入均衡化補助金が提供される．逆に，徴税力が平均徴税力の115%を超えるコミューン，徴税力が平均徴税力の110%を超えるランスティングは，国家に歳入均衡化課金 inkomstutjämningsavgift を支払うことになる．文字どおり，地域間連帯の精神である．歳入均衡化補助金の最も大きな財政負担者は国家である．これまでコミューンやランスティングに提供されてきたさまざまな国庫補助金のいくつかは廃止され，歳入均衡化補助金として利用されることになった．消滅してしまった最大の補助金は，コミューンやランスティングに提供されてきた一般国庫補助金であり，2004年では，441億クローナに相当した[36]．

　②経費均衡化補助金：自治体の責任業務となっている福祉サービスを財政運用するうえで，高い構造的追加経費が必要となっているコミューンやランスティングに財政補助する制度である．構造的必要と経費の差を均衡化・平等化することが狙いである．経費均衡化補助金は，住民1人当たりの構造的経費が全国の平均構造経費 standardkostnad を上回っている自治体に与えられる．経

費均衡化補助金は差を埋める額に相当する．逆に，住民1人当たりの構造経費が全国平均を下回っている自治体は，経費均衡化補助課金 kostnadsutjämningsavgift を支払う．差額相当分になるが，それも基調になるのは連帯の精神である．経費均衡化補助金は，自治体が自力では対応不能になった追加経費だけを補完する．例えば，非都市圏の自治体では，教師当たり生徒数は少ないし，学童送迎経費は高くつく．高齢化率の高い自治体では経費が高くつく可能性が大きい．こうした追加経費は，経費均衡化補助金で補完される．しかし，福祉サービスの提供に当たって，自治体が独自にサービスの質を上げたり，不能率に組織し，そのために経費が高くなっているような場合は，経費均衡化補助金で補完できない．補助金および課金の適切な水準を決めるために，さまざまな福祉サービス提供活動の基準経費が計算される．経費均衡化に含まれるサービス提供活動の標準経費の合計が，コミューンおよびランスティングの構造経費となる．1996年以後の改革点は，人口が急激に増加したコミューンへの補償補助金である．福祉サービスの提供を人口急増に適合させるための追加経費補塡措置である．それ以前の制度では，逆に，人口が急速に減少したコミューンが対象であった．1人当たりの負担額が増大することから発生する追加経費補助が対象であった．

　新しい制度の下で，2008年からは，コミューンを対象にする経費均衡化補助金は，10の分配モデルで構成されている．就学前学校・基礎学校，高等学校，個人・家族ケア，外国のバックグランドを持つ児童・青少年のケア，高齢者ケア，人口変動，住宅建設構造，保健・医療（ランスティング），公共交通（コミューンおよびランスティング）などについて，基準経費が計算されるようになった[37]．

　③構造費用均衡化補助金：コミューンを対象にした均衡補助金システムに加えられた新しい項目である．広域行政的性格を持ち，コミューンやランスティングではなく国家によって財政運用されているサービス提供業務で，以前は経費均衡化補助の対象になっていた業務に対する補助金である．

　構造補助金は，人口が少ないコミューンやランスティングを強化し，産業育成および雇用創出の可能性を拓こうとする制度である．この補助金には，制度変更のために，ある一定のレベルを超えて歳入が減少したコミューンやランス

ティングに提供される補塡補助金も含まれる．

　④導入時調整補助金：新制度導入によっていくつかの自治体では補助金が減少するが，これはそうした補助金減額を緩和するために提供される補助金である．新制度の導入で歳入不足になったコミューンとランスティングは，新しい均衡化制度のもとで最長6年間（2010年まで），導入補助金で補塡される．

　⑤調整補助金：国家財政による新しい歳入均衡化システムが導入され，補助金と課金の合計額は，自治体の課税基盤開発力に依拠することになった．これは，国家が，最終合計額がどうなるかを前もって知ることができないことを意味する．国家がコミューンとランスティングに提供する合計額に上限を設定することができるように，調整補助金 regleringsbidrag・調整課金 regleringsavgift が導入された．上述した補助金の合計額，つまり歳入均衡化補助金，経費均衡化補助金，構造費用均衡化補助金，導入時調整補助金の合計額から納付した課金を引いた額が，国家が自治体に提供した合計額を下回るときには，すべての自治体は調整補助金を提供される．その額は差額に相当する．調整補助金は，住民1人当たりを単位に均一額で計算される．各種補助金の合計金額から納付した課金を引いた額が，国家が提供した合計額を上回るときには，自治体から調整課金という形で，その差額分が国庫に納付されることになる．計算方法は調整補助金の場合と同じである．議会はこれによって，どれだけの金額が自治体に支払われるかを決定する．そして，金額が過不足なく，帳尻があっていることを知るのである[38]．

2. 国と地方の業務分担

行政の3層構造：国から地方自治体への業務の委任

　行政はすっきりとした3層構造になっている．国家・地方の業務分担の実態を見れば，コミューンが市民生活に非常に大きな影響を与えていることがすぐ分かろう．例えば，福祉行政でいえば，国の役割は現金給付を主体とした経済的保障で年金，妊婦手当，労災給付，失業手当，住宅手当，養育費補助，などが守備範囲．ランスティングの役割はもっぱら保健・医療サービスの提供．そして，コミューンの役割は，社会サービスの提供で，児童福祉，高齢者福祉，

障害者福祉，生活保護などが守備範囲．コミューン自治の価値を特に強調しつつ，代議制民主主義と議院内閣制を持つ単一国家であることがこれからも読み取れる．ヨーロッパの多くの国と違って，コミューンに大きな比重を置いた自治システムである．コミューンとランスティングは，合計すると公的部門の約3分の2を業務範囲にしている．

　性質・内容からいって，多くの国でなら国家行政の守備範囲，純・私的問題と考えられるであろう活動すらコミューンの業務になっているものがある．コミューンとランスティングの業務は，基本的には1971年来のコミューン法，特別法，および権能付与法によって規定されている．

　国が地方自治体に行政業務を委任する方法には三つの方法がある．①コミューン法による委任，②特別法による委任，③権能付与法による委任，である．コミューン法は第4章で，「コミューン，ランスティングは自らの問題を自ら処理する」と規定している．「自らの問題」の内容は具体的に表現されていないが，「個人の生活に直接関わる問題の大部分」と読みかえることができよう．ただし，コミューンとランスティングは，その際に，ほぼ六つの原則を守って，個人の生活に関わる問題について決定を下さなければならない．①決定はコミューン，ランスティングの一般的利益に関するものでなければならない．ただし，すべてのコミューン住民，ランスティング住民に影響を与える必要はない．②決定は，原則として，コミューン，ランスティング内での非営利活動に関するものでなければならない（受益者負担の原則 självkostnadsprincipen で行なわれる事業は利潤追求を目的としていないと解釈する）．③決定は特定の企業を利するものであってはならない（これには例外が数多くある．例えば，失業救済を目的とする企業への補助金交付，産業誘致・開発を促進するための各種措置，など）．④決定はコミューン住民，ランスティング住民の権利・義務に関する平等の原則を損なうものであってはならない．⑤決定は不当な権力行使によって個人の権利を損なうものであってはならない（例えば，特定の政治的見解を持つ集団に対して公共施設の使用を拒否してはならない）．⑥決定は現行の法体系に抵触するものであってはならないし，正当な手続きに沿ったものでなければならない．

コミューンの守備範囲

　コミューン業務の約80%は特別法に規定された業務である．こうした業務の中には，多くの国でなら，国家行政の守備範囲に入るものがいくつかある．コミューンは，学校教育法，建設法，火災予防法，社会サービス法，公衆衛生法，健康・医療法など特別法に規定された業務を遂行している．具体的な義務的業務は，次のように多彩である．

　①社会福祉：経済的にも実際的にも必要としているすべての生活困窮者に生活保護金（社会補助金）その他の補助金を提供．永住者，一時居住者双方に適用．近年増加している難民・移民に対する社会補助は原則として国家が負担する．高齢者に対しては，高齢者センターやサービスハウスの建設，ホームヘルプ・サービスの提供．ハンディキャップを持つ市民に対しては，各種の家庭内サービスの提供，住宅・公共空間・ショッピングセンターなどでの専用施設設置．また，過剰飲酒への予防措置もコミューンの業務．近年若年層で増加傾向にある薬物乱用への予防措置も福祉業務の一部．エーデル改革で，高齢者介護はコミューンに一元化された．②義務教育：7歳以上の全児童が通う初等教育（基礎学校と呼ぶ），若者の約90%以上が通っている上級中等学校（日本の高校に当たる）の管理・運営．また，生涯学習社会・スウェーデンでは重要な意味を持つ成人教育の実施もコミューンの業務．初等教育の上級コースおよび高校レベルでの成人教育がこれにあたる．コミューン成人教育KOMVUXと呼ばれる．国民図書館運動，学習サークルとともにこれが，市民文化の育成に大きな貢献をしてきた．合理的な政策判断で政治的選択を行なう市民文化と合意形成型政治の育成機能を演じている．学校に対しては，校医，学校看護師，教育保護官，教育心理官の配置．学校給食や，病気予防を主として担当する学校保健室などの広範な学校福祉業務．高等教育は原則として，コミューン業務ではないが，1977年7月1日からいくつかの地方で，実験室助手，職場セラピストを育てるコミューン高等教育が実施されている．③住宅・土地政策（不動産売買停止・土地強制買収をも含む）：国家の住宅補助金はコミューンを経由して交付される．コミューンはこれを国家コミューン住宅補助金および年金生活者を対象にしたコミューン住宅補助金の補完財源として活用できる．住宅供給計画を促進するために不動産売買の停止権と強制的土地買収権がコミューン

に与えられている．土地・建物の優先的交渉権がコミューンに与えられている．土地利用計画の策定権限，都市計画権もコミューンが持っている．この二つの権利をコミューンが持っているため，都市計画と街並み保全，それに景観保護については高く評価されている．民間業者が購入しても自治体が策定した都市計画以外の開発は認められないので，結局は，市街地は多くが自治体の土地になっていく．都市計画が進むのはこのためである．市街地の土地・建物に対する規制は厳しい．壁の色までも規制の対象になる．中央政府が外国企業に誘致を交渉して，進出決定に持ち込みながらも，当該自治体が受諾しないため，進出を断念した企業の例もある．適正価格による強制的購入権，土地・建物の優先的交渉権，と都市計画権がワンセットになっている．「意思決定の実質はその問題に関して最も関係のあるレベルで決定する」．時として，長期的には，国益を損なう決定もあろう．だがそれは，システムに対する納得を調達するために支払う代価でもある．④清掃．⑤環境・健康保護：1983年7月1日に発効した健康保護法によって，各コミューンに環境・健康保護委員会が設置された．目的は，非衛生な環境の除去，病気の予防である．環境監視（家庭，広場，公共施設，レストラン，食料品店および食品処理場，工業および手工業施設，学校，保育園，動物収容施設などにおける大気汚染，水質汚濁，騒音，衛生基準順守などの監視），一般的な衛生基準の策定・監視，物理的な地域開発活動などに参加する．⑥緊急災害サービス：特に火災予防・消火活動．沿岸コミューンは海・湖岸の環境保全と救助サービス．⑦余暇活動・スポーツ，青少年活動および文化活動：運動施設，散歩場，室内競技場，アイススケート場，リクリエーションセンターなどの設置・運営．劇場，博物館，美術館，および映画協会，音楽協会など文化活動協会への補助・支援．図書館の設置・運営．スウェーデンでは，図書館がさまざまな地域文化活動の拠点となっている．地域の総合情報センターでもある．小規模ながら数多くの公共図書館を全国に設置し，生涯学習社会の実質を支えてきた．⑧児童教育活動：両親が学生であったり，職を持っている場合がほとんどであるので，児童の保育は重要業務の一つとなっている．就学前学校（就学年齢以下の児童に対する教育）と余暇の家（12歳までの児童を預かって遊ばせる学童保育施設）に大別される．前者には，託児所（1日最低7時間児童を引き受けてくれる），幼稚園（「お遊び学校」と呼

ばれ，毎日，短時間児童を引き受けてくれる．「パートタイム託児所」とも呼ばれる），および，家庭託児所（民間の家庭が料金を取って児童を引き受ける．コミューンが補助金を出している），などがある．また，親が望む限り，すべての6歳の子供に対して義務教育でない就学前学校教育の機会を与えねばならない．こうした施設の管理・運営に当たっては，ハンディキャップを持った児童を最優先する．さらに，児童が適切な保護を受けていなかったり，有害な環境で生活しているときには，家庭に介入し，援助を与える義務がある．子供の人権擁護について極めて厳格に対応している国であることは広く知られている．児童オンブズマンBOも設置されている．男女共同参画社会に不可欠な政策対応である．⑨道路・公園：道路・公園の建設・維持．強い拘束力を持つ都市計画権を与えられているので，道路・公園の整備水準はそのコミューンの力量を測定する有効な尺度となっている．⑩民間防衛：190年間戦争を回避してきたスウェーデンは，精緻度の高い民間総合防衛システムを持っている．つい最近まで，今戦争が発生したらという注意書きと対応策が電話帳の最終ページに掲載されていたほどである．地図や建物構造図の保管，教育の場所の準備・確保，有事に際してのコミューン・レベルでの予備組織の計画，など．⑪水道・ガス・電気・下水道：大規模コミューンでは必要に応じて，暖房・暖水も含まれる．⑫地方交通：バス，電車，地下鉄，⑬エネルギー計画，など．

ランスティングの守備範囲

　コミューンとランスティングの関係は簡単に理解できる．一般に，ひとつの国に二つの自治単位がある場合，法律的には対等の関係でありながら，実際的にもイメージ的にも，大きい単位による命令・監督関係であることが多い．一方，この国におけるランスティングとコミューンの関係は，対等の横並び関係である．それぞれが異なった種類の行政業務を遂行する機能的分業システムになっている．ランスティングの業務内容一覧表は簡単に作成できる．健康・医療関連業務に集中している．約75%の業務が医療・保健関連業務なので，「医療コミューン」と呼ばれることがある[39]．この業務は1955年の健康保険法改正以後，急速に膨脹している．

　①医療・保健サービス：病院の経営（民間病院を除けばすべての病院はラン

スティングの経営),医療サービスの提供,救急車配備など.1982年の「保健・医療法HSL」は,保健・医療サービスに対する全責任をランスティングに与え,その実行組織を規定している.(a)居住地を基礎にした第一次外来サービス.(b)ランスティングの中央病院およびその分院.(c)複数のランスティングをカバーする拡大地域病院(全国を6地域に分割.総合医療,医学研究・開発・訓練も担当).救急車配備,予防歯科・歯科治療,などもランスティングの業務.②教育:医師・歯科医の養成を除くすべての医学教育を担当.また,高等学校レベルでの職業教育(看護師コース,農業コース,林業コース,園芸コース)も担当.近年では,高等教育の約3分の1も担当している(看護師,音響技術者,実験室助手,精神分析家,職場セラピストなどの養成).また,国民高等学校の約半分を担当.③社会福祉:基本的には福祉業務はコミューンの業務であるが,さまざまな精神的・肉体的障害を持つ市民(例えば,糖尿病,腎臓病,アレルギー,視聴覚障害,などを含む)の福祉・医療・支援の総合的なケアが必要な場合,ランスティングが担当.④地域交通:コミューンと協働して地域交通機関の経営・管理を担当.⑤地域開発:国家と協同して民間企業を育成するための地域開発基金を運営(1978年より).⑥文化活動・ツーリズム:劇場,博物館,スポーツ団体,移民団体,青年団体,美術活動,音楽活動,演劇活動,映画制作活動などへの助成金交付など.⑦選挙業務:国家行政機関(例えば,中央行政機関のランスティング政府執行部)への代表者を選出する.⑧レーン政府との共同地域開発.⑨社会活動:性問題の助言など[40].

国家の守備範囲

これに対して,国家の業務内容は以下のとおりである.①外交政策,国防,公安・秩序維持(警察・司法).②経済政策.③労働市場政策:雇用確保,失業救済,合理化に伴う余剰労働者の再教育.労働市場庁AMSが担当.④長距離交通・通信:鉄道,航空,電話,郵便.⑤高等教育・研究:地方自治体も部分的に分担.また,地方自治体代表も高等教育行政の意思決定機関に参加.⑥道路建設,交通管理,道路保全.⑦国土測量.⑧産業界への援助:国際競争力低下部門への投資による雇用確保,構造改革・合理化案への支援など.⑨社会保険:健康保険,歯科保険,親保険,国民年金,労災保険,児童補助金,各種

の労働市場補助金.⑩住宅政策：住宅取得希望者に対する特別国庫補助・融資，年金生活者とハンディキャップを持つ市民に対する特別補助金.⑪所得移転：生産年齢層からの税金・各種料金の徴収とカネを必要とする層へのその移転.⑫エネルギー政策：エネルギー供給公社を通じて.⑬国営企業の経営：LKAB, Vattenfall AB, Posten AB など[41].

国家―地方の業務分担の原則

　コミューン省の下での4年間にわたる調査・研究の結果1974年10月に発表された最終報告書『国家とコミューンの協力』で国家―地方の業務分担に関する一般原則が提示された．①国家のすべての市民に対して一定の最低基準の安心感・安全・福祉を保障することが国益である（最低基準保障の原則）．②いかなる業務もその決定に直接的に影響を受ける市民との関係で必要以上に高い決定レベルで処理・決定されるべきではない（意思決定の分権化の原則）．③かなりの均一性もしくは全国的視点を必要とする業務は中央政府レベルに置かれるべきである（最低基準保障の原則→中央集権的行政の要請）．④地方の特性やこと細かな細部まで知らなければ執行できない業務は分権化されるべきである（個性・地方特性重視の原則）．⑤共管競合の業務は，行政効率を改善・向上させることができるのであれば，同じ決定レベルで執行され，同じ機関で処理されるべきである（一元化の原則→行政効率向上の原則)[42].

業務分担の絶えざる変更

　後述するように，コミューンの再編が何度か行なわれてきたが，その狙いは，行政圏の拡大→経済効率の向上（サービス向上と地方財政の確立）→最低基準の均一的福祉サービスの実現，という文脈の中で，「可能な限り多くの重要業務をコミューンに」委譲しながらコミューン・デモクラシーを確立することであった．だが実際には，上記の5原則の内容解釈は未だ不明であり，依然として適正守備範囲をめぐって論争が続いている．国家行政の権限強化を通じて国益を促進しようとする結果重視の《プロフェッショナリズムの論理》と，決定過程を住民に近接させて《市民意思の独立的形成》と《市民意思の実現》をより深く達成しようとする過程重視の《アマチュアリズムの論理》が対立してい

る．両者の調整作業は，グローバル化など環境からの挑戦に対応して今後も果てしなく続くであろう．いくつかの業務は国家行政に移された（例：道路交通システム，職業紹介，労働市場問題，警察システム，検察，など）．また，いくつかの業務はコミューンもしくはランスティングに移された（例：高齢者介護，初等教育・中等教育の責任がコミューンに，保健・医療サービスがランスティングに）．

業務分担をめぐる論争は，環境が変化するたびに発生する結論なき領域である．役所組織そのものに巣くう性癖でもある．業務分担の変更については特に，ランスティングの守備範囲が注目される．現在のランスティングは機能的にも構造的にも中途半端な存在である．広域行政の要請から複数コミューン間の調整，総合的視点が必要になったとしても，実際にランスティングに与えられている業務は保健・医療行政に集中している．近年になって，商・工業の開発・援助，交通機関，文化・教育活動などの領域でかなりの業務量を与えられるようになったが，その守備範囲は依然として限定的である．これはかなりの部分まで，ランスティング・国家の二重構造性に起因している．ランスティング・レベルでは，一方で，中央行政機関のランスティング分庁・ランスティング政府とも言うべきレーン政府が存在し，他方で自治体の最高意思決定機関としてのランスティング議会および行政府にあたる行政委員会が存在している．ランスティング・レベルの機能を拡大するとして，前者つまり中央行政のランスティング・レベル機関を強化するのか，後者つまり自治体の機能そのものを拡大するのかという問題がつきまとう．ランスティングが国家とコミューンの中間という中途半端な位置にあるため，前述した5原則の内容解釈のいずれともなじみがたい．近年の動向は，「さらに研究・調査する必要がある」という純役所的姿勢のもとで，いずれか一方に比重をかけ過ぎない方法で，双方の業務を拡大している．

例えば，1977年以来，レーンスティーレルセンつまり中央行政機関のランスティング政府執行部の全員（県令，県知事に当たるランズヘヴディングを除く）はランスティングによって選出されることになった．それでもなお，以前からランスティング・レベルの多くの国家機関へ一定数の代表者を送ってきた実績はあるものの，レーンスティーレルセンやランスティング・レベルのその

他の国家機関は依然として，中央政府の手から離れていない．ランスティングは，国家行政機関への代表者選出機能を拡大しているし，その一方で，国家はこうした吸収策を通じて独自機能の拡大をはかっている．この例はランスティングの位置をよく表現している．行政国家の要請の中で中央行政機関は機能を拡大し，他方，分権化の要請の中でコミューンは機能を肥大化させた．その中間にあるランスティングは，《国益の効率的達成》からも《住民と近接した民主政治》からも疎外され，保健・医療行政機関へと追い込まれてしまった．ランスティングが機能を拡大するためには，（対国家，コミューンに向けた）二重の強奪か二重の妥協しかない．レベルの如何を問わず，役所には既得権維持衝動が強いとすれば，この例のような妥協策のほうが有効であろう．実際，近年におけるランスティングの業務拡大策は，調整・協力という名の下での妥協の所産であった．例えば，地域産業育成のための地域開発基金は国家と責任を分担しているし，地方交通については，コミューンとの協力で実施されている．公社，基金，コミューン連合の設立・運営という形で行なわれるこうした業務は，一方で，ランスティングの機能を拡大させているが，他方で，上と下に向けた二重の妥協策でもある．しかし，妥協も二重だと，ランスティング・レベルでの行政を非常に複雑なものにしてしまう．

　20世紀の後半からNPMの発想が追い風になった．規制緩和・民営化・裁量権拡大が，選択の自由，福祉サービスの多様化をスローガンにして進められている．「コミューンとランスティングには，地域の必要や条件に応じて，経済的理由からだけでなく，効率的運用という理由からも，社会サービスを設計する大きな自由が与えられる」[43]．大幅な自由裁量権を地方自治体に与えなければ，きめ細かな行政を求める高負担社会の市民の納得を調達できないし，限りある経済資源の効率的運用はできない．後述のフリー・コミューン実験で支持された結論でもある．福祉資源の効率的運用という視点は，高負担型福祉国家の重要な条件である．特に，グローバルな競争経済が進行する過程では，そうした発想がなければ持続可能な福祉システムは維持できない[44]．

　ある意味で，変動を常態とする現代においては，国⇔ランスティング⇔コミューン間の業務分担線の絶えざる移動という現象こそ正常といえるのかもしれない．偏狭な既得権主義に拘束されたまま，業務分担を長期にわたって固定し，

政治過程に表出される利益に基本的変化はないと仮定する事態こそ，不幸かもしれない．最近の例をとると，エーデル改革の流れを受けて，1992年から高齢者・障害者の長期保健・医療業務がランスティングの管轄からコミューンへと移された．重要な政策領域についてなにげなく業務分担を変更できるサリゲなさ・柔軟さこそがこの国の地方自治の強さの秘訣かもしれない．この柔軟さと大胆さが，後述するフリー・コミューン実験へと繋がっていくのである．

　国家―地方および地方―地方の連帯と連携がなければ，高負担社会の多様な要求・利益に対応できない．業務分担表の絶えざる修正は，「すべてをコミューンから」期待しようとする市民の要求に対して合意形成型地方自治が持たねばならない最低限度の柔軟性である．途絶なき業務リストの変更は回避することができないとすれば，その変更の方向性が重要な問題となる．近年ではいっそう，分権化・規制緩和・市場化へ向かっている．

レーン：地方レベルの国家行政機関

　国の行政単位であるレーン län は21ある．伝統的には24区分であったが，この24区分制は中世以来の長い歴史を持っており，実に1634年の統治法による区分であった．この行政単位はあまり頻繁には変更されないが，それでも必要に応じて，再編成作業がおこなわれる．1997年には南スウェーデンのクリファンスタッド・レーン Kristianstads län とマルメフス・レーン Malmöhus län が合体し，スコーネ・レーン Skåne län が誕生した．広域行政の実験が行なわれている地域であり，都市マルメと大学都市ルンドを含むレーンである．1997年にはまた，コパーベルィス・レーン Kopparbergs län がダーラナ・レーン Dalarnas län に名称変更した．スウェーデン人の心の故郷と称されるダーラナというブランドを有効活用しようとする試みである．また，1998年にはヨーテボリィ・ボフス・レーン Göteborgs och Bohus län とエルブスボリィ・レーン Älvsborgs län，それにスカラボリィ・レーン Skaraborgs län を加えて，ヴェストラ・ヨータランド・レーン Västra Götalands län に再編された．広域行政の大規模な実験を行なっている地域である．その時，ハボ・コミューン Habo kommun とムルシェ・コミューン Mullsjö kommun は，ヨンシェーピング・レーン Jönköpings län に移された．さらに，2007年には，

以前はヴェストマンランド・レーン Västmanlands län に属していたヘビィ Heby がウプサラに組み込まれた[45]．

　国の機関としてレーン府が設置されており，レーン府長官は政府により6年任期で任命される．レーン府長官を議長とするレーン府執行委員会が議長を除き14名の委員で構成されている．委員は手続き的にはランスティングで選出される．レーンの任務は，簡単に想像されるとおり，レーン内で展開される［コミューン⇔ランスティング⇔国］の機関の業務間調整および施行の監督である．

　中央政府の行政は，中央行政委員会（例えば，社会福祉庁），公共事業（例えば，国鉄），国家企業（例えば，薬局）などが，ランスティング・レベル，コミューン・レベルに張り巡らしている支部・支局を通じて，また，当然のことながら，中央官庁そのものを通じて，展開されている．国家─地方関係を考えるとき，最も重要な意味を持つのはレーンスティーレルセン länsstyrelsen（中央行政のランスティング政府執行部）である．国家は各レーンに，定数15名のレーンスティーレルセンを設置している．その長はランズヘヴディング landshövding と呼ばれ，政府によって任命される．一般に任期は6年である．閣僚経験者，高級官僚，有名政治家，地元と特別なつながりを持っている人物が任命されることが多い．残り14名のメンバーはランスティング議会で選出される．任期は3年である．長を除く人事権は地方が握っているが，レーンスティーレルセンはランスティング・レベルにおける中央行政の拠点であり，直接中央政府に帰属している機関である．その権限は，国家─地方間，地方─地方間の調整機能および監督機能に集中している．①地域開発計画：国家，ランスティング，コミューン間のランスティング・レベルでの調整．議会，政府に対してランスティングの利益を表出する．②公的秩序・治安維持：レーンにおける警察機構の最高責任者である．③開発・建設計画：自然保護，水資源確保，環境・健康保護，食料品質，社会福祉，道路・交通，などの監督．④課税，税率決定．⑤市民権登録．⑥民間防衛．⑦行政不服申し立ての受理．

　レーンスティーレルセンに並行して，専門分野別のレーン行政委員会が設置されている．ランズヘヴディングが議長になることが多い．レーン行政委員会の計画立案行動がレーンスティーレルセンによって調整されるからである．主

たる委員会として次のような委員会がある．労働委員会（労働市場開発と失業対策），住宅委員会（住宅補助金の処理），農業委員会（農業保護・育成），森林委員会（森林保護），学校委員会（レーン内の初等基礎学校，高等学校，成人学校の計画・調整・監督）．地方レベルでの中央行政機関としては，その他にも，道路行政委員会，などの専門家だけを集めて，当該領域で行政業務を遂行する機関がある．

国家による地方自治のコントロール

地方自治に対する国家のコントロールは，決定過程，決定の内容，決定の執行の3レベルで行なわれるが，次の8方法に要約できよう[46]．①憲法とその他の法律がコミューンの活動の基本枠組みを規定する．コミューンの議決および議決内容に対する各種の行政不服申し立て制度は重要なコントロール手段．②国家は経済政策を通じてコントロールを行なうことができる（例：金融政策，建設規定，投資規制）．③国家による指定地区計画，地域計画，全国自然保護計画．④特別国庫補助金は，国家が自治体を通じて全国的に実施したい政策がある場合には，有効なコントロール手段となる（効果・結果の監視）．⑤レーンスティーレルセンと中央行政委員会は，コミューン，ランスティングが特別法に規定された業務を遂行しているかどうかを確認・監督する．⑥1957年以来，議会オンブズマンJOが委員会レベルでのコミューンを監督する権限を持っている．ただし，地方議会議員はJOによる監督を受けない．監督の焦点はコミューン自治の執行方法に置かれている．⑦現在ではごく少数例しかないが，コミューンの決定のいくつかは依然として国家機関（レーンスティーレルセン，政府）の承認を必要としている．⑧権限・業務規則およびコミューン職員の教育レベル向上が，間接的にコミューンの活動と組織に影響を与える[47]．

全体的動向から概観すれば，60年代，70年代の参加の革命を経て，国家によるコントロールの縮小，分権化の促進という方向に歩んでいる．それは，国家機関による承認を必要とするコミューン議決の数を減らすという方法で，また，コミューン活動に対する国家の施行細則コントロールを減らすという方法で進められてきた．1977年7月1日に発効したコミューン法は，伝統的な自治の論理に参加の論理を加え，民主的な意思決定，コミューン自治への住民参

加,住民への平等の対応,法的保障,少数者の保護を強調している.それに加えて,コミューンの活動と行政組織に柔軟性を与えようとしている.裁量権の拡大は,具体的には,施行細則に代えて一般規則を増やすという形で行なわれた.この一般規則は,国家機関がコミューン活動の詳細にまで干渉することを制限するよう要求している.例えば,国家レベルの各種委員会は,法案提出に際して,その提案がコミューンに与える影響を経済的側面その他の視点から明らかにするよう求められている.これと並行して,権限制限規則が国家のコントロールを制限している.この規則によって,国家機関は原則として,政府の許可がなければ基本的基準に影響を与えたり,何らかの形でコミューンの財政負担を拡大するような規則を新たに作ったり,修正することができなくなった.内閣事務局に設置された「国家—コミューン調査委員会」が,コミューンの財政負担を引き起こす法律や政策決定を調査している.国家統制の縮小と分権化の積極的促進という全体的方向性は明確である.

3. 自治体改革の諸実験

コミューン再編:合併による自治体規模の拡大

　公的な福祉サービスの拡充は,公的部門の膨脹を生むことになったが,それは一方で名にし負う高負担政策につながり,納税者意識の鋭敏化を刺激した.またその一方で,行政の官僚主義化・硬直化・能率低下を定着させた.経済が好調な時代なら,納税意欲を萎えさせてしまうほどの不満も噴出しない.だが,低成長時代に入ると財政が逼迫し,「市民に負担を求める時代の政治・行政のあり方」が論争の対象として浮上する.無駄のない行政を実現しなければ,市民の納得を調達できそうもない.高福祉社会における行政は,業務分担表の見直しと権限再配分,行政効率の改善に絶えずエネルギーを投入しなければならない.さもなければ,市民に負担を求める行政など期待できそうもない.

　1862年のコミューン規則で,教会から切り離されたコミューンが初めて創設された.産業革命幼胚期の改革である.自由主義陣営が主導権をとった自治体強化論に沿った改革であった.この改革では全国が約2500の基礎単位に細分された[48].だが,都市その他の地域の古い境界線の再編に影響を与えなか

った．自治体の規模と経済格差はそのまま残った．第二次大戦後，普遍主義福祉の進展につれてコミューン業務が拡大した．だが，工業化，人口流動化，民主主義の発展，という時代の挑戦に対応できるものではなかった．大量生産・大量流通・大量消費の速度と規模，人口移動・都市化の規模と速度——どれもが，想定以上であった．住民の大規模移動の結果，多くのコミューンでは，税収基盤縮小という問題を引き起こした．こうした事態を背景に，1952年の大コミューン改革が実行された．これは重要な分岐点となった．主に非都市圏の再編に焦点が合わせられた．伝統的な非都市圏コミューンの多くは人口規模が小さいため，住民サービスの提供も，財源確保も困難であった．福祉サービス拡大に対応できる経済適性規模が改革の焦点となった．議会は住民2000名をコミューン形成の最低条件と決定した（実際のところ，1951年には，コミューンの半分以上は，人口1000人以下であった）．コミューン数は2281から816へと半分以下に減少した．広大な面積に僅かな人口．これが国土開発の最大の課題であった．産業革命を先導した諸技術が，物理的距離を大幅に縮小した．その後，政治が出動して，自治体規模を実勢に合わせた．

　大コミューン改革は，コミューンの業務領域をさらに拡大した．だが，すぐに，改革が不十分であることが分かった．1961年，国家による研究・調査が，新しい改革の必要性を提案した．提案には，都市，市場町，地方コミューンの境界線再編が含まれていた．提案された合併は，強制ではなく任意であった．そのため，合併は遅々として進まなかった．それが原因で，強制的合併論が現実化した．

　1962–74年の改革も大規模改革という名にふさわしい．第二次大戦後の工業化・都市化の速度は早くも10年後に，前回の制度改革の実効力に挑戦し始めた．都市圏への人口流入は非常な速度で続いた．1952年改革で作られた拡大規模コミューンのうち約半分は，60年代になると住民3000名以下になっていた．その上，コミューンの活動領域は，社民党政権の下で，常に拡大していた．新しく提出された改革案では，住民数最低8000人がコミューン形成の条件であった．経済的・文化的・地理的同質性を結節点にして，全国を282のコミューンに再編する改革案であった．各地に中核拠点を置き，周辺地域にサービスを提供するネットワークを構築すれば，経済的・社会的・文化的同質性で結合

された自然なコミューンが形成されるという発想が基礎にあった．広域行政による経済効率の向上を意図したこの計画は，当初，任意制であった．伝統的コミューンの自由意思に委ねられた．そのため統合は，緩やかにしか進まなかった．数多くの小規模コミューンが，伝統や歴史をタテにして統合に反対した．経済効率の向上を意図した改革案は，それでは当初目的を達成できないことになる．

その時代に，自治体の全国連合組織も再編された．都市およびその他のコミューンは，1960年代には，それぞれ独自の利益団体を持っていた．都市連合，コミューン連合である．こうした組織は，1968年にはスウェーデン・コミューン連合に統一された．ランスティング連合はランスティングを代表している．

議会は1969年に，コミューン統合を任意制から強制的合併に切り換え，当初計画を実行すると決議した．74年が目標達成最終年度と定められた．統合路線に乗り切れなかったコミューンも，その多くはこの議会決議の後は，自らの意思で統合に踏み切った．だが，最後まで統合論に賛成決議をしなかったコミューンが40ヶ所以上あった（こうしたコミューンも結局は，強制的に統合されることになった）．いずれにせよ，従来，［地方コミューン landskommuner］，［市場町］，［市］，に分類されていた地方自治体が［コミューン］という語に統一され，大幅に整理・統合された．1960年代には，都市，県，シェーピング，ランスティング，県の内部にある人口稠密な地域ではミュニシパルサムヘーレット munisipalsamhället など多様な種類があった[49]．それぞれがかなり詳細なルールを持っていた．1971年の二度目のコミューン区域確定法改革ですべての第一次コミューンに，コミューンという名称が統一的に導入されることになった．

1969年に強制合併が実行された．40程度の自治体合併が，当該自治体の意思に反して，実行された．コミューンの数は1962年から1974年までに，1037から278へと激減した．そして，コミューン合併は1977年にも行なわれた．1977年に新しく修正されたコミューンとランスティングを対象にした統一的なコミューン法が導入された．コミューン・デモクラシーがその要諦であった．これに伴い，ランスティング法とストックホルムを対象にした特別コミューン法が廃止された[50]．

この法律の一部は，1991年から修正されている．行政組織の方法と，業務を市場指向にする自由をコミューンもランスティングも求めていたが，そうした要求の高まりに呼応する形で修正が始まった．以前には，いくつかの特別規定に基づく業務については，特定の委員会に法律で強制的に割り当てていたが，こうした強制制度が廃止された．委員会の議員から行政部や職員への権限委譲がより自由に行なえるようになった．この自由で，行政業務はより柔軟になった．起業や民営化・民間委託の可能性が増大した．伝統的な効率性追求姿勢，グローバル化，NPM運動の影響などが，背景にあった．組織編成の自由が大きくなったことは，メリットだけではない．デメリットもあった．もしコミューン法が以前のようなより統一的なコミューン特別委員会組織を維持していたら，例えば，設置義務があり，守備範囲が明確な委員会，具体的には，社会福祉委員会，学校委員会，建設委員会，環境・保健委員会，がすべてのコミューンにあれば，多様な形態の自治体間協力がおそらく簡単に促進できていたであろう．規制緩和と自由化が連携を難しくした側面である．実際のところ，まったく違う委員会構造を持つ二つのコミューンが，二つのコミューンに同じ活動を展開しようとしても，共通の委員会を組織することは困難になる[51]．公費による資材購入に関するルールもまた，建設的なコミューン間協力の阻害要因になる可能性がある．資材購入が競争状況で行なわれる可能性がある．共同作業をしているコミューンが，共通の企業を資材購入業者として確保することは，容易でない．相互調整機関が必要になる．

　自治体数は1971年時点で464になっていたが，1977年時点で，全国が277のコミューンに分割された．コミューン数はこの時点が最少であった．その後，合併不同意地域が，強制合併されたコミューンから離脱し独立した．こうした改革を経て，地方自治構造は大規模な変身を経験した．1952年の改革の後では，コミューンの85%が人口2000-7000人の規模に集中していたが，1983年では，全体の41%が2万人以上の人口を持っており，人口1万人以上のコミューンが全体の4分の3を占めるようになった．全人口の約77%が人口1万人以上のコミューンに住むようになった[52]．1977年以後は，コミューンの数は若干の合併解消を反映して，僅かに増大している．2008年8月時点で，290のコミューンがある．

コミューン再編の帰結

　大規模なコミューン再編の政治的・経済的・社会的帰結は次のように要約できる．まず，広域行政論の視点から，結果を整理すると，①経済的・行政的資源調達の改善．②住民サービスの平等化．③社会開発計画の効率向上．④国家による詳細な地域開発計画の必要性の縮小．⑤地方自治体活動に対する国家統制の減少．⑥いくつかの行政領域における国庫補助の必要性の縮小．

　自治体規模の拡大は，容易に推測できることであるが，地理的空間の拡大と経済活動の拡大をもたらした．それは，人口流動化・都市化，産業の都市集中をもたらしたとも表現できる．

　こうした現象から，最も重要な関心対象である「コミューン拡大は住民サービスの質を向上させたか」という質問に対する答えを引き出すことはできない．住民サービスの種類によって答えは大きく異なるであろう．高負担型福祉社会では，《平等 jämlikhet》が強調されるため，政策遂行過程である種の画一化（個別的事情の無視）を避けることはできないとだけは指摘できよう．「どこに住んでも同じレベルのサービス」を提供するシステムへは確実に接近した．

　コミューン自治における政治的代表性という視点から見ると，自治体再編は大きな変化を生み出した．⑦地方議員激減．⑧地方公務員の飛躍的増大．直接・間接に政治的投錨地を持っている代表者の数は，コミューン減にともなって激減した．自治体統合は，平均で 60-70％ も地方政治家の数を減らした．数多くの小規模コミューンでは，選挙・任命公職が 80-90％ も減った．ランスティングでいえば，1951 年には約 20 万人もいた政治的代表が 74 年には約 5 万人になった[53]．

　選挙で直接選出される地方議員に限っていえば，1951 年には 4 万 188 人いたコミューン議会議員が 82 年には 1 万 3369 人に大幅減少した（67％ 減）．自治体拡大にともなってコミューン議会当たり平均議員数は 21 人から 48 人へと倍増したが，絶対数の大量減のほうがはるかに印象的であり，見事である．コミューン減らしは，確実に地方政治家減らしを実現した．もちろん問題がないわけではない．住民と政治家の距離はそれだけ拡大し，両者間の日常的接触はそれだけ困難になった．地方政治家が 1974 年の 5 万人から 1980 年には 7 万人（住民 1000 人当たり 10 人の平均になる）へと再び増えた背景には，市民意思

のフィードバック・チャネルの急激な狭小化に対する反省がある．その一方で，再編成による経済・行政活動資源の増大と福祉社会における平等化要求は，地方公務員の数を飛躍的に増やすことになった．1965年には常勤の専門職公務員は約6万人であったが，79年には約11万6000人になった．その後の膨脹は時間の問題となった．特に，巨大コミューンでは公務員の数が爆発的に増えた．そして，今日では，既に紹介したように，専門職・非専門職地方公務員の総数は約115万人で就業人口の約30％にも達している．

　地方議員の減少によるフィードバック過程の狭小化を補完するために，いくつかの政策対応が行なわれた．⑨コミューンの情報活動の強化．⑩地方自治の政党政治化．地方議員の大幅減少による民意フィードバック・チャネルの狭小化を補完する手段としてコミューンによる情報提供活動が強化されることになった．コミューン当局によって詳細な広報活動が展開されるようになっただけではない．地方レベルにおける政党組織への公庫補助制度が導入されて，情報活動が活性化された．また，新聞への公庫補助制度もコミューン情報を市民に伝える有効な手段となった．加えて，行政効率と平等化を強調した再編は，合理的な補強手段を講じるほど，全国政治と地方政治の相違を消滅させてしまった．地方自治の政党政治化である．自治体規模が地理的にも人口的にも拡大するにつれて，《非政治化された形での超党派的協力》を内在させた直接民主主義的色彩がいっそう希薄になった．限りある資源を奪い合う巨大組織や政党の論理が地方政治を貫通するようになった．二院制から一院制に移行した1970年から，国政選挙と地方選挙を同日選挙制にしたことがこの傾向を促進した．《ニュー・デモクラシー》の出現である．数多くの小規模コミューンを統合し規模を拡大することによって，相対立する地理的・社会的利益が拡大コミューンに解決を要請することになった．そうなれば，党派抗争の発生と拡大，情報宣伝活動の活性化，選挙戦術の活発化，政治的論争の全国拡散・尖鋭化は回避できない．しかも同日選挙である限り，政党の選挙資源もマスコミの関心も，国政選挙に傾斜する．コミューン政治を民主主義の基盤にしてきたこの国の政治にとって同日選挙化は一つの転換点となった．

　その一方で，地方自治の政党政治化は，住民と地方自治体とのヒューマンな交流を減少させた．そのために導入されたのが，⑪コミューン地区機関とか分

区という小さな単位の創出である．地区機関とか分区はその意味で「よりきめ細かな」住民自治の促進とも表現できるし，強引に推し進めてきたコミューン拡大・再編への反省とも表現できる．(1)地区特性と住民の要求に対応する活動の調整，(2)業務遂行条件の改善と地域政党活動の促進，(3)住民―代表者間の個人的接触・交流の活発化，(4)コミューン・レベルでの選出代表者の活動枠拡大，過少代表住民グループへの参加機会の提供，が設置理由である．地区機関は狭い特定地区を対象にして設置することも，同時に複数地区をカバーし，いくつかの委員会の行政業務を肩代わりさせるために設置することもできる．業務内容とメンバーは地方議会によって決定される．1980年代に試験的に実行されていた地区機関は3種類あった．そのうちいくつかはその後正式に導入された．(i)施設委員会：特定施設（例：運動場，保育所，高齢者センター）の管理・運営，活動調整，議会その他の機関への説明，施設と住民・関係者との接触の場の提供．(ii)地区委員会：特定領域部門（例：余暇部門，社会福祉部門）の行政業務を担当．コミューン社会福祉委員会の下にある地区福祉委員会はかなり以前から設置されていた．(iii)コミューン地区委員会：いくつかの業務分野で行政業務を担当．コミューン議会が決定すれば，コミューン法，特別法の双方からの業務も担当できる（例：文化部門，余暇部門，学校部門，社会福祉部門）[54]．

さらに，⑫平等なサービスと息詰まる官僚主義についても指摘が必要であろう．自治体再編は，一方で行き届いた，平等度の高いサービスの効率的提供を実現し，その一方で，官僚主義的画一化を全国に拡散したと言える．広域行政論を背景に，行政・経済効率の向上とサービス提供の平等化を目指した再編が，この傾向に拍車をかけたという側面を無視することはできまい．地域特性と独自性を主張し，自治体再編に反対する声がないわけではない．1976年選挙の結果，ブルジョワ3党連合政権が誕生したとき，それが具体的な形として現れた．政府は，住民サービスが低下しないこと，住民の強い支持を受けていることを条件に，拡大コミューンからの離脱を認める旨表明した．社民党による強制的合併に対して基本的に反対していたコミューンや合併の結果に満足していないコミューンが独立を申請した．そのうちのいくつかは，住民投票を行なった．結局，1977年以降，1984年までに，七つのコミューンが離脱した．社民党が積極的に自治体再編を推し進めてきた真の狙い，つまり「行政効率・経済

効率の向上とサービス提供の平等化」を考えれば，容易に分かることであるが，一度拡大コミューンに併合されてからの離脱には困難な問題がつきまとう．財政問題である．1982年選挙で政権に返り咲いた社民党は，拡大コミューンからの離脱申請に対しては，制限的に対処すると発表して，従来の路線を再確認した[55]．

首都機能の地方移転：集中の排除と地方の活性化

　福祉国家論を基盤にした公的部門の急膨脹と経済的好調を基盤にした急激な都市化を背景にして，首都への機能の集中が進んだ．ヒト・モノ・カネ・情報・サービスが特に首都圏に集中した．「森に住む人びと」と呼ばれる伝統的な生活様式への挑戦であった．それだけではない．行政サービスに地域間格差が生まれたのでは，《公平》《平等》《機会均等》《公正》を基幹理念とする福祉行政にとっての脅威でもある．首都への一極集中を事前に回避して地方産業を育成する必要が早くも1940年代・第二次大戦直後期から指摘されていた．

　1969年6月からは移転すべき国家機関の特定化と首都機能移転先候補地の選定作業が開始された．そして，71年議会と73年議会で首都機能の地方移転が決議された．合計48の国家機関を首都から16地方に移転することが具体的内容であった．約1万人の就業者の職場移動を巻き込むプロジェクトとなった．首都圏の機能膨脹の阻止＝バランスの取れた首都圏の維持，および地方の活性化＝国土のバランスある開発，が二つの狙いであった[56]．

　結局，1971年の議会決議によって移転した機関は32機関，73年議会決議による移転は10機関であったが，その他に，71年決議の結果，移転地で新しく創設された機関が4機関，議会の特別決議で移転もしくは新設された機関が6機関，特別法により移転機関と同じ条件で地方移転した機関が6機関あった．合計で58の国家機関，1万1000人の就業者を巻き込む事業となった．

　移転の結果について若干紹介しておきたい[57]．①（地方での）雇用創出が主要政策目標であったので，移転作業に伴い，国家機関の業務量は増大した．②地方移転した機関と首都の中央機関とのコミュニケーションは悪化した．③就業構造に変化．地方移転に関係したのは文民約7500名，防衛関係者2500名，計約1万人であったが，その後，文民は30％増の9800名，防衛関係者は

20％減の2000名，計約1万1800名になった．地方の職業機会は18％増えたことになる．④40機関のうち35機関では，移転前に比べ効率が改善された．生産性では，39機関のうち33機関で向上が報告された．⑤首都圏から移動してきた就労者の視点からは，移転先での，労働市場・職業移動の限定性が指摘できる．⑥国家機関が移転してもそれだけではその地方の人口は急速に増大しない．⑦国家機関が移転した地方では，当然のことながら，職業機会が増大した．⑧受け入れ地方のいくつかでは，新しいサービス産業，地域開発産業がスタートした．⑨国家機関の移転と連動した地域開発という視点では，大学の存在がその後の地域開発の重要な要素となっている．⑩ストックホルムの人口，労働市場，就業構造という点では，移転事業は大きな影響を与えていない．約1万人を移転させたが，その後の都市化速度と行政需要の増大がその成果を帳消しにしている．

フリー・コミューン実験：分権強化と業務再編

　1984年6月1日，議会は，コミューン自治拡大を狙いとする実験計画を承認した．九つのコミューンと三つのランスティングがこのフリー・コミューン実験に参加した．実験に参加するフリー・コミューンの代表者がストックホルムのローゼンバッド（中央政府の入っている建物）に集まった．政府は，効果的な行政を阻止・妨害している国家規則やその他の阻止要因を解明する機会をフリー・コミューンに与えた．包括的・徹底的な調査・研究活動が地方レベルで着手されることになった．かくして，国境を越えて大きな関心と興味を集めたユニークな《フリー・コミューン実験》が始まったのである．多くの市民が直接的・間接的にこの実験に参加した．中でも行政サービスの最前線にいる地方自治当局や地方議員が膨大なエネルギーを投入した．職員は，日常の行政業務から獲得した経験・知恵を背景に，国家規則の適用免除措置を政府に申請すべき項目一覧の作成に当たった．

　［フリー・コミューン実験］という発想は，起源的には政府サイドから生まれた．83年10月5日に，自治大臣B. ホルムベリィがそのコンセプトを表明したのである．国家行政活動会議の席で，公共部門の改革に当たって，コミューン部門が重要な位置を占めていると指摘した．国家による自治体の過剰支配

は，自治大臣の見解によれば，制限できるハズであった．83年秋議会でもこの考えが提出された．「カルマルを非官僚主義地帯にする」構想に関する質問に対して自治大臣は次のように答えた．

「私の見解によれば，それはできるだけ速やかに決定に到達できる問題領域である．それゆえ，政府は，国家によるコミューン活動規制を縮小するための実験活動に関する政府法案を春議会に提出することになろう．その狙いは，政府がコミューンに対して国家規制の一部を適用免除とすることである．国家—コミューン関係に新しい，非官僚主義的な方法を実験的に導入することによって，コミューン組織が，地方の必要と地方特性に責任ある対応ができるような解決策を模索できることを期待している」[58]．

以上のことからも容易に想像できるように，主たる狙いは二つであった．①地方自治の効率的運用を妨害している国家規則から地方自治を実験的に規制緩和すること（地方行政に対する国家統制の縮小）．②中央—地方関係を改善する方策を模索・発見・開発すること．実験の基本的考えの一つは，詳細な業務規定や管理規則を削減・簡素化することによって，行政業務の効率的向上と自治体サービスの質を改善する新しい方策を検討することである．そのために，国家規則の一時的適用免除すらフリー・コミューンに認めたのである．

実験計画の重要原則の一つは，国家規則変更の希望・要望については，フリー・コミューン自身が，政府に通告することである．コミューンの積極的で広範囲な参加意欲がなければこうした実験は成功しない．そのため，議会は，参加意欲を刺激・促進しようとしてこの自発性を重視・強調した．議会が重視した第二の原則は，コミューンの多様な利益や部分に関連する政策問題領域を優先させるということであった．第三の原則は，実験過程で確定した原則であるのだが，あるコミューンが提案した国家規則適用免除項目については，実験に参加しているどのコミューンも，たとえそのコミューン自体は特に申請していなかったとしても，それを実験しても良いという原則である．

ただし，議会は一定の制限を設けた．公的利益の促進に要求される基本的要件が実験の制限枠組みとなった．公的部門の公正・平等な配分を阻止するような実験は容認されない．もう一つの制限・限界は市民の保護である．市民の生活や健康，特に社会的弱者や少数者の権利・利益の保護を規定している国家規

則を無視するような問題領域は実験対象にできない．市民の生命・財産を保障している規則を取り除くような問題領域には入り込めない．社会的機関の決定に対する不服を表明する公的活動・公的権利を損なうような問題領域にも実験活動は入り込めない．概して言えば，コミューン，ランスティングと市民との関係に関する基本的問題は実験活動の枠組みに入れることができない．さらに，国家経済に直接的な影響力を持つ問題領域での実験は許されない．つまり実験活動で検討される問題が国家の経費をさらに増大させるようなことがあってはならない[59]．

　こうした制限（あえて言及するまでもない当然の制限）を超えない限り，大胆かつ創造的に公的サービス活動を変更する実験に一切の禁止・阻止条項を付けないということが原則である．また，実験計画を政府がモニターし評価するという事実は，比較的広範な変更を検討することが可能であるということを意味すると言えよう．

フリー・コミューン実験の意義と教訓

　フリー・コミューンからは合計284件の申請・提案・要望が提出された．規模も内容も多様であった．いくつかの実験コミューンは，これを契機にして，自治体行政の全領域で日常行政業務を再検討し，問題点を摘出した．実験開始時にはそこまでやるコミューンがあるとは誰も想像していなかったのではないか．たいていの場合には，いくつかの限定的行政領域に作業を集中して，政府に対して要望等を提出した．提出された要望・提案には，国家規則の適用免除を求める希望が数多く含まれていた．政府間関係の改革に関する要望も数多く提出された．提案の約3分の2は，「土地計画・建設問題」，「住宅・地域開発問題」，「学校教育問題」，「労働市場問題」に集中していた．その他，「健康・医療」，「行政組織の自由化」，「コミューンが運営する財団・基金の自由化」などの領域での提案が目立った．

　実験は予想外の反応に直撃された．実験が開始された時点では，半年もあれば要望・申請を提出してもらえるだろうと考えられていた．この当初予定はあまりにも楽観的であった．いや自治体改革熱が予想に反して高すぎたのかもしれない．申請書が大量に提出され，実験期間の延長を余儀なくされたのである．

フリー・コミューン実験は，社会の数多くの領域で，地方自治問題を再検討する機会を提供した．この論争の場を借りて，自治体行政の問題点が指摘され，改革・変更に関する広範で活発な議論を誘発・刺激した．これこそ，この国の伝統的な自己改革技法である．実験は，地方自治の現実を見直し・解明する作業であると同時に，現実に照らした建設的解決案を構築する実験でもあることが判明した．

現実を洗い直す作業では，第一に，コミューン法に関する誤解が，不思議にも行政プロの間でも存在することが判明した．地方議員や自治体職員の中には，国家規則のいくつかを，実際には単なる助言規定にすぎない場合ですら，まるで拘束規定でもあるかのように信じ切っている者もいた．また，現行の国家規則の枠組みの中でも十分に実行できるのに，あえて制度変更を申請してきた問題領域もあった．第二に，実験を遂行しようとした時，妨害的・阻止的と感じられた規則の実に4分の3が，実際には，国家規則ではなく，コミューン自身が制定した規則であることが判明した．無理・困難と結論を下す前に，無理・困難と考えることそのものがルール以前の慣行ではないかと自問する必要がある．コミューン自身が制定した規則を再考察する必要がありそうである．これは職員研修の内容にも関わる問題である．

政府レベルでの検討・評価過程では，提出された制度変更要望のほとんどが，何らかの形で，好意的に審議された．フィードバックとフィードウィズインを重視する合意形成型政治の伝統がここでも生かされている．積極的な審議の対象となった要望・提案は，実現された．1991年のコミューン法改正でも実験の成果が生かされている．特に，顕著な実験成果は，画一的な行政委員会組織を大幅に自由化したことであろう．これによって，地方特性を生かした個性的なサービス行政も可能になろう．［国民統治］の理念を実現するためには，中央政府と地方政府の積極的協同作業が不可欠であることを，フリー・コミューン実験を通じて，政府・議会はあらためて学習・認識した[60]．経験は，1992年1月1日に発効した新しいコミューン法にも生かされた．地方自治体の行政組織，作業形態，決定過程について，自治体の断に多くを委ねることになった[61]．

レギオンの創設：グローバル時代の自治体改革

　地方行政に発生している新しい要素は，EU に加入したこと，国境線を越えた経済協力の可能性が増えたこと，経済のグローバル化にますます強く連動するようになったこと，それに企業活動の広域化である．EU 加盟にともなって，国家政府の権力が制限されるようになり，コミューンやランスティングに対するブリュッセルの支配力が増大するようになっている[62]．EU 法が優先されることが多く，コミューン自治が以前に比べて大きく制限されるようになっている．裁判所は，経済の領域ですら，以前なら民主的な集会に意見を無条件に求めていた価値にかかわる問題で，裁判所の専権事項と考えて処理することが多くなった．

　こうした中，長期にわたる討論と何度かの調査，それに評価作業の後，1990年代の中頃にレーンにおける業務分担の変更に関する実験活動の実施が決定された．1998 年に，ヨーテボリィ・ボフス・レーン，エルブスボリィ・レーン，スカラボリィ・レーンは，共通の名前を持つ一つのレーンを創設した．ヴェストラ・ヨータランド・レーンである（ただし，スカラボリィ・レーンのハボ・コミューンとムルシェ・コミューンはヨンシェーピング・レーンに組み込まれた）．1999 年，この三つのレーンのランスティングは，共同でヴェストラ・ヨータランド・レギオン Västra Götalandsregionen を創設した．同じ年，クリファンスタッド・レーン・ランスティングとマルメフス・レーン・ランスティングが共同でレギオン・スコーネ Region Skåne を創設した．同時に，ヨーテボリィ・コミューンとマルメ・コミューンは，独立したコミューンでなくなり，ランスティングに組み込まれた．ヨーテボリィを含むランスティングとマルメを含むランスティングは，レギオンとか広域圏自治体機関と呼ばれている．

　レギオン・スコーネはレーン行政委員会から，レーン内におけるレギオン開発の責任，レーン内交通網計画の責任，レギオンの政治資源の配分に関する決定権を受け継いだ（EU 資源を含む）．また，レギオン内の文化施設に対する国庫補助金を配分する責任をも与えられた．

　10 前後のレーンでは，レーン内コミューン間のコミューン連合という形で，恒久的な協働機関が建設された．ここには，ランスティングも入ることができる．レギオンの開発・発展に対する責任という限定的責任を与えられた協働機

関である．こうした事態の展開は，1960年代以後のレーン・デモクラシーという考え方が，成功裡に蘇り，前に進むよう押し出されたことを意味する．この過程の背後には，1960年代と比べて，確かに，社会組織と政治生活について大きな変化が横たわっている．1990年代に育ってきた，従来の伝統的な自治体境界線を突破して，広域化されたレギオンを作り，自治を拡大しようという要求は，グローバル化の流れの中で，NPMを培養装置にして育ってきた発想である．だが，以前と同じ民主主義成熟化という動機，つまり，政治的責任に対する要求，分権化思想，と抵触するものではない．時代変化に対応しながら効率的な行政を求める調整作業に過ぎない．

　スウェーデン議会は1996年12月，スコーネ地方の開発権限を，国家つまり当該地方のレーン政府が，一定の実験期間の間，当該地方の直接に選挙された議員に委譲するとの決定を行なった．スコーネ地方の政治家たちが1990年代初期にこのイニシアティブを取っていた．努力は実った．1997年7月1日の先行的な実験期間開始の時から，レギオン・スコーネが結成されるまでの間，地域開発の責任は33のコミューンで構成されるレギオン評議会によって担当された．その後，議会内に設置されたレギオン開発に関する委員会 Parlamentariska regionkommitté：PARK が，スコーネ，ヴェストラ・ヨータランド・レーン，カルマル・レーン，ゴッドランドのパイロット実験を評価した．積極的意義を認めて，PARK は，そして議会は，この二つのパイロット実験を次の選挙期間の終了まで，つまり2010年12月31日まで，継続するよう決定した．

　それを受けて2001年，スコーネ地域の開発に関する政府法案が三つ議会に上程された．地域開発パイロット計画に関する法案が意味するのは，2002年末で，直接選挙で選ばれた自治組織を含むパイロット計画は終了するということであった．その後はそれに代わって，コミューンとランスティングが組織間機関を結成して，代替・継承することになる．それがレギオン・スコーネである．

　レギオン・スコーネは1999年1月1日に設置された．スコーネ地方の33のコミューン，マルメフス・レーンのランスティングと，クリファンスタッド・レーンのランスティング，それに，マルメ市の病院が，合流して結成されたレ

ギオン連盟であり，いわば地方自治拡大の実験装置である．既述のように，この機関は，レーン政府から地域開発責任を受け継ぐことになった．とりあえずは，2010年までの期限付きでの実験活動として．レギオン・スコーネは，当該地方の，コミューン，大学，単科大学，企業，各種組織，国家機関，個人が，共通のビジョン，目的，活動プランを共有して，未来を見つめながら，スコーネ地方の発展を遂行する広域行政の実験である．「デモクラシーと効率性」が政策の指導理念である．

　レギオン・スコーネの最高の議決機関は，レギオン議会という新組織であり，149名の議員で構成される．議員は4年ごとに選挙で直接選出される．レギオンの政府はクリファンスタッドに置かれ，レーン全体に活動を展開する．こうした発想と実行は大胆である．時代の要請に積極的に対応し，既存のルールを一時棚上げしてもパイロット実験を行ない，最終成果を見てから評価・判断しようとする発想である．

　高負担型の福祉社会は，制度の疲労や形骸化を惰性で無視するわけにはいかない．徹底的な情報公開が整備されているため，有権者の激しい批判を受けることになる．合理化・効率化・制度改革は，NPMをはじめとするさまざまな理論潮流が提出される前からの通常パターンである．大胆な突破を実行しなければ，継続は難しい．システムを維持するためには，環境の変化以上のスピードでシステムを点検・改廃する不断の努力が必要である．レギオン・スコーネの構想もそれの典型例である．

　2006年の選挙で，穏健統一党（43議席），国民党・自由（13議席），中央党（9議席），キリスト教民主党（7議席），環境党・緑（7議席）の政党組み合わせで過半数を制した（合計79議席，議席占有率53.0％）．国政とは違う政党配置図になっており，社民党（53議席），左党（7議席）は野党になっている．移民受け入れ条件の厳格化を求める極右政党であるスウェーデン民主党が10議席を獲得して，レギオン議会に進出した．

　5党連合政権の指導のもとで，保健・医療・歯科業務，公共交通（バス・電車），道路・鉄道への投資計画策定，産業開発支援，労働環境の整備・改善，文化活動への支援，などの政策領域に取り組んでいる．レギオン政府の成立で，地方自治は，コミューン―レギオン―国家機関―EUの4層構造をにらみなが

ら展開されることになった．経済成長，地域魅力度の向上，持続可能な社会の建設，バランスの取れた発展，が当面の政策課題として選択されている．

　レギオン・スコーネという実験は，OECD（経済協力開発機構）やEUの地域開発計画と連動して発想・提案されてきた．グローバル化の中で，人口小規模国家の地方自治体が，地方―国家―超国家組織という重層構造の中で，どのように地域開発を実行していくか，大胆な発想転換の実験となる可能性がある．

　レギオン・スコーネの実験は二つの性格を併せ持っているので，興味深い．そしてそのスウェーデン型大胆さもそれに由来する．第一は，国内広域開発政策であるということ．従来の行政区域を基礎にした，分野別構造強化という視点での競争力増強策ではないこと．第二は，国境線をまたいだ広域開発政策であること．オレスン海峡に橋がかかったことで，マルメ，ルンドとコペンハーゲンの距離，オレスンを挟むスウェーデン，デンマーク両国の沿岸地方間の距離は，飛躍的に縮小した．オレスンを内海のように囲む地域が一体化の可能性を示している．産業クラスターの構築を目指す計画が発想されたとしても不思議ではない．スコーネ地方がかつてはデンマーク領であったという歴史的繋がりも強い．オレスン地域の競争力を共同で増強しようという呼びかけは，両国で簡単に受け入れられる提案であった．実験に簡単に飛び込む姿勢がいつもながら大胆である．それが合意形成型政治の必要経費である．

分権化社会のゆくえ

　コミューン・デモクラシーの確立・拡大は，スウェーデン政治の精神的基盤である．また，高負担型福祉システムが，市民の納得を調達し，高負担の貢献を確保するための前提条件でもある．近年の動向は，その伝統が今も強いことを物語っている．自治体に対する国家統制の縮小にせよ，精力的な自治体再編にせよ，また諮問的な住民投票制度の導入にせよ，《民意対応能力》を強化しようとする思念の強さがうかがえる．さらに地方議会の役割を強化して，決定過程を大幅に民意に向けて開放した．さらに，地方自治体行政部のレベルでは，選出代表者の参加枠を拡大し，重要問題の決定過程の可視度を高めた．

　こうした分権化の流れは，行政情報活動の積極化とあいまってコミューン自治の伝統をいっそう強化したように思われる．だが，問題がないわけではない．

複雑な規則と書類の山，責任転嫁と無責任，形式主義と官僚主義はごく一般的な風景である．膨大な業務権限を背負わされたコミューンが，サービスの提供過程で，組織をいっそう肥大させ，規則を迷路化させながら，行政の官僚主義化の道を歩み続けることになろう．そして，コミューン再編が加速した地方政治の政党政治化が，一方で，中央政治の党派対決を地方に持ち込み，その一方で，民意を背景にした政治家と行政技術を背景にした公務員との対決を先鋭化させるであろう．この二つの対決は，いずれにせよ，地方政治家の職業政治家化を要求してくるであろう．それは，素人の行政を伝統としてきたこの国で，民意調達・動員のプロが技術に精通した行政プロによる行政との関係で，優位に立つための有効な手段になるかもしれないが，公務員の広範な専門技術と経験，つまり公務員行政に助けられなければ，決定作成・決定執行のいずれにおいてもその表面的優位を保てないことがいずれ分かろう．

　スウェーデン型地方行政の特徴は自治と自律である．自治体の自律力にこそ自治を強化する鍵がある．それは《途絶なき雇用の創出》と同意語である．そのためには，境界線を簡単に越える．名にし負う実験国家である，国境ですらさりげなくまたいでみせる．大胆である．レギオン構想という名の広域行政の実験もその好例である．

　「この国に住むすべての人が，居住する地域がどこであれ，良い学校，医療およびケアサービスを備えた福祉社会の生活を，平等な条件で送る権利を有している．この権利を実現するために必要な資源を生み出す責任を，私たちすべてが分かち合っている．そのためにも，自治体間での連帯主義的な再分配が，つまりコミューン均衡化・平等化 kommunal utjämning が必要である」[63]．「私たち社民党は，地域間格差がスウェーデンを打ち砕いてしまうようなことを受け入れることはできない．公正な再分配政策は，良い投資でもあることを知っている．私たちは一体化されたスウェーデンを望む．全体としてのスウェーデンが発展していくことを望んでいる」[64]．

　社民党政治が構築してきた分権化社会・スウェーデンの伝統は，格差拡大化の時代的趨勢の中で維持するのがいよいよ難しくなる．自治体サービスに対する住民の満足度は決して低くない．正確に言えば，地域間格差が大きくなっている．人口規模から市場原理に馴染む自治体と，とうていそれに馴染まない自

治体では，負担と受益の関係がいっそう明確になっている．連帯感で格差を縮小・解消する努力がいつまで持続するか．高福祉・高負担を指導原理にして，徹底的な画一主義で平等社会の建設を思念してきたこの国にとって，最も深刻な問題は，市民の気まぐれと，いずれ全国を貫通するであろう政党政治の論理であるかもしれない．大都市有権者が，思い切った《選択の自由》や市場化を要求し，物欲しげな政党が票欲しさにそれを煽動した時，地域間連帯の絆が弱くなる可能性がある．国内市場そのものの規模や労働市場構造から判断して，この国がナショナル・ゴールとして格差なき社会の建設を求める限り，競争の論理や市場原理を，平等の名の下で封じ込めていくしかないように思える．そして，徹底した画一主義・管理主義は平等社会の到達レベルの高さを反映する栄光の象徴もしくは必要経費と考えられよう．いずれにせよ，放逸な無制限型多選択社会の論理には馴染むようには思えない．スウェーデン語だけにある単語に《lagom（ラーゴム）》がある．「大きすぎず，小さすぎず」「多すぎず，少なすぎず」「暑すぎず，寒すぎず」「ほどほどに」という意味である．好んで使われる「ラーゴム・エ・ベスト（ほどほどなのが最高）」．スウェーデン流合意形成型政治の要諦である．

終章　スウェーデン型福祉の新段階？

1. 福祉と成長のバランス：グローバル化の中で

たくましい復元力

「スウェーデンの福祉モデルは，未来豊かである．国際的な調査では，スウェーデンが世界で最もモダンな国の一つ ett av världens mest moderna länder であることが，何度も何度も認められてきた．スウェーデンは（変化の時代にも，変化に対応しながら）継続的に社会変革を成し遂げてきた．古い仕事が消えると，新しい仕事が生まれている．私たちは高負担型の税金制度を持っている．よく教育された創造的な国民を基礎に，成長を続ける強力な経済を持っている．私たちは，すべての人が参加し，ソトに置き去られる人がいないとき，発展がさらにいっそう強くなることを証明してきた」(2005 年社民党党大会)[1]．《世界で最もモダンな国 världens modernaste land（ヴェルデンス・モダーナステ・ランド）》．これはスウェーデンでは，よく使われる表現である．特に，1960 年代に頻繁に使われた．黄金の 60 年代を象徴するような表現であるが，40 年代世代にはいまだ強いノスタルジーを感じさせる表現である．

「私たちはファンタスティックな時代に生きている．民主国家の数は増えた．飢餓や抑圧，それに非識字から人びとは立ち上がっている．世界の富は増大した．この 10 年間は素晴らしい旅をした．急速で魅力的な発展の 10 年であった」．「以前より簡単に交流しあえるようになったのは世界経済だけではない．私たちもまた簡単に交流できるようになった．今では，これまでのどの世代よりも，旅をして新しい人，新しい文化それに，新しい印象と出会える大きな可能性に恵まれるようになった」．「21 世紀の最初の数年間は，経済と市場のグローバル化が人びとの日常生活に影響を与えることになった．賃金生活者は，低い賃金と安心感の低下という新しい恐怖に直面することになった．企業経営

者は国際競争の激化という事態に直面するようになった」．「学習社会における労働市場は常に発展している．いくつかのサービス・セクターでは雇用機会の数が増えている．すべてのセクターで教育への要求が増大している．誰もが何度も何度も学習する必要が出てくるであろう」[2]．これは1990年代後半以後の10年間に社民党が経済を再建し，成長軌道に乗せた実績を背景にした行動方針である．「私たちは未来を信じる Vi tror på framtiden」という見出しで始まるこの行動方針は，首相の出身地でもあるマルメでの党35回通常大会で採択された．自信に満ちたG.ペーションの自慢げな顔を想起させる．

「スウェーデンは大きな可能性に満ちた豊かな国である．私たちは，世界でも最も平等で機会均等の進んだ国民の一つである．学問と多くの人びとの創造性に意欲的に投資を続けてきたこと，そして，旺盛な勤労意欲が，スウェーデンを，高い雇用率と多くの可能性に満ちた企業を持つ先導的な科学研究国家・IT国家に仕上げた．福祉は高度に構築され，経済力は強力である……世界の中では小さな国であるが，国際的な連帯感，デモクラシーそして，自由に対する強い発言力を持つ国でもある」(2001年社民党党大会)[3]．

党大会でこんな自賛のフレーズを堂々と掲載できるほどの自負は，1990年代以後の復元努力の結果を見ればうなずけないわけではない．「もう駄目，福祉国家」論が何度繰り返されても，その都度，たくましく復元力を証明して見せた．

グローバル化は福祉国家を弱体化させるか：渇望の聖杯？

ヨーロッパ政策センターが2005年9月に出版した『北欧モデル：ヨーロッパ経済成功のためのレシピか？』が経済関係者の間で広く読まれている．北欧への関心が高まった理由の一つは，1990年代に打ちひしがれたはずの福祉国家が軒並み経済好調の波に乗っているからであろう．その中で，P.ホワイトの論文「海外直接投資と北欧モデル」が，FDI（海外直接投資）の対象国としての北欧の魅力度を分析している．彼によれば，関心が集まっている理由の一つは，多くのヨーロッパ諸国が直面しているパラドックスに対する答えを出していると広く信じられているからである．つまり，有権者は，社会的にどうしても受け入れることができないほど失業率が高くなっていることに激怒してい

るにもかかわらず，多くの観察者が問題解決の手助けになるであろうと信じている改革に反対する陣営に結集したからである．北欧モデルは，次第次第に，もっとも利用可能性が大きい選択肢となっている[4]．

　EU（欧州連合）経済情報部は，共通の分析枠組みを使って60ヶ国のビジネス環境の質と魅力度を測定するモデルを開発した．このモデルは，企業がグローバルなビジネス戦略を策定するときに使用される主要基準を反映するよう設計されている．10項目がスコア化されている．①ナショナルな政治システムの安定度，予測可能性と制度的有効性，②マクロ経済の環境，③国内市場が提供するビジネス機会，④自由企業と競争に対するオフィシャルな政策，⑤外国投資に対するオフィシャルな態度，⑥海外貿易と資本移動に対する障壁，⑦税制，⑧国内財政システムの発展度，⑨労働市場，⑩エネルギー供給インフラ，通信インフラ，交通インフラの質．合計で70の指標が国際比較に使われた．そして，総体的に見て北欧諸国は魅力的なビジネス環境の国ということが証明された[5]．

　グローバル化は福祉国家を虚弱にさせるという意見は，私たちの時代の一つの決まり文句になったようである．それをめぐる常識がある．政治家や評論家，市民の間で飛び交っているその論理は次のようになる．①資本はますます地球を横切って動くようになる．②資本は，税率と賃金コストが最も低く，規制レベルが重荷にならないところに，万有引力のように引き寄せられる．③国家は互いに，競合的規制緩和の戦争を遂行しなければならない．それゆえ，④グローバル化はデモクラシーと福祉国家を侵食する．これが一般的常識であり，グローバル化の時代に福祉社会を見る常識である[6]．だが，北欧の経験は，この説明がほぼ完全に間違いであることを示している．北欧福祉国家が「グローバルな競合圧力」によって弱体化させられ，基盤を崩されたという証拠はない．グローバル化は福祉国家を腐食し弱体化させるという見解は，ただ単に陳腐な決まり文句であるだけでなく，間違いなのである[7]．グローバル化は，福祉国家の基盤そのものまでも覆してしまうほど，「徹底的な戦い」を強いるにもかかわらず，現実はそうなっていないことが関心を集める理由である[8]．

　北欧福祉国家が「グローバルな競合圧力」によって弱体化され，基盤を崩されたという証拠はない．公的歳出と税収の対GDP（国内総生産）比率は，

OECD（経済協力開発機構）や EU 27 ヶ国の平均に比べて，依然として非常に高いのに，国の規模から考えて妥当な水準を越えて FDI を引き付け続けている．企業の投資決定は，受け入れ国の税金環境を遥かに超えた要素を判断して決定されるようである．EU 経済情報部の発表するビジネス環境ランキングでは，北欧諸国の税体制は猛烈なものである（スウェーデンは群を抜いている）．だが，その他の多くの要素によって，その変数は相殺されて「投資対象として魅力的」と判断されている．そうした要素には，「透明度」，「政府の誠実さと予測可能性」，「技術革新の高さ」，「労働力の質の高さ」，「インフラストラクチャの整備水準」，「一般的に市場に友好的な政策を続けていること」，などが含まれる．

北欧諸国は，広くいきわたっているドクトリン，つまり，高負担，強いパブリック・セクター，高い賃金水準，広範な福祉サービス提供，高度の社会的保護，は成長や繁栄の阻止要因になるというドクトリンを，反証している．こうした特徴は，多くの人の目には，現代の経済システムではダイナミズムを奪う要因と映っているが，皮肉なことに，今日のグローバル経済では北欧諸国の主たる資産となっているのである．頻繁に使う比喩であるが，福祉国家は，巨大なジャンボ機である．一見すると，重すぎてとうてい飛べないように思えるが，安定度が高く安心感が大きい．

北欧諸国の「フレキシキュリティ」という表現は，柔軟な労働市場と個人の社会的安心を組み合わせた用語である．例えば，その構成要素は，「強い社会的安心と広範な福祉サービスの提供」「積極的な労働・教育政策」「高度に流動的な労働市場」．この労働市場では，社会的パートナー（労働組合と経営者団体）が主要なアクターであり，競争力と社会的持続可能性に対して高度の責任を持っている．北欧諸国で「フレキシキュリティ」が成功を確保できたのは，社会的パートナーの積極的参加と政策が組み合わさったからである．

おそらく，北欧モデルで最も興味深い特徴は，自らを改革しようとする方法である．確かに 20 年前と今では同じではない．北欧諸国は当時，困難を経験していた．そして，経済的成功をエンジョイできない過剰規制社会と考えられていた．北欧諸国は今日のヨーロッパ諸国が直面しているジレンマに対応するとき，バランス感覚を発揮した．つまり，社会モデルによって認められた普遍

性の原理と自由化をどのように融合するか，そしてそれらをどのように成功裡に組み合わせるか．

　北欧では，パブリック・セクターは基本的役割を演じている．そして，うまく運営すれば，経済的・社会的改革の非常に効果的な手段になる．公的部門の技術革新については，腐敗から免れていること，機構と市民の間の距離，つまり権力距離が小さいこと，が北欧から他の国が学習できる教訓である．社会的平等と自由経済を結び付けることができる北欧諸国の能力も，また，政府が，環境を保護しながら，慎重な不干渉主義で市場を規制するやり方，なども，強力な社会的凝集力を支えている．

　大きな公的部門は，均衡の取れた経済のもう一つの成功要因である．実体経済と財政経済の均衡をとる能力を証明した．そして，公財政と経常収支で黒字を出すことにも成功した．これがモデルの持続可能性に大きく貢献している．全体的に評価すると，北欧の政府は，政策間の首尾一貫性を高い水準で維持するよう努力してきたし，実際にその道を辿ってきた．これは，政府にとっては大きな挑戦であるし，時には達成することが非常に難しい．なぜなら，次の選挙で勝利するという短期的なゴールと抵触することが頻繁にあるからである．議会制民主政治の宿命である．自信のない政党は，有権者に迎合して減税論や赤字国債発行論に傾斜する傾向が強い．ところがそんな安易な道を選択せず，例えば，環境保護と，技術革新や経済成長といったビジネス・アジェンダを組み合わせて追求しようとするのが，北欧モデルである．

　おそらく北欧モデルの最も重要な貢献は，グローバル化に直面してもそれを前向きに捉えて社会全体で取り組もうとする姿勢である．これは高い水準の政治的合意形成と結び付いている．野党の最優先事項は政権をとることであり，基本的に政党間距離は小さい．広範な合意範域があるため，グローバル化に社会全体で取り組める．さらに，北欧モデルの最も重要な特徴の一つは，社会が直面する問題を不断に分析し認識・理解する姿勢であり，こうした挑戦に素早く対応できる能力であり，システムの弱点を（そしてシステムに対する脅威を）克服する能力である．熟議民主政治の技法を徹底するとこうなるのではないか．そう思わせる工夫が散りばめられている．「開け，開け，もっと開け」である．

第一次オイル・ショックから90年代までの期間，北の国々は危機の中にあった．製造業からサービス産業まで苦痛を伴う構造改革の過程を経験した．そして，《開かれた社会》へと自らを変身させた．そして，この努力が，やがて到来する急速なグローバル化への準備となったのである（他のヨーロッパ諸国はこの移行過程で今も悩んでいる）．

　巨大な公的部門の存在は，必ずしも競争力強化の妨害にはならない．その反対で，むしろ，健全で，効率的で，腐敗の温床になっておらず，市民の必要な基本的サービスを提供できるのなら，巨大な公的部門こそが，競争力強化に貢献できるのである．ムダと非能率の巣窟であるという伝統的な公的部門観は世界のいくつかの場所では正確であろうが，普遍的に正しいわけではない．実際のところ，北欧諸国の公的部門は，競争力強化の資産であろう．なぜなら，質の高いサービスを提供しているからである．そのため民間部門が巨大な市場に入るとき技術革新の駆動力として活動するであろう．その具体例として，ケアサービスの開発と環境改善手段の開発などは公的部門が先行した業界である．これが分かれば，おそらく，なぜ高負担が北欧諸国では政治問題にならないかが理解できよう．選挙結果を決める政治問題の中で税金問題はめったに上位に来ない．

　敏感で規模の大きな公的部門はまた，北欧諸国がなぜ，実体経済で成功を収めているのか（経済成長率と雇用の創出）だけでなく，なぜ健全な財政パフォーマンスを生み出しているのかを説明する一つの要因である．北欧諸国がアングロサクソン・モデルの深刻な弱点を回避することができているのは，主に，効率的で巨大な公的部門の存在のおかげである．それが，消費主義の増大によって家庭の貯蓄率が低下するというアングロサクソン・モデルの弱点を抜け出し，均衡をとっているからである．北欧モデルは，EUの意思決定者にとっては，聖杯の如き渇望の品 holy-grail を提供したように思える．高度に競争力があり，しかも，クラシックなアメリカ・モデルの経済改革が内包する荒々しく残忍な不平等を持ち込まないモデルであった[9]．

　グローバル化が進めば，経済的エージェントと国家の間に信頼関係があることがFDIを引き付ける条件となる．ビジネス環境ランキングの最も印象的な特徴の一つは，EU加盟北欧諸国のすべてが，政治システムの安定度，透明度，

効率度で，高いスコアを得ていることである．この点は，しばしば無視されているが，それぞれの国家のビジネス環境の全体的魅力にとって最も重要な条件の一つである．ビジネスが展開される法的・制度的環境を決めるのは政治システムなのである．市場経済の基本的条件は，長期的な契約関係に入れる個人や企業の能力である．洗練された市場経済はただ単に経済的エージェント間に高い信頼関係があることを必要とするだけでなく，経済的エージェントと国家の間に信頼関係があることも必要である．洗練された市場は，それゆえ，大型のFDIは，弱体で，落ち着きのない，人を食い物にするような制度を持つ国とか，国内・国外の抗争・紛争でひっくり返ってしまうような国では，一般的に発展しないし，繁栄しない．政治制度の高潔さと有効性，法と秩序の強さが重要な経済資源になる．法制度が透明であるだけでなく，その官僚機構が清潔であり，腐敗を免れていること．コンプライアンスに対する認識の高まりの中で，政治財と経済財が相互に複合効果を生み出す時代になるであろう[10]．

「もう駄目，福祉国家」論が戦後何度も繰り返され，その都度，たくましく蘇って見せた．グローバル化の渦に呑み込まれた1990年代は，長く潜ったままになるのではないか，息を吹き返すために水面に浮上するまでに相当長い期間が必要ではないかと懸念された．グローバル化時代の経済常識であった．2000年代に入り，ヨーロッパ諸国が北欧経済に注目することになった．常識を覆すかのように鮮やかな浮上を演出してみせた．

2. 挑戦される普遍主義型福祉：多様化と格差拡大

多様性の時代

だが，スウェーデンの普遍主義型福祉はいくつかの挑戦を受けることになる．第7章で見たように，「外国のバックグランドをもつ人」は，159万2376人である（2007年12月31日現在）．全人口918万2927人のほぼ17％に当たる．6人に1人である．しかも，近年の流入者はかつてのようなフィンランドなどの北欧諸国からではない．言語も宗教も，男女性役割も，結婚観も，家族観も，地域社会観も，職業観も大きな多様性を秘めている．比較的同質性の高かった国で突然進行した多様化．普遍主義はどこまで柔軟に対応し，変化を吸収でき

るか.

　多様性は増幅した．大量の移民・難民受け入れだけが理由ではない．工業社会から情報社会へ．そして，ブルーカラーの意識変化は急速に進んだ．社民政治の基盤であったブルーカラー層の階級帰属意識はポスト産業社会もしくはサービス社会への移行につれて，確実に希薄化した．労働組合全国組織 LO のメンバーの社民党への集団加入制度は，保守・財界陣営からの批判に直撃され，撤廃された．その政治的効果は大きかった．絶頂期には 123 万人（1983 年）を数えた社民党の党員数は 20 世紀末までに僅か 15 万人にまで大きく下降した．組合員だからという理由だけで社民党に投票する時代は確実に遠のいていった．ベルリンの壁の崩壊は，政治意識の流動化を加速度的に促進した．古い壁は低くなり・薄くなり・透明化した．政党線を簡単にクロスする有権者が増えた．異議申し立てを新党結成で実行するグループも生まれた．少数意見に寛大な選挙制度がそれを容認した．資金は公庫補助制度で調達できた．全体としての政策間距離が縮小する過程での多様化であった．どんなにブレても，どんなに揺らいでも，体制選択問題でのコンセンサス基盤は強化された．スウェーデンのノーマリセーリングは政党政治の世界で明確になった．複数政党制度の下での政権交代の発生率が高くなった．

　グローバル化，高度情報化，技術革新，少子・高齢化，など環境からの挑戦はライフスタイルを多様化した．労働市場の内と外にいる人，つまり就労者と失業者，定職確保者と臨時社員，公共セクターで働く者と民間セクターでの勤労者，男性と女性，スウェーデン人と在住外国人，北欧人とその他の移入民，宗教，人種，社会保障制度への依存度，居住地域，教育水準，学歴，職業経歴，資格，性的指向，など，生活様式の多様化に従って，社会的対抗線は増幅・多様化した．

　伝統的な普遍主義型福祉が過渡期の苦悩を経験している．たしかに，それが，自由を拡大し，格差が最も小さな国へと育て上げた思想であったとしても，大規模なダイバーシティの波を克服できるか．「スウェーデン型福祉モデルは 1 世紀以上もの時間をかけて構築されてきた．医療，教育，児童と高齢者のケア，失業給付や親保険，適正な価格で質の高い住宅．これらはみな，この国に住むすべての人に対して，より公正で，より平等な生活条件を実現するという目標

を持って構築されてきた．結局のところ，これが自由の問題なのである．福祉がすべての人を包摂する時にはじめて，個人の自由は拡大する可能性を持つのである」[11]．「福祉は全国どこでも，質が高く平等な水準のものでなければならない．就労を別にすれば，生活条件の平等と，公正の増大を実現するものとして，普遍的福祉ほど効果的なものはない．他方で，もし人が枠外に置かれたら utanför，格差が増大するであろう．そのような社会では，社会自体の発展が抑制されると同時に，人びとの成長も踏みとどまらざるを得ないのである」．「福祉国家建設が，スウェーデンを世界でも最も格差が小さな国の一つにしたのである．そして，これは現在でもそうである」[12]．「現存する福祉制度の強さは，それが，さまざまな生活状況にある国民グループの必要を，すべての国民に安心感と自由を作り出すような解決策と結び付けているところから来ている」[13]．多様な生活状況，多様なライフスタイルから生まれる多様な需要に照準を合わせたダイバーシティ・ウェルフェア・マネジメントに対する社民党の自信である．高負担政策を続けながら，20世紀前半以来，一度も相対多数議席を議会で失ったことがない実績がこの自信の背景にある．特定の原理に執着せず，現実を直視し，変化に柔軟に対応してきた．それは，社民党の外部イメージとは違う成長優先主義ともいえる発想が基礎になっている．成長こそ福祉の糧，完全雇用こそ福祉の活力源，福祉こそ成長の基盤．だが，こうした自負心をどこまで維持できるか．

福祉の多様化

　第9章でも触れたように，医療サービス，ケアサービス，学校教育，住宅政策は普遍主義型福祉の基幹部を構成する．広義の福祉政策に含まれるのは，労働災害や職業病への対応，そして，労働市場参入への条件整備（労働市場からの排除を防ぐ手段・装置）である．例えば，予防的な健康ケア，労働環境関連法の整備，労働市場教育，生涯教育．またリストには，街路や広場，家の安全の確保だけでなく，犯罪との闘い，犯罪原因との闘いといった安全確保サービスも含まれる．この広大な福祉サービスを普遍主義で持続的に提供できるかどうか．

　福祉サービスの運用に活用できる資源を《福祉資源》と定義する．その福祉

資源は主に，六つの要素にまとめることができる．①人的資源＝ヒューマン・リソース，②施設・システム，③技術（福祉工学），④財源，⑤リーダーの思想と哲学，⑥市民の自己問題意識：財政的貢献と選挙での支持．国際競争市場からの離脱が困難な中で，環境からの挑戦に直面して，柔軟な政策対応力を証明し資源調達を確保するためには，慎重な在庫管理と休眠資源の再評価や新規資源の開発・活用が必要となる．

　EU加盟で新しいステージに踏み込んだスウェーデンも，当面は，多様化で福祉体系を緩やかに変えていくしかない．制度的福祉国家としての基幹価値を温存しながらも，自助と共助の要素を導入して，福祉国家から福祉社会へのシナリオを辿ることになろう．確かに，給付については労働実績や労働意欲を算定基準の一部にするようになった．現役の給付判定官に聞くと，給付期間の長さでも，判定基準の寛大さでも，少しずつ厳しさを増しているという．第8章で紹介した，1998年6月議会で成立した新しい年金制度も，普遍主義的色彩を弱めた．所得年金では稼いだ所得の規模が算定の基礎であり，生活保障年金ではミーンズ・テストが基本となっている．また，それまでの普遍主義的な寡婦年金も廃止されることになった．失業手当受給者も，仕事や職業訓練の申し出を受けながら，さしたる説得的な理由もなく却下すれば，手当そのものが減額されるかもしれない．余裕があった時代の寛大さを知るものには隔世の感があろう．当時はイージーライダーやフリーライダーが溢れていた．

格差拡大の傾向

　国際比較をすれば，平等度の高い国であるが，所得階層・性・移民をめぐって格差が拡大している．社民党も，党プログラムで，労働運動が大きな成果を上げながらも，未だ大きな問題をかかえていると自省している．実績に対する誇らしげな自信と，自虐的ともいえる酷烈な自省心が党文書には散見されるのが社民党の特徴である．20世紀初頭以来，相対多数政党の地位を脅かされたことがなく，長期にわたって，何度も政権を担当してきたという治績がそうさせるのかもしれない．「労働運動はスウェーデンを変えた．《社会民主主義の国・スウェーデン Socialdemokratins Sverige》は，他の多くの国に比べて，より多くの人が自らの人生を自己選択する可能性に恵まれ，民主主義が人びと

の日常生活により深く根づいている」と自賛するのに続けて，貪欲な改革意欲が表明される．「その一方で，スウェーデンは，その発展がさまざまな方向に向けられ」，常に過渡期である．「スウェーデンは世界でも最も平等な国の一つであるが，それでもなお，階級格差 klassklyftor，両性間の不平等，民族的分離 etnisk segregation が目撃される社会である」[14]．

　大きな選択の可能性，可能性を活かすための十分な資源，経済的安心感から生まれる自立性 självständighet，自らの未来を選択する可能性，選択の自由，個人の影響力 eget inflytande──こうした可能性を駆使できる社会階層がある一方で，労働生活における自己発展の機会が制限され，物理的・精神的ストレスに満ちた労働環境を強いられる社会階層が，存在する．他の国に比べれば，前者の可能性に恵まれ，未来が開かれている比率が高いけれども，グローバル化の進展とともに，格差は埋まるより拡大する傾向がある．両者の対照ははっきりしている．

　例えば，女性．依然として両性間格差は残っている．①労働市場に性別に分離された職域がある，②賃金レベルの低い職に女性が多い，③キャリア可能性に恵まれていない，④家事や育児の主たる担当者になっている，⑤労働市場の雇用条件が厳しくなっているため，子供のいる家庭への圧力が大きくなっている．女性には，子供かキャリアかの選択を余儀なくさせられる可能性がある．こうした現象を指摘しながら，「女性はなお職業生活においてハードルに直面している」と社民党自身もまた認識している[15]．改革意欲は強くても，民間企業の論理を克服する秘策があるかどうか．巧妙な着地策がなければ，資本は簡単に国境を越えて移動する．

　また，在住外国人も格差を感じている．急速に多人種社会 multietniskt samhälle へと突入したこの国は，包摂の論理で，また，寛大な福祉サービスの提供で，新規参入者に対応してきたが，それでもなお，「人種的背景と関連した不平等も明らかに存在している．移民人口比の高い郊外では，社会の外に取り残されているという感覚 utanförskapet が広がっている」[16]．「民主主義は，全社会生活に行き渡るべき価値体系である．その基礎にあるのはすべての人が等価で尊厳を持つ lika värde och värdighet ということ」と考える社民党にとって，優先順位の高い政策課題であり，大きなエネルギーを投入してき

た問題であるが，多様化の速度が，それ以上であったと言えるのかもしれない[17]．国際社会でこの国が持っている好感度の高さを維持するためにはこの問題領域での政策対応力が問われることになろう．

格差と階層分化：「3分の2社会」論

格差は，経済的可能性 ekonomiskt utrymme，自分の人生と労働を調整・統制する力，さらに，市民が自分の生きている社会に対して影響を及ぼしていく可能性，に相違を生み出す原因になる．恵まれた者はより恵まれた機会に恵まれる可能性が大きくなる．デモクラシーと福祉社会は，特に，スウェーデン型社会モデルは，こうした階級格差を縮小してきた．だが，生産条件が作り出した格差はなおもて大きい．

経済危機に苦悩した1990年代は，EU加盟に伴う国際競争市場への参加の時期と符合した．構造改革・調整作業と併せて経験した経済不況で，結果としてそれを克服する過程で，社会格差は拡大に転じた．不平等は，社会生活のあらゆる部分に及んでいる．給与と労働条件，健康，児童の教育，居住環境，文化活動や余暇活動への参加可能性，などで格差が目立っている[18]．伝統的な表現を使うと，「大きな資本という資源を活用できる人びと dem som disponerar stora kapitaltillgångar」と，「自らの労働力しか活用できない人びと dem som enbart disponerar sin arbetskraft」の間に決定的な格差 avgörande skillnaden が生じることになる．その格差は，グローバル化・合理化・商業化・オートメ化・システム化（情報化）など，環境からの変化に即応して，拡大する傾向がある．変化速度の早い生産秩序は，資本の蓄積・所有・投資のスタイルだけでなく，労働のスタイルにも変化をもたらしている．資本と労働の関係に二重の変化を生み出している．ある面で，資本と労働の対立が先鋭化し，その一方で，資本と労働の境界線が流動的になり，人的資本 mänskligt kapital が金融資本 finansiellt kapital と同じくらい重要な役割を演じるようになる[19]．中心的な変化は，生産と企業に対する直接的責任と資本所有の間の結びつきが非常に弱くなっていることである．資本所有が匿名化し機関化している．投資会社，投資信託，年金基金，他の人の利益のために資本を管理・運用するその他の機関，などの匿名性の高い機関が資本形成と資本管理・運営

の面でいっそう大きな役割を演じるようになっている．しかもグローバル化の進展の中で，資本もまた簡単に国際移動する kapitalets internationella rörlighet．海外投資家の膨大な資金が金融規模の小さな国に僅かな資本を移動させるだけで，企業の国籍が変わってしまう可能性がある（近年では兵器産業の多国籍化すら）．従来の慣行で株主総会を進行しようとすると，経営陣への特別ボーナスの支給に大株主が異議を唱える．投資に対する短期的なより有利な利潤配当を要求しているだけである．短期的なより有利な利潤要求が強められると，生産の過程と結果に対する資本の影響力はそれだけいっそう大きく感じられるようになる．短期的な結果を要請されると生産過程に高速化・省力化圧力がかかり，レイオフや解雇，パート職や外注が頻発化する可能性がある．匿名化された資本は，姿が見えにくい分だけ要求を昂進させ，労働との対立を先鋭化させる可能性がある．しかしそれと同時に，姿が見えにくい巨大な資金は，例えば，年金基金とか，保険会社の投資基金という形で，勤労者の資金をも巻き込んでいる．その意味では，労働と資本の境界線は揺らいでいるし曖昧化過程にある．

　先鋭化と曖昧化という相矛盾する傾向は，学問や技術能力に対する重要性（大学教育と職業技術能力）が生産生活の中で増大する過程で，新しい問題を労働運動の中に生み出すことになった．企業の未来は，ますます勤労者の職業技術能力に依存することになる．だが，こうした傾向は，労働市場を分断する可能性がある．労働市場において技術資格を持つ特権層と労働市場の周辺グループである．そして，両者の距離は大きく，ますます拡大している．両者の間には，経済でも労働生活でも安定した地位を確保しているグループがおり，その層は，広範でしかも，拡大している．こうしたグループのかなりの部分は，今日有用になった学問資本を豊かに持ち，しかも，金融資本の所有にも株の購入という形で参加しているのである．

　こうした展開の中から生まれてきたのが，いわゆる「3分の2社会」論である．資本と労働のこうした発展過程の中で，社会は3層に階層分化しているという指摘である．一つが資本所有層，そして，資本所有層に引きたてられた中間層，最後に，労働市場において弱い立場の，あるいは労働市場の「ソトに置かれた」層である．資本所有層と労働市場の中間層が連合 allians を組んで全

体をコントロールし，二つの労働階層が対立する可能性がある社会を「3 分の 2 社会 tvåtredjedelssamhället」と呼んでいる．工業社会から情報社会・サービス社会・ポスト工業社会へ，など，さまざまな表現が使われたが，要するに，高学歴のホワイトカラーの増大する社会への移行が明らかになった 1970 年代後半以後，社民党は支持層の再編に苦悩してきた．それでも相対多数政党の地位を一度も失わなかったのは，社会変動への対応が巧妙であったからである．支持層再編の社民党戦略の基礎理論の一部になっているコンセプトが「3 分の 2 社会」論である[20]．

雇用流動化・雇用不安の時代に福祉国家は維持できるか

「今，変化の風がスウェーデンの労働市場に吹いている．新しい企業や組織が生まれており，閉鎖されているものもある．まったく新しい職業群が成長している．新しいサービスが導入され，新しい呼び名の仕事が生まれている」．古い仕事や業務が，新しいテクノロジーの発展とともに，消滅している．いまは，情報技術者がたくさんいる．ほんの数十年前には知らなかった職業集団である．その一方で，繊維業や造船業で働く人は以前に比べ少なくなった．以前に比べると，人びとは仕事を頻繁に変えるようになった．「どんな職業グループも，どんな仕事も，撤退・消滅の危険を免れることはできない．その意味で，不安のない雇用はない．企業や組織は，好調な時も，不調な時も，常に構造を改革する．どんな企業も組織も，もう少し早く，もう少し良く，もう少し効率的にしようと常に自らを変えようとする．これには，不安のない有能な労働力を必要とする．これは，逆に，私たちの福祉モデルがあったからこそ，スウェーデンが国際的競争で好成績をあげることができた理由を説明することになる．スウェーデン産業の生産性開発力は，世界で最も早いものの一つである」[21]．自らが変わり，変化に対応する柔軟性を持たないと福祉国家は維持できない．スウェーデンでは，既に 6 人に 1 人が外国のバックグランドを持った市民である．多様性がその水平を豊かにし，広げなければ，急速に多文化化した甲斐がない．

3. 未来への選択

「未来への橋」：能力による競争，福祉の多様化へ

　2005年に社民党が採択した行動方針は力強い宣言であると同時に，その分だけダイバーシティ社会への不安感の大きさとも読み取れる．「私たちは未来への橋を架けたい．すべての人に開かれた橋を」というくだりは特に印象的である．未来政策の問題点が列挙されている．「国境線を越えた橋」が最初の作業になる．EUとの連携で，グローバル資本に対抗する民主的な均衡力を構築し，1％を開発援助に提供するという目標を設定することで，人びとや国に，より多くのチャンスを作り出し，新しい市場が成長する機会を与えるというシナリオである．国際的連帯感の橋である．ついで，完全雇用で「未来への橋」を構築すること．それには，積極的労働市場政策，安定した経済，それに世界クラスの産業が基礎を構成する必要がある．「私たちは安い賃金で競争するのではなく，能力で競争する．右からの力で賃金生活者の安心感が挑戦された時，団体協約のために戦う」と宣言されている．東アジアの新興工業国家による極端な低賃金戦略でいくつかの産業が大きく後退してしまった苦い経験を持っている．経営者も組合運動もこの記憶は今もなお拭い去れないでいる．

　「未来への橋」は学術と研究の強い基盤に基づいて構築しなければ，国際競争力を維持できない．途上国の技術学習速度は加速化しており，技術格差は瞬時に短縮する．「好奇心と限界を突破したいという意思の力」を信じて，GDPの1％に該当する公的資源を研究に投資しなければ，国内市場の小さい国が国際市場で相対優位を維持することは不可能であろう．そして，資源小国が生き残るためには，環境と成長の橋を架けるために，《緑の国民の家 gröna folk-hemmet》を構築する必要がある．資源効率的な新技術の開発に取り組み技術力を武器に国際市場で戦うしかない．「2020年を目指して，スウェーデンの石油過剰依存体質に終止符を打ちたい」という決意は隣国に豊かな石油産出国を持つ技術国家の悲願でもある．社民党が架けようとする橋は，ダイバーシティの時代の連帯感の橋である．「統合と平等の上に橋を構築したい」．社民党の果てしなき野望である．「スウェーデンは連帯意識 sammanhållning を基礎にし

て，安心感のある国になれるのである．年齢，性，ジェンダー，出身，性的指向，障害，などを理由にした差別があってはならない．すべての人は同じ価値を持っている．外国人嫌いが拡散する時，私たちは多文化主義への戦いを開始する」．

そして最後は，世代間連帯の橋である．1990年代の経済不況を克服しただけに，この領域では，自信に溢れている．「福祉と安心感は支払い能力ではなく，必要に応じて配分されなければならない．スウェーデンは歳を取るのに世界でベストの国にならなければならない．そのために，次の10年間で高齢者介護の領域に大きな資源を投入する」．「安心感を持つ人たちこそが危険を冒す覚悟ができていると知っている．大変化の時代にはこれ以上に重要なことはない．市場が福祉の基礎原則を脅かす時，私たちは利潤動機を抑制し，福祉は共同の力で税金によって資金負担するという原則を維持する」．安心感を持つ人たちこそが危険を冒す覚悟ができている人であるという信念は，普遍主義をかたくなに維持してきた国民へのメッセージであろう[22]．

政策選択の方向性ははっきりしている．福祉が変わるのである．福祉の多様化であり，福祉国家から福祉社会へのいっそうの移動である．制度的福祉国家の未来の可能性を確保するために，少なくとも一時的に，保守主義的あるいは自由主義的な社会政策システムの要素が拡大していくのを受容することも必要ではないか．「多少なりとも逆説的であるが」と断りながらV. ティモネンが下している結論は，特にスウェーデンの場合，高負担政策を長きに亘って甘受してきた膨大な有権者層がいるだけに，それなりに説得力を持っている[23]．当分は福祉ミックスで《踏みとどまるスウェーデン》を演出できるというのである．だが，「一時的に」「当分の間は」が長期化すると考えるのが妥当であろう．スウェーデンの産業構造から判断して，「北欧のユニークな工業・福祉国家」から「ヨーロッパのごく普通の工業国家」への変身過程が始まったのであり，スウェーデンの「ヨーロッパ化」現象の重要な測定基準になっていくのではないか．国家そのもののノーマリセーリング．2004年7月にようやく人口900万になったばかりの工業国家が総人口5億のEU共同体の中で生き抜くために，どんな実験ができるか，興味深い．

公的セクター至上主義からの脱皮：軸足を変えず，重心を移動

　福祉関連民間セクターへの関心と期待は確実に拡大している．背後には，グローバル化と国際競争市場への参入の不可避性，産業構造の変容，それに選択肢の増大を求める意識の革命，NPM（ニュー・パブリック・マネジメント）運動がある．一過性の現象なのか，根本的な構造改革に繋がるのか．社民党が，20世紀の初頭以来延々と確保している第一党の地位を喪失するという事態でも発生しない限り，公的セクター中心主義に根本的な変更はなかろう．ただ，EU加盟問題・ユーロ加盟問題で見せた社民党の決断，つまり「スウェーデンのヨーロッパ化」という路線が，党内の不安と揺らぎを沈静化させることになれば，本格的な軸足移動ということも予測できる．加盟国27ヶ国，総人口5億というEU圏で，人口900万の小国が一国主義で突進できるわけがない．定着すればするほど，ストックホルムの議会より，ブリュッセルの議会が運命の鍵を握ることになるからである．それまでは，軸足を変えず，重心を柔軟に移動というスタイルをとるのではないだろうか．2004年3月に来日したペーション首相は，「経済のグローバル化に伴う急速な変化が，スウェーデンを含む各国の制度の信頼性維持にとって脅威となっている」と述べ，制度改革については「人口が減少する先進国では，良好な福祉国家しか道はない」とシステムの基本価値について堅持の決意を表明した[24]．

　「スウェーデンの福祉が変わる」とはどういうことか．この文脈では，「公的部門と民間部門の関係がどうなるか」と表現できる．両者の役割分配のパターンはいくつか指摘できる[25]．民間アクターの役割としては，大胆な実験者 avantgarde，補完 komplement，選択代案 alternativ，代行 ersättning の4役割が考えられる．

　第一は，大胆な実験者もしくはパイオニア的な役割．伝統的な公的部門による福祉業務の特徴である過剰マニュアル主義からの離脱と選択幅の拡大を実現できるかもしれない．グローバル化と技術革新の急速な進展は，新しい福祉需要を生み出している．同時に，新技術を開発しているかもしれない．民間プレイヤーは大胆な実験精神で，福祉の領域のパイオニア役を演じることができるかもしれない．市場調査や試行的実験の結果，福祉業務の満足度が民間企業での方が高ければ，システム変更を求める声に繋がっていくであろう．

第二の役割は補完である．これが最も考えられる役割である．民間企業が行政当局の要請に応じて公的部門の活動を補完する役割である．既存の制度に新システムを導入するときの一般的技法は補完装置の敷設である．ただし，補完にもいくつかの目的がこめられる．①《並行補完》：既存のサービス提供容量では福祉需要に対応できないため，公的部門とは別の枠組みで同じ内容のサービス提供組織をつくり，福祉需要に対応するやり方である．この場合，福祉関連民間部門は，公的部門の福祉サービス提供業務と同じ職域で，同じ内容のサービスを提供する．②《特別サービス提供型補完》：生活水準の上昇と選択肢の多様化，選択の自由への期待を基礎にした補完である．既存の公的部門のサービス提供は，平均事例を基礎に組み立てられている．特別サービスが望まれても，既存のシステムでは提供できないかもしれないし，そもそも一般事例を対象にしている公的部門の枠では特別扱いそのものができないかもしれない．その上，高価な機器を必要とする福祉需要に対応するには資金に限界があるかもしれない．その点，公的部門の枠組みの外でなら，福祉水準の引き上げ策を講じたり，特別サービスを提供したり，新機軸を暫定的・実験的に展開できるかもしれない．その意味では，《福祉水準引き上げ補完》と表現できよう．高負担社会の市民の欲望は無限で，高負担に見合うサービスを要求する．多選択への期待である．だが，工業国家の多くは安定的な経済運営を期待できず，それに見合う資源調達が難しい．一定水準以上のサービスを要求する市民の期待に対応するために，こうした方策が，市場原則の導入の名目で採用されることが多くなった．③《モラル水位引き上げ補完》：民間プレイヤーが公的部門の独占領域に参入することで，一般社会の常識的判断基準を吹き込むかもしれない．利潤極大化を目指す民間企業がサービス精神溢れる福祉サービスを効率的に提供して，既存サービスの非能率，官僚主義，画一主義などの弊害を是正できる可能性もある．いわば，《一般社会のモラル規範提供者としての機能》である．民主主義の価値を再確認し，連帯感を構築し，それを基礎に「国民のための福祉とは何か」を考える機会を提供する[26]．民営化という名の選択代案の導入は，具体的には公設民営化という形で進む．高齢者介護や幼児保育，それに教育については，国と自治体が全面的に責任を負うという原則は揺るがない．その意味では，民営化といっても，行政からの委託もしくは請負に過ぎな

い．2004年10月現在では，施設入居者の13.4％が，企業運営型施設で生活している[27]．選択代案は確実に増えている．だが，それはあくまでも市場原理が成立する可能性のある地域が中心である．利用者も少なくサイズ・メリットを生かせない過疎地域では，参入を希望する企業など簡単には見つからない．都市部主導の民営化が当分は続きそうである[28]．

　第三は選択代案の提供である．公的部門の活動に対する選択代案の提供ということになれば，程度の差こそあれ確実に，公的部門とある種の競合関係に入ることを意味する．選択代案の提供であるから，公的セクターの行なっているのと同じ領域の福祉サービス提供業務で，しかも違う性格の商品を提供するということである．ある一つの業務領域で，いくつかの違った種類の運営主体を提供するという事態になれば，福祉業界は一気に競合市場になる．社会に存在する多様な福祉需要に対応するためには，それに応じて多様な性格のサービスが陳列されることが望ましい．価値中立性が公的部門独占市場の特徴であると考えれば，この場合には，価値多様性が基本枠になるといえる．独占市場に他の選択肢を導入して，福祉市場を活性化し，効率化をはかる──狙いはここにある．

　最後に代行である．任意セクターでも公的部門においても正当なサービス提供者として認められるタイプの選択代案と考えれば分かりやすい．この選択代案は競争で公的部門に取って代わり，これまで公的部門で行われてきた福祉サービス提供業務を代行者として引き継ぐことができる．公的部門に取って代わってその領域の圧倒的支配権を確立することも理論上はありうることである．現実に存在するのは，公的部門内のいくつかの福祉サービス業務を民営化し，伝統的な公的部門の代行をさせ，公的部門と民間企業のバランスをはかりながら新しい運営技法を模索しようとする段階である．部分的には公設民営化というイメージが強い．民間企業活動は，とりわけサービス提供業務の領域では，公的部門の活動を代行し，取って代わることができる．実際そうした企業は既にいくつもある．自治体が最終責任を負って請負業者に福祉サービスの提供を委託しているわけであるから，《福祉サービス請負制度》とも表現できる．スウェーデンにおける福祉理論の権威でありリーダーである，ルンド大学のP. G. エデバルクが好んで使用するレトリックである[29]．

こうした民営化，より正確には公設民営化は，民間組織に新たな思想上および実際上の問題を投げかけることになった．どこまでこの市場を広げることができるか，また，広げるべきであるかという問題である．地域差がある．温度差がある．大都市圏と過疎地では違う，市場経済に対する思想的立場でも違う．社民党が下降線を描きながらも第一党の地位を保持しているという事実を前提にすれば，次のようには言えよう．多くの市民は社会が公的に保障してくれている福祉水準を下降させ，主要部分までも民間業者に代行させることには同意していない．公的部門が福祉を保障するというシステムそのものを取り換えてしまうことには賛成していない．だが，福祉需要の多様化も事実として否定できない．当面は，都市圏中心の公設民営化が主流であろう．つまり，市場としての魅力を備えた地域での福祉サービスの運営権を民間部門が引き受けるというスタイルが中心であろう．

　だが，時代の回転速度はそれほど遅くはない．選挙デモクラシーの民意は移ろいやすく，高速度転換する．特にヨーロッパ化の速度は速い．民間業者が斬新な商品開発で試行し，領域を拡張し，結果として業績がよければ，システムそのものを変更したいという希望に繋がる可能性がある．その意味で，社民党にとって諸刃の剣である．第一党といえども，以前に比べれば大幅に支持率を失っている．圧倒的な第一党の勇姿はない．第二党との差がますます縮小している．福祉業界がさまざまな民営化路線で実績を示せば，福祉ミックスへの政策切り替えの決断そのものが評価されなくて，導入した新しい仕組みそのものと，そうしたシステムを常設している仕組みの支持変更に繋がる可能性もある．EU加盟とユーロ加盟で違う答えを出した有権者である，迷いは深い．その分だけ政権交代頻度は高まるであろう．社民党は，後ずさりしながら状況に対応するのか，積極的に前に出ながら状況を打開していくのか．ここで前に出るとは，民営化促進である．組織内のオールド社民からの抵抗は強かろう．だが，選択の自由は時代の風である．拡大EUは多様性を拡大した．そして，高福祉フリーライダーの大量発生・大量流入も時間の問題である．公的部門と民間部門の衝突・相互交流がスウェーデン型福祉の新しい段階に繋がるはずである[30]．

《スウェーデン・モデル》は死なない？

　スウェーデン社民党は，過去の歴史から学ぶことが多い．学べば次のシナリオをかなり大胆に描く．誇張して表現すれば，社民がシステムそのものという自負心を持っているからであろう．どちらに転んでも最後に責任を取るのは社民・LO複合体．そんな意地すら感じられる．第一党の地位を失わない限り，その自負は続く．公的セクターに軸足を置いて，積極的に福祉ミックス論を拡充することになろう．スウェーデンのノーマリセーリング過程は既に始まっている．速度の議論が続くことになろう．T.ノーターマンスが研究書の最後に記したフレーズが印象的である．「ケインズ理論がそうであるように，長い目でみれば，結局のところ，スウェーデン・モデルは死なないかもしれない」[31]．

注

はじめに
1) Giles Radice and Lisanne Radice, *Socialists in the Recession*, Macmillan, 1986, p. 7.
2) LO, *Fackföreningsrörelsen och Välfärdsstaten*, 1986, s. 172.
3) Stephen R. Graubard ed., *Norden: The Passion for Equality*, Norwegian University Press, 1986, pp. 274-75.
4) Olof Ruin, *Välfärdsstatens Tjänst: Tage Erlander 1946-1969*, Tiden, 1986, s. 12.
5) Anna-Greta Leijon, Kjell-Olof Feldt, Stig Malm, Rune Molin, Bo Toresson, Dan Andersson, Per-Olof Edin och Klas Eklund, *90-Tals Programmet*, Tiden, 1989, ss. 30-31.
6) Bo Björkman, *Sverige och sossorna*, Askild & Karnekul, 1973, s. 96.
7) Per-Martin Meyerson, *The Welfare State in Crisis: The Case of Sweden*, Federation of Swedish Industries, 1982, pp. 5-6.
8) Robert Erikson och Rune Åberg red., *I Välfärd i förändring: Levnadsvillkor i Sverige 1968-1981*, Prisma, 1984, ss. 13-15.
9) *Riksdag & Departement*, 1990-38, s. 3.
10) *Svenska Dagbladet*, 1990-10-17.

序 章
1) L. C. ドッド,岡沢憲芙訳『連合政権考証：政党政治の数量分析』政治広報センター,1977,23頁.
2) 同上,20-23頁.
3) Jean Blondel, *An Introduction to Comparative Government*, Praeger, 1969, p. 342.
4) ドッド『連合政権考証』23頁.
5) Kay Lawson, *Political Parties and Democracy in the United States*, Charles Scribner's Sons, 1968, ch. 1, p. 17.
6) 政党類型などについては,岡沢憲芙『政党』東京大学出版会,1988 を参照.
7) ジョヴァンニ・サルトーリ,岡沢憲芙・川野秀之訳『現代政党学：政党システム論の分析枠組み』早稲田大学出版部,1980,290-308頁.

8) 同上, 367, 375-76 頁.
9) 同上, 381 頁.
10) モーリス・デュベルジェ, 岡野加穂留訳『政党社会学』潮出版社, 1970. 同書が世界の政党政治研究に与えた影響についてはどんなに強調しても良い. 二党制システムの詳細な分析は多くの政党研究者を魅了し, 政党政治研究に引き付けた.
11) ドッド『連合政権考証』58-59 頁.
12) 同上, 59 頁.
13) 同上.
14) 同上, 55 頁.
15) G. Sjöblom, *Party Strategies in a Multi-Party System*, Studentlitteratur, 1967, p. 174.
16) 1987 年当時のアイルランドでは, フィアナフォイル党のリーダーである C. ホーヒーと, 急進民主党のリーダーである D. オマリーは, 互いを大変嫌っていた. 両党の政策距離は非常に小さく, 主要政策のほとんどで政策内容が非常に接近していたにもかかわらず, 二人のリーダーの《パーソナリティ衝突》のために, フィアナフォイル党と急進民主党の間には連合を形成するほんのわずかのチャンスすらなかった. Michael Laver and Norman Schofield, *Multi Party Government: The Politics of Coalition in Europe*, Oxford University Press, 1990, p. 199.
17) スウェーデンにおいても, 小選挙区制を導入して二党制を実現しようとする動きがないわけではない. 政党制論争については, Olof Ruin, *Mellan samlingsregering och tvåpartisystem*, Bonniers, 1968.
18) Svenska turistföreningens förlag, *Sverigefakta-82*, 1981, s. 50.
19) Björn Molin, *Tjänstepensionsfrågan: en studie i svensk partipolitik*, Akademiförlaget-Gumperts, 1965, s. 143.
20) E. E. Schattschneider, *The Semi-Sovereign People: A Realist's View of Democracy in America*, Holt, Rinehart & Winston, 1960, p. 138.
21) Maurice Duverger, *The Idea of Politics: The Uses of Power in Society*, Methuen & Co., 1966, p. xiii.
22) Dankwart Rustow, *The Politics of Compromise: A Study of Parties and Cabinet Government in Sweden*, Greenwood Press, 1969, pp. 230-33.
23) Joseph B. Board, Jr., *The Government and Politics of Sweden*, Houghton Mifflin, 1970, p. 121.
24) Stewart Oakley, *A Short History of Sweden*, Frederick A. Praeger, 1966, p. 243.
25) Neil Elder, Alastair H. Thomas and David Arter, *The Consensual Democracies? The Government and Politics of the Scandinavian States*, Basil Blackwell,

1982, pp. 9-11.
26) 政党のイデオロギー基線については，Pär-Erik Back och Sten Berglund, *Det svenska partiväsendet*, Almqvist & Wiksell, 1978; Hans Wieslander, *De politiska partiernas program*, Prisma, 1970; Herbert Tingsten, Nils Andren, Birger Hagård, Gustaf Jonnergård, Cyril Olsson, Kaj Björk och C. H. Hermansson, *Parti och politik*, Liber, 1968. また，岡沢憲芙「スウェーデン政党のイデオロギー距離 (1) (2) (3)」『早稲田社会科学討究』(早稲田大学) 69号・73号・76号，1979・1980・1981.
27) Walter Korpi, *The Working Class in Welfare Capitalism: Work, Unions and Politics in Sweden*, Routledge & Kegan Paul, 1978, ch. 4; Elder, Thomas and Arter, *The Consensual Democracies?* p. 23.
28) *Riksdag & Departement*, 2007-08.
29) Elder, Thomas and Arter, *The Consensual Democracies?* p. 10.
30) ibid., p. 11.
31) 篠原一『ポスト産業社会の政治』東京大学出版会，1982，134-35頁.
32) 金額等については Sven Rydenfelt, *Demokrati på avvägar: Monopoldemokratin*, Grafika förlag, 1980, ss. 75-76.
33) 岡沢憲芙「政党に対する国庫補助制度：スウェーデンの経験」『早稲田社会科学研究』12号，1973．その後の動向については SOU 1972: 62, *Offentligt stöd till de politiska partierna*, 1972.
34) 岡沢憲芙「北欧デモクラシーの政党政治」早稲田大学社会科学研究所北欧部会編『北欧デモクラシー：その成立と展開』早稲田大学出版部，1982，120-21頁参照.
35) 詳しくは SOU 1975: 15, *Kommunal rösträtt för invandrare*, 1975; 岡沢憲芙『スウェーデン現代政治』東京大学出版会，1988 参照.
36) Sverker Ekholm och Lena Runström, *Statsskicket i Sverige*, Studentlitteratur, 1981; 岡沢憲芙「北欧デモクラシーのガヴァナビリティ」『国際問題』(日本国際問題研究所) 198号，1976，2-17頁.
37) 過去6回実施．詳細については Statistiska centralbyrån, *Statistisk årsbok 2008*, 2008, s. 658.
38) Kim Mørch Jacobson, "Adult Education in the Nordic Countries," in Erik Allart et al. eds., *Nordic Democracy*, Det Danske Selskab, 1981, pp. 465-94.
39) Svenska kommunförbundet, Landstingsförbundet, Liber Utbildnings konsult, *Arbetsrätts reformen*, 1976.
40) 岡沢「北欧デモクラシーの政党政治」126-28頁.
41) 同上．また，本書第6章を参照されたい.
42) Joachim Vogel, Erik Amnå, Ingrid Munck och Lars Häll, *Föreningslivet i Sverige: Välfärd, socialt kapital, demokratiskola*, Statistiska centralbyrån, 2003, s.

54. また，Tommy Lundström och Filip Wijkström, *Den ideella sektorn*, Sober 2002 を参照されたい．
43) Civildepartementet, *Folkrörelse-och förenings: Guiden*, 1986, s. 9.
44) 勤労者コーポラティズム型幼稚園については秋朝礼恵「出産と育児」『自律社会としてみるスウェーデン』ヒューマンルネッサンス研究所，2004 を参照されたい．
45) Riksdagens Faktablade nr. 1 Val till riksdagen 1997 November.
46) H. Bogart Dodd, "Feedback, Feedforward and Feedwithin: Strategic Information in Systems," *Behavioral Science*, Vol. 25, 1980, pp. 237–49.
47) 政治文化については，岡沢憲芙「スウェーデンの政治文化：コンセンサス・ポリティックスの社会心理学的分析モデルを求めて」『早稲田社会科学研究』15 号，1976, 89–119 頁参照．
48) プラグマティズムについては，Giovanni Sartori, "Politics, Ideology, and Belief System," *American Political Science Review*, Vol. 63, 1969, pp. 398–411.
49) 岡沢「スウェーデンの政治文化」109 頁．
50) Per Gunnar Edebalk, "Svensk äldrepolitik," föredrag på Waseda University, 2004-11-08.
51) Åsa Linderborg, *Socialdemokraterna skriver historia : Historieskrivning som ideologisk maktresurs 1892–2000*, Atlas Akademi, 2001, ss. 464–65.
52) *Riksdag & Departement*, 2002-05-12 Nr. 16, Sterliserad av myndigheter. ちなみに，日本の国民優生法は 1940 年，優生保護法が 1948 年．優生保護法改正・母体保護法導入は 1996 年．二文字理明・椎木章編『福祉国家の優生思想：スウェーデン発強制不妊手術報道』明石書店，2000，186-87 頁．同書は丁寧にファクツを分析・整理している．石原俊時「西ヨーロッパの福祉国家」社会経済史学会編『社会経済史学会創立 70 周年記念：社会経済史学の課題と展望』有斐閣，2002，404 頁．なお，この問題について，大きな歴史的流れの中で丁寧に分析している研究の一つは，石原俊時「スウェーデン福祉国家における正統性の危機」木村靖二・中野隆生・中嶋毅編『現代国家の正統性と危機』山川出版社，2002，113-14 頁．
53) *Svenska Dagbladet*, 1989-10-26.
54) *Dagens Nyheter*, 1985-06-29.
55) Åke Daun, *Svenska mentalitet*, Raben & Sjögren, 1989, ss. 56–127.
56) Anders Hjört, *Svenska livsstilar : Om nature som resurs och symbol*, Kontenta, 1983, s. 13.
57) *Sverige Nytt*, 1990-03-17.
58) *Dagens Nyheter*, 1990-02-18 ; 1988-07-20 ; *Invandrartidningen : På lätt svenska*, 1989-41.
59) Elder, Thomas and Arter, *The Consensual Democracies?* p. 27.

60) ibid., p. 184.
61) ibid.
62) ibid., pp. 184–85.
63) Mats Bäck, *Partier och organisationer i Sverige*, Publica, 1980, s. 81.
64) Nils Elvander, *Skandinavisk arbetarrörelse*, Publica, 1980, ss. 186–87.
65) R. スケース, 萩野浩基監訳『社会民主主義の動向：福祉国家と労働者階級』早稲田大学出版部, 1979, 37頁.
66) Nils Elvander, "Democracy and Large Organizations," in M. Donald Hancock and Gideon Sjoberg eds., *Politics in the Post-Welfare State: Responses to the New Individualism*, Columbia University Press, 1972, p. 302.
67) 組織については, Nils Elvander, *Intresse organisationerna i dagens Sverige*, GWK Gleerup, 1969. これはスウェーデン最初の本格的な利益団体論である. Lennart Forsebäck, *Svenska arbetsmarknad*, Prisma, 1976.

第1章
1) Betty Swanson Cain, *American from Sweden: The Story of A. V. Swanson*, Southern Illinois University Press, 1987.
2) G. Hilding Nordström, *Från den svenska socialdemokratins genombrottsår*, Bonniers, 1939, ss. 4–5.
3) Statistiska centralbyrån, *Historisk statistik för Sverige*, Del 1, 1969, s. 66.
4) Rune Nordin, *Den svenska arbetarrörelsen*, Tiden, 1980, s. 77.
5) Stephen R. Graubard ed., *Norden: The Passion for Equality*, Norwegian University Press, 1986, p. 266.
6) Stig Hadenius, *Svensk politik under 1900-talet*, Tiden, 1985, s. 10.
7) Graubard ed., *Norden*, p. 265.
8) Sten Carlsson och Jerker Rosen, *Svensk historia*, Del 2, Svenska bokförlag, 1961, s. 398.
9) Nordin, *Den svenska arbetarrörelsen*, s. 82.
10) Sigfrid Hansson, *Ur den svenska arbetarrörelsens historia: Fackföreningsväsendet*, Svenska Bokförlaget, 1939, s. 6.
11) Carlsson och Rosen, *Svensk historia*, Del 2, s. 398.
12) Herbert Tingsten, *The Swedish Social Democrats: Their Ideological Development*, Totowa, 1973, p. 351.
13) ibid., p. 380.
14) Dankwart Rustow, *The Politics of Compromise: A Study of Parties and Cabinet Government in Sweden*, Greenwood Press, 1969, p. 52.

15) Nils-Olof Franzen, *Hjalmar Branting och hans tid*, Bonniers, 1985 ; Nils Beyer, *Den unge Hjalmar Branting*, Norstedts, 1985.
16) Ernst Söderlund, *1800–och 1900–talens Historia*, Bonniers, 1963, s. 129.
17) Stein Rokkan, "The Growth and Structuring of Mass Politics," in Erik Allardt et al. eds., *Nordic Democracy*, Det Danske Selskab, 1981, p. 71.
18) Stig Hadenius, Björn Molin och Hans Wieslander, *Sverige efter 1900*, Bonniers, 1978, ss. 96–97.
19) 1917年5月に社民党から離脱した左派グループがスウェーデン社会民主左党を結成した．この院内集団の分派を基礎に1921年2月にスウェーデン共産党が結成された．しかし，社会民主左党の中心グループは1923年に社民党に復党した．共産党グループは1924年と1929年にも分裂劇を経験したが，以後は分裂を回避した．1967年に左共産党と党名変更した．そしてベルリンの壁が崩壊した翌1990年には左党と変更した．
20) 1921年に制定された婚姻法で既婚女性は銀行通帳や株券などの財産の自己管理権を認められた．アリス・リュツキンス，中山庸子訳『スウェーデン女性史3：女，自分の道を探す』学芸書林，1994，322頁．本書第6章も参照．

第2章
1) Francis G. Castles, *The Social Democratic Image of Society*, Routledge & Kegan Paul, 1978, p. xi.
2) 普通選挙権同盟は1904年に結成された．この政治組織は1938年に右全国組織に名称変更した．そして1952年からは右党という名称が使われた．1969年以後は穏健統一党という名称に変更している．
3) Gunnar Fredriksson, Dieter Strand och Bo Södersten, *Per Albin-linjen*, Stockholm : PAN, 1970, s. 17.
4) Sten Carlsson och Jerker Rosen, *Svensk historia*, Del 2, Bonniers, 1970, s. 553.
5) Pär-Erik Back, *Det svenska partiväsendet*, Almqvist och Wiksell, 1972, s. 56.
6) R. スケース，萩野浩基監訳『社会民主主義の動向：福祉国家と労働者階級』早稲田大学出版部，1979，43頁．
7) Walter Korpi, *Arbetarklassen i välfärdskapitalismen*, Prisma, 1978, s. 102.
8) http://www.ne.se (2005-08-12).
9) Korpi, *Arbetarklassen i välfärdskapitalismen*, s. 102.
10) Fredriksson, Strand och Södersten, *Per Albin-linjen*.
11) SAP, *Jämlikhet*, 1969, s. 17.
12) 藤原銀次郎『私の経験と考え方：人をつくる経営法』講談社学術文庫，1984，197頁．同書はもともと1951年に高風館から同じ書名で出版された．1984年に必要な改

訂を加えて再出版された．
13)　同上，198 頁；藤原銀次郎述・下田将美著『藤原銀次郎回顧八十年』講談社，1949 年，265-66 頁．
14)　藤原『私の経験と考え方』194 頁．
15)　同上，194-95 頁．
16)　藤原述・下田著『藤原銀次郎回顧八十年』271 頁．
17)　藤原『私の経験と考え方』195 頁．
18)　同上，196-97 頁．
19)　藤原述・下田著『藤原銀次郎回顧八十年』262, 264 頁．
20)　藤原『私の経験と考え方』189-90 頁；藤原述・下田著『藤原銀次郎回顧八十年』265 頁．
21)　藤原述・下田著『藤原銀次郎回顧八十年』272 頁．
22)　Serge de Chessin, *Les Clefs de la Suede*, 1935, English edition: *The Key to Sweden*, Tryckeriaktiebolaget Svea, 1936, p. 59.
23)　ibid., p. 75, pp. 62-63.
24)　柴沼武「1930 年代前半のスウェーデンの不況対策について」『学術研究』（早稲田大学教育学部）20 号，1971 年，82 頁．
25)　Carlsson och Rosen, *Svensk historia*, Del 2, s. 554.
26)　Castles, *The Social Democratic Image of Society*, p. 25.
27)　Giles Radice and Lisanne Radice, *Socialists in the Recession*, Macmillan, 1986, pp. 9-10.
28)　柴沼「1930 年代前半のスウェーデンの不況対策について」86 頁．柴沼武は，当時のスウェーデン政府はアメリカのニュー・ディールから連想されるような野心的な政策を採用したわけでもないし，デンマークのような直接輸入制限制度を導入したわけでもなくドイツのような精算勘定制度を採用したわけでもなく，ごく一般的な金融政策に依存していただけであると分析している．スウェーデンの経済学者によって提起された新しい考え方や新しい政策に負うところが大きいとする思想に疑問を呈している．
29)　Gunnar Myrdal, "Tidens industrikritik," *Tiden*, 37, 1945, s. 108.
30)　Korpi, *Arbetarklassen i välfärdskapitalismen*, s. 100.《資本主義の成熟化》を促進する社民党という表現は巧妙である．
31)　Neil Elder, Alastair H. Thomas and David Arter, *The Consensual Democracies? The Government and Politics of the Scandinavian States*, Basil Blackwell, 1982, p. 21.
32)　ibid., pp. 21-22.
33)　1950 年代後半には付加年金制度を導入して，（経済緊急時に必要な）膨大な投資

基金を国家の下に構築した（第3章を参照）．社民党は，「資本主義の成熟化」を促進する政党であるかのようである．
34) Korpi, *Arbetarklassen i välfärdskapitalismen*, s. 101.
35) ibid.
36) 社民党には国際政治で活躍する政治家が多い．ブランティングがそうであったし，O. パルメも，A. リンドもそうであった．国家規模から考えると，けた外れの国際政治家が何人も生まれている．国際社会でのプレゼンスの高さでは定評がある．ハンソンは，その点では，最も土の香りがする国内政治家であるといえる．そして，スウェーデン国民はそのタイプの政治家が好きである．
37) Stig Hadenius, *Svensk politik under 1900-talet*, Tiden, 1985, s. 40.
38) Rune Nordin, *Den svenska arbetarrörelsen*, Tiden, 1980, s. 122.
39) Hadenius, *Svensk politik under 1900-talet*, s. 42.
40) ibid., s. 44.
41) ibid., s. 50.
42) ibid., s. 40.
43) ibid., s. 50.
44) SIP ニュース：18a 1990.
45) Arbetarrörelsens arkiv och bibliotek, *Socialdemokratins program 1897 till 1990*, 2001, s. 39.
46) Sven-Arne Stahre, *Arbetarrörelsen: En uppslagsbok*, Forum, 1974, s. 126.
47) Nationalencyklopedin NE, "Sveriges socialdemokratiska arbetareparti."
48) LO och SAP, *Arbetarrörelsens efterkrigsprogram: Sammanfattning i 27 punkter*, 1944, s. 3.
49) ibid., s. 4; Stahre, *Arbetarrörelsen*, s. 126.
50) LO och SAP, *Arbetarrörelsens efterkrigsprogram*, ss. 3–30; Stahre, *Arbetarrörelsen*, s. 127.

第3章
1) 1968年の下院選挙は，党首として最後の選挙になったが，社民党は50％以上の得票率を獲得した．結党以来の快挙であった．
2) Olof Ruin, "Tage Erlander," i *Nationalencyklopedin*, s. 2.
3) ibid.
4) ibid.
5) Sven-Arne Stahre, *Arbetarrörelsen: En uppslagsbok*, Forum, 1974, s. 127.
6) Stig Hadenius, *Svensk politik under 1900-talet*, Tiden, 1985, s. 55.
7) Nationalencyklopedin NE, "Sveriges socialdemokratiska arbetareparti."

8) Hadenius, *Svensk politik under 1900-talet*, s. 57.
9) Nationalencyklopedin NE, "Sveriges socialdemokratiska arbetareparti."
10) 宮本太郎「スウェーデン:先駆者の軌跡と新しい戦略」『ヨーロッパ社会民主主義「第3の道」論集（Ⅲ）:労働組合と中道左派政権』生活経済政策研究所，2002年3月，20-26頁，21・22・23頁．
11) Nationalencyklopedin NE, "Sveriges socialdemokratiska arbetareparti."
12) Neil Elder, Alastair H. Thomas and David Arter, *The Consensual Democracies? The Government and Politics of the Scandinavian States*, Basil Blackwell, 1982, p. 18.
13) Assar Lindbeck, *Svensk ekonomisk politik*, Bonnier, 1975, ss. 35-36.
14) Sven E. Olsson, *Social Policy and Welfare State in Sweden*, Arkiv, 1990, p. 41.
15) 林迪廣編著『社会保障法』法律文化社，1991，62-65頁．
16) 平石長久・保坂哲哉・上村政彦『欧米の社会保障制度』東洋経済新報社，1976，19-40頁．
17) Gunnar Heckscher, *The Welfare State and Beyond*, University of Minnesota Press, 1984, p. 3.
18) ibid., pp. 16-17.
19) ibid., p. 6.
20) Olsson, *Social Policy and Welfare State in Sweden*, p. 11.
21) Per-Martin Meyerson, *The Welfare State in Crisis: The Case of Sweden*, Federation of Swedish Industries, 1982.
22) Olof Ruin, *I välfärdsstatens tjänst: Tage Erlander 1946-1969*, Tiden, 1986, ss. 12-15.
23) Heckshcer, *The Welfare State and Beyond*, p. 44.
24) ibid.
25) 1976年選挙については岡沢憲芙「スウェーデン76年議会選挙」『政治広報』（政治広報センター）冬号，1976参照．
26) 詳しくは，岡沢憲芙「エネルギー政策:ソーラー・スウェーデンを目指して」スウェーデン社会研究所編『福祉社会スウェーデンの新しい動向』成文堂，1979，72-88頁を参照されたい．
27) 岡沢憲芙「ウルステン:その政党政治家としてのプロフィール」『スウェーデン社会研究月報』（スウェーデン社会研究所）11巻4号，1978参照．

第4章
1) 第2次フェルディン政権の成立過程については，岡沢憲芙「フェルディン政権とその楽観主義」『スウェーデン社会研究月報』（スウェーデン社会研究所）11巻12号，

1979.
2) Riksdagens förvaltingsstyrelse, *Riksdagens årsbok 1980*, 1980, s. 416.
3) それぞれの提案については, *Riksdag & Departement*, Årgång 5, 1981, Nr. 3, 25 januari.
4) Riksdagens förvaltingsstyrelse, *Riksdagens årsbok 1980*, ss. 415–26.
5) *Expressen*, 1981-04-29.
6) *Aftonbladet*, 1981-09-12.
7) *Expressen*, 1981-09-12.
8) 概説書としては, Anders Leion, *Solidarisk lönepolitik eller löntagarfonder?* Raben & Sjögren, 1979; Assar Lindbeck, *Makt och ekonomi: om fondfrågan*, Akademiliteratur, 1982.
9) 岡沢憲芙「82年スウェーデン議会選挙:取材ノート」『書斎の窓』(有斐閣) 1982, 8–16頁.
10) Neil Elder, Alastair H. Thomas and David Arter, *The Consensual Democracies? The Government and Politics of the Scandinavian States*, Basil Blackwell, 1982, p. 188. 企業収益が順調に上昇すればするほど, それだけ早く, 企業に対する労働組合の影響力が大きくなり, 支配関係が逆転する可能性もある. 参加を超えた局面に入ることになる. ブルジョワ・ブロックと産業界からの反発は激しかった. 1976年総選挙では, 反・メイドネル案で隊列が整った.
11) ibid. 体制選択問題と考える立場と, 経済の民主化路線の一つと考える立場を両極に, その他の意見が提出されたわけであるから, まとめることは不可能に思えた. だが, 結局は, 産業界の希望する方向で最終決着した.
12) 9月4日のテレビニュースでのLOのG. ニールソン議長のコメント. *Dagens Nyheter*, 1982-09-05.
13) Sören Holmberg, *Svenska väljare*, Liber, 1981, ss. 42–43.
14) スウェーデンにおける小党運動は非常に興味深いテーマであり, 文字どおり, 《ライブリー・ポリティックス》の実践である. 篠原一『ポスト産業社会の政治』東京大学出版会, 1982, 58頁; Kommundepartementet, *Småpartier i den kommunala demokratin*, Ds Kn 1975-2, 1975.
15) *Dagens Nyheter*, 1982-09-02.
16) Miljöpartiet, *Riksprogram 1982*, 1982.
17) 北のキルナをはじめ多くの地方でキャンペーン活動家にインタビューしたが, ほぼ全員が元中央党員か支持者であった.
18) 環境党・緑については, Miljöpartiet, *Nu Kommer Miljöpartiet!*
19) SAP, *Valbok-82*, 1982.
20) 82年選挙については岡沢「82年スウェーデン議会選挙」. パルメの行動を観察し

ていると，大統領制度でもないのにとの違和感があった．優秀な人物に特有の昂揚感と全能感を漲らせていた．
21) *Riksdag & Departement*, Årsgång 7, 1982, Nr. 31, 15 oktober.
22) Giles Radice and Lisanne Radice, *Socialists in the Recession*, Macmillan, 1986, p. 86.
23) ibid., p. 90.
24) Kjell-Olof Feldt, *Den tredje vägen: En politik för Sverige*, Tiden, 1985, s. 22.
25) ibid., ss. 19–20.
26) Ministry of Finance, *The Swedish Budget 1988/89*, 1988, pp. 8–9.
27) *Svenska Dagbladet*, 1987-05-29.
28) Feldt, *Den tredje vägen*, s. 27.
29) ibid.
30) 当時の政府経済見通しについては，Ministry of Finance, *Sweden's Economy 1987*, 1987. 低迷期を脱しただけあってかなり楽観的である．
31) Ministry of Finance, *The Swedish Budget 1988/89*, pp. 8–9.
32) *Dagens Nyheter*, 1986-03-07.
33) *Dagens Nyheter*, 1983-10-14.
34) Partiprogram för Socialdemokraterna, antaged vid partikongressen 2001, s. 13.
35) ibid.
36) 2001年の党大会で採択した行動方針の冒頭，「人間こそ私たちの目標 Människan är målet」で「私たちは今日，予想していた以上に早く，1990年代の危機を脱することができたが，それは，私たちの大きな公的部門を基礎にした福祉モデルがあるにもかかわらずではなく，大きな公的部門を持つ福祉モデルがあったがゆえにであることを知っている」と言い切ったときの充実感は印象的である．経済実績で証明した自信である．「平等と連帯は発展を阻止するものではない，まったく逆である．それこそがより強く発展させる」力であることを目撃した．Socialdemokraterna, Politiska riktlinjer, antaged vid partikongressen vid Västerås, 6 november 2001.
37) パルメ論とカールソン論については，岡沢憲芙『スウェーデンは，いま：フロンティア国家の実像』早稲田大学出版部，1987を参照されたい．
38) この期はまた，利用者の選択権を増大する全国レベルでの改革の時代でもある．その後の穏健統一党中心のブルジョワ連合政権が追求することになる民営化への準備をした期間でもある．
39) Hans De Geer, *Från svenska modellen till Svenskt Näringsliv*, Ratio, 2007, ss. 79–80.
40) ibid., ss. 10–11.

41) ibid., s. 88.
42) ibid., s. 29.
43) 宮本太郎「スウェーデン:先駆者の軌跡と新しい戦略」『ヨーロッパ社会民主主義「第3の道」論集 (Ⅲ):労働組合と中道左派政権』生活経済政策研究所,2002年3月,20-26頁,22頁.
44) De Geer, *Från svenska modellen till Svenskt Näringsliv*, s. 58.
45) ibid.
46) ibid., s. 59.
47) ibid., s. 29.
48) ibid., s. 30.
49) ibid., s. 24.
50) ibid.
51) ibid., ss. 27-28.
52) ibid., s. 28.

第5章

1) Ingvar Karlsson och Anne-Marie Lindgren, *Vad är socialdemokrati? Ide och Tendens*, 2007, ss. 5-20.
2) *Dagens Nyheter*, 2002-05-04.
3) 近い将来,社民党の連合パートナーが穏健統一党になっても驚くことはない.《競合的協同》の政党と《協同的競合》の政党であるから.
4) *Svenska Dagbladet*, 1996-03-07.
5) *Svenska Dagbladet*, 1997-11-25.
6) *Dagens Nyheter*, 2002-06-08.
7) 新自由主義は保守思想の内部で1960年代以後に登場した新しい思想方向である.新古典派経済学を基礎に提出された.1930年代以後の西欧で発達した大規模で介入主義的な国家の有害な役割を強調する理論である.主たる論点は,この種の国家は,経済にとって有害であると同時に,成長や労働への誘因を後退させ,個人的自由を減少させるので,市民社会にも有害であるということである.かくして,新自由主義の主たる目標は,経済および市民社会の双方で,国家の役割を減少させることである.新自由主義思想の台頭は,右の陣営では,福祉国家への批判の論理を提供した.これがより一貫した政治的アジェンダとなった.
8) 斉藤弥生「スウェーデンにおける介護サービス供給の多元化に関する研究:社会的企業と福祉トライアングルモデル」『日本の地域福祉』(日本地域福祉学会)17号,2003,23-35頁.
9) 国際ワークショップ「北欧福祉国家における公共サービス改革:インクルーシブ

な社会を目指して」ホテルグランドパレス，2006-03-09における P. ブロムクヴィストの報告メモ．
10) 斉藤「スウェーデンにおける介護サービス供給の多元化に関する研究」．
11) ストックホルム郊外のナッカ・コミューンでは，2008 年 4 月から，ホームヘルプ・サービスはコミューンによるサービスから全面的に民間業者によるサービスに切り替えられた．コミューン企業によるサービス生産・供給はコストがかかりすぎる．民間業者に移すことにより，コスト減になる．ブルジョワ・ブロックが多数派を占めるコミューン議会での決議である．ナッカ・コミューンは，スウェーデンの地方自治体で，ホームヘルプ・サービスの業務領域で，コミューン企業が全面撤退する最初のコミューンになる．財政運用はコミューン税で，という発想そのものも，確実に揺らぐことになる．*Svenska Dagbladet*, 2007-10-31.
12) Hans De Geer, *Från svenska modellen till Svenskt Näringsliv*, Ratio, 2007, s. 7.
13) ibid., s. 47.
14) Tim Tilton, *The Political Theory of Swedish Social Democracy*, Clarendon Press, 1990, pp. 277-80.
15) Neil Elder, Alastair H. Thomas and David Arter, *The Consensual Democracies? The Government and Politics of the Scandinavian States*, Basil Blackwell, 1982, pp. 19-20.
16) 宮本太郎『福祉国家という挑戦：スウェーデンモデルの政治経済学』法律文化社，1999.
17) Partiprogram för Socialdemokraterna, Antaged vid partikongressen 2001, s. 23.
18) ibid., s. 25.
19) Carlsson och Lindgren, *Vad är socialdemokrati?* s. 61.
20) ibid.
21) 実際，保守政党や中道政党が政権を担当しても，福祉政策の大幅な修正はほとんどなく，むしろ，社民党ならやりにくそうな領域で，社民党に代わって改革を行ない，次の政権にバトンタッチするというイメージが強い．政権が交代するたびに福祉内容が大幅に変化すれば，それは国家的な背信行為になる．高負担国家の既得権者は全国民である．そうした無謀な背信行為は鋭敏な納税者感覚を持つ有権者を基礎にした代議制民主主義の国では難しい．
22) Partiprogram för Socialdemokraterna, 2001, s. 26.
23) Socialdemokraterna, Politiska riktlinjer, antagna den november 2005, s. 3.
24) Partiprogram för Socialdemokraterna, 2001, s. 26.
25) Socialdemokraterna, Politiska riktlinjer, 2005, s. 4.
26) Partiprogram för Socialdemokraterna, 2001, s. 26.

27) ibid., s. 21.
28) ibid., s. 25.
29) 『読売新聞』2004-03-12.
30) Partiprogram för Socialdemokraterna, 2001, ss. 20-21.
31) ibid., s. 19.
32) ibid., ss. 19-20.
33) ibid., s. 19.
34) ibid., s. 20.
35) ibid.
36) ibid., s. 24.
37) Socialdemokraterna, Politiska riktlinjer, 2005, s. 13.
38) ibid., s. 15.
39) Partiprogram för Socialdemokraterna, 2001, ss. 19-24.
40) ibid., s. 24.
41) ibid., s. 24, s. 20.
42) Socialdemokraterna, Politiska riktlinjer, antaged vid partikongressen vid Västerås, 6 november 2001, s. 4.
43) ibid.
44) Partiprogram för Socialdemokraterna, 2001, s. 24.
45) Socialdemokraterna, Politiska riktlinjer, 2005, s. 15.
46) Partiprogram för Socialdemokraterna, 2001, s. 24.
47) Regeringskansliet, *Nationell strategi för hållbar utveckling 2001-02-17*, 2002, s. 6.
48) ibid., s. 8.
49) ibid., s. 9.
50) ibid., ss. 9-10.

第6章

1) 女性統計については原則として以下の中央統計局統計の各年度版を参照。Statistiska centralbyrån, *På tal om kvinnor och män: Lathund om jämställdhet*.
2) Ewa Hedlund, *Kvinnornas Europa*, DN, 1993, s. 155.
3) Denny Vågerö, "Women, Work and Health in Sweden," *Current Sweden* (Svenska Institute) No. 387, 1992.
4) *Man är chef*, Statistiska centralbyrån, 1992. また, *Riksdag & Departement*, 1994-05.
5) *Dagens Nyheter*, 1994-02-03.

6) Statistiska centralbyrån, *Valdeltagande i riksdagsval 1921-2006 efter kön*, 2007.
7) Statistiska centralbyrån, *Allmänna valen 2006*, 2006, s. 36.
8) ここでは，選挙公職をはじめ，公的なポストの補充にあたって，性による公的資源配分の不平等を阻止するために，放置すれば極端に過少代表になってしまいそうな性に一定の比率までは定数を保証する制度をクォータ制度と定義する．
9) *Dagens Nyheter*, 1993-08-04.
10) ibid.
11) Diane Sainsbury, "Bringing Women into Elected Office in Sweden," Working draft for the ECPR workshop, University of Essex, March 1991; Diane Sainsbury, "Women's Political Representation in Sweden: Discursive Politics and Institutional Presence," *Scandinavian Political Studies*, Vol. 27, No. 1, 2004, pp. 65-87.
12) *Riksdag & Departement*, 1994-03-04 Nr. 8, s. 4.
13) Maud L. Eduards, "Towards a Third Way: Women's Politics and Welfare Policies in Sweden," *Social Research*, Vol. 58, No. 3, 1991, p. 683.
14) 近年における保育所の実情については秋朝礼恵「出産・育児事情」岡沢憲芙・中間真一編『スウェーデン：自律社会を生きる人びと』早稲田大学出版部，2006 を参照．
15) Eduards, "Towards a Third Way," p. 687.
16) ibid.
17) *Svenska Dagbladet*, 1993-04-24.
18) SAF, *Fakta om Sveriges ekonomi 1992*, 1992, s. 13.
19) Ranveig Jacobsson and Karin Alfredsson, *Equal Worth: The Status of Men and Women in Sweden*, Swedish Institute, 1993, p. 30.
20) ibid., p. 31.
21) アリス・リュッキンス，中山庸子訳『スウェーデン女性史3：女，自分の道を探す』学芸書林，1994，19-20頁．
22) 同上，63頁．
23) 同上，252-53頁．
24) Carin Osterberg, Inga Lewenhaupt och Anna Greta Wahlberg, *Svenska kvinnor*, Greerps, 1990, ss. 68-72.
25) リュッキンス『スウェーデン女性史3』104-5頁．
26) 同上，117頁．
27) Anita Göransson, "Från hushåll och släkt till marknad och stat," i Birgitta Furuhagen red., *Äventyret Sverige: En ekonomisk och social historia*, Bra Böcker,

1993, s. 149.
28) ibid., s. 141.
29) Osterberg, Lewenhaupt och Wahlberg, *Svenska kvinnor*, ss. 12–13.
30) リュツキンス『スウェーデン女性史3』168頁.
31) Göransson, "Från hushåll och släkt till marknad och stat," ss. 152–53.
32) ibid., s. 143.
33) リュツキンス『スウェーデン女性史3』198頁.
34) Osterberg, Lewenhaupt och Wahlberg, *Svenska kvinnor*, ss. 194–97.
35) リュツキンス『スウェーデン女性史3』208頁.
36) Osterberg, Lewenhaupt och Wahlberg, *Svenska kvinnor*, ss. 194–97.
37) エレン・ケイのファンは日本にも多い．未だ文献の収集が困難な時代からスウェーデンを日本に紹介する作業に精力的に従事された小野寺信・小野寺百合子夫妻が翻訳した『恋愛と結婚　上・下』(岩波文庫，1973)，『児童の世紀』(冨山房百科文庫，1979) が広く読まれたからであろう．最近になって，中山庸子がアリス・リュツキンスの『スウェーデン女性史1・2・3』(学芸書林，1994) を翻訳・出版した．著書そのものは1970年代初期までの論述が中心で，実はそれ以後の発展と制度変更が目覚ましいのであるが，スウェーデン女性が置かれた歴史的位置を見事に描写した書として定評がある．あわせて読まれることをお薦めしたい．さらに，スウェーデンの女性リーダーを辞書風に紹介した案内書として『スウェーデンの女性』(Osterberg, Lewenhaupt och Wahlberg, *Svenska kvinnor*) がある．スウェーデンで女性問題を議論する時，手元に置いて必要に応じて活用したものである．
38) Göransson, "Från hushåll och släkt till marknad och stat," s. 155.
39) Yvonne Hirdman, "Kvinnorna i välfärdsstaten," i *Kvinnohistoria*, Utbildningsradion, 1992, s. 206.
40) Serge de Chessin, *Les Clefs de la Suede*, 1935, English edition: *The Key to Sweden*, Tryckeriaktiebolaget Svea, 1936, p. 183.
41) ibid., pp. 183–84.
42) Maud L. Eduards, "Against the Rules of the Game: On the Importance of Women's Collective Actions," in *Rethinking Change: Current Swedish Feminist Research*, Humanistisk-samhällsvetenskapliga forskningsrådet, 1992, p. 89.
43) ibid.
44) Regeringskansliet, *The Swedish Government's National Action Plan for Gender Equality*, 2004.

第7章
1) http://www.migrationsverket.se/.「外から流入して居住する在住外国人」もし

くは「外国のバックグランドを持つ人」はグローバル化の影響を受けて着実に増えている．定義も何度か変更されている．2002年度の法令改正により，「外国生まれの人，または，スウェーデン国内で生まれ，両親がともに外国生まれである人」が「外国のバックグランドを持つ人」と定義された．それ以前は，「外国生まれの人，または，スウェーデン国内で生まれた人で，少なくとも親の一人が外国生まれである人」がこの人口グループに計算されていた．「少なくとも親の一人が外国生まれの人」は，これにより自動的に「スウェーデンのバックグランドを持つ人」に所属替えになった．

2) 南スウェーデンのベクショー市には，移民博物館がある．耕しても石と絶望しか出てこない痩せた土地に別れを告げてアメリカを目指したスウェーデン人を記念する博物館である．今は，先祖探しに来るアメリカ人観光客が多い．

3) Sveriges officiella statistik, AKU 2007, s. 74.

4) Statens Invandrarverk, *Invandrare på arbetsmarknaden*, 1990.

5) SOU 1984:11, *Rösträtt och Medborgarskap: Huvudbetänkande*, Justitiedepartementet, 1984, s. 57.

6) SAP, *Jämlikhet, valfrihet, samverkan: Förslag till invandringspolitiskt handlingsprogram*, 1978, s. 15.

7) 経済力の変動によって，労働力は気軽に国境線を越える．1990年代以後は，経済好調のノルウェーにスウェーデンから労働力が移動している．

8) ibid., s. 51.

9) Tomas Hammar, *SOPEMI REPORT: Immigration to Sweden in 1986 and 1987*, Stockholms Universitet, 1989, p. 1.

10) ibid., p. 3.

11) Migrationsverket 2008.

12) 通常はフランス，ドイツ，イギリスが申請数の多い上位国であり，次いでスウェーデンが来ることが多い．この年は例外的にスウェーデンが突出していた．

13) IGC Secured, First Instance Asylum Decisions taken by European Participating States for 2006, 2008.

14) ibid., s. 1.

15) SOU 1984:11, s. 161.

16) Statens invandrarverk, *Fakta och argument om invandringen*, 1991.

17) IGC Secured, Top 20 First Instance Asylum Decisions taken on All Countries of Origin by Sweden for 2006 (ranked by Total Decisions), 2008.

18) SAP, *Jämlikhet, valfrihet, samberkan*, s. 15.

19) Hammar, *SOPEMI REPORT*, p. 3.

20) ibid., p. 5.

21) Statistiska centralbyrån, *Tabeller över Sveriges befolkning 2006*, 2007, 2.10.3.

"Utländska medborgare som erhållit svenskt medborgarskap efter tidigare medborgarskap, 1998-2007."
22) この表現についてはストックホルム大学のインヴァンドラーレ問題研究所のスタッフと何度か議論したことがある．中国語，日本語，英語，スウェーデン語を交えた議論になったが，結局「在住外国人」という表現に落ち着いた．
23) SAP, *Jämlikhet, valfrihet, samberkan*, s. 8.
24) ibid.
25) ibid., s. 14.
26) Statistiska centralbyrån, *Valdeltagande i kommunalfullmäktigvalen bland utländska medborgare*, 2006, s. 1.
27) SOU 1984 : 12, *Rösträtt och Medborgarskap : Bilagor*, Justitiedepartementet, 1984, ss. 40-41.
28) SOU 1984 : 11, s. 21.
29) Eva Lundberg Lithman, *Immigration and Immigrant Policy in Sweden*, The Swedish Institute, 1987, p. 27 ; Statistiska centralbyrån, *Kommunalfullmäktigval 2006, Utrikes födda : Valda efter parti, kön och senaste invandringsår*, 2006, s. 1.
30) Tomas Hammar, *Det första invandrarvalet*, Publica, 1979, ss. 39-40.
31) SOU 1984 : 12, s. 161.
32) Hammar, *SOPEMI REPORT*, p. 17.
33) *Dagens Nyheter*, 1988-09-13.
34) Hammar, *SOPEMI REPORT*, p. 17.
35) ibid.
36) ibid., p. 18.
37) *Sydsvenskan*, 2007-11-15.
38) Markus Sperl, "Fortress Europe and the Iraqi 'Intruders' : Iraqi Asylum-Seekers and the EU, 2003-2007," UNHCR, Research Paper No. 144, 2007-10, p. 11.
39) *Riksdag & Departement*, 2008-07, s. 4.

第 8 章
1) 内閣府政策統括官（総合企画調整担当）『第 7 回世界青年意識調査結果』2004 年 1 月．
2) Regeringskansliet, *The Swedish National Strategy Report on Adequate and Sustainable Pensions*, 2005, p. 4.
3) Socialdepartementet och Riksförsäkringsverket (RFV), *The Swedish National Pension System*, 2007, pp. 18-19.
4) ibid., p. 19.

5) ibid.
6) Socialdepartementet, *Den svenska ålderspensionen*, 2005, s. 23.
7) 1994年秋に行なわれた選挙では新民主党は全国政治の舞台から閃光のようにはかなく消えた．代わりに，環境党・緑が議席を獲得した．
8) ibid., s. 24.
9) ibid.
10) Regeringskansliet, *The Swedish National Strategy Report on Adequate and Sustainable Pensions*, p. 7.
11) ibid.
12) ibid., p. 8.
13) コンパクトに見事に要点整理した業績としては，森浩太郎「スウェーデンにおける年金改革における『連帯』と『公正』」『社会保障法』（法律文化社）第20号，2005，6-18頁．
14) Regeringskansliet, *The Swedish National Strategy Report on Adequate and Sustainable Pensions*, p. 17 ; Socialdepartementet, *Den svenska ålderspensionen*, s. 24.
15) Regeringskansliet, *The Swedish National Strategy Report on Adequate and Sustainable Pensions*, p. 11.
16) Socialdepartementet, *Den svenska ålderspensionen*, s. 19 ; Regeringskansliet, *The Swedish National Strategy Report on Adequate and Sustainable Pensions*, p. 6.
17) Socialdepartementet och RFV, *The Swedish National Pension System*, p. 21.
18) ibid.
19) Socialdepartementet, *Den svenska ålderspensionen*, s. 19 ; Regeringskansliet, *The Swedish National Strategy Report on Adequate and Sustainable Pensions*, p. 11.
20) Socialdepartementet, *Den svenska ålderspensionen*, s. 19 ; Regeringskansliet, *The Swedish National Strategy Report on Adequate and Sustainable Pensions*, p. 19.
21) Regeringskansliet, *The Swedish National Strategy Report on Adequate and Sustainable Pensions*, p. 11.
22) ibid.
23) 多田葉子『スウェーデンの年金制度：持続可能なシステムをめざして』樹芸書房，2005，58-59頁．

第9章
1) Bengt Owe Birgersson och Jörgen Westerståhl, *Den svenska folkstyrelsen*, Li-

ber, 1980, s. 200.
2) 頻繁な制度改革はスウェーデン政治の特徴であり，柔軟な改革姿勢が合意形成型政治の基礎になっている．名だたる高負担国家である，継続に合理的根拠がない制度や，惰性の力や，既得権維持層からのバックラッシュの恐怖のために，役に立たない制度をそのまま放置するという行政技法は，馴染まない．頻繁な制度改革は，納税者からの貢献を確保するための前提になる．過去の失政を指摘されたら，徹底的な情報公開を基礎に調査して，素直に謝罪し，補償する．高負担型福祉国家の合意調達には何よりも信頼が必要である．この点は，見事で，潔い．
3) Agne Gustafsson, *Kommun och landsting idag*, Liber, 1984, s. 31.
4) SAF, *Fakta om Sveriges ekonomi 1984*, 1984, s. 7.
5) Statistiska centralbyrån, *Offentliga sektorn: Utveckling och nuläge*, 1990, s. 15.
6) Statistiska centralbyrån, *Public Finances in Sweden 2006*, 2006, pp. 23, 26.
7) Statistiska centralbyrån, *Årsbok för Sveriges kommuner 2008*, 2008, s. 98.
8) Statistiska centralbyrån, *Offentliga sektoren*, ss. 7-8.
9) Statistiska centralbyrån, *Public Finances in Sweden 2006*, p. 31.
10) 社民党が相対多数政党でなくなるとは，想像できない．限りなく小さい可能性しか持たない．
11) 社民党政権下のパブリック・セクターの超肥大化に対する保守陣営からの批判としては，Kent Persson red., *Offentlig sektor*, Timbro och författarnr, 1982.
12) Statistiksa centralbyrån, *Årsbok för Sveriges kommuner 2008*, s. 14.
13) この基本原則にいくつかの都市で，若干の例外事例が発生したことがある．さもなければランスティングの業務に入るサービス業務を自らの責任で実行する都市があった．こうした都市は，その後，もともとのランスティングに組み込まれている．例えば，ヘルシンボリィ Helsingborg とイェーヴレ Gävle はそうした事例に入る都市であったが，1963年に，マルメフス・レーン・ランスティング Malmöhus läns landsting とイェーヴレボリィ・レーン・ランスティング Gävleborgs läns landsting に組み込まれている．そして 1967年には，ノールシェーピング Norrköping は，オステルヨータランド・レーン・ランスティング Östergötalands läns landsting に編入された．1971年には，ストックホルム・コミューンは，ストックホルム・レーン・ランスティングに編入された．同じ年，カルマル・レーンの北ランスティングと南ランスティングが合併し，レーンの共同のランスティングを創設した．カルマル・レーン・ランスティング Kalmar läns landsting である．ibid., s. 13.
14) Arne Halvarson, *Sveriges statsskick*, Esselte Studium, 1982, s. 90.
15) Agne Gustafsson, *Kommunal självstyrelse*, Liber, 1982, s. 59.
16) Gillis Albinsson, Bruno Wikfors och Leif Anjou, *Landstingskommunal ekonomi*, Liber Hermods, 1980, s. 18.

17) Janerik Gidlund, *Kommunal självstyrelse i förvandring*, Liber, 1983, s. 59.
18) その機能から，《選出理事》，あるいは閣僚とでも訳したほうが分かりやすいかもしれない．ここでは，少々分かりにくいが，そのまま選出代表者で論述する．
19) Halvarson, *Sveriges statsskick*, s. 165.
20) Fritz Kaijser, SOU 1964 : 39, *Efterhandskoncentrat av föredragning i arbetsgrupen för det kommunala sambandet*, 1964, s. 141.
21) Agne Gustafsson, "Hur skall sverige styras?" i *Perspektiv på lokal och regional självstyrelse!* Region Skåne och Västra Götalandsregion, 2005, s. 33.
22) Liberinformatin, *Hur fungerar ditt landsting?* Liber, 1983, s. 15.
23) ibid.
24) ストックホルムのランスティングロッドで10名である．
25) *Stockholms läns landsting informationsavdelningen*, 1984, s. 16.
26) Statistiska centralbyrån, *Årsbok för Sveriges kommuner 2008*, ss. 105, 109, 110.
27) Arne Halvarson, Kjell Lundmark och Ulf Staberg, *Sveriges statsskick*, Liber, 2003, ss. 168-69.
28) ibid., s. 169.
29) Halvarson, *Sveriges statsskick*, s. 91.
30) ibid., s. 97.
31) Statistiska centralbyrån, *Årsbok för Sveriges kommuner 2008*, s. 37. ちなみに，国の歳入の構造（2000年度）は，付加価値税33%，国所得税16%，資産課税5%，社会保険料28%，その他18%．
32) SOU 1977 : 78, *Kommunerna*, Budgetdepartementet, 1977, s. 235. 1966年の改革は国庫補助金の配分技法を大幅に変えたが，その重要性については変化はない．
33) Halvarson, Lundmark och Staberg, *Sveriges statsskick*, s. 172.
34) Statistiska centralbyrån, *Kommunalekonomiskutjämning 2005*, 2006, s. 4.
35) ibid., s. 3.
36) Regeringskansliet, *Det nya utjämningssystemet*, 2008, s. 1.
37) ibid., s. 2.
38) ibid., s. 3.
39) Gustafsson, *Kommunal självstyrelse*, s. 7.
40) Halvarson, *Sveriges statsskick*, ss. 89-90 ; Gustafsson, *Kommun och landsting idag*, ss. 43-47 ; Agne Gustafsson, *Kommunal självstyrelse*, Greerps, 1999, s. 22.
41) Gustafsson, *Kommun och landsting idag*, ss. 35-36 ; Gustafsson, *Kommunal självstyrelse*, 1999, s. 22.
42) SOU 1974 : 84, *Stat och kommun i samverkan*, Kommundepartementet, 1974, ss. 20-21.

43) Partiprogram för Socialdemokraterna, antaged vid partikongressen 2001, s. 24.
44) ibid., s. 27.
45) Statistiska centralbyrån, *Årsbok för Sveriges kommuner 2008*, s. 13.
46) SOU 1980 : 10, *Ökad kommunal självstyrelse*, Kommundepartementet, 1980, ss. 45–49 ; Gustafsson, *Kommun och landsting idag*, ss. 54–55 ; Halvarson, *Sveriges statsskick*, s. 100.
47) Gustafsson, *Kommun och landsting idag*, s. 55.
48) 1931 年でコミューンの数は 2531 であった．
49) Gustafsson, "Hur skall sverige styras?" s. 18.
50) ibid., s. 19.
51) ibid.
52) Gustafsson, *Kommun och landsting idag*, s. 26.
53) この問題については Gustafsson, *Kommunal självstyrelse*, 1982.
54) Halvarson, *Sveriges statsskick*, s. 88.
55) Gustafsson, *Kommun och landsting idag*, ss. 26–30 ; Halvarson, *Sveriges statsskick*, ss. 86–88.
56) Statskontoret, 1989–8B, *Omlokalisering av statlig verksamhet*, Industridepartementet, 1989, ss. 9–10.
57) ibid., ss. 12–39.
58) ibid., ss. 55–56.
59) ibid., ss. 9–10.
60) ibid., ss. 1–6.
61) Agne Gustafsson, *Svenska Dagbladet*, 1991–11–11.
62) Gustafsson, "Hur skall sverige styras?" s. 18.
63) Socialdemokraterna, Politiska riktlinjer, antaged vid partikongressen vid Västerås, 6 november 2001, s. 28.
64) ibid.

終　章
1) Socialdemokraterna, Politiska riktlinjer, antagna den november 2005, s. 3.
2) ibid.
3) Socialdemokraterna, Politiska riktlinjer, antaged vid partikongressen vid Västerås, 6 november 2001, s. 1.
4) Philip Whyte, "Foreign Direct Investment and the Nordic Model," in *The Nordic Model : A Recipe for European Success?* (EPC Working Paper No. 20), Euro-

pean Policy Center, September 2005, p. 38.
5) ibid., p. 39.
6) ibid., p. 48.
7) ibid.
8) ibid., pp. 38-42.
9) Nick Clegg, "Too Good a Model to be Ignored," in *The Nordic Model*, p. 29.
10) Whyte, "Foreign Direct Investment and the Nordic Model," p. 42.
11) Socialdemokraterna, Politiska riktlinjer, 2001, s. 3.
12) ibid.
13) Partiprogram för Socialdemokraterna, antaged vid partikongressen 2001, s. 21.
14) ibid., s. 14.
15) ibid., s. 15.
16) ibid.
17) ibid., s. 16.
18) ibid., s. 6.
19) ibid.
20) ibid., ss. 6-7.
21) Socialdemokraterna, Politiska riktlinjer, 2005, s. 4.
22) ibid., ss. 2-3.
23) Virpi Timonen, *Restructing the Welfare State: Globalization and Social Policy Reform in Finland and Sweden*, Edward Elgar, 2003, p. 7.
24) 『読売新聞』2004-03-12.
25) SOU 1993: 82, *Frivilligt socialt arbete: Kartläggning och kunskapsöversikt*, Socialdepartementet, 1993, ss. 43-46.
26) ibid., ss. 44-45.
27) 『日本経済新聞』2004-10-07.
28) 『日本経済新聞』2004-10-08.
29) Per Gunnar Edebalk, "Svensk äldrepolitik," föredrag på Waseda University, 2004-11-08.
30) SOU 1993: 82, ss. 46-47.
31) Leif Holgersson, *Socialvården en fråga om människosyn*, Tidens, 1977.

あとがき

「今のスウェーデンはもう昔のスウェーデンではない」.「スウェーデン・モデルは死んだ」.このフレーズは,何度となく繰り返されてきた.飽きもせず.50年代から60年代へ,そして70年代の後半までの25年間から30年間がスウェーデン・モデルの最盛期であった.努力と建設の時代は途方もなく長く,ようやく到達した光輝の時代は短い.そして,水平飛行が続き,やがて長い衰退の時代が続く.

時系列比較をするともうとっくに終わっているはずなのに,それぞれ異なった時点で空間比較をすると,スウェーデンは,80年代以後も,そして今も現に,依然としてそれなりの存在感を示してきた.まるで重心の低い起き上がりこぼしのようである.何度も何度も飽きもせず,人びとの好奇心を惹きつける.トランスパレンシーランキングでも,国際競争力ランキングでも,生活満足度ランキングでも,能力開発指数ランキングでも,ODAランキングでも,難民受け入れランキングでも,男女機会均等ランキングでも,それに教育投資ランキングでも,上位に席を連ね続けている.終焉したはずのモデルが,新しい装いをして何度もしぶとく登場してくるかのようである.

スウェーデンの中心部に,大きな湖が二つある.ベーネルン湖とベッテルン湖である.その二つの湖に挟まれた地方に国立公園ティーベデンがある.どこまでも木と林と森が続く大森林地帯である.ティーベデン地方にかつての鉄路の交差点として有名な地方都市ラクソーがある.昔は,ストックホルムからヨーテボリィやオスロに向かうとき,必ず通過した都市である.

1920年代,ヨーテボリィーストックホルム間の鉄道が12時間もかかる時代.最盛期であった.駅で働く鉄道従業員が約120名だったという.巨大地方駅である.その頃,ヤルマール・ブランティングが政権担当をスタートさせた.今,その駅は無人駅.合理化・構造改革の典型事例の一つ.スウェーデン政治の強さは時代の風にひるまず,大胆な冒険精神でさり気なくシステム変更をやり遂

げてしまうこと．そんなことを考えながら，そこから更に森の中に車を走らせてようやくたどり着く森の中でこれを書いている．この森の中の家でたくさんの本を読み，たくさんの原稿を書いた．出版した本の半分以上はここで森の音を聞きながら書いた．残りはストックホルムのメーラレン湖畔の自室で湖を見ながら書いた．本書のあとがきを書くに森の家以上にふさわしい場所はない．雪化粧の広い庭を見つめながらこれを書いている．

　21歳の時，シベリア鉄道を経由して初めて遭遇した北欧．以来，43年間経過した．「黄金の60年代」をしっかりと目撃できた．1年のうち，少なくとも3-4ヶ月を北欧で過ごす生活が続いた．日本をはじめとする多くの国で，スウェーデン誤解が氾濫する時代を興味深く眺めていた．世界に約208もの国や地域があり，約65億の人が住んでいるのに，人口僅か1000万足らずの国になぜ，時として，容赦のない非難と批判の声を浴びせるのか．無視すれば無視できるほどの存在なのに．好調な時にはことさら無視し，何か問題が発生したり経済が不調に陥ると，「それみたことか，そもそも福祉国家は…」論が一気に噴出する．その都度，世間の目を気にしないタフな実験国家だとしみじみ感じ入る．

　森にすむ妹・Kuniko とそのパートナーである Per-Åke には，長年にわたる貢献にあらためて感謝の意を表したい．大学図書館にまったく資料がなかった時代から，ほぼ単独で資料・情報問題と格闘しなければならなかった．孤独な作業であった．ここを起点に，膨大な資料・情報を集めた．その頃は，誰も頼れなかった，どこにもなかった．自力突破・単騎勝負だけ．また，森にすむ二人は，日本語表記についてはぎりぎりまで妥協点を模索しながら，苦労を共にしてくれた．なによりも，快適な執筆空間を提供してくれた．この本を書き終えて，一番喜んでくれているのはこの二人ではないかと思う．直前に，姪がサーガ・華・マリアを生んだ．

　本書の作成に当たって，ここ30有余年間にさまざまなスタイルで発表した本，論文に，修正・改訂作業を施した．『スウェーデンの挑戦』(岩波新書，1991)，『スウェーデン現代政治』(東京大学出版会，1988)，『連合政治とは何か』(NHK ブックス，1997)，『おんなたちのスウェーデン』(NHK ブックス，1994)，「連合と合意形成」篠原一編『連合政治 I』(岩波書店，1984)，『政党』(東京大学出版会，1988)，『スウェーデンを検証する』(早稲田大学出版部，1993) などが主

たるベースになっている．関連個所も本書を刊行する過程で多くは原形をとどめていない．いつくかの作品はすでに絶版になっている．これまでに機会を与えてくださった岩波書店，東京大学出版会，早稲田大学出版部，NHK 出版に感謝の意を表したい．

故・後藤一郎先生，片岡寛光先生，堀江湛先生，故・富田信男先生，故・飯坂良明先生，猪口孝先生はじめ，北欧諸国と日本での研究生活でお世話になった人たちのリストを作ろうとすると，それだけで数日間かかりそうである．感謝の言葉をどんなに積み上げても，思いの丈に届くはずがない．感謝の言葉だけを吹き込んだエンドレス・テープを擦り切れるほど回しても，まだ足りないかもしれない．そんな無理で無謀な作業はしたくない．本当に多くの人たちのサポートを頂いた．お一人おひとりのお名前と楽しい思い出は決して忘れることはない．ここでは，政治改革のエスプリについて多彩な角度からご指導くださった先生方，スウェーデン政治の博覧強記の道案内人，作業完了を待ってくださった超忍耐人，そして，根気強くキャッチボールに付き合ってくださったプロの仕事人の名だけを記して謝辞奉呈作業を終えたい．篠原一先生，西尾勝先生，佐々木毅先生，松下圭一先生．ルンド大学のアグネ・グスタフソン先生，ストックホルム大学のハリエット・ルンドブラッド先生，ウーロフ・ルイン先生．奥島孝康先生，後藤乾一先生．東京大学出版会の竹中英俊さん，奥田修一さんである．今は亡き大阪弁護士会の川見公直副会長．すべてはそこから始まった．

比較政治の研究者として「ヒントと理論の萌芽はフィールドにある」ことを常に戒めの言葉にしている．そこに生きる人たちのライブリィな生活の中に飛び込むこと．統計数字や活字情報はほんの出発点に過ぎない．カメラとパソコン，メモ帳を入れたバックを斜め掛けにして，暇を作って，とにかく歩いた．お会いしたリーダーの数，歩いたコミューンの数，履き潰したクツの数だけは，だれにも負けない．その経験を十分に生かしきれなかった無念はこれを書いている瞬間も残る．次のエネルギーに繋ぎたい．

  2008 年 12 月 24 日　ティーベデンの森の中で

岡沢　憲芙

索　引

ア　行

アスク Beatrice Ask　207
アーター David Arter　23
アーデルソーン Ulf Adelsohn　140
アドレシュパッレ Sophie Adlersparre　226, 229–31
アフ・ウグラス Margaretha af Ugglas　207
アルヴィドソン Lillemor Arvidsson　205, 225
アルボーガ議会　30
安心感　vi, 117–18, 121, 176–77, 181, 338, 344–45
アンダション Sten Andersson　150
イェーゲルホルン Inger Jägerhorn　210
育児休暇　→出産・育児休暇
一党優位政党制(一党優位体制)　3, 9
イデオロギー距離　8, 13, 18–19, 24, 27, 108
イデオロギー政党　3
インフォーマルな連合　→連合
ヴァランデル Sven Wallander　67
ヴァールストレム Margot Wallström　193
ヴァレンベリィ Raoul Wallenberg　89
ヴィグフォシュ Ernst Wigforss　77, 81–82, 90, 92, 94, 166
ヴィセルグレン Peter Wieselgren　34
ヴィブレ Anne Wibble　207
ヴィンベリィ Margareta Winberg　209–10
ウェグナート Sarah Wägnert　39
ヴェグネル Elin Wägner　236
ヴェステルベリィ Bengt Westerberg　141
ヴェリン Bertha Wellin　234
ヴォエレ Denny Vågerö　201
ウルステン Ola Ullsten　10–11, 124–26, 129, 131–32, 141
エデバルク Per Gunnar Edebalk　348
エーデル改革　39, 309
エデーン Nils Edén　64
エランデル Tage Erlander　11–12, 21, 49, 94–97, 100–101, 103–5, 111, 119, 149, 177

B. エリクソン Bernhard Eriksson　118
P. エリクソン Pehr Eriksson　57
R. エリクソン Robert Erikson　xii
エルダー Neil Elder　23
エレン・ケイ　→ケイ
エングストレム John M. Engström　57
エンゲルス Friedrich Engels　61
エンゲルブレクトソン Engelbrekt Engelbrektsson　30
遠心的競合　3, 18, 21, 37, 108
黄金の60年代　x, 110–11
欧州連合　→EU
オストルンド Agda Östlund　65, 234
オーベリィ Rune Åberg　xii
オマリー Desmond O'Malley　352
親保険　120, 185, 214–15
オリーン Bertil Ohlin　95, 97, 109
S. E. オルソン Sven E. Olsson　115
S.-O. オルソン Sven-Olle Olsson　256
穏健統一党 Moderata samlingspartiet, Moderterna : M　xii, 11–12, 14, 70, 100, 106, 110, 122–23, 125–26, 128–35, 140, 143, 148, 150, 172, 193, 207–8, 256–58, 271–72, 326, 356, 362
穏健な多党制　3, 7–8, 106, 122, 289
オンブズマン　31
　議会——JO　31, 311
　児童——BO　31, 304
　消費者——KO　31, 184
　男女機会均等——JämO　31, 204–5, 220–21
　民族差別禁止——DO　xiv, 31, 248

カ　行

介護　167–68, 203, 219, 224–25, 264–66, 338, 347
格差　163, 170, 175, 328–29, 339–41
過小規模連合　→連合
過大規模連合　→連合
カールソン Ingvar Carlsson　x, 11, 49, 149–

50, 159–60, 162, 177
環境党・緑 Miljöpartiet de gröna：MP　130, 134, 140–41, 258, 260, 326, 369
完全雇用　91–92, 100–101, 174–75, 178–81, 189, 278, 344
議会オンブズマン　→オンブズマン
規制緩和　39–40, 152, 158, 165, 184, 284, 292, 308
救国・挙国一致連合　→連合
求心的競合　3, 18, 21, 24, 38, 125
競合的協同(協同的競合)　14–16, 108, 362
共産党　→スウェーデン共産党
競争原理　→市場原理
共同決定法　→職場における共同決定法
協同的競合　→競合的競合
キリスト教民主社会党 Kristdemokratiska samhällspartiet：KDS　11, 14, 134, 150, 208, 271
キリスト教民主党 Kristdemokraterna：KD　11, 135, 193, 217, 259–60, 272, 326
A. グスタフソン Agne Gustafsson　92
H. グスタフソン Holger Gustafsson　259
L. グスタフソン Lars Gustafsson　260
クリスティーナ Prinsessan Christina　257
グローバル化　49, 127, 153–55, 157–59, 163–64, 175, 332, 334–36, 342
ケイ Ellen Key　230–31, 366
ケイン Betty Swanson Cain　50
ケインズ John Maynard Keynes　77, 114
原子力開発(原発)　27, 122–25, 128–30, 134
権力(政権)からの距離　23, 37, 64–65
権力(政権)への距離　37–38, 43, 64, 91, 142, 151
合意形成型政治(コンセンサス・ポリティクス)　xiv, 23–26, 42, 44, 74, 104, 107, 117, 121, 171–72, 178, 195, 225, 234, 245, 257, 271–72, 289
公正　116, 118, 222, 337–38
構造改革　xiv, 39–40, 150–51, 160, 169, 284, 335, 341
公的部門(公的セクター、パブリック・セクター)　69–70, 96, 152, 162, 166, 171–73, 185, 189, 199, 201–5, 222, 282–84, 334–35, 346–50
国際競争力　144–47, 153, 157, 163, 344
国際的連帯　→連帯

国民党 Folkpartiet　10–12, 14, 83, 95, 97, 99–100, 105, 107–10, 122, 124–26, 129–34, 138, 141
国民党・自由 Folkpartiet liberalerna：FP　xii, 11, 14, 64, 110, 135, 150, 172, 193, 207–8, 258, 260, 271–72, 326
国民投票(レファレンダム)　104–5, 129–30, 150, 160–61, 192, 248, 250
国民の家　39–40, 72–73, 82, 116
国有化　27–28, 49, 71–72, 80–82, 91–92, 97, 99, 182
コーポラティズム　31, 33, 153, 155–56
雇用保護法 Lagen om anställningsskydd：LAS　121, 275
コルピ Walter Korpi　73, 81
混合経済　28, 71, 81, 174, 183, 187
コンセンサス・ポリティクス　→合意形成型政治

サ 行

最小勝利連合　→連合
斉藤弥生　168
サインズバリィ Diane Sainsbury　210
サブニ Nyamko Sabuni　252, 260
サーラ・ヴェグナート　→ヴェグナート
サリーン Mona Sahlin　49, 162, 193, 203, 238, 258
サルチオバーデンの協約(サルチオバーデンの精神、サルチオバーデン主義)　80, 82–83, 102, 156
サルトーリ Giovanni Sartori　3, 7
サンデリン Bo Sandelin　49
サンドラー Rickard Sandler　69
シェーレーン Rudolf Kjellén　72
ジェンキンス David Jenkins　vii
市場原理(競争原理)　6, 39, 103, 115, 152, 175, 182–84, 186–87, 329
失業　151, 159, 163–65, 178, 180, 189–90
児童オンブズマン　→オンブズマン
児童手当　96, 116, 177–78, 224
柴沼武　357
シーマン Gudrun Schyman　224
社会主義ブロック　108, 110, 128, 134, 142, 217,

237, 258
社会民主青年同盟 →スウェーデン社会民主青年同盟
社会民主女性連盟 →スウェーデン社会民主女性連盟
借家人協会 Hyresgästernas sparkasse- och byggnadsförening: HSB 34, 48, 67
社民党 →スウェーデン社会民主労働者党
自由 118, 176, 178, 181, 338
就学前学校 120, 185, 303-4
修正奇数式当選者決定法 32, 35-37
自由党 Liberala samlingspartiet 64, 233-34
12%条項 32
出産・育児休暇 120, 185, 214
ジュニア・パートナー 18, 105
状況問題 4, 19, 24, 26-27, 99, 194
消費者オンブズマン →オンブズマン
消費者生活協同組合 Kooperativa Förbundet: KF 34, 48, 62, 64-65, 67
職場における共同決定法 Lagen om medbestämmande i arbetslivet, Medbestämmandelagen: MBL 33, 120-21, 136, 139
新自由主義 39, 147-48, 166, 171, 362
新民主党 Ny demokrati: NyD 134, 208, 271, 369
スウェーデン企業連盟 Svenskt Näringsliv 173
スウェーデン共産党 Sveriges kommunistiska parti: SKP 100, 107-8, 110, 216, 356
スウェーデン経営者連盟 Svenska Arbetsgivareföreningen: SAF 62, 80, 105, 139-40, 153-57, 173-74
スウェーデン社会民主女性連盟 Sveriges socialdemokratiska kvinnoförbund: S-kvinnor 47, 92, 209
スウェーデン社会民主青年同盟 Sveriges socialdemokratiska ungdomsförbund: SSU 47, 64-65, 92
スウェーデン社会民主左党 Sveriges socialdemokratiska vänsterparti 65, 356
スウェーデン社会民主労働者党 (社民党) Sveriges socialdemokratiska arbetareparti:

SAP, Socialdemokraterna v, 1-2, 10-11, 14, 20-21, 23, 27-28, 30-31, 41, 43-44, 46-49, 57-74, 77-84, 90-92, 94-97, 99-101, 104-10, 118-21, 124-26, 129-35, 137-52, 159, 162, 166, 168-69, 172, 174-90, 193, 203, 208-9, 216, 223, 225, 232, 234, 237, 247-48, 257-58, 260, 271-72, 284, 318-19, 326, 328, 330-31, 337-40, 343-44, 346, 349-50, 356, 358, 362
―― 行動方針 174, 179, 189, 331, 344-45
―― 綱領 27-28, 90-93, 174
―― 戦後プログラム (27項目綱領) 27-28, 92-93, 97, 99-100
スウェーデン大学卒業者中央組織 Sveriges akademikers centralorganisation: SACO 205
スウェーデン地方自治体職員連盟 Svenska kommunalarbetarförbundet: SKAF, Kommunal 203, 205, 225
スウェーデン民主党 Sverigedemokraterna 258, 326
スウェーデン・モデル 62, 66, 73, 101, 111-12, 116-19, 174, 178, 350
スウェーデン労働組合全国組織 Landsorganisationen i Sverige: LO vi, 48, 60-62, 64-65, 67, 70, 80, 92, 95, 101-2, 104-5, 135-41, 146, 154, 189, 205-6, 223, 232, 337
スタウニング Thorvald Stauning 84
スターフ Karl Staaff 95
A. ステルキィ Anna Sterky 232
F. ステルキィ Fredrik Sterky 57, 61, 232
ストランド Dieter Strand 73
ストレング Gunnar Sträng 104
税金 (税制) 98, 117, 131-32, 203, 224-25, 261-62, 267-68, 295
政権からの距離 →権力からの距離
政権交代 xii, 142, 151, 172, 193, 208, 337
政権への距離 →権力への距離
政策距離 →政党間距離
税制 →税金
政党間距離 (政策距離) 3-4, 13, 17, 21, 23, 31, 44, 64, 78, 105, 108-9, 123, 125, 132-33, 195, 334, 352
《赤―緑》連合 12, 28, 79, 83, 100-101, 105

索引　379

世代間連帯　→連帯
積極的労働市場政策　64, 102, 117, 174, 180-81, 190, 344
セーデル Karin Söder　257
戦時・挙国一致連合　→連合
選択の自由（革命）　xii-xiii, 6, 151-52, 166-67, 169-70, 185, 189, 308, 347, 349

タ 行

対決軸　24-25, 106, 134
第三の道　115, 143-46, 164, 183
体制選択問題　4, 19, 24, 27, 99, 135, 139, 141, 337
ダウン Åke Daun　42
妥協の政治　xiv, 23, 27, 30, 66, 100, 108, 117, 130
多田葉子　280
ダニエルソン Axel Danielsson　57
タム Elisabeth Tamm　234
単一争点主義　122-24, 130, 140
男女間連帯　→連帯
男女機会均等オンブズマン　→オンブズマン
単独・過半数政権　8-9
単独・少数党政権　8-10, 95, 104, 124
単独政権　8-10
地域間連帯　→連帯
チャイルズ Marquis Childs　vi-viii
中央党 Centerpartiet : C　10-12, 14, 78, 96, 106-10, 122-23, 125, 128-30, 132-35, 141-42, 150, 193, 208, 256-57, 271-72, 326
中間の道　vii, 115
ツーリング Nelly Thüring　65, 234
ディズレーリ Benjamin Disraeli　61
ティモネン Virpi Timonen　345
ティルトン Tim Tilton　174
デュヴェルジェ Maurice Duverger　1, 3
同一労働・同一賃金　→連帯賃金
ドゥ・シェサン Serge de Chessin　234
統治責任能力　4-7, 32, 91
トマソン Richard Tomasson　vii
トーリン Claes Emil Tholin　63
トレッドソン Ingegerd Troedsson　208
トレフェンベリィ Curry Treffenberg　55

ナ 行

27項目綱領　→スウェーデン社会民主労働者党
二党制　8-9
ニュー・パブリック・マネジメント　→NPM
ニールソン Torsten Nilsson　94
年金　30, 103, 116, 264, 268-80, 339
農民同盟 Bondeförbundet　11-12, 71, 78-79, 83, 96, 100-101, 104-6, 108
ノーターマンス Ton Notermans　350
ノーベル Alfred Nobel　53

ハ 行

パーソナリティ衝突　18, 20, 193, 352
パブリック・セクター　→公的部門
パルム August Palm　56-57, 59
パルメ Olof Palme　11, 49, 96-97, 119-22, 131, 135, 140-43, 146, 148-50, 358
ハンソン Per Albin Hansson　11-12, 49, 69, 71-84, 86-87, 90, 94-95, 100, 358
ハンマー Tomas Hammar　253
ビスマルク Otto von Bismarck　61, 112-13
左共産党 Vänsterpartiet kommunisterna : VPK　21, 110, 130, 134, 142, 224, 356
左党 Vänsterpartiet : V　21, 65, 110, 209, 237, 258, 260, 271, 326, 356
微調整問題　4, 19, 24, 26-27, 194
ヒムラー Heinrich Himmler　89
平等　115-16, 118, 176, 178-79, 185-86, 189, 222-23, 235, 247-48, 316, 329, 337-38
ビョルクマン Bo Björkman　ix
ビルト Carl Bildt　11, 14, 150-53, 169, 207-8
ヒルドマン Yvonne Hirdman　42
フェルディン Thorbjörn Fälldin　10-12, 14, 20, 122-25, 128-33, 140-41
フェルト Kjell-Olof Feldt　144, 152
付加年金　27, 96, 103-5, 107-8, 116, 175, 178, 268-70, 272
福祉国家　vi, xi-xii, 49, 71, 114-15, 119, 147-48, 171, 173, 178, 190, 331-33, 338-39, 345, 362
福祉社会　339, 345

福祉ミックス　167, 345, 349-50
藤原銀次郎　74-76
普通選挙権同盟 Allmänna valmansförbundet　70, 72, 234, 356
普遍主義（福祉）　98, 167, 174-78, 186, 222, 336-39
ブライス James Bryce　1
ブラエ Tycho Brahe　258
プラグマティズム政党　3, 18, 38
フランツェン Nils-Olof Franzen　59
ブランティング Hjalmar Branting　49, 57-60, 62-64, 66-67, 69-70, 72, 78, 100, 231, 358
ブリックス Hans Blix　259
ブリッジ型連合　→連合
ブルジョワ3党連合政権　10, 12, 122-25, 128-29, 131-33, 318
ブルジョワ・ブロック　20, 100, 104-5, 108-10, 121-22, 127-28, 131-35, 140, 142, 151, 217, 237, 258, 284
ブルジョワ4党連合政権　14, 150-53, 173, 193, 217
フレドリクソン Gunnar Fredriksson　73
ブレメル Fredrika Bremer　227-29
プログラム政党　3, 18, 37
ブロック間競合　21, 108, 110, 128, 140, 150
ブロック政治　108-9, 133-34, 140-41
ブロック内競合　21, 108-10, 126, 128-29, 131, 133, 150
ブロンデル Jean Blondel　1
ブロンベリィ Göran Blomberg　42
ベイエル Nils Beyer　59
ベヴァリッジ William Beveridge　113-14
ヘクシャー Gunnar Heckscher　109, 115
ベックマン Svante Beckman　42
ペーション Göran Persson　11, 49, 150, 162-63, 165, 174, 182, 189-90, 193, 208, 331, 346
ペタション Olof Petersson　41-42
ヘッセルグレン Kerstin Hesselgren　233, 236
E. ヘドルンド Ewa Hedlund　198
G. ヘドルンド Gunnar Hedlund　96, 109, 123
ベリー Lise Bergh　208
ベルイグレン Hinke Bergegren　58
ペールソン・ブラムストプ Axel Pehrsson-Bramstorp　71
ベルナドッテ Folke Bernadotte　89
ベルリンの壁の崩壊　xii, xiv, 29, 150, 160
保育　168, 203, 215, 225, 303, 347
包摂の論理　43, 66, 248, 253, 255
ボエシウス Maria-Pia Boethius　237
ホーヒー Charles Haughey　352
ボーマン Gösta Bohman　125, 128-29, 131-32, 140
B. ホルムベリィ Bo Holmberg　320
S. ホルムベリィ Sören Holmberg　140
ホワイト Philip Whyte　331
ホワイトカラー中央組織 Tjänstemännens centralorganisation : TCO　105, 205

マ 行

マルクス Karl Marx　61
右全国組織 Högerns riksorganisation　83, 356
右党 Högerpartiet　100, 105, 107-10, 115, 356
右の風　ix, xiii, 121-22, 128
宮本太郎　102, 175
A. ミュルダール Alva Myrdal　112, 118, 223, 235
G. ミュルダール Gunnar Myrdal　80, 235
ミル John Stuart Mill　61
民意対応能力　4-7, 32, 91, 327
民営化　xiii, 39-40, 153, 165, 167-68, 170-72, 184, 186-88, 194, 284, 292-93, 308, 347-49
民族差別禁止オンブズマン　→オンブズマン
メイエルソン Per-Martin Meyerson　xi, 116
メイドネル Rudolf Meidner　102, 135-36
メーレル Gustav Möller　69-70, 81, 94, 98
E. モベリィ Eva Moberg　222, 235-36
V. モベリィ Vilhelm Moberg　50

ヤ 行

有給休暇　77, 96, 116, 196, 217-18
ユーレンハンマー Pehr G. Gyllenhammar　xiii
ユーロ　x, 27, 30, 150, 161-63, 192
ヨーハンソン Olof Johansson　125
4％条項　32, 35

索　引　381

ラ 行

ラインフェルト Fredrik Reinfeldt　11, 193
ラーゲレフ Selma Lagerlöf　258
ラーゴ Anders Lago　260
ラスキ Harold Laski　1
ラロック Pierre Laroque　113
リュツキンス Alice Lyttkens　227–29
隣接同盟型連合　→連合
リンド Anna Lindh　150, 192, 225, 358
リンドグレン Anne-Marie Lindgren　177
リンドハーゲン Anna Lindhagen　232
リンドベック Assar Lindbeck　111
ルイン Olof Ruin　116, 118
ルース Rosalie Roos　229
ルーズヴェルト Franklin Roosevelt　114
ルンドビィ・ヴェディン Wanja Lundby-Wedin　189, 206
ルンドベリィ Carl Ludvig Lundberg　57
レファレンダム　→国民投票
レーン Gösta Rehn　102
連合（政権）　8, 10, 12–20, 24
　インフォーマルな――　21, 78, 126, 133
　過小規模――　9–10, 13–14, 17–18, 132, 208
　過大規模――　9–10, 12, 17–18
　救国（戦時）・挙国一致――　9, 12, 83, 90, 94–95
　最小勝利――　9–10, 12, 17–19
　ブリッジ型――　18–19
　隣接同盟型――　17, 19
連帯　116, 118, 176, 178, 182, 189, 247–48, 344
　国際的――　xiv, 43, 195, 344
　世代間――　xiv, 30, 43, 195, 276–77, 345
　男女間――　xiv, 43, 195, 217, 278–79
　地域間――　xiv, 43, 195, 298
　労使間――　xiv, 43, 195
連帯賃金（同一労働・同一賃金）　101–2, 117, 155, 157, 174, 248
レーン・メイドネル・モデル　101–2, 155
ローウェル Abbott Lawrence Lowell　1
労使間連帯　→連帯
労働教育同盟 Arbetarnas bildningsförbund：ABF　47, 64–65, 67
労働組合全国組織　→スウェーデン労働組合全国組織
労働者基金　27–28, 121–22, 135–42, 146–47

ABF　→労働教育同盟
EU（欧州連合）　x, xiv, 27, 29–30, 39, 150, 160–64, 166–69, 173, 192, 324, 326–27, 346
HSB　→借家人協会
KF　→消費者生活協同組合
LAS　→雇用保護法
LO　→スウェーデン労働組合全国組織
MBL　→職場における共同決定法
NPM（ニュー・パブリック・マネジメント）　39, 152, 165–67, 169, 171–73, 184, 292, 308, 325
SACO　→スウェーデン大学卒業者中央組織
SAF　→スウェーデン経営者連盟
SAP　→スウェーデン社会民主労働者党
SKAF　→スウェーデン地方自治体職員連盟
SSU　→スウェーデン社会民主青年同盟
TCO　→ホワイトカラー中央組織

著者略歴
1944 年　上海に生まれる.
1967 年　早稲田大学政治経済学部卒業.
現　在　早稲田大学社会科学総合学術院教授.

主要著書
『スウェーデンは，いま』(早稲田大学出版部, 1987 年)
『政党』(東京大学出版会, 1988 年)
『スウェーデン現代政治』(東京大学出版会, 1988 年)
『スウェーデンの挑戦』(岩波新書, 1991 年)
『生活大国へ』(丸善ライブラリー, 1993 年)
『おんなたちのスウェーデン』(NHK ブックス, 1994 年)
『連合政治とは何か』(NHK ブックス, 1997 年)
『ストックホルムストーリー』(早稲田大学出版部, 2004 年)

スウェーデンの政治
実験国家の合意形成型政治

2009 年 3 月 18 日　初　版

［検印廃止］

著　者　岡沢　憲芙

発行所　財団法人　東京大学出版会
　　　　代表者　岡本　和夫
　　　　113-8654 東京都文京区本郷 7-3-1 東大構内
　　　　http://www.utp.or.jp/
　　　　電話 03-3811-8814　Fax 03-3812-6958
　　　　振替 00160-6-59964

印刷所　株式会社理想社
製本所　牧製本印刷株式会社

Ⓒ2009 Norio Okazawa
ISBN 978-4-13-030148-0　Printed in Japan

Ⓡ〈日本複写権センター委託出版物〉
本書の全部または一部を無断で複写複製（コピー）することは，著作権法上での例外を除き，禁じられています．本書からの複写を希望される場合は，日本複写権センター (03-3401-2382) にご連絡ください．

岡沢 憲芙 著	政　党 現代政治学叢書 13	四六・2000円
丸尾 直美 編 塩野谷 祐一 編	スウェーデン 先進諸国の社会保障 5	A5・5200円
篠原 一 著	ヨーロッパの政治 歴史政治学試論	A5・2900円
馬場 康雄 編 平島 健司 編	ヨーロッパ政治ハンドブック	A5・2800円
平島 健司 編	国境を越える政策実験・EU 政治空間の変容と政策革新 2	A5・4500円
高橋 進 編 安井 宏樹 編	政権交代と民主主義 政治空間の変容と政策革新 4	A5・4500円
松下 圭一 著	戦後政党の発想と文脈	A5・3800円
西尾 勝 著	地方分権改革 行政学叢書 5	四六・2600円
佐々木 毅 著	政治学講義	A5・2800円
武川 正吾 著	連帯と承認 グローバル化と個人化のなかの福祉国家	A5・3800円

ここに表示された価格は本体価格です．ご購入の
際には消費税が加算されますのでご了承下さい．